親生子關係의 決定基準

親生子關係의 決定基準

권재문 저

경인문화사

머리말

　민법의 많은 영역이 그러한 것처럼, 친생자관계도 자연인이라면 누구나 겪을 수밖에 없는 가장 기본적인 법률관계이다. 이처럼 일상적으로 겪게 되는 법률관계이기 때문에 친생자관계의 결정은 법적인 규율의 대상이라기보다는 상식 또는 사회통념의 문제인 것처럼 인식되어 왔다. 수업시간에 학생들에게, 학생의 부친이 법적인 부가 된 이유는 "그 분이 모친과 혼인신고를 한 날로부터 200일 이상 경과한 후 학생이 태어났기 때문"이라고 설명하면, 대부분의 학생들은, 당연한 사실에 대해 복잡한 법적 규율을 설정하고 이것을 적용하여 설명하는 민법학의 상투적인 서술방식의 일종으로 받아들인다. 그러다가 대리출산이나 비배우자간 정자제공에 의한 인공수정 사안을 다루게 되면 비로소 친생자관계는 사회적으로 통용되는 당연하고 상식적인 기준이 아니라 법적 규율에 의하여 결정되는 것임을 깨닫게 된다. 그러나, 친생자관계의 결정기준, 즉 어떤 사람을 자녀의 법적인 부모로 할 것인가에 관한 기준을 수립하는 것은, 보조생식 시술의 경우에만 요구되는 특수한 문제가 아니라, 모든 자녀에 대해 보편적으로 요구되는 기본적인 문제이다. 우선, 태어난 아이의 부모를 누구로 정할 것인가라는 문제는 자녀의 복리와 직결되어 있으며, 또한, 친생자관계를 형성하고 유지하는 것은 부모와 자녀 모두의 인격권의 실현이기도 하다. 뿐만 아니라, 일단 성립한 친생자관계는 단순한 사회적 관계가 아니라 법적인 관계로서 많은 법률효과의 원천이 되기도 한다. 따라서, 법적 친생자관계의 결정기준은, 기본적으로는 사회통념을 반영하여야 하겠지만, 독자적인 기능과 가치를 가장 잘 실현할 수 있도록 설정되어야 할 필요도 있는 것이다.

특히 최근에는 여러 가지 사정으로 인하여 지금까지 설정된 기준에 대한 근본적인 재검토가 필요하게 되었다. 우선, 의학의 발달로 인하여, 한편으로는 혈연의 존부를 과학적으로 판별할 수 있게 되었고, 다른 한편으로는 출산에 의한 모자관계 설정, (추정된) 혈연에 의한 부자관계 설정이라는 기본적인 규율에 대한 근본적인 의문이 제기되고 있다. 또한 이혼과 재혼의 급증으로 인하여 혼인에 근거한 부자간의 혈연추정이라는 종래의 규율의 정당성과 필요성에 대해서도 재검토가 불가피하게 되었다.

이 책은 이러한 문제의식 하에 친생자관계의 결정기준을 새롭게 모색하는 것을 목적으로 한다. 다만, 대부분의 내용은 2010년 2월에 발간된 박사학위논문에 바탕을 둔 것이고, 입법론을 제시한 제5장 부분에서만 적지 않은 내용을 수정·보완하였음을 밝혀둔다. 2010년 2학기에 일본 東北大學에서 연구학기를 수행하면서 국내에서는 구할 수 없었던 상당수의 가치 있는 문헌들을 참조할 수 있었고, 일본 가족법학계의 톱 런너라고 불리는 水野紀子 선생과의 대화를 통해 새로 깨닫게 된 것도 많았기 때문이다.

이 책은 여러 스승님들의 은혜로운 가르침 덕분에 나올 수 있었기에 이 지면을 빌어 감사의 말씀을 올린다. 우선 지도교수로서 민법을 가르쳐 주신 윤진수 교수님께 감사드린다. 또한 박사학위논문 심사위원장으로서 논문의 목차와 구성을 바로잡아 주신 남효순 교수님, 한 줄 한 줄 꼼꼼하게 읽고 커멘트해 주신 김재형 교수님과 최봉경 교수님, 그리고 민법학에 임하는 자세를 가르쳐 주신 양창수 대법관님께도 감사드린다. 특히, 심사과정에서는 가차 없이 오류를 지적해 주시면서도 심사 후에는 자애롭게 격려해 주시며 수정할 방향을 알려주셨던 이화숙 교수님께서 주신 가르침도 적지 않았다.

끝으로, 이 책을, '친생자관계'로 맺어져 있는 부모님과 세 아이, 그리고 '친생추정에 의한 법률상의 부'가 될 수 있는 기회를 준 아내에게 바친다.

| 일러두기 |

1. 인용방법
   가. 중복하여 인용되는 문헌은, 단행본은 "필자명(연도)"로, 논문은 "필자명(연도. 월)"로 인용한다.
      예) 李庚熙, 家族法 [五訂版], 法元社(2006) ⇒ '이경희 (2006)'
   나. 필자명과 연도가 동일한 문헌이 여러 개가 인용될 때에는, "필자명(연도. 월)"의 방식으로 인용하고, 발행월도 동일한 때에는 "필자명(연도. 출처)"의 방식으로 특정한다. 단행본인 경우에는 "필자명(서명)"의 방식으로 특정한다.
      예) 權載文, "법적인 '아버지'를 결정하기 위한 요건들에 관한 일고찰: 미국에서의 논의를 중심으로", 가족법연구 제21권 3호, 한국가족법학회(2007. 11) ⇒ '권재문(2007. 11)'; 權載文, 친생자관계 존부확정을 위한 수검명령 ─직접강제의 도입가능성을 중심으로─, 민사소송 제11권 2호, 한국민사소송법학회(2007. 11) ⇒ 권재문(2007. 민사소송); 二宮周平, 家族法[第2版], 新世社(2007) ⇒ 二宮周平 (家族法)
   다. 저자가 여러 명이거나 번역된 문헌은 위와 같은 방식으로 인용하되 저자명 사이에 '/'를 추가한다.
      예) 金疇洙·金相瑢, 親族·相續法[제9판], 법문사(2009) ⇒ 김주수/김상용 (2009) ; Frank·尹眞秀 譯, "子女의 生父에 의한 親生否認에 관한 比較法的 考察", 家族法研究 제20권 제1호, 한국가족법학회(2006) ⇒ Frank/윤진수 (2006)
   라. 외국의 주석서는 인용방법을 통일하지 않고 각국의 보편적인 인용방법에 따른다. 구체적인 예는 참고문헌 목록에서 적시한다.
   마. 외국의 판례는 인용방법을 통일하지 않고 각국의 보편적인 인용방법에 따른다.

2. 기호
   가. " " : 직접인용한 부분을 가리킨다.
   나. ' ' : 필자가 강조하는 부분을 가리킨다.
   다. … : 직접인용한 부분 중 필자가 생략한 부분을 가리킨다.
   라. [ ] : 이해의 편의 또는 강조를 위하여, 인용된 문헌이나 판례 원문의 표현에 필자가 보충한 부분을 가리킨다.

차 례

제 1 장

서 론

I. 연구의 목적

법적 친자관계는 친권, 부양, 상속, 혼인의 자유 제한, 국적과 성(姓)의 결정 등과 같은 여러 가지 법률효과의 근거가 될 뿐 아니라, 개인의 자아정체성(identity) 형성과 인격발달에 미치는 영향도 적지 않다. 따라서 법적 친자관계의 성립과 해소를 규율하는 법제인 친자법(親子法)은 그 당사자인 부모와 자녀 모두에 대해 중요한 의미를 가진다. 이러한 친자법은 상당한 기간 동안 안정적으로 유지되어 왔는데, 그 내용은 출산이라는 사실을 근거로 모자관계를 결정한 후, 혼인 중의 출생자에 대해서는 모와의 혼인을 근거로, 혼인 외의 출생자에 대해서는 부가 되려는 의사를 근거로 각각 부자관계를 결정한다는 것으로 요약될 수 있다.

그러나 이러한 기본적인 규율은 친자관계의 결정과 관련된 여러 가지 사정의 변경으로 인하여 더 이상 그대로 유지되기는 어려운 상황에 직면하고 있는데, 이러한 사정변경은 다음과 같이 요약할 수 있다. 첫째로, 자연과학의 발달로 인하여 친자관계의 결정 요소로서의 혈연에 어느 정도의 의미를 부여할 것인지가 중요한 문제로 등장하게 되었다. 한편으로는 남성과 자녀 사이의 유전적 관련성(혈연)의 존부가 과학적으로 판별될 수 있게 됨에 따라 이를 알 수 없음을 전제한 종래의 규율을 재검토하는 것이 요구되고 있으며, 다른 한편으로는 대리출산의 등장으로 인하여 모자간의 생물학적 관련성을 구성하는 출산과 혈연이 분리될 수 있게 됨에 따라 어떤 것을 기준으로 모자관계를 결정해야 하는지가 문제되고 있다. 둘째로, 우리나라 헌법재판소가 친자관계와 관련된 상충하는 이익들(예를 들어 부모와 자녀의 혈연을 알 권리, 자녀의 복리, 혼인가정의 보호 등)은 모두 고유한 헌법적 보호가치가 있

음을 인정함에 따라 이들을 조화롭게 실현하기 위한 친자법의 모색이 필요
하게 되었다.

II. 국내의 연구성과의 한계

이러한 문제상황에 대응하여 지금까지 전개된 국내의 연구성과는 다음과
같이 요약할 수 있다. 첫째로, 혈연, 의사, 사실(현실적으로 부모로서의 역할
을 수행하고 있는 상태), 자녀의 복리 등과 같은 일반적으로 거론되는 친자
관계의 결정기준들 중에서, 혈연을 중시하는 견해와 이에 반대하는 견해의
대립이 논의의 중심적인 내용을 이루고 있다. 이러한 견해대립은 주로 혈연
에 반하는 법적 친자관계의 해소를 제한하기 위한 요건과 보조생식시술에
의하여 출생한 자녀의 법적 부모를 결정하기 위한 기준이라는 두 가지 측면
에서 문제된다. 둘째로, 비교법적 연구방법이 중심이 되고 있다. 예를 들어
친생추정의 범위에 관한 이른바 '제한설'은 일본에서의 논의를, 제3자가 제
공한 정자에 의하여 포태·출생한 보조생식 자녀의 부자관계 결정 기준에 관
한 의사주의는 독일에서의 논의를, 대리출산에 의하여 출생한 자녀의 모자관
계 결정에 관한 논의는 미국에서의 논의를 반영하고 있다.

그러나 이러한 종래의 연구성과는 다음과 같은 점에서 한계를 드러내고
있기 때문에 이를 극복하기 위하여 새로운 연구가 필요하다. 첫째로, 친자관
계의 결정 기준과 관련하여 병렬적으로 거론되어 온 혈연, 의사, 자녀의 복
리, 인격권의 발현으로서의 혈연을 알 권리 등의 의미와 기능에 관한 구체적
인 분석이 거의 이루어지지 않았어서, 이들은 서로 다른 속성을 가지고 있다
는 점을 간과하고 있다. 예를 들어 '의사'라는 기준을 강조하면서도 그 법적
성질이 일반적인 의미의 의사인가 아니면 법적인 의미의 의사표시에 해당하
는가에 대해서는 별다른 논의가 이루어지지 않았으며, '사회적 친자관계'라

는 기준을 강조하면서도, 사회적 친자관계란 어떠한 사실관계를 근거로 인정될 수 있는지, 사회적 친자관계는 법적 친자관계와 상충하는 경우에도 법적으로 보호될 있는 것인지 등의 문제의식에까지는 이르지 못하고 있다. 둘째로, 혈연 등의 각 요소들에 대해 배타적 우열관계를 결정하려고 시도해 왔으나, 이러한 판단은 쉽지 않을 뿐 아니라 바람직하지도 않다. 우선, 위의 각 요소들은 모두 부모나 자녀에게 중요한 의미를 가지는 것이기 때문에 이러한 요소들 중 하나를 완전히 관철시키거나 완전히 배제할 수는 없고, 오히려 친자법에 관한 연구의 중심은 위의 각 요소들의 의미와 중요성이 최대한 발휘되고 최소한도로 제한될 수 있게 하는 조화점을 찾는 것이어야만 하기 때문이다. 헌법재판소도 "친생부인의 소에 관하여 어느 정도의 제척기간을 둘 것인가의 문제는 부(父) 뿐만 아니라 자와 모 및 가족들의 법적 지위와 관계되므로 법률적인 친자관계를 진실에 부합시키고자 하는 부의 이익과 친자관계의 신속한 확정을 통하여 법적 안정을 찾고자 하는 자의 이익을 어떻게 그 사회의 실정과 전통적 관념에 맞게 조화시킬 것인가에 관한 문제"[1]임을 인정하고 있다. 셋째로, 비교법적 연구를 각각의 쟁점별로 특정한 나라의 친자법만을 대상으로 하여 수행하였다는 점이 문제된다. 친자법에 영향을 미치는 사정변경과 이에 대응하기 위한 친자법의 개정 노력은 각국에서 공통적으로 문제되고 있음을 감안한다면, 이처럼 특정한 나라에 한정하지 말고 더 많은 나라들의 친자법을 비교할 필요가 있을 것이다.

---

1) 헌법재판소 1997. 3. 27. 선고 95헌가14, 96헌가7(병합) 결정.

III. 연구의 방법과 용어의 정의

1. 연구의 방법

이 책에서는, 이러한 국내의 연구성과의 한계를 극복하고 변화된 상황에 대응할 수 있는 친자법을 모색하기 위하여, 다음과 같은 방법으로 논의를 진행한다. 우선 제2장에서는, 이 책의 연구대상인 우리나라 친자법의 현황을 파악한다. 이를 위하여 현행 친자법상의 친자관계 결정기준을 현행법과 해석론, 판례 등을 중심으로 살펴볼 것이다. 이어서 제3장에서는 우리나라 친자법에 영향을 미쳤거나 미치고 있는 각국의 친자법들에 대한 비교연구를 수행한다. 여기서는 종래의 단편적인 비교법적 연구의 한계를 극복하기 위하여 비교연구의 대상인 나라들의 입법례에 나타난 친생자관계의 성립과 해소 요건을 전반적으로 개관하고, 각국의 현행법의 현황을 통해 파악할 수 있는 특징과 시사점을 우리 나라 친자법과의 비교하여 서술한다. 다음으로 제4장에서는 각국의 논의에서 보편적으로 등장하는 친생자관계의 결정기준들의 구체적인 의미를 분석한다. 특히, 지금까지는 대등한 선택지에 속하는 것처럼 인식되어 온 기준들을 성질과 역할에 따라 나누어 접근하는 새로운 방법을 시도한다. 왜냐하면 이러한 기준들 중에서 혈연, 의사, 사회적 친자관계 등은 선택의 대상 내지는 '요소'에 해당하는 반면, 자녀의 복리, 법적 안정성, 가정의 평화, 인격권적 이익의 보호 필요성 등은 위의 '대상'들 중 하나를 선택하는 것을 정당화시켜주는 논거인 '원리'라고 파악하여야 하기 때문이다. 나아가, 제5장에서는, 비교법적 분석과 친자법에 관한 중요 개념들에 대한 명확한 이해를 바탕으로 친자법의 쟁점들에 관한 입법론을 제시한다. 첫째로, 모자관계와 관련하여 출산이라는 사실을 근거로 법적 모자관계를 성립하도록 하는 이른바 출산주의를 그대로 유지할 것인지의 여부를 고찰하고, 둘째로, 부자관계에 대해서는 모의 배우자에게 법률상의 부의 지위를 귀속시키는 친생추정 제도의 개선에 관한 논의, 임의인지로 인한 법적 부자관계 성립을 위하여 자녀 측의 동의²⁾라는 요건을 둘 필요가 있는지의 여부 등을 중심으로 검토한다. 셋째로, 법적 부자관계의 해소에 관해서는 2005년 민법 개정에 의하여 도입된 이른바 '상대기간'에 대한 평가, 임의인지에 근거한 법적 부자관계를 다투는 절차나 친생자관계 부존재확인의 소의 제소요건을 제한할 필요가 있는지의 여부 등을 검토한다. 넷째로, 보조생식 자녀의 친자관계 결정기준에 대해서는, 이들에 대해서만 적용될 별개의 규율을 둘 필요가 있는지의 여부, '부모가 되려는 의사'를 기준으로 법적 친자관계를 성립시켜야 한다는 의사주의의 논거와 문제점 등에 관한 논의에 바탕을 두고, 우리나라에서 제안되었던 법안들의 내용을 평가한다.

2. 용어의 정의

이 책에서는, 연구대상인 친생자관계의 결정기준을 논의함에 있어서 자주 등장하는 개념이나 용어들을 다음과 같이 정의하고 서술하기로 한다.

첫째로, 유전형질의 전달에 의하여 형성되는 관계를 '혈연'이라고 한다. '유전적 관련성(genetic tie)'이라는 용어가 사용되기도 하지만, 혈연의 사전적 의미에 비추어 볼 때 혈연의 존부와 유전적 관련성의 존부는 일치할 뿐 아니라 이미 우리 판례가 혈연이라는 표현을 사용하고 있기 때문이다. 또한 이러한 혈연의 존부를 판별하기 위한 과학적 검사는 혈연검사 또는 혈연감정이라고 하고, 자녀와 유전적 관련성이 있는 부모를 혈연부, 혈연모라고 한다.

둘째로, 혈연관계가 없는 사람들 사이에 부모와 자녀로서의 정서적 유대와 생활의 실태가 형성되어 있고 사회적으로도 친자관계로 인식되고 있는 상태를 '사회적 친자관계'라고 한다. 이러한 사회적 친자관계는 법적 친자관

---

2) 모에게 고유한 동의권 또는 자녀의 동의권에 대한 법정대리권이 인정되는 경우, 그리고/또는 성년인 자녀에게 동의권이 인정되는 경우를 통칭한다.

계와 일치할 수도 있고 그렇지 않을 수도 있다. 사회적 친자관계의 당사자들 사이에 법적 친자관계가 성립한 경우에는 프랑스법에서 말하는 신분점유와 비슷한 의미가 된다.3)

셋째로, 민법 제844조의 추정과 이를 번복하기 위한 제847조의 절차와 관련하여, 일반적인 용례에 따라 현행법상의 용어인 친생추정·친생부인이라는 표현을 사용하고, 혼인 중의 출생자와 혼인 외의 출생자 모두에 대해 적용될 수 있는, '혈연 검사 이외의 간접사실을 근거로 잠정적으로(즉, 일정한 요건 하에 해소될 수 있음을 전제로) 부자관계를 결정하는 제도'를 지칭할 때는 부성추정(父性推定, 영어 'presumption of paternity'와 독일어 'Vaterschafts vermutung'의 번역어임)이라는 용어를 사용하고, 이러한 부자관계를 (혈연 없음을 이유로) 해소시키는 제도를 부성부인(父性否認, 영어 'Disestablishment of presumed paternity'와 독일어 'Vaterschaftsanfechtung'의 번역어임)이라고 한다. 부성추정이라는 용어는 아직 국내에서 보편적으로 사용되고 있지는 않지만 이러한 용어를 사용함으로써 모와의 혼인관계, 즉 모의 배우자라는 사실로부터 부성을 추정하는 제도와, 그 외의 사실(예를 들어, 임의로 자녀를 인지하거나, 일정 기간 이상 자녀와 사회적 친자관계를 유지한 경우 등)로부터 부성을 추정하는 제도 모두에 대해 적용되는 사항을 한꺼번에 서술할 수 있기 때문이다.

넷째로, '남녀간의 성교라는 자연적 방법 이외의 방법에 의한 생식'을 보조생식(assisted reproductive technology)이라고 한다.4) 또한 이러한 보조생식 기술의 여러 유형 중 우선 부자관계의 결정기준과 관련하여 문제되는 非配偶者間 人工受精(Artificial Insemination by Donor)은 'AID'라고 하고 법률상의 부의 동의에 의하여 AID 시술이 행하여진 경우에 이러한 시술에 의하여

---

3) 사회적 친자관계의 의미에 관한 국내에서의 논의는 최진섭 (2000), 541-543면을 참조할 것.
4) 보조생식의 의미와 유형 등에 관한 구체적인 내용은 윤진수 (2008), 66면의 각주 1 및 67면의 각주 5를 각각 참조.

출생한 자녀를 'AID자녀'라고 줄여 부른다. 다음으로 모자관계의 결정기준과 관련하여 문제되는 경우 즉 제3자가 제공한 난자 또는 이러한 난자로써 생성된 배아를 난자제공자 아닌 여성이 이식받아 포태·출산하는 경우를 '출산대리모 사안'이라고 하고 이러한 시술에 의하여 출생한 자녀를 '대리출산 자녀'라고 줄여 부른다.

다섯째로, 독일어 Abstammung에 대해서는, 혈통이라고 번역하는 것이 일반적이지만,[5] 이러한 번역어는 혈연상의 친자관계와 법적인 친자관계 중 어떤 것을 의미하는지가 불명확하기 때문에, 이 책에서는 전자를 의미하는 경우에는 '혈연'으로, 후자를 의미하는 경우에는 '친자관계' 또는 '친생자관계'로 번역한다. 국내에서도 Abstammungsklage는 '친자관계를 확정하는 소'로, Abstammungsrecht는 '혈연에 관한 법'으로 각각 번역한 예가 있다.[6]

---

5) 독일어-일본어 법률용어 사전인 Götze(1992), 7면; 山田晟 (1993), 9면 등 참조.
6) 차선자 (2009) 참조.

제 2 장

현행법의 개관

먼저, 제2장에서는 각국의 친자법에 대한 비교연구의 준비로서 우리나라의 현행법상의 친생자관계의 결정기준을 조문의 해석론과 판례을 중심으로 개관한다. 다만 후술하는 것처럼 우리나라 친자법은 기본적인 구조와 이에 관한 해석론이 일본의 경우와 비슷하기 때문에 필요한 경우에는 일본에서의 논의를 원용하거나 일본법 부분의 서술을 참조하는데 그친다. 또한 보조생식 자녀의 친자관계 결정은 당면한 문제이기는 하지만 아직 우리나라에서는 이에 관한 실정법이 제정되어 있지 않은 상황이기 때문에, 이에 관한 논의는 제5장의 입법론 부분에서 검토한다.

제1절 모자관계의 결정기준

I. 모자관계의 성립

현행법상의 모자관계의 결정기준은 실정법의 규정내용과 학설·판례의 해석론이 서로 다른 모습을 보이고 있다. 우선 혼인 중의 출생자에 대해서는 실정법상의 명문 규정은 없고 다만 민법 제844조는 '포태(胞胎)'에 의하여 모자관계가 성립하는 것으로 해석할 여지가 있을 뿐이다.[1] 다음으로 혼인 외의 출생자에 대해서는 (적어도 문리해석상으로는) 모자관계도 부자관계와 마찬가지로 인지에 의하여 성립하는 것으로 규정되어 있다(제855조). 이러한 규정체계는 해석상의 혼란을 야기한다. 혼인 중의 출생자에 대해 아무런 규정을 두지 않은 것은 '출산'이라는 사실을 근거로 모자관계가 성립함을 전제한 것으로 볼 수도 있으나, 이렇게 파악한다면 혼인 외의 출생자에 대해서는 인지에 의하여 모자관계가 성립하는 것으로 규정하고 있는 제855조를 설명하기가 어려워지기 때문이다.

그러나, 확립된 판례[2]와 통설[3]에 의하면 모자관계는 혼인 중의 출생자는 물론 혼인 외의 출생자에 대해서도 출산이라는 사실만을 근거로 당연히 성립하는 것으로 해석된다.[4] 즉, 혼인관계에 있는 부부사이에서 자녀가 출생하는 경우 일반적으로 모자관계는 출산이라는 자연현상에 의하여 그 존부가 외관상 명백[한 것이고],[5] 혼인 외의 출생자에 대한 모자 사이의 친생자관계

---

1) 권재문 (2004. 11), 149면.
2) 대법원 1997. 2. 14. 선고 96므738 판결 등.
3) 이경희 (2006), 156, 174면; 김주수 (2002), 117면; 양수산 (1998), 359면; 정광현 (1959), 196, 204면.
4) 이 책에서는 '출산주의'라고 줄여 부른다.

는 모에 의한 자의 출산이라는 객관적이고 확실한 자연적 사실에 의하여 쉽게 인정할 수 있으므로 출산이라는 그 사실 자체에 친생자관계라는 법률관계의 존재를 확정하는 법률효과를 부여하는 것이 자연스럽고 합리적이라는 것6)이다. 따라서, 이러한 확립된 해석론에 의하면, 제855조에 규정된 '모의 인지'는 棄兒·迷兒 등의 특수한 경우(즉 출산이라는 사실에 의하여 확인된 모자관계가 출생신고에 반영되지 않은 경우)를 대상으로 하는 것으로서 부의 인지와는 달리 확인의 의미만을 가지는 것이 된다.

그러나, 이러한 지배적 견해에는 의문의 여지가 있는데, 그 이유는 다음의 두 가지로 요약할 수 있다: 첫째로, 위와 같은 해석론은 우리나라와 동일한 내용의 조문체계를 가진 일본의 학설·판례의 직접적 영향을 받은 것인데, 일본에서는 최근에 모의 인지 조항을 무의미하게 만드는 출산주의적 해석에 대한 비판론이 활발하게 전개되고 있다. 구체적인 내용은 일본법 부분에서 후술한다. 둘째로, 대리출산 기법이 개발됨에 따라 출산모와 혈연모가 분리되는 사안이 등장하였고, 이러한 대리출산 사안에 대해서도 출산주의를 관철시키려면 친자법의 원칙인 혈연주의에 대한 예외를 인정하기 위한 논거가 필요하게 되었다. 다만, 대리출산 자녀를 비롯한 보조생식 자녀에 대해 적용될 친자법은 아직 실정법으로 마련되어 있지 않기 때문에, 구체적인 내용은 입법론 부분에서 다룬다.

II. 모자관계의 해소

혼인 중의 출생자에 대해서는, 모자관계의 성립에 관한 조항이 없는 것처럼 이를 해소하기 위한 절차에 관한 조항도 없다. 한편 혼인 외의 출생자에

---

5) 헌법재판소 1997. 3. 27.선고 95헌가14, 96헌가7(병합) 결정.
6) 헌법재판소 2001. 5. 31. 선고 98헌바9 결정.

대해서는 모의 인지에 의하여 모자관계가 성립하는 것으로 본다면 인지를 다투는 절차에 의하여 모자관계가 해소된다고 볼 여지도 있다.

그러나 위에서 본 것처럼 모자관계는 출산이라는 사실을 근거로 당연히 성립하는 것으로 파악하는 한 출산모와 자녀 사이의 법적 모자관계를 해소하는 것은 불가능한 것으로 해석된다. 따라서 법적인 모자관계의 해소는 법적인 모가 출산모가 아닌 경우에 한하여 인정될 수 있을 것이다. 물론, 이제는 친양자제도가 도입됨에 따라 친양자입양의 효과로서 모와 자녀 사이의 친족관계도 종료되는 경우도 있지만(제908조의3 제1항), 이러한 효과는 친양자입양의 목적을 달성하기 위한 제한된 범위 내에서만 인정되는 것으로서 법적인 모자관계의 완전한 소멸을 의미하는 것은 아니라고 해석하여야 한다. 왜냐하면 모자관계로부터 도출되는 친권·부양·상속 등의 법률효과의 소멸은 인정되지만 혼인무효사유인 근친혼인지의 여부를 판단함에 있어서는 여전히 친생모를 중심으로 하는 친족관계가 적용되기 때문이다(제809조 제1항 참조).

출산모 아닌 사람과 자녀 사이의 법적인 모자관계를 해소하려면 법적 친자관계의 해소에 관한 일반적인 절차인 친생자관계 부존재확인의 소를 거쳐야만 한다. 다만 친생자관계 부존재확인의 소에 대해서는 아래에서 살펴보는 것처럼 원고적격이 넓게 인정될 뿐 아니라 제소기간이 전혀 제한되지 않기 때문에, 출산이라는 생물학적 진실에 반하는 법적 모자관계의 해소는 거의 제한되지 않는다.

제2절 부자관계의 결정기준

출산이라는 사실만을 근거로 인정되는 모자관계와는 달리, 부자관계에 대해서는 모의 혼인 여부에 따라 이원적인 요건이 적용된다. 또한 법적 부자관계가 일단 성립하고 나면 비록 혈연상의 부자관계와 일치하지 않음이 밝혀지더라도 더 이상 해소시킬 수 없게 되는 경우도 생길 수 있다.

I. 부자관계의 성립

1. 친생추정

(1) 친생추정의 의의

모가 혼인한 날로부터 200일 후부터 그 혼인이 해소된 날부터 300일 이내에 출생한 자녀는 혼인 중에 포태된 것으로 추정되고, 모가 혼인 중에 포태한 자녀는 모의 배우자의 친생자녀로 추정된다(제844조 제1항, 제2항).

친생추정에 관한 조항들에 대해서는 입법과정에서 특별하게 논의된 내용이 거의 없기 때문에[1] 친생추정을 친생자관계의 성립요건으로 둔 입법취지는 명확하지 않다. 다만 친생추정 제도는 혈연의 존부 판별이 현실적으로 불가능함을 전제로, 혼인의 본질에 근거한 경험칙에 의존하여 혼인중의 포태라는 사실로부터 혈연상의 부자관계를 추정하는 것으로서, 그 목적은 혼인 중

---

1) 민법안심의록, 68~74면; 정광현 (1967), 325~329면 참조.

의 출생자와 법률상의 부 사이의 혈연의 존부에 대한 다툼을 방지하여 자녀의 복리와 혼인가정의 평화를 보호하는데 있다는 견해[2]가 지배적이다.

(2) 친생추정이 미치는 범위에 관한 제한설

(a) 의의

제844조의 친생추정은 자녀의 출생시에 모와 혼인관계 있는 사람을 부로 추정하는 이른바 '출생시주의'가 아니라, 친생추정의 요건으로서 혼인이라는 요소 뿐 아니라 혈연의 존재 개연성도 요구하는 이른바 '포태시주의'를 반영하고 있다. 또한, 현행법 뿐 아니라 친족상속에 관한 구관습에 의하더라도 부모의 혼인중의 출생이 아니라 '포태'에 의하여 친생추정이 성립한다.[3] 이처럼, 현행법상의 친생추정 제도는 '혼인 중의 포태'라는 사실로부터 '부와 모의 성적 교섭에 의한 포태'라는 사실을 추인하고 다시 이러한 사실로부터 부자관계를 추정하는 혈연의 개연성 추정으로서, 결국 법적 부자관계 결정 원리로서의 혈연주의[4]를 반영하고 있는 것이다.[5]

이처럼 친생추정을 경험칙을 매개로 한 전형적인 추정의 일종으로 이해한다면, 반대사실의 증명에 의하여 이러한 추정을 번복하는 것 또한 당연히 허용되어야 한다.[6] 이러한 관점에서, 제844조의 문리해석상의 요건이 갖추어

---

2) 김용한 (2002), 174면; 김주수 (2002), 44면; 양수산 (1998), 345면; 정광현 (1959), 199면. 이제정 (2003), 420~421면은 배우자 있는 여성이 혼인중에 포태한 자녀에 대해 일일이 남편의 자녀임을 입증하게 하는 것은 비경제적이고 처의 인격을 모독하는 것이라고 한다.

3) 대법원 1987. 10. 13. 선고 86므129 판결 참조.

4) 이하에서는, 법적 친자관계는 혈연상의 친자관계를 반영하여야 한다는 입법원칙을 '혈연주의'라고 한다.

5) 권재문 (2004. 11), 151면; 이준영 (2000), 90면; 장태환 (1997), 9면; 헌법재판소 1997. 3. 27.선고 95헌가14, 96헌가7(병합) 결정; 松川正毅 (2008), 311면.

진 경우라 하더라도 반대사실의 증명에 의하여 친생추정이 배제될 수 있으며, 이러한 경우에는 친생자관계 부존재확인의 소로써 법적 부자관계를 다툴 수 있다는 견해를 '제한설'이라고 한다. 제한설은 원래 일본의 학설·판례에 의하여 고안된 것이지만[7] 이제 우리나라에서도 통설과 판례로 확립되었다.

(b) 제한설의 하위유형들

제한설은 다시 간접사실의 인정 범위와 관련하여 견해가 나누어진다. 종래에는 처가 부의 자를 포태할 수 없음이 외관상 명백한 사정이 있는 경우에만 친생추정이 미치지 않는다는 견해(이하 '외관설'이라 한다)와 과학적으로 부자관계 없음이 증명된 경우에는 친생추정이 미치지 않는다는 견해(이하 '혈연설'이라 한다)가 대립하였으나, 그 후 친생추정 제도는 가정의 평화 보호를 주된 목적으로 하는 것이기 때문에 법률상의 부와 모의 혼인관계가 원만하게 유지되고 있을 때는 친생추정의 효력을 관철시키고 이것이 파탄에 이른 경우에는 친생추정을 배제하여 친생자관계 부존재확인의 소로써 혈연에 반하는 법적 부자관계를 해소시킬 수 있도록 하자는 견해(이하 '가정파탄설'이라 한다)가 새롭게 제기되었다.[8] 이러한 견해들 중 외관설이 다수설과 판례[9]의 태도이지만, 최근에는 가정파탄설[10]이 유력하게 제기되고 있으며 혈연설[11]도 나타나고 있다. 제한설을 정립한 대법원 1983. 7. 12. 선고 82므

---

6) 鈴木祿弥 (1989), 140면 이하는, 친생추정에 관한 제한설을 혼인 외의 자녀의 모 결정기준에 관한 출산주의의 확립과 더불어 '학설에 의한 혈연주의의 확충'의 일환으로 파악한다.

7) 注釋民法 (1971), 116면; 中川善之助 (1959), 344면 등 참조.

8) 제한설에 속하는 각 견해들의 구체적인 내용에 대해서는, 이제정 (2003), 425∼433면을 참조할 것.

9) 대법원 1983. 7. 12. 선고 82므59 전원합의체 판결 등 다수.

10) 김주수/김상용 (2009), 273면.

11) 박동섭 (2009), 300면.

59 전원합의체 판결도, 결론에 있어서는 외관설을 반영하고 있지만, 판결이유에서는 친생추정·친생부인 제도를 "부부가 정상적인 혼인생활을 영위하고 있는 경우를 전제로 가정의 평화를 위하여 마련한 것이라 할 것"이라고 함으로써 가정파탄설과 비슷한 관점도 드러내고 있다.

이러한 제한설과 그 하위유형들은 모두 일본의 학설·판례의 영향을 받은 것인데, 일본에서 상당한 지지를 얻고 있는 '합의설'을 반영한 견해가 거의 제기되고 있지 않다는 점이 특이하다. 이러한 사정은 절차법의 차이, 즉 우리나라의 가사소송법에는 합의설을 구현하기 위한 절차인 '合意에 相當하는 審判(일본 가사심판법 제23조)' 제도가 없다는 사정으로 인한 것으로 여겨진다. 다만, 일본의 합의설과 비슷한 견해로서, 현행법 하에서도 대법원 1992. 7. 24. 선고 91므566 판결12)을 근거로, 우리나라에서도 친생추정에 의하여 성립한 법적 부자관계의 해소를 목적으로 하는 친생자관계 부존재확인의 소를 일반적으로 허용할 수 있을 것이라는 견해가 실무계를 중심으로13) 제기된 바 있다. 그러나 위 판례에 의한 법적 부자관계의 해소는 편법에 불과한 것으로서 이것을 일반화하기는 어렵다.14) 대법원 2000. 8. 22. 선고 2000므

---

12) 이 판결은, 친생추정을 번복하려면 친생부인 절차를 거쳐야 하는 것이기 때문에 친생자관계 부존재확인의 소는 각하되어야 하는 것이 원칙임을 인정하면서도, 이러한 부적법한 친생자관계 부존재 확인청구이더라도 "법원이 그 잘못을 간과하고 청구를 받아들여 … 친생자관계가 존재하지 않는다는 확인의 심판을 선고하고 그 심판이 확정된 이상 이 심판이 당연무효라고 할 수는 없는 것이며 … 위 확정심판의 기판력은 제3자에게도 미친다고 할 것이다. 따라서 … 확정[된 친생자관계 부존재확인] 심판의 기판력과 충돌되는 … 친생자로서의 추정의 효력은 사라져 버렸다고 할 것이다. 그리하여 이 사건 인지청구는 위 친생추정과 서로 모순된다고 할 수 없게 된 것이다."라고 판시하였다.

13) 박정화 (2001), 52면; 또한 김선혜 (1993), 627면은 "혈액형배치 등의 경우에는 소송실무상 널리 친생자관계 부존재확인소송을 인용하여 주어야 할 것이 아닌가 생각되며 대법원판례가 친생부인의 소를 제기하여야 할 사건에서 친생자관계부존재확인의 확정판결이 있는 경우 친생부인판결과 같은 효력을 인정하므로 당사자에게도 실질적 해결이 될 것"이라고 하고 있다.

292 판결도 "동거의 결여로 인하여 포태할 가능성이 없음이 외관상 명백하다는 사정"에 대한 주장·입증이 없는데도 바로 본안에 들어가 유전자감정을 하여 친생자관계가 인정됨을 이유로 원고의 청구를 기각한 원심(대구지법 2000. 1. 19. 선고 99르157 판결)을 취소하고 자판하여 소를 각하함으로써 위 대법원 1992. 7. 24. 선고 91므566 판결의 결론은 부득이한 것이었음을 보여주고 있다.

이러한 제한설의 하위유형들에 관한 논의는 일본의 그것과 거의 일치한다. 따라서 각 유형들의 구체적인 논거는 일본 친자법에 대한 비교법적 연구 부분에서 좀 더 자세하게 살펴본다. 또한 각 견해들에 대한 비판론은 입법론 부분에서 다룬다. 제한설을 친생추정 제도의 일부로서 유지할 필요가 있는가 라는 문제와 직결되기 때문이다.

(3) 부를 정하는 소

(a) 의의

부를 정하는 소(제845조)는 친생추정과 관련된 부자관계 성립요건의 일종으로 파악할 수 있다. 왜냐하면 이 제도는 모가 이혼한 날로부터 100일이 지나기 전에 재혼함으로써 전혼 배우자의 친생추정과 후혼 배우자의 친생추정이 중첩되는 경우를 해결하기 위한 것이기 때문이다. 특히 2005년 개정으로 친생추정의 경합을 방지하는 것을 기능을 수행하던 여성의 재혼금지 기간 제도가 폐지되었기 때문에, 이제는 부를 정하는 소에 의하여 부자관계를 확정해야 하는 사안이 발생할 가능성이 높아졌다고 할 수 있다.

---

14) 서정우 (1993), 668면은 위 판결의 배경에 "친생추정의 법리를 간과한 법원이 경솔하게 친생자관계부존재확인 판결을 선고한 잘못이 있었다는 해프닝"이 있었다고 평가하고 있다.

이처럼 친생추정이 경합하는 경우의 법적 부자관계는 당사자의 청구에 따라 법원이 재판으로써 결정하게 된다. 비록 법원이 아버지를 결정하기 위한 기준이 실정법으로 명시되어 있지는 않지만, 혈연주의가 친생자관계의 성립에 관한 원칙이라는 점, 그리고 재혼금지기간을 폐지한 민법개정안을 마련하는 과정에서도 부를 정하는 소는 혈연의 존부를 판별하여 법적인 부자관계를 결정하는 것임을 전제하고 있었다는 점15) 등에 비추어 볼 때, 법원은 전혼 배우자와 후혼 배우자 중 자녀와 혈연이 있는 사람에게 법적인 아버지라는 지위를 인정하여야 할 것이다.16) 이러한 재판 즉 '부를 정하는 (확정)판결'에 근거하여 성립한 법적 친자관계는 확정판결을 다투는 재심절차를 거쳐야만 해소될 수 있다.

한편, 부를 정하는 소와 관련하여, '당사자의 청구에 의하여'라는 표현을 중시하여, 이 조항을 근거로 우리 민법의 해석론상으로도 親生父의 중첩이 인정될 수 있다는 주장17)을 주목할 만하다. 이러한 주장의 당부는 결국 법적 부자관계의 본질을 어떻게 보느냐에 달려 있다고 할 수 있다. 법적 부자관계를 가족관계등록부 등에 기재된 부자관계 자체라고 본다면 위의 견해는 설득력이 떨어진다. 왜냐하면 호적선례18)에 의하면 법적인 부자관계가 재판으로 확정되지 않는 한 혈연상의 부자관계가 증명되더라도 가족관계등록부에 이를 기재할 수 없으며, 결국 친생추정이 경합하는 경우에 부를 정하는 소에 의하여 법적인 부가 결정되지 않는 한 가족관계등록부에 어떠한 부자관계도 기재될 수 없을 것이기 때문이다. 그러나, 부자관계와 관련된 재판들은 결국

---

15) 제228회 국회 법제사법위원회 제1차 회의 회의록 참조.
16) 박동섭(2009), 263면; 이경희 (2006), 171면; 신영호 (2006); 김주수 (1997), 45면도 같은 취지임.
17) 권재문 (2007. 11), 81면.
18) 호적선례 200410-2에 의하면, 전혼의 종료일로부터 300일 이내에 출생한 자에 대하여 … 의사가 발행한 출생증명서상 임신일수를 역산하면 전혼관계종료 후에 포태한 것이 명백한 경우에도, 친생부인의 소 등에 의해 친생추정을 번복하지 않는 한 전혼 배우자의 자녀가 아니라는 취지의 출생신고는 수리될 수 없다.

이러한 '가족관계등록부상의 부자관계'와 별개로 성립할 수 있는 '법적' 부자관계가 있음을 전제로 후자에 전자를 맞추기 위한 절차임을 감안한다면, 부를 정하는 판결이 확정되기 전까지는 잠정적으로나마 부자관계의 중첩이 인정될 수 있다고 해석할 수 있지 않을까?

(b) 평가

이처럼, 친생추정이 경합하는 경우에 반드시 법원의 재판을 거쳐서 부성을 확정하도록 하는 제845조에 대해서는 비판적인 견해도 제기되고 있다. 즉 전혼 해소 직후에 후혼이 성립하는 경우라면 경험칙에 비추어 후혼 배우자의 친생자일 개연성이 높기 때문에 후혼 배우자에 대해서만 친생추정을 인정하고 제845조를 삭제하는 것이 바람직하다는 것이다.[19] 그러나 이러한 견해는, 친생추정의 요건으로서 현행법의 포태시주의 대신 출생시주의를 채택하여야 한다는 입법론으로서는 가치가 있을지 몰라도, 현행법의 해석론으로서는 받아들여지기 어렵다. 전혼이 언제 사실상의 이혼 상태가 되었는지는 구체적인 사실관계에 따라 결정되는 문제이며, 판례의 제한설·외관설에 의하면, '사실상의 이혼으로 부부가 별거'하였다는 사실이 증명된 경우에는 "동서의 결여로 처가 부의 자를 포태할 수 없는 것이 외관상 명백한 사정이 있는 경우"에 해당하는 것으로서 전혼 배우자에 대한 친생추정 자체를 배제해 버리기 때문이다.

물론, 부를 정하는 소를 거치기 전까지는 자녀의 가족관계등록부상 '아버지'란이 공백으로 남게 된다는 문제가 발생한다.[20] 그러나, 이러한 문제는 아직 인지되지 않은 혼인 외의 출생자의 경우에도 마찬가지임을 감안한다면, 부득이한 것으로 보아야 할 것이다.

---

19) 윤진수 (2009), 234면.
20) 加藤佳子 (三), 470면.

(4) 친생승인

(a) 의의

자녀의 출생한 후에 그 자녀가 자신의 친생자임을 승인한 자는 친생부인의 소를 제기하지 못하고(제852조), 다만 사기 또는 강박에 의하여 승인한 때에 한하여 이를 취소할 수 있을 뿐이다(제853조). 이러한 친생승인 제도의 기능은, 조문의 문언이나 위치에 비추어볼 때 친생부인권의 제한 사유들 중 하나로 파악할 수 있으나, 친생추정에 의하여 성립한 법적 부자관계를 확정시키는 적극적인 효과도 가진다고 파악할 수도 있다.

친생승인 제도에 관한 국내의 연구성과는 대부분 AID 시술에 동의하였던 법률상의 부의 친생부인권 배제의 논거로 거론하는 정도에 머물렀기 때문에 이 조항 자체의 의미와 법적 성질 등에 대해서는 거의 논의가 되지 않았다.[21] 따라서 친생승인 제도의 의미와 해석론은 이 조항의 원형인 일본민법 제776조에 관한 일본에서의 논의를 참조할 수밖에 없을 것이다.

(b) 평가

제852조의 존재가치에 대해서는 ⓐ혈연과 일치하지 않는 법적 친자관계를 보호할 수 있다는 점, ⓑ금반언의 원칙을 반영하였다는 점[22] 등에 근거한 긍정적인 평가도 있다. 그러나 2005년 개정법 제852조를 그대로 유지한 것에 대해서는 다음과 같은 비판을 가할 수 있다. 우선 긍정적 평가의 논거들

---

21) 예를 들어, 김주수/김상용 (2009), 279면은, 제852조의 조문을 소개한 후, "승인은 묵시로도 되나 성질이 명확하여야 한다"라고 언급하는 정도에 그치고 있다.

22) 1998년 정부가 제안한 민법 개정안에 대한 이유설명을 담당하였던 추호경 당시 법무심의관의 진술 참조(제198회 국회 법제사법위원회 제14차 회의 회의록, 52면 참조)

중 위 ⓐ는 혈연과 일치하지 않는 법적 친자관계의 보호는 '입양신고 기능을 하는 출생신고의 법리'등을 활용함으로써 실현될 수 있으며, 또한 위 ⓑ에 대해서는 친생자관계는 공익과도 직결되는 것으로서 (금반언의 원칙과 마찬가지로 '신의칙의 파생원칙'으로 인정되고 있는) '실효의 원칙'의 적용 대상이 아니라고 한 판례23)의 태도와 조화를 이루기 어렵다는 문제점을 지적할 수 있다. 나아가 자녀의 의사와 전혀 무관하게 부모의 의사만을 근거로 혈연에 반하는 친자관계가 확정될 수 있게 한 것은 2005년 개정법의 실질적인 논거였던 '자녀의 복리' 실현을 도외시한 것이라고 볼 여지도 있다.

결국 제852조의 가치는 여기서 말하는 '승인'을 단순히 법률상의 부의 의사표시만으로 충족되는 것으로 볼 것인가, 아니면 사회적 친자관계라는 외적인 행태까지도 갖추어야만 인정되는 것으로 볼 것인가에 달려 있다고 할 수있다. 후자라고 파악한다면 이 조항은 혈연은 없지만 사회적으로 형성·유지되고 있는 친자관계를 반영한 법적 친자관계를 확정시킴으로써 순기능을 발휘할 수 있게 되기 때문이다.

2. 인지

(1) 개관

(a) 의의

모가 혼인한 후에 태어났지만 제844조 제2항의 기간 내에 출생하지 않은 자녀 및 모가 혼인하지 않은 상태에서 출생한 자녀는, 인지라는 요건을 갖추어야만 부자관계가 성립한다. 즉 혼인 외의 출생자에 대하여는 그 실부(實父)가 인지를 함으로써 비로소 부자간에 법률상의 친자관계가 형성되어 부

---

23) 대법원 2001. 11. 27. 선고 2001므1353 판결

양의무가 발생하는 것이고, 아직 인지되지 않은 혼인외의 출생자에 대하여는
그 실부라 하더라도 부양의무 등의 법적인 효과는 발생하지 않는다.24) 한편,
제855조는 '혼인 외의 출생자'만이 인지의 대상인 것처럼 규정하고 있으나
혼인 중의 출생자라 하더라도 제844조 제2항의 기간 내에 태어나지 않았다
면 모의 배우자의 자녀로 친생추정되지 않기 때문에, 인지를 거쳐야만 법적
인 아버지가 결정될 수 있다.

　　이러한 인지는, 부에 의한 인지(제855조. 이하에서는 '임의인지'라고 한다)
와 임의인지를 하지 않거나 할 수 없는 부를 상대로 자녀가 제기한 인지청구
의 소에 의한 인지(이하에서는 '강제인지'라고 한다)25)의 두 가지 유형으로
다시 나누어진다.

(b) 인지의 법적성질

1) 견해의 대립

　　인지에 의한 법적 부자관계 형성의 근거가 무엇인지와 관련하여 일본에서
는 오래 전부터 의사주의(또는 주관주의)와 사실주의(또는 객관주의)가 대립
해 왔고 이러한 견해대립은 우리나라에도 그대로 반영되었다.

　　의사주의에 의하면 인지는 인지자의 의사표시로서 단독행위에 해당한다.
따라서 인지에 의한 법적 친생자관계의 성립은 인지자가 원한 바(효과의사의
내용)에 따른 것이다.26) 반면 사실주의에 의하면, 인지는 인지자와 피인지자
사이에 혈연관계가 있다는 사실을 진술하는 관념의 통지에 지나지 않는다.

---

24) 대법원 1987. 12. 22. 선고 87므59 판결.
25) 제863조, 가사소송법 제2조 제1항 가목 (2) 9호.
26) 이준영 (2010. 2), 608면~609면은 임의인지는 순수한 의사표시이고, 현행법상의
　　임의인지는 "부자관계의 생물학적 일치에 대한 공적 이익의 존재를 요구하고 있는
　　것은 아니"라고 하고 있으며, 박동섭 (2009), 268면도 현행법상의 인지제도는 '주
　　관주의에 가깝다'라고 평가한다.

따라서 인지로 인한 법적 친생자관계의 성립은 민법상의 친생자관계의 기본 원칙인 혈연주의 자체가 발현되는 모습일 뿐이고, 임의인지의 본질은 간접사실에 근거한 '증거법칙적 추정'의 일종에 지나지 않는 것으로 된다. 즉 임의 인지는 혼인 외의 친자관계를 추정하는 방법에 불과한 것이고,27) 임의인지에 의한 부자관계의 형성은, 어떤 사람이 자신이 혈연부라는 취지의 진술을 하였다면, 상식과 경험칙에 비추어볼 때 그는 실제로 모와 가임기에 성행위를 한 사람일 개연성이 높다는 '추정'에 다름 아닌 것이다.28)

인지의 법적 성질에 대한 이러한 견해대립의 실익은, 인지자의 자발적인 의사에 의하여 성립한 법적 부자관계가 혈연상의 부자관계와 일치하지 않는 경우에, 이러한 법적 부자관계를 해소할 수 있는지의 여부로 귀결된다. 객관주의에 의하면 혈연과 일치하지 않는 법적 부자관계이기 때문에 해소할 수 있다는 결론에 이르게 되는 반면 주관주의에 의하면 인지자의 유효한 의사표시가 있었던 이상 그 효과인 법적 부자관계를 해소할 수 없다는 결론에 이르게 된다.

2) 평가: 사실주의의 타당성

현행법상의 인지제도는 사실주의에 근거하고 있는 것으로 이해하여야 한다.29)

첫째로, 의사주의는 혈연의 과학적 증명이 불가능할 뿐 아니라 혼인 외의 자녀에 대한 차별이 극심하였던 시대적 배경 하에서, 자녀의 복리를 위하여 스스로 아버지라고 주장하는 사람에게 아버지의 지위를 인정하지 않을 이유가 없다는 법정책적 고려가 반영된 것이다. 따라서, 이제는 혈연의 과학적 증명이 가능해졌을 뿐 아니라 혼인 외의 자녀에 대한 차별대우도 적어도 법

---

27) 이경희 (2006), 176면.
28) 伊藤昌司 (1995. 11.), 257~261면; 二宮周平 (家族法), 170면.
29) 같은 취지로, 김용한 (2002), 183면; 이경희 (2006), 176면.

적으로는 완전히 철폐되었기 때문에, 인지자가 법적인 아버지의 지위를 원한
다는 이유만으로 법적 부자관계가 성립하도록 할 이유가 없다.

둘째로, 이미 혈연의 존부만을 주요사실로 하는 인지청구의 소30)와 인지
무효의 소 제도31)가 인정되고 있으며, 심지어 부가 사망한 후에도 인지청구
의 소에 의하여 부자관계가 성립할 수 있다. 따라서 혼인외의 자녀와 아버지
사이의 법적 친생자관계는 아버지의 인지 의사에 의하여 좌우되는 것은 아
니다. 특히 강제인지 또는 인지무효를 주장할 수 있는 권리는 행사기간이 제
한되어 있지도 않을 뿐 아니라 실효의 원칙의 적용대상이 아니고32) 포기할
수도 없다. 심지어 이러한 절차에서 법원은 (자녀의 복리 등의 상충하는 이
익을 고려할 필요 없이) 혈연의 존부에 대한 직권탐지 의무까지 진다.33) 따
라서 인지의 경우에는(법적인 친자관계의 안정성 등의 다른 이해관계와의 조
화를 목적으로 하는 친생부인 제도에 의해 제한되는) 친생추정의 경우 보다
훨씬 더 강하게 혈연주의가 반영되어 있다.

셋째로, 우리 민법은 외국의 입법례들과는 달리 자녀나 모의 동의를 임의
인지의 요건으로 규정하지 않았으며, 심지어 모법인 일본법에 규정되어 있었
던 이러한 요건을 의식적으로 삭제하였다.34) 따라서 자녀가 원하지 않아도
혈연부는 일방적으로 임의인지를 함으로써 법적인 친생자관계를 형성할 수
있고, 일단 친생자관계가 성립하면 이러한 관계는 해소될 수도 없다. 인지이
의나 인지무효의 요건은 '혈연의 부존재'이기 때문이다. 따라서 임의인지에

---

30) 인지소송의 목적은 부와 자와의 간에 사실상[즉, 혈연상]의 친자관계의 존재를 확
    정하고 [이것에 근거한] 법률상의 친자관계를 창설함을 목적으로 하는 것이[다](대
    법원 2005. 6. 10. 선고 2005므365 판결 등).
31) 정광현 (1959), 208면; 이경희 (2006), 178면 등은 혈연의 부존재가 인지무효 사유
    라고 단언하고 있다.
32) 대법원 2001. 11. 27. 선고 2001므1353 판결.
33) 대법원 2005. 6. 10. 선고 2005므365 판결.
34) 일본민법에 규정된 임의인지에 대한 자녀 측의 승낙이라는 요건은 '혈연주의를 제
    한'하는 요소로 인정되고 있다. 鈴木祿弥 (1989), 138면 참조.

대한 동의권을 인정하는 이유가 혈연에 따른 부자관계의 형성이라는 혈연부의 이익과 상충하는 다른 이익들(예를 들어, 자녀의 인격권, 미성년 자녀의 복리 등)을 보호하는 것임을 고려한다면, 후자를 전혀 고려하지 않고 전자만을 실현시킬 수 있도록 하는 우리 민법의 입법태도에는 혈연주의가 매우 강력하게 반영된 것이라고 볼 수밖에 없다. 이에 대해서는, 특히 모의 동의를 임의인지의 요건으로 두지 않은 것은 오히려 의사주의를 반영한 것이라는 견해[35]도 제기되고 있다. 그러나 이러한 견해는, 모의 동의 여부는 혈연의 존부를 반영하는 것이 아니라 모의 자유의사에 맡겨져 있으며, 모가 동의하였더라도 혈연이 없는 한 임의인지에 의하여 성립한 법적 부자관계는 인지이의·인지무효의 소에 의하여 해소될 수 있음을 간과하였다고 평가할 수 있을 것이다.

넷째로, 헌법재판소[36]도 부모 사망 후의 인지청구의 소의 제소기간 제한의 정당성은, (그 기산점인 부모의 사망사실을 안 날이라는 표현으로부터) 이미 자녀가 부모의 생전에 혈연의 진실을 알고 있으며 그러한 사실을 알고 있는 한 기간제한 등의 어떠한 제한요건도 없이 인지청구의 소를 제기하여 혈연주의를 실현할 수 있음을 전제로 인정될 수 있음을 강조하고 있다.

(2) 임의인지

(a) 임의인지의 방식

임의인지는 인지신고와 유언이라는 두 가지 방식 중 하나를 선택하여 할 수 있다. 먼저 인지신고에 의한 인지는 요식행위로서 그 절차는 가족관계등

---

35) 이준영 (2010. 2), 622면; 이경희 (2002. 6), 33면.
36) 헌법재판소 2001. 5. 31. 선고 98헌바9 결정.

록법 제55조 이하에 규정되어 있다(제859조 제1항). 인지신고는 창설적 신고
로서 수리된 때 친자관계 성립이라는 효력이 발생한다. 다만 인지신고는 출
생신고로써 갈음할 수 있다(가족관계등록법 제57조 참조). 따라서 인지의 다
른 요건이 갖추어졌다면 인지자가 한 출생신고에 의하여 적법한 임의인지의
효력이 발생한다. 반면 그렇지 않은 경우에는(예를 들어, 부 아닌 모가 부의
자녀로 출생신고를 하는 경우) 출생신고가 되어 있더라도 인지의 효력은 인
정될 수 없다.[37] 다음으로 유언에 의한 인지는 민법 제1065조 이하에 규정
된 유언의 방식에 따라 행하고(제859조 제2항 1문) 친자관계는 유언의 효력
발생시에 성립한다(제1073조 제1항). 따라서 유언집행자가 취임일로부터
1개월 이내에 하는 인지신고(제859조 제2항 2문)는 보고적 신고에 지나지
않는다.

(b) 현행법상 임의인지의 요건의 특징

친생추정·친생부인에 관한 조항들이 일본민법의 해당 조항들의 내용을 거
의 그대로 답습한 것과는 대조적으로, 일본에서는 패전 전은 물론 패전 후에
도 자녀 등의 동의를 임의인지의 요건으로 하고 있는 반면 우리 민법은 처음
부터 이러한 요건을 두지 아니하였다. 심의 경과를 보면 성년 자녀의 동의
권에 대해서는 외국의 입법례를 전혀 소개하지 않았고, 태아인지에 대한 모
의 승낙이라는 요건에 대해서는 일본법을 외국의 입법례로서 소개하고 있기
는 하지만 이에 관하여 별다른 논의가 이루어지지 않았다. 다만 이미 사망한
자녀의 인지를 그 직계비속이 있는 경우에 한하여 허용하는 것(제849조)에
대해서는 약간의 논의가 있었다. 이 조항의 입법취지는 자녀의 생전에 부모
로서의 의무를 다하지 않았던 부모가 자녀 사망한 후 인지를 하여 상속권만
을 주장하는 것을 방지하기 위하여 이미 자녀가 사망한 때에는 그 자녀에게

---

37) 대법원 1984.9.25. 선고 84므73 판결.

1순위 상속인인 직계비속이 있는 경우에 한하여 인지하도록 한 것이었다. 이에 대하여, 이렇게 하더라도 사망한 자녀의 직계비속이 기회주의적인 인지자에 대한 부양의무를 지는 것은 면할 수 없는 "부당한 사례도 발생할 수 있을 것[이기 때문에] 일본민법 제783조 제2항 후단[사망한 자녀의 직계비속의 인지동의권]을 참조"하자는 의견이 제안되었다. 그러나 초안에 이러한 내용이 없었음을 이유로 이러한 제안이 채택되지 않아서 현재의 모습으로 귀결되었다.[38]

(3) 강제인지

강제인지란 부모가 임의인지를 하지 않거나 할 수 없는 경우에 자녀 측이 제기한 소에 의하여 법적 친자관계를 성립시키는 것을 뜻한다.

이러한 소는 자녀, 그의 직계비속, 또는 이들의 법정대리인이 부모를 상대로 제기할 수 있으며(제863조), 부모가 생존해 있는 한 제기할 수 있다. 즉, "인지청구권은 본인의 일신전속적인 신분관계상의 권리로서 포기할 수도 없으며 포기하였더라도 그 효력이 발생할 수 없는 것이고, 이와 같이 인지청구권의 포기가 허용되지 않는 이상 거기에 실효의 법리가 적용될 여지도 없다. … [또한] 인지청구권의 행사가 상속재산에 대한 이해관계에서 비롯되었다 하더라도 정당한 신분관계를 확정하기 위해서라면 신의칙에 반하는 것이라 하여 막을 수 없[다]."[39]

다만 부모가 사망한 때에는 자녀 측에서 이러한 사실을 안 날로부터 2년 내에 검사를 상대로 인지청구의 소를 제기하여야만 한다(제864조). 이처럼 부모가 사망한 후에 제기하는 인지청구의 소에 대한 제소기간 제한은 혼인 외의 출생자의 이익과 다른 공동상속인들의 이익을 조화롭게 고려한 것이라

---

38) 민법안심의록, 511면 참조.
39) 대법원 2001. 11. 27. 선고 2001므1353 판결.

고 평가된다. 왜냐하면 부모의 생존 중에는 아무런 제한 없이 인지청구의 소를 제기할 기회가 보장되어 있었고, 부모의 생존 중에는 친자관계의 진실을 모르던 혼인 외의 자녀가 부모 사망 후 상당한 기간이 경과한 후 이러한 사실을 알게 되는 것은 극히 드물기 때문에, 기간을 제한하더라도 혼인 외의 출생자의 인지청구권 행사를 현저하게 곤란하게 하거나 불가능하게 하는 것은 아니라고 볼 수 있기 때문이다.[40]

인지청구의 소의 주요사실은 혈연상의 친자관계이다. 이러한 주요사실은 여러 가지 간접사실에 의하여 추인될 수 있으나 최근에는 과학적 혈연검사가 주로 사용된다. 즉, 친자관계라는 주요사실의 존재를 증명함에 있어서는, 부와 친모 사이의 정교관계의 존재 여부, 다른 남자와의 정교의 가능성이 존재하는지 여부, 부가 자를 자기의 자로 믿은 것을 추측하게 하는 언동이 존재하는지 여부, 부와 자 사이에 인류학적 검사나 혈액형검사 또는 유전자검사를 한 결과 친자관계를 배제하거나 긍정하는 요소가 있는지 여부 등 주요사실의 존재나 부존재를 추인시키는 간접사실을 통하여 경험칙에 의한 사실상의 추정에 의하여 주요사실을 추인하는 간접증명의 방법에 의할 수밖에 없는데, 여기에서 혈액형검사나 유전자검사 등 과학적 증명방법이 그 전제로 하는 사실이 모두 진실임이 증명되고 그 추론의 방법이 과학적으로 정당하여 오류의 가능성이 전무하거나 무시할 정도로 극소한 것으로 인정되는 경우라면 그와 같은 증명방법은 가장 유력한 간접증명의 방법이 된다.[41] 인지청구의 소에 대해서는 직권탐지주의(가사소송법 제17조)가 적용되기 때문에 법원은 다른 증거방법에 의하여 심증을 형성하기 어려운 때에는 직권으로 과학적 조사를 실시하여야 한다. 이러한 과학적 혈연검사의 강제가능성은 절차법적으로도 어느 정도 보장되어 있다고 평가할 수 있다.[42]

---

40) 헌법재판소 2001. 5. 31. 선고 98헌바9 결정.
41) 대법원 2002. 6. 14. 선고 2001므1537 판결.
42) 구체적인 내용은, 권재문 (2007. 민사소송), 349~356면을 참조.

II. 부자관계의 해소

1. 친생부인의 소

(1) 의의와 기능

친생추정에 의한 법적 부자관계는 친생부인의 소에 의해서만 해소될 수 있는데,[43] 이러한 친생부인 절차에 대해서는 매우 엄격한 제한요건이 적용된다. 즉, 원고적격은 법률상의 부와 모에게만 인정되고 이러한 친생부인권자들이라 하더라도 친생부인 사유를 안 날로부터 2년이라는 기간이 경과하면 더 이상 소를 제기할 수 없게 된다(제846조~제851조).

친생추정에 관한 조항들과 마찬가지로, 친생추정에 의하여 성립한 법적 친자관계를 해소하기 위한 절차인 친생부인에 관한 조항들에 대해서도 입법과정에서 특별하게 논의된 내용이 거의 없어서[44] 입법취지를 명확하게 파악하기는 어렵다. 다만 지배적 견해는 가정의 평화, 부부의 사생활 보호와 이를 통해 실현될 수 있는 '평온한 가정에서 양육받을 자녀의 이익'과 '신분관계를 조기에 확정하여 자녀에게 안정적인 양육환경을 제공하는 것'이 친생부인 요건을 제한하는 취지라고 하며,[45] 헌법재판소[46]도 같은 입장인 것으로 보인다.

---

43) 대법원 1997. 2. 25. 선고 96므1663 판결 등.
44) 민법안심의록, 68~74면; 정광현 (1967), 325~329면 참조.
45) 김용한 (2002), 177면; 이제정 (2003), 442면 등.
46) [법률상의 부]가 침묵을 지키는 한 그 가정의 평화를 위하여 타인이 관여할 바가 아니지만 … 다만 신분질서는 본래 안정을 요하는 것이므로 부에게 위와 같은 친생부인권을 부여한다 하더라도 그로 인하여 부자관계가 장기간 불확정한 상태로 방치됨으로써 기본적으로 부모의 양육하에 성장하고 교육받을 수밖에 없는 자의 지위가 불안하게 되어서는 아니될 것이다(헌법재판소 1997. 3. 27. 선고 95헌가14, 96헌가7 결정)

(2) 친생부인의 소의 제소요건

친생부인의 요건에 관한 조항들은 제847조에 대한 헌법재판소의 헌법불합치결정[47]을 반영하여 2005년에 제847조가 개정됨에 따라 적지 않게 그 내용이 변경되었다.

우선 원고적격과 관련하여 종래에는 법률상의 부만이 친생부인의 소를 제기할 수 있었으나 2005년 개정법은 모에게도 친생부인권을 인정하였다. 다음으로 제소기간과 관련하여 종래에는 자녀의 출생 후 1년이 경과하면 더 이상 친생부인의 소를 제기할 수 없도록 하였으나, 2005년 개정법은 제소기간을 2년으로 연장하였을 뿐 아니라 그 기산점을 '친생부인 사유를 안 날'로 변경하였다.

이처럼 친생부인의 소의 제소 제한요건에 적지 않은 변경을 가한 2005년 개정에 대해서는 평가가 엇갈리는데, 이러한 논란은 결국 개정법에 의한 원고적격과 제소기간을 그대로 유지할 것인지의 여부에 관한 것이기 때문에, 구체적인 내용은 입법론 부분에서 살펴본다.

2. 인지취소의 소, 인지이의의 소, 인지무효의 소

(1) 개관

인지에 의하여 성립하는 법적 부자관계는, 임의인지에 근거한 경우에는 인지취소의 소(제861조)·인지이의의 소(제862조)·인지무효의 소(가사소송법 제2조 제1항 가목 (1) 3.)에 의하여 해소될 수 있으며, 강제인지에 근거한 경우에는 확정된 인지판결을 번복시켜야만 하기 때문에 재심절차를 거쳐야만

---

47) 헌법재판소 1997. 3. 27. 선고 95헌가14, 96헌가7(병합) 결정

해소될 수 있다. 또한 인지신고 기능을 하는 출생신고에 의한 부자관계를 해소시키려면 친생자관계부존재확인 절차를 따라야만 한다.[48] 이하에서는 임의인지에 의한 법적 부자관계의 해소를 구하는 각각의 절차들에 대해 좀 더 구체적으로 살펴본다.

(2) 인지취소의 소

우리 민법은, "인지를 한 부 또는 모를 이를 취소할 수 없다"라고 규정한 일본민법(제785조)과는 달리, 사기·강박 또는 중대한 착오가 있을 때에는 인지를 취소할 수 있음을 명확하게 규정하고 있다(제861조). 그러나 심의과정[49]을 살펴보면 국내입법의견이나 비판론 등에 관한 논의가 전혀 이루어지지 않은 것은 물론, 외국 입법례로서 위의 일본민법 조항조차 검토하지 않았다. 따라서 이러한 규정을 둔 취지는 명확하지 않다.

(3) 인지이의의 소

자녀 또는 그 외의 이해관계인은 인지 신고가 있었음을 안 날로부터 1년 이내에 인지에 대한 이의의 소를 제기할 수 있다(제862조). 일본민법에는 '인지에 대한 이의를 할 수 있다'라고만 규정되어 있었던 것을 현행 민법은 제정 당시부터 위와 같이 규정하여, 인지에 대한 이의는 소 제기라는 방식으로만 할 수 있고 여기에 더하여 제소기간까지 제한하였다는 점을 주목할 만하다.

인지이의의 소와 인지무효의 소의 관계에 대해서는 견해가 대립하는데,

---

48) 대법원 1993. 7. 27. 선고 91므306 판결.
49) 민법안심의록, 512~513면

특히 인지이의의 소의 독자성을 강조하는 견해는 양자 사이에는 실질적인 차이가 있음을 강조한다. 구체적인 내용은 제5장 입법론 부분에서 다룬다.

(4) 인지무효의 소

인지무효의 소는 비록 민법상 명문규정은 없지만, 일반적인 확인의 소의 일종으로서 명문 규정 없이도 인정될 수 있다. 즉 인지의 '무효'사유는, 누구나 언제든지 별도의 인지무효소송을 거치지 않아도 다른 사건에서 선결문제로도 다툴 수 있다.[50] 이렇게 본다면 인지무효의 소를 가사소송법에 명문으로 규정한 주요한 이유는 인지무효라는 효과를 대세적으로 확정시키고[51] 가사사건에 대해 적용되는 특칙들(원고적격 제한, 직권탐지주의 등)을 적용하기 위한 것으로 이해할 수 있다.

인지무효의 소는, ⓐ인지자와 피인지자 사이의 혈연의 부존재 뿐 아니라 ⓑ임의인지가 인지자의 의사에 의하지 아니하였다는 사실을 근거로도 인정된다고 보는 것이 판례와 지배적 견해[52]이다. 따라서 인지무효 판결이 확정되었더라도 그 사유가 위의 ⓑ인 경우에는 자녀는 다시 인지청구의 소를 제기할 수 있다.[53] 그러나 이러한 지배적 견해와는 달리, 인지자의 의사에 의하지 아니한 임의인지는 '불성립'이기 때문에 인지무효 사유는 인지자가 혈연 없음을 알면서도 자녀를 인지한 이른바 악의의 허위인지로 한정된다는 견해도 제기되고 있다. 즉 악의의 허위인지의 경우에는 인지자에게 법적 부자관계를 창설하고자 하는 의사가 있기 때문에 이러한 부자관계를 '당연무효'라고 할 것이 아니라 인지무효 판결이 확정될 때까지는 유효한 것으로 인

---

50) 대법원 1992. 10. 23. 선고 92다29399 판결 등.
51) 정광현 (1959), 208면.
52) 김용한 (2002), 185면; 김주수 (주석민법), 148면.
53) 대법원 1999. 10. 8. 선고 98므1698 판결.

정하여야 한다는 것이다.[54] 이러한 견해에 의하면 인지무효의 소는 확인의 소가 아니라 형성의 소의 일종인 것으로 파악된다.

3. 친생자관계 존부확인의 소

(1) 법적성질: 혈연주의 실현을 위한 절차

친생자관계 존부확인의 소는, 연혁에 비추어볼 때 법적 친자관계와 혈연 상의 친자관계가 일치하지 않을 때 이러한 차이를 바로잡기 위하여 인정되는 절차라고 이해할 수 있다. 원래 일본민법에는 이러한 소가 규정되어 있지 않았으나 일본의 학설·판례는 진실한 혈연관계의 공시라는 등록제도(일본의 경우에는 호적제도)의 목적을 달성하기 위하여 일반적인 확인의 소에 관한 법리를 원용하여 친생자관계 존부확인의 소를 인정하였기 때문이다.

또한 우리나라의 경우에는 일본과는 달리 민법 제정 당시부터 친생자관계 존부확인 제도를 민법에 명문(제865조)으로 규정하고 있었으나, 이 소의 법 적 성질에 관한 당시의 일본의 학설·판례의 영향을 받은 것으로 이해할 수 있다.[55]

---

54) 이경희 (2006), 178면.
55) 다만, 입법과정에서의 논의를 보면 외국의 입법례 등이 관련 자료나 의견이 전혀 제시되지 않은 채 결론에서 "본조는 본조에 열거된 각 소송에 있어서의 당사자 적 격을 규정한 것으로서 타당하다."라고만 하고 있을 뿐이다(민법안심의록의 제865 조에 대한 심의경과 부분 참조).

(2) 요건

(a) 보충성

친생자관계 존부확인의 소는 혈연상의 친자관계와 법적 친자관계를 일치
시키기 위한 다른 절차가 규정되어 있을 때에는 적용되지 않는다.[56]

따라서, 친생자관계 '존재' 확인의 소는 거의 사용될 여지가 없을 것이다.
법적 부자관계는 친생추정 또는 인지라는 요건이 갖추어져야만 성립할 수
있으므로 이러한 요건들과 무관한 친생자관계 존재확인 판결에 의하여 법적
부자관계가 성립할 수는 없기 때문이다.[57] 부자관계의 존재를 주장하면서
인지청구의 소를 제기하지 않고 친생자관계 존재확인의 소를 제기하는 것은
부적법함을 이유로 이를 각하한 판례[58]도 같은 취지라고 할 수 있다. 연혁적
으로 보더라도 친생자관계 존부확인의 소는 호적에 기재된 법적 친자관계가
혈연에 반하는 경우에 이를 시정하기 위하여 인정된 것이다.

한편 친생자관계 부존재확인의 소도 혈연에 반하는 법적 부자관계의 해소
를 목적으로 하는 다른 절차들(즉 친생부인의 소나 인지취소·인지무효·인지
이의의 소)이 적용되지 않는 경우에 한하여 인정될 수 있는 것이 원칙이
다.[59] 친생자관계 부존재확인의 소가 적용되는 경우의 예로는 친생추정을
받지 않거나 친생추정이 제한되는 혼인 중의 출생자의 경우,[60] 인지자가 인
지의 의사로서 친생자 출생신고를 한 경우,[61] 입양신고 기능을 하는 출생신
고가 된 경우[62] 등을 들 수 있다.

---

56) 박정화 (2001), 191~192면; 김선혜 (1993), 623면.
57) 박동섭 (2009), 299면; 이경희 (2006), 189면.
58) 대법원 1997. 2. 14. 선고 96므738 판결.
59) 박정화 (2001), 192면.
60) 대법원 1983. 7. 12. 선고 82므59 전원합의체 판결 등.
61) 대법원 1993. 7. 27. 선고 91므306 판결.

(b) 원고적격·제소기간

친생자관계 존부확인의 소의 당사자적격은 넓게 인정된다. 제865조 제1항은 제한적으로 열거하고 있는 것처럼 보이지만 친자관계의 당사자인 부모와 자녀 뿐 아니라, 제862조에 규정된 '이해관계인'에게도 원고적격이 인정되기 때문이다. 다만 이해관계인들 중 민법 제777조 소정의 친족은 이해관계인으로서 당연히 확인의 이익이 인정되어 친생자관계존부의 확인이 필요한 당사자 쌍방을 상대로 친생자관계존부확인의 소를 제기할 수 있는 반면,[63] 그 외의 사람은 친생자관계의 존부와 직접적인 이해관계가 있는 경우에 한하여 이를 제기할 수 있다. 즉 제865조에 따른 친생자관계 존부확인의 소는 당사자(부, 모, 자) 및 그 법정대리인 또는 민법 제777조의 규정에 의한 친족이나 이해관계인만이 제기할 수 있는 것인바, 타인들 사이에 친생자관계가 존재하지 않는 것을 주장하여 그 확인의 소를 제기할 수 있는 이해관계인이라 함은, 확인의 소에 의하여 그 타인들 사이에 친생자관계가 존재하지 않는 것이 확정됨으로써 특정한 권리를 얻게 되거나 특정한 의무를 면하게 되는 등의 직접적인 이해관계가 있는 제3자를 말하는 것이다.[64]

또한 제소기간은 원칙적으로 제한이 없지만, 확인의 대상인 친자관계의 당사자인 부모와 자녀 중 일방이 소를 제기하고 상대방이 이미 사망한 경우에는, 원고가 사망 사실을 안 날로부터 2년이 경과하지 않은 경우에 한하여 검사를 상대로 소를 제기할 수 있다(제865조 제2항). 한편 친자관계의 당사자인 부모와 자녀가 모두 사망한 때에는 이해관계인은 검사를 상대로 친생자관계존부확인의 소를 구할 수 있으며, 이 경우 민법 제865조 제2항에 규정된 제소기간이 유추적용 된다.[65]

---

62) 대법원 1977. 7. 26. 선고 77다492 전원합의체 판결 등.
63) 대법원 2004. 2. 12. 선고 2003므2503 판결.
64) 대법원 1990. 7. 13. 선고 90므88 판결.
65) 대법원 2004. 2. 12. 선고 2003므2503 판결.

제3절 우리나라 친자법의 특징

지배적 견해[1]와 판례[2]가 올바르게 파악하고 있는 것처럼, 현행법상의 친생자관계의 원칙적인 결정기준은 혈연이라고 보아야 한다. 즉, 친생자관계는 출생과 동시에 당연히 발생하는 것이며, 출생신고, 인지신고 또는 호적부의 기재로 인하여 친자관계가 발생하는 것은 아니다.[3] 물론, 법적 친생자관계와 혈연이 일치하지 않을 가능성이 법적으로 인정되어 있기는 하지만, 이러한 현상은 예외적인 것으로서 민법상 친자관계는 '원칙적으로 혈연이라는 사실에 근거하여 결정되는' 친생자관계와 법적 친자관계 형성을 원하는 의사에 근거한 양친자관계로 나누어 파악하여야 한다.

반면, 혈연상의 친자관계와 사회적 친자관계를 상호대립적이고 양립불가능한 개념으로 이해하기보다 상호보완적 개념으로 보고 자녀의 복리 실현이라는 목적을 중심으로 조화를 이루는 것이 필요하다는 견해,[4] 사회적 친자관계를 법적으로 보호하는 것이 자의 복리와 가정의 평화 보호에 도움이 된다는 견해,[5] 부모가 되려는 의사에 근거한 친자관계 성립을 인정하는 것이

---

1) 정광현 (1959), 19면; 김용한 (2002), 172면; 이경희 (2006), 158면; 김주수 (주석민법), 34, 42면; 양수산 (1998), 341면.

2) 친자관계는 원래 자연적인 혈연관계를 바탕으로 성립되는 것이기 때문에 법률상의 친자관계를 진실한 혈연관계에 부합시키는 것이 헌법이 보장하고 있는 혼인과 가족제도의 원칙이라고 할 수 있다(헌법재판소 전원재판부 1997. 3. 27. 선고 95헌가14, 96헌가7(병합) 결정).

3) 정광현 (1959), 196면.

4) 이러한 견해들의 소개로는, 이경희 (2002. 6), 25~26면을 참조.

5) 최진섭 (1999), 24면; 최진섭 (2000), 542면. 또한 법적 친자관계의 확정에 있어서 사회적 친자관계와 혈연상의 친자관계가 "가치 면에서 차등 없이 보장"되어야 한다고 주장하는 차선자 (2009), 110면도 같은 취지라고 할 수 있다.

부모의 자기결정권과 자녀의 복리에 부합할 것이라는 견해6) 등도 제기되고
있다. 그러나, 이러한 견해가 현행법의(입법론이 아닌) '해석론'과 부합하는
지는 의문이다. 첫째로, 모자관계에 대해서는 출산주의가 이미 확립되어 있
다. 따라서 출산모 아닌 여성이 자녀의 출생 직후부터 자녀를 양육하였더라
도 이러한 여성은 친생모가 될 수는 없고 입양에 의한 모자관계의 성립 여부
가 문제될 수 있을 뿐이다. 둘째로, 혼인 외의 출생자의 부자관계 성립 요건
인 '인지'는(임의인지와 강제인지를 불문하고) 오직 혈연만을 근거로 할 뿐이
며, 민법 제855조도 '生父', '生母'라는 문언을 사용하고 있다. 이처럼 인지
에 의한 친생자관계의 성립은 당사자들 사이의 사회적 친자관계의 형성여부
는 물론 당사자의 의사와도 전적으로 무관하다. 이러한 입법례는 비교법적으
로 볼 때 이례적인 것으로서, 우리나라의 인지제도에는 혈연주의가 매우 강
하게 반영되어 있음을 보여주는 것이다. 셋째로, 친생자관계 존부확인의 소
가 민법 제정 당시부터 명문으로 규정되어 있었고 이에 대해 어떠한 비판론
도 제기된 적이 없는데, 이 소는 연혁에 비추어 볼 때 혈연상의 친자관계와
법적 친자관계의 불일치를 해소하는 것을 본질적인 기능이자 목적으로 하는
것이다. 넷째로, 혈연에 의한 친자관계 성립은 부모와 자녀의 인격권을 실현
하는 것으로서 헌법상의 보호가치 있는 이익에 해당한다.7) 따라서 혈연과
일치하지 않는 법적 친자관계가 확정적으로 성립하도록 하려면, 단순히 어떤
정당한 목적이 있다는 것만으로는 부족하고, 기본권을 제한하는 법률로서의
요건을 갖추어야만 한다.8)

---

6) 김민규 (2010. 법학연구), 26~27면.
7) 헌법재판소 2001. 5. 31. 선고 98헌바9 결정.
8) 권재문 (2004. 11), 148~150면.

제3장

비교법적 고찰

친자법에 직접적인 영향을 미치는 제반 사정의 변동(특히, 의학의 발달과 혼인·가족생활의 양상 변화)은 우리나라 뿐 아니라 우리나라 친자법에 영향을 미쳤거나 미치고 있는 여러 나라들의 경우에도 마찬가지로 나타나고 있는 현상이다. 따라서 이러한 상황에 대응하여 새로운 친자법의 방향성을 모색해야 하는 것은 세계 각국이 처해 있는 공통적인 문제 상황이라고 할 수 있다. 1970년대 이후로 친자법의 대대적인 개정이 이루어지지 않은 나라가 거의 없으며, 심지어 이미 여러 번의 대규모 개정을 거친 나라들도 있다는 사정은 바로 이러한 상황을 반영한 것이라고 할 수 있다.

따라서 우리나라 친자법의 현황을 명확하게 이해한 후 여기에 바탕을 두고 각국의 친자법의 전개상황을 비교하는 것은 우리나라 친자법에 대한 평가와 입법론의 모색을 위하여 적지 않은 도움을 줄 것으로 기대된다. 특히 친자법은 인격권이라는 인권과 직결된 문제로 이해되고 있어서 이제는 입법론에 관한 한 친자법에 있어서도 각국의 사회·문화적 상황을 반영한 특수성 못지 않게 보편성도 강조되고 있다. 따라서 문제상황과 해결방안 모색에 있어서도 공통분모를 찾기가 쉬울 것이다.

제3장에서는, 제2장을 통하여 파악한 현행 친자법에 대한 이해에 바탕을 두고, 우리나라 친자법의 개정 방향 모색을 위하여 필요한 비교법적 고찰을 수행한다. 다만 비교법적 연구의 대상과 내용을 한정하여, 우리나라 친자법에 미친 영향을 기준으로 선정한 일부 국가의 친자법만을 대상으로 하고, 이러한 나라들의 친자법의 내용 중에서도 비교연구의 편의를 위하여 일정한 분석틀에 해당하는 내용들만을 다룬다. 우선 비교 대상 국가로서 일본, 독일, 영국, 미국, 프랑스를 선정한 것은 이러한 나라들의 친자법이 우리나라 친자법에 미쳤거나 미치고 있는 영향이 적지 않기 때문이다. 다음으로, 각국의

친자법을 개관함에 있어서 비교의 편의를 위하여 다음과 같은 공통된 분석
틀을 적용한다. 먼저, 각국의 친자법의 특징적인 요소 및 우리 민법에의 시
사점을 제시한 후 그 현황을 소개한다. 다음으로 친자법의 내용을 모자관계
와 부자관계로 나누고, 각각에 관한 법제를 다시 '친자관계의 원시적 성립'
과 '이미 성립한 법적 친자관계의 해소'로 나누어 검토한다. 모자관계와 부
자관계는 식별의 명확성과 확실성이라는 면에서 차이를 보이고 있기 때문에
별도로 파악할 필요가 있으며, 친자관계의 원시적 성립과 후발적 해소는 각
각의 경우에 고려하여야 할 이해관계 대립의 구도 등의 전제상황이 크게 다
르기 때문에 양자 모두에 걸쳐 획일적으로 적용될 수 있는 기준을 설정하는
것이 바람직하다고 단정할 수 없기 때문이다. 끝으로 보조생식 시술에 의하
여 포태·출생한 자녀의 친자관계에 관한 규율의 현황은 별도로 검토한다.

제1절 일본[1])

I. 서언

일본의 친자법은 비교연구의 가장 중요한 대상이라고 할 수 있다. 우선, 일본의 친자법은 우리나라 법의 모법으로서 기본적인 구조가 거의 비슷하기 때문에 일본의 해석론은 곧 우리나라 친자법의 해석에 있어서도 원용될 수 있다. 특히 일본에서의 논의가 우리나라에 거의 그대로 반영된 부분(예를 들어, 친생추정에 대한 제한설)이나 우리나라에서는 별다른 해석론이 전개되고 있지 않은 부분을 정확하게 이해하려면, 그 배경인 일본의 친자법의 현황을 정확하게 파악할 필요가 있다. 또한 최근에는 일본에서도 친자관계를 둘러싼 제반사정의 변동에 대처하기 위한 친자법 개정 작업이 진행되고 있기 때문에 일본에서의 입법론을 파악하는 것은 우리 친자법의 개정을 위한 입법론으로 활용할 수도 있을 것이다. 따라서 일본의 친자법을 살펴보는 것은 비교법적 연구일 뿐 아니라 우리나라 친자법의 연혁과 입법취지를 파악하는 것이라고도 할 수 있다. 다만 이 절에서는 일본의 친자법을 현행법의 해석론을 중심으로 개관하는데 그치고, 일본에서의 입법론은 제5장에서 우리 친자법의 입법론을 검토하면서 함께 살펴본다.

---

1) 이 절에서 법률명 없이 인용하는 것은 모두 현행 일본민법의 조문이다. 그 외의 법을 인용할 때는 법률명을 명시하였다.

II. 모자관계의 결정기준

모자관계의 결정기준에 관한 일본의 해석론은 우리나라의 그것과 사실상 동일하다. 무엇보다도 모자관계를 적용 대상으로 하는 실정법의 규정 방식 자체가 동일하며, 이에 관한 해석론 또한 일본의 그것이 그대로 반영되었기 때문이다.

1. 모자관계의 성립

(1) 출산주의

일본의 현행법상의 모자관계의 성립요건을 살펴보면, 혼인 중의 출생자에 대해서는 명문으로 규정되어 있지 않으며(제772조 참조) 혼인 외의 출생자에 대해서는 인지가 요건인 것처럼 규정되어 있다(제779조). 그러나 일본에서는 이러한 실정법의 규정체계와는 달리, 모자관계는 모든 자녀에 대해 분만(分娩, 이하에서는, '출산'이라는 말로 바꾸어 사용한다)이라는 사실에 의하여 명백하게 결정되는 것이기 때문에 혼인 외의 출생자에 대해서도 인지라는 별도의 요건을 필요로 하지 않는다는 법리가 학설·판례에 의하여 확립되어 있다.[1]

이러한 '출산주의'는 그 적용범위와 관련하여, 棄兒·迷兒의 경우에도 관철시켜야 한다는 견해, 이러한 경우에는 인지가 필요하지만 부의 인지와는 달리 확인적 의미만을 가진다는 견해, 이러한 경우에는 형성적 효력을 가지는 인지가 있어야만 모자관계가 인정될 수 있다는 견해로 다시 나누어지는데[2] 이들 중 첫 번째 견해가 가장 유력하다.[3]

---

1) 大村敦志 (2004), 82면 이하; 石井美智子 (2007), 326면 등 참조.
2) 첫 번째 견해의 논거 즉 인지가 필요하다고 보는 견해에 대한 비판론의 구체적인

(2) 출산주의의 연혁

일본민법 시행 이후에도 상당한 기간동안 판례는 제779조의 입법취지와 문리해석에 충실하여 인지라는 요건이 충족되지 않는 한 법적인 모자관계는 형성될 수 없다고 하였다.[4] 이러한 판례의 논거로는, 자녀의 이익 보호, 부자관계의 정립(定立)과 모자관계의 정립 사이의 균형[5] 등과 함께, 혼인 외의 출생자의 출생신고를 모에게 강요하면 허위의 출생신고 또는 영아살해·기아 등을 초래할 우려가 있음[6]도 제시되었다. 특히 세 번째 논거에 비추어보면, 당시의 판례는 모의 인지에 관한 제779조를 근거로 모법인 프랑스법과 마찬가지로 일종의 익명출산도 인정할 수 있음을 전제한 것으로도 볼 수 있다.[7]

그러나 그 후 판례는 인지 없이도 모자관계가 성립할 수 있다는 예외를 인정하다가[8] 결국은 오히려 출산주의를 원칙으로 채택[9]하기에 이르렀으며, 이러한 태도는 최근까지도 이어지고 있다. 즉 最高裁判所 2007. 3. 23. 선고 판결은 모와 혼인 중의 출생자 사이의 모자관계의 성립에 대해서도, 비록 이에 관한 명문규정은 없지만 제772조는 출산주의를 전제로 한 규정으로 해석해야 한다고 판시하였다. 이러한 판례의 변경은 종래의 대심원 판례에 대한 학설의 비판론의 영향을 받은 것이다. 출산주의 도입의 계기가 되었던 학설

내용은 田村五郎 (1960), 49면을 참조할 것.
3) 注釋民法 (2004), 310면.
4) 大審院 昭和3 (= 1928. 1. 30.) 선고 판결, 民事判例集 제7권 1호, 12면 등.
5) 大審院 大正10 (= 1921. 12. 9.) 선고 판결, 民事判決錄 제27권, 2100면.
6) 注釋民法 (2004), 308면.
7) 水野紀子 (2000. 4), 51면.
8) 모가 출생신고를 한 경우에는 부에 대해 적용되는 '인지신고에 갈음하는 출생신고'의 법리를 유추적용하여 인지가 성립한 것으로 인정한 예(大審院 1923. 3. 9. 선고, 民事判例集 2, 143면); 모가 출생신고를 하지 않은 자녀를 양육하였던 양부모가 모에게 양육비의 구상을 구한 사안에서 부양의무는 출산이라는 사실만을 근거로 발생한다고 한 예(大審院 1928. 1. 30.선고, 民事判例集 7, 12면).
9) 最高裁判所 1962. 4. 27. 선고, 民事判例集 16, 1247면 이하 등.

의 주요한 논거는, 혼인 중의 출생자에 대한 모자관계의 성립요건의 공백을
메꿀 필요가 있고, 증명이 극히 곤란한 부자관계와 임신·출산이라는 명백한
사실을 동반하는 모자관계를 일률적으로 다루는 것은 균형이 맞지 않기 때
문에, 혼인외의 출생자의 경우에 모자관계는 출산에 의하여 부자관계는 인지
에 의하여 각각 성립하는 것으로 보아야 한다는 것10)이다.

이에 대하여 출산주의는, 부의 인지에 대해서는 자녀의 승낙을 요건으로
하고 인지청구의 소의 제소기간을 제한하는 것과 균형이 맞지 않게 된다는
취지의 비판론이 제기되기도 하였다. 즉, 패전 후의 민법 개정 당시에는 판
례의 출산주의에 대한 비판론이 강하게 제기되어 '모의 인지' 조항이 삭제되
지 않고 그대로 유지되었던 것이다. 그러나 그 후 점차 출산주의를 지지하는
견해가 늘어나면서 1959년에 작성되었던 입법론인 假決定及び留保事項에
서는 오히려 '모자관계는 출생이라는 사실에 의하여 당연히 발생하는 것으
로 한다'라고 결정하기에 이르렀다.11)

(3) 출산주의의 근거

출산주의의 논거로는, ⓐ출산은 혈연과 일치하는 것이 일반적이라는
점,12) ⓑ모자관계 결정의 신속성·명확성을 실현할 수 있다는 점,13) ⓒ임신·

---

10) 穗積重遠 (1933), 442면 이하; 또한 친생자관계에 관한 조항들의 기초를 담당하였
    던 富井政章 위원도, 부자관계는 추정에 의존할 수밖에 없지만, 모자관계는 사실
    에 의하여 증명할 수 있음을 지적하고 있다(廣中俊雄/星野英一 (1998), 55면). 위
    1962년 판결 이전까지 일본에서 전개된 찬반양론의 구체적인 내용과 출처는 田村
    五郎 (1960), 31면 이하와 이를 요약·번역하여 소개한 것으로는 김주수 (2002),
    111~117면을 참조할 것.
11) 石井美智子 (2008), 58면.
12) 같은 취지로, 출산주의는 혈연주의의 승리가 가장 현저하게 드러나는 영역이라고
    한 鈴木祿弥 (1966), 175면을 참조.
13) 세상 사람이 모두 알고 있는 … 목전의 사실을 확인하기 위하여 인지라는 절차를

출산이라는 사실관계를 통해 자녀와 출산모 사이의 실질적·사회적 모자관계
가 성립하였기 때문에 이를 유지하는 것이 자녀의 복리와 모의 인권을 가장
잘 실현할 수 있다는 점 등이 제시된다.[14) 이들 중 @는 자연생식 자녀에 대
해서만 적용될 수 있으나 ⓑ, ⓒ는 모든 자녀에 대해 적용될 수 있을 것이다.

2. 모자관계의 해소

모자관계의 성립과 해소에 관한 한 일본과 우리나라는 실정법의 체계와
해석론이 거의 같다고 할 수 있다. 따라서 모자관계의 해소에 관한 논의도
앞에서 본 우리나라의 그것과 거의 비슷하다.

즉 모자관계가 모의 혼인 여부를 불문하고 항상 출산이라는 사실을 근거
로 당연히 성립하는 것으로 파악하는 한, 출산모와 자녀 사이의 모자관계를
해소하는 것은 불가능하다. 따라서 법적인 모자관계의 해소는 법적인 모가
출산모가 아닌 경우에 한하여 인정될 수 있다. 출산모 아닌 사람과 자녀 사
이의 법적인 모자관계를 해소하려면 법적 친자관계의 해소에 관한 일반적인
절차인 친생자관계 부존재확인의 소를 거쳐야만 한다. 다만 일본에서는 우리
나라와는 달리 판례가 이러한 친생자관계 부존재확인의 소를 제한하기 위하
여 권리남용의 법리를 적극적으로 구사함으로써 생물학적 진실에 반하는 법
적 모자관계의 보호를 시도하고 있다. 구체적인 내용은 '친생자관계 존부확
인의 소' 부분에서 후술한다.

거치는 것은 부당하다(穗積重遠 (1933), 442면 이하); 모자의 혈연관계는 부자관계
와는 달리 출산이라는 사실에 의하여 명백하기 때문에 인지를 기다려 모자관계가
발생한다고 할 필요가 없다(田村五郎(1960), 46면).
14) 早川眞一朗 (2007. 2), 72면.

III. 부자관계의 결정기준

1. 개관

　일본법상의 부자관계의 결정기준은 우리나라와 대체로 비슷하다. 즉 부자관계는, 출산이라는 자연적 사실에 의하여 모가 결정됨을 전제로 다음과 같은 요건에 따라 결정된다. 우선, 모에게 법적 배우자가 있을 때에는 출산한 날과 혼인의 성립·소멸 시점을 비교하여 혼인 성립 후 해소 전에 포태된 것으로 추정되는 경우에 한하여 모의 배우자를 부로 추정한다(다만, 일본민법은 혼인 중의 자녀를 嫡出子라고 하기 때문에 제772조는 이를 '嫡出推定'이라고 한다). 이러한 추정은 한정된 원고적격자가 단기로 제한된 제소기간 내에서만 제기할 수 있는 친생부인의 소(일본에서는 嫡出否認의 소라고 한다. 제774조 이하)에 의해서만 뒤집힐 수 있다. 다음으로, 만약 모에게 배우자가 있지만 친생추정의 요건이 성립하지 않는 경우에는 일단 모의 배우자를 부로 추정하지만, 친생부인의 소에 비해 원고적격·제소기간 등의 제한이 완화되어 있는 친생자관계 부존재확인의 소(일본에서는 實親子關係不存在確認의 訴라고 한다)에 의하여 법적 부자관계가 해소될 수 있다. 끝으로 혼인하지 않은 모가 출산한 자녀는 부에 의한 임의인지 또는 부에 대한 인지청구의 소라는 두 가지 요건 중 한 가지가 충족되기 전까지는 법적인 아버지가 없는 상태에 놓이게 된다.

2. 부자관계의 성립

(1) 친생추정

(a) 의의

일본민법 제772조는 우리 민법 제844조와 마찬가지로 혼인 성립일로부터 200일 이후부터 혼인 해소일로부터 300일 이내에 출생한 자녀는 혼인 중에 포태된 것으로 추정하고, 이처럼 혼인 중에 포태된 것으로 추정되는 자녀는 남편의 자녀로 추정하는 이른바 '2단계 추정'에 의하여 혼인 중의 출생자의 법적 부자관계를 결정한다.

친생추정의 요건인 '혼인'은 법률혼만을 의미한다. 사실혼 성립일로부터 200일 이상이 경과한 후에 태어난 자녀에 대해서는 준혼관계라는 사실혼의 성질을 반영하여 제772조를 유추적용하자는 견해[15]도 제기된 적이 있었으나 사실혼과 단순한 정교관계를 구별하기 어려울 뿐 아니라 사실혼의 개시 시점을 객관적으로 확정하기 어려움[16]을 이유로 하는 부정적인 견해가 지배적이다.[17]

한편, 일본민법은 아직도 혼인 중의 출생자와 혼인 외의 출생자에 대해 실질적으로 다른 법률효과를 인정하고 있기 때문에, 일본에서는 본조의 해석과 관련하여 부모의 혼인 성립 후 200일이 경과하기 전에 태어난 자녀(즉, 혼인 전에 포태되어 혼인 후에 출생한 자녀)를 지칭하는 '추정을 받지 않는 혼인 중의 출생자'라는 개념도 인정되고 있다.[18]

---

15) 我妻榮 (1961), 167면; 中川善之助 (1965), 359면.
16) 深谷松男 (2002), 106면.
17) 柳澤秀吉/緒方直人 (2006), 115면.
18) 구체적인 내용은, 注釋民法 (2004), 178~182면; 二宮周平 (家族法), 159~160면 등을 참조.

(b) 친생추정의 범위 제한

1) 개관

지배적 견해와 판례는 제772조의 요건이 갖추어진 경우라 하더라도 일정한 소극적 요건이 충족되면 친생추정이 미치지 않는 것으로 해석하고 있다. 우리나라의 학설과 대법원 전원합의체 판례에도 반영되어 있는 이러한 일본의 제한설은, 원래 친생부인의 엄격한 요건을 유지하면서도 이로 인하여 일어날 수 있는 문제점을 해결하기 위하여 고안된 것으로서,[19] 법률상의 부의 자의적인 선택에 따라 제소기간이 무제한적으로 연장되어 부자관계의 안정성을 해칠 수 있는 상대기간을 도입하는 것보다 더 나은 해결책이라고 긍정적으로 평가되기도 한다.[20]

제한설은 친생추정의 범위를 제한하기 위한 요건을 무엇으로 할 것인지와 관련하여 최고재판소의 확고한 판례인 외관설과 이를 비판하면서 등장한 견해들인 혈연설, 절충설(가정파탄설), 신가정파탄설 등의 하위유형으로 나누어진다. 이하에서는 각 견해들을 논거를 중심으로 개관하는데 그치고 각 견해들에 대한 비판론은 우리나라 친자법의 입법론과도 관련되어 있으므로 제5장에서 다룬다.

2) 외관설의 전개

일본의 외관설은 다음과 같은 판례의 전개를 통해 정착되었다. 우선 最高裁判所 1969. 5. 29. 선고 판결[21]을 살펴본다. 이 판결의 사안은 다음과 같다. 모와 법률상의 부가 2년 이상 사실상 이혼상태에 있던 중 혈연부와 성행위를 하였고 모가 법률상의 부와 이혼한 후 300일이 경과하기 전에 자녀가

---

19) 注釋民法 (2004), 239면; 窪田充見 (2009. 9), 24~25면.
20) 二宮周平 (家族法), 172면.
21) 民事判例集 제23권 6호, 1064면 이하.

출생하였는데, 이로부터 12년 후 자녀가 혈연부를 상대로 인지청구를 하였다. 이에 혈연부는, 자녀가 법률상의 부의 혼인 중의 출생자로 추정되며 이를 다투기 위한 친생부인 기간은 이미 경과하였기 때문에 법적 부자관계가 확정되었다는 취지로 항변하였다. 최고재판소는 사실관계에 비추어 볼 때 '원고는 실질적으로 민법 제772조의 추정을 받지 않는 혼인 중의 출생자'라고 하면서 친생부인의 소를 거치지 않아도 혈연부에 대해 인지청구를 할 수 있다고 하였다. 또한, 最高裁判所 1998. 8. 31. 선고 판결[22]은, 모와 법률상의 부가 별거 전부터 성관계가 없었으나, 별거 후 한 번 성행위를 할 기회가 있었고 혼인비용 분담과 출산비용의 지급에 관하여 조정이 성립하였다는 사정 등에 비추어볼 때, 혼인의 실체가 존재하지 않았음이 명확하다고 하기는 어렵다고 하면서, 친생추정이 적용됨을 이유로 법률상의 부의 친생부인 청구를 배척하였다. 한편, 最高裁判所 1998. 8. 31. 선고 판결[23]은, 패전 직후 법률상의 부가 전쟁터에서 귀환한 후 처가 임신 26주차에 자녀를 출산하였지만 자녀는 출생 후 곧바로 혈연부라고 여겨지는 남성에게 입양되었고 그 후 법률상의 부와 모 사이에는 어떠한 연락도 없었다면, 모가 법률상의 부의 자녀를 가질 수 없음이 외관상 명백하여 친생추정이 적용되지 않기 때문에 비록 자녀가 출생한지 40여 년이 지났다 하더라도, 권리남용이라고 볼 만한 사정이 없는 한, 법률상의 부가 친자관계의 부존재를 구하는 것은 허용된다고 하였다.

일본에서는 외관설의 논거와 관련하여 다음과 같은 세 가지 견해가 대립하고 있다. 제1설은 친생추정을 관철하는 경우에 발생할 수 있는 부당한 결과를 방지하면서도, 친생추정 제도의 가치인 법적 친자관계의 조기안정 및 혼인가정에 대한 외부로부터의 교란 방지를 조화롭게 도모할 필요가 있음을 강조하는 견해[24]로서, 최고재판소의 태도이기도 하다.[25] 제2설은 친생추정

---

22) 判例時報 1655호, 112면 이하.
23) 判例時報 1655호, 128면 이하.

의 본질은 경험칙에 근거한 '추정'이기 때문에 반대사실의 증명에 의하여 그러한 추정은 배제될 수 있다고 주장한다. 제한설이 처음 등장하였을 때에는 혈연의 존부에 대한 과학적 검사기법이 발달하지 않은 상태였기 때문에, '반대사실'이 될 수 있는 것은 '부부이기는 하지만 성관계가 없었음'이라는 사실로 한정되었다. 그런데 이러한 사실은 특성상 제3자가 사후적으로 증명하기가 극히 곤란하였기 때문에 결국은 '성행위의 결여' 사실 자체를 또다른 쉽사리 증명할 수 있는 간접사실(예를 들면, 법률상의 부의 해외체류 등)을 근거로 추정할 수밖에 없다는 것이다.26) 제3설은 법적 친자관계는 자녀를 양육할 의무를 귀속시키고 그 안정성·계속성을 보장하기 위하여 인정되는 제도임을 강조하면서, 제2설을 혈연 물신주의(fetishism)라고 비판한다.27) 또한 자녀의 출생 당시에 모의 배우자였던 남성은 혈연의 유무를 불문하고 혼인 중에 출생한 자녀를 양육할 의무를 부담하도록 하는 것이 혼인제도의 본질에 부합하지만, 혼인 생활이 정상적으로 유지되지 못하고 있었다면 양육의무 귀속의 근거가 될 수 없다고 한다. 이러한 맥락에서 제3설은, 기본적으로는 외관설을 지지하지만28) 자녀의 복리를 위하여 필요한 때에는 외관의 명백성이라는 요건이 갖추어져 있지 않더라도 가사심판법 제23조의 심판을 활용하여 법적 부자관계를 해소할 수 있도록 하여야 한다29)고 주장한다.

3) 외관설 이외의 견해들의 논거

친생추정의 적용 제한 사유와 관련하여, 일본에서는 외관설 외에도 혈연

---

24) 我妻榮 (1961), 221면.
25) 最高裁判所 2000. 3. 14. 선고 판결 (判例時報 제1708호); 最高裁判所 1998. 8. 31. 선고 판결에서의 福田博 재판관의 보충의견 등.
26) 伊藤昌司 (1996), 468면 이하.
27) 水野紀子 (2000. 6), 141면.
28) 水野紀子 (1995. 1), 117~118면.
29) 水野紀子 (2009), 1452~1453면.

설[30]이 일찍부터 제기되었는데, 그 논거는 법적 친생자관계는 혈연상의 친자관계를 반영하여야 함은 일본 친자법의 전제라는 것이었다. 그러나, 이러한 혈연설에 대해서는, 혈연설을 실제로 적용하면 친생추정 제도를 무의미하게 만들어 버릴 것이라는 비판론이 설득력 있게 전개되었다. 즉, 혈연설에 의하면, 친생추정이 적용되고 친생부인의 소의 제소기간이 경과해 버린 후라 하더라도, 법적인 부가 '혈연이 없음이 과학적으로 명백하기 때문에 친생추정이 배제됨'을 이유로 친생자관계 부존재확인의 소를 제기하는 것을 저지할 수 없다. 그런데 재판 과정에서의 과학적 검사를 통해 혈연 없음이 증명될 것이기 때문에 결국 친생자관계 부존재확인 판결이 확정될 수밖에 없다. 따라서, 혈연설은, 친생부인의 소의 제소요건을 제한함으로써 법적 부자관계의 해소로부터 자녀를 보호하고자 하는 친생추정·친생부인 제도 자체를 무의미하게 만들어 버린다는 것이다.[31]

그 후 외관설과 혈연설의 문제점을 모두 극복하기 위하여 새로운 견해들도 잇따라 제기되었다. 우선, 가정파탄설은 모와 법률상의 부의 혼인가정이 이미 파탄에 이른 경우에 한하여 혈연설을 적용하여야 한다고 주장한다.[32] 다음으로, 합의설은 친생부인 제도는 혈연의 개연성이라는 적극적 이유와 가정의 평화·자녀의 복리 보호라는 소극적 이유에 근거한 것인데 혈연 없음이 밝혀져서 전자가, 모든 이해당사자들이 합의에 의하여 후자가 각각 더 이상 인정될 수 없게 된 때에는 친자관계부존재확인의 소 또는 합의에 상당하는 심판에 의한 부자관계 해소를 허용하여야 한다고 본다.[33] 그 외에도, 자녀 출생 후의 양육 등의 사실적 상황을 고려하여 법률상의 부와 자녀 사이에 사회적 부자관계가 형성되었다고 볼 여지가 있으면 친생부인을 허용하고 그러

---

30) 中川善之助 (1965), 364면.
31) 혈연설의 문제점에 관한 비판론의 구체적인 출처 등은, 宮崎幹朗(1990), 268면을 참조.
32) 松倉耕作 (1995), 163면 등.
33) 福永有利 (1980. 2), 254면 이하.

한 여지가 전혀 없으면 친생자관계 부존재확인 절차에 따라 부자관계를 다
툴 수 있게 하자는 견해(친생승인설), 가정파탄설에 대한 비판을 극복하기 위
하여 기본적으로는 가정파탄설의 태도를 유지하면서도 약간의 수정을 가한
이른바 신가정형성설 등도 제기되고 있다.

현재 일본에서는 가정파탄설이 유력하며[34] 이러한 경향을 반영하여 가정
재판소에서는 가정파탄설이나 합의설을 따르는 경향도 나타나고 있으나[35]
최고재판소[36]는 여전히 외관설의 입장을 견지하고 있다. 또한 가정재판소의
태도는 이론적인 근거가 아니라 '가정생활의 원만한 조화를 우선'시킨다는
일본의 가사사건 절차의 특수성과 친생부인 보다는 친생자관계 부존재확인
을 구하는 심판이 제기되는 경우가 5배에 이르는 현실이 반영되었기 때문이
라고 보는 견해[37]도 주목할 필요가 있다.

(c) 부를 정하는 소

친생추정이 경합하는 경우, 즉 모가 이혼 후 100일이 지나기 전에 재혼을
하고, 재혼 후 200일(즉 이혼 후 300일) 경과 전에 자녀가 출생한 경우에는
'부를 정하는 소'라는 재판에 의하여 법적인 아버지가 결정된다(제773조).
한편, 모가 재혼금지기간을 위반한 경우 뿐 아니라, 모의 중혼 중에 자녀가
태어난 경우에도 제773조를 유추적용하여 법적 부자관계를 결정하여야 한
다는 것이 일본의 지배적 견해이며, 호적선례 중에서도 인정된 사례가 있다

---

34) 注釋民法 (2004), 176면.
35) 注釋民法 (2004), 177면; 二宮周平 (家族法), 168면 참조.
36) 最高裁判所 2000. 3. 14. 선고 판결, 判例時報 제1708호, 106면 이하는, 자녀가
    만 4세가 된 후 혈연 없음을 알게 된 법률상의 부가 제기한 친자관계부존재확인
    사건에 대하여, 외관설에 입각하여 "이미 가정의 평화가 붕괴되었더라도 자녀의 신
    분관계의 법적 안정성을 보지할 필요가 당연히 없어진 것은 아니"라고 하면서, 친
    생부인의 소의 제소기간 경과를 이유로 친자관계부존재확인의 소를 배척하였다.
37) 二宮周平 (2007. 6.), 174면.

고 한다.38)

이러한 소에 대해 제소기간의 제한은 없으나, 당사자적격은 인사소송법39)에 의하여 제한된다. 즉 이 소는 자녀, 모, 모의 배우자 또는 전배우자가 제기할 수 있으며(인사소송법 제43조 제1항), 자녀와 모가 원고인 때에는 모의 전배우자와 현배우자 모두를 피고로 하여야 하고, 모의 현배우자가 원고인 때에는 전배우자, 전배우자가 원고인 때에는 현배우자를 각 피고로 하여야 한다(같은 조 제2항). 청구원인은 혈연의 존부인 것으로 해석되는데 예외규정이 없는 한 일본민법상 친생자관계의 결정에 관한 원칙인 혈연주의가 적용되기 때문이다. 따라서 법원은 과학적 검사에 의하여 혈연의 존부를 판별한 후 이에 근거하여 법적인 아버지를 결정하여야만 한다. 두 사람 모두 자녀와 혈연이 없는 것으로 밝혀진 경우에 대해서는, 소 각하설, 청구기각설, 실체판결설(두 사람 모두 아버지가 아니라는 취지의 주문을 선고하여야 한다는 견해) 등이 대립한다.40)

그러나, 이 소에 의하여 부자관계가 결정되는 경우는 매우 드물 것으로 여겨진다. 재혼금지기간을 위반한 혼인신고는 수리되지 않는 것이 원칙이기 때문이다(제740조).41)

(d) 친생승인에 의한 친생부인권의 배제

1) 의의

자녀가 출생한 후에 법률상의 부가 이 자녀를 자신의 친생자라고 승인한 때에는 친생부인권을 상실한다(제776조). 이러한 친생승인 제도의 인정근거

---

38) 구체적인 출처는 加藤佳子 (三), 463면을 참조.
39) 人事訴訟法 (2003. 7. 16. 法律 第109号). 이하 같다.
40) 注釋民法 (2004), 200면
41) 加藤佳子 (三), 464면.

는 명확하지 않지만,[42] 다음과 같은 견해들이 제시되고 있다: ⓐ법률상의 부는 혈연의 존부에 관한 진실과 부자관계가 성립하면 부양의무 등을 부담하게 된다는 사정을 알고 있는 것이 일반적이다. 따라서 이러한 지위에 있는 법률상의 부가 친생승인을 하였다면 이것은 실제로 혈연이 존재함을 보여주는 강력한 간접사실이 된다. ⓑ친생자관계인 부자관계를 신속하게 안정시키는 것은 공익에 부합하며, 자녀의 복리에도 부합한다.[43]

그러나 친생승인 조항에 대해서는 일찍부터 개정론이 대두되는 등 비판적인 견해가 우세하다. 비판론의 논거로는 ⓐ법률상의 부 측의 의사만을 근거로 부자관계를 확정시키는 것은, 사실에 반하는 인지에 대해서는 자녀 등이 반대사실을 주장할 수 있는 것과 균형이 맞지 않고,[44] ⓑ승인은 부자관계의 확정요건으로 하기에는 불명확하며,[45] ⓒ과학적 감정기법의 발달이라는 상황의 변화를 감안하여야 한다는 점 등이 거론된다.[46]

친생승인의 법적 성질에 관하여, 과거에는 친생부인권의 포기라고 보는 견해도 있었으나 이제는 부자관계를 확정적으로 형성시키려는 적극적인 의사표시로 인하여 부인권 소멸이라는 효과가 초래되는 것으로 보는 이른바 '소멸적 의제설'이 지배적 견해이다. 혈연에 반한다는 사실을 알지 못한 채 자신의 친생자임을 승인한 경우에, 전설에 의하면 친생부인을 할 수 있는 반면 후설에 의하면 사실관계에 따라서는 본조가 적용되어 더 이상 친생부인을 할 수 없게 되는 경우가 있을 수 있다.[47]

---

42) 이 조항의 기초를 담당하였던 富井政章 위원은, 독일의 민법 초안을 참조하였고, '묵시적 승인' 조항을 두고 있는 프랑스의 입법례를 '명시적 승인'을 포함하는 '승인'으로 규정한 것이라고 설명하고 있을 뿐이다(廣中俊雄/星野英一 (1998), 62면).
43) 注釋民法 (2004), 226면.
44) 浦本寬雄 (2003), 154~155면
45) 有地亨 (2006), 134면.
46) 注釋民法 (2004), 226~227면.
47) 注釋民法 (2004), 227면.

2) 요건

친생승인은 법적인 아버지가 이미 출생한 자녀를 대상으로 하는 것이다. 태아에 대해서는 본조가 적용되지 않는 것으로 보는 견해가 지배적인데, 그 논거로는 자녀가 출생한 후 가임기 등을 고려함으로써 자녀와의 혈연의 존부를 판단할 수 있다는 점, 본조는 문리해석상 친생부인권 포기라는 효과를 초래하는데 자녀가 출생하기 전에는 친생부인권이 없다는 점 등이 거론된다. 다만 AID에 대한 동의를 예외적으로 본조의 승인으로 해석하자는 입법론이 유력하다.[48)]

친생승인은 불요식 행위이기는 하지만 이로 인한 효과가 중대함을 감안할 때 자녀와의 부자관계를 확정적으로 유지하려는 의사가 적극적으로 나타나야만 한다. 예를 들어 출생신고를 하는 것은 모의 남편의 의무이기 때문에 자신이 자녀의 아버지인 것으로 출생신고를 하였더라도 본조의 승인에 해당하지 않는다.[49)] 또한 자녀의 이름을 지어 주었거나 출생을 기뻐하고 그 후에도 자녀를 애지중지 하였다는 등의 사정만으로는 승인이라고 할 수 없다.[50)]

한편 사기·강박·착오로 인하여 친생승인을 한 경우에 그 효과로서 승인의 무효·취소를 주장할 수 있는지에 대해서는 명문규정이 없다. 이 제도가 기본적으로 법률상의 부의 '의사'를 존중하기 위한 것이라고 하는 이상 이를 부정할 수는 없으나, 친족관계의 안정성이라는 측면을 고려할 때, 사기·강박·착오로 인한 입양의 무효·취소를 주장하는 경우에 준하여 관련 조문들을 유추적용함으로써 일정한 기간 내에 그러한 주장을 하지 않으면 친생승인으로 인한 부자관계는 확정된다고 보는 견해가 유력하다.[51)]

---

48) 注釋民法 (2004), 229면.
49) 半田吉信 外 (2006), 108면.
50) 注釋民法 (2004), 228~229면.
51) 注釋民法 (2004), 230면.

(2) 혼인외의 출생자

(a) 인지의 의의와 법적 성질

일본민법상 혼인 외의 출생자의 모자관계는 출산이라는 사실을 근거로 당연히 성립하는 반면 부자관계는 인지라는 요건을 갖추어야만 성립한다. 이러한 '부의 인지'의 법적 성질과 관련하여 이른바 '의사주의(주관주의, 인지주의)'와 '사실주의(객관주의, 혈연주의)'가 대립해 왔다. 이들 중 후자, 즉 사실주의는 친자관계의 원칙적인 결정기준을 반영한 것이기는 하지만, 우리나라의 경우와는 달리 일본에서는 혈연부가 임의인지를 하더라도 법적 친자관계가 성립할 수 없는 경우가 있기 때문에, 의사주의적인 측면이 더 강하게 반영되어 있다고 할 수 있다. 最高裁判所 1979. 6. 21. 선고 판결[52]도 같은 취지이다. 이 판례는 혼인 외의 출생자의 부자관계를 확정하는 방법으로서 이른바 혈연주의와 인지주의의 두 가지 입법태도가 있음을 전제로, 이 중 어떤 것을 취할 것인가는 "입법적 재량에 속하는 사항"이라고 한다. 따라서 일본민법의 입법자가 인지주의를 택한 것은 "신분관계의 법적안정을 보지한다는 점으로부터 충분한 합리성"이 인정되며 일본 헌법 제13조[인간존엄·가치, 행복추구권 조항]에 위반하지 아니하고 이러한 인지제도가 모든 비적출자에게 평등하게 적용되는 이상 같은 법 제14조 제1항[평등조항]에도 위반하지 않는다고 판시하였다.

혼인 외의 출생자의 법적 부자관계를 발생시키는 인지는 부의 자발적 의사에 근거하여 행하여지는 임의인지와, 자녀 측이 제기한 인지청구의 소에 의한 인지를 의미하는 강제인지로 나누어진다.

---

52) 判例時報 제933호, 60면 이하.

(b) 임의인지

1) 법적성질

임의인지의 법적 성질에 대해서, 의사주의는 부자관계의 형성을 효과의사의 내용으로 하는 의사표시라고 파악하는 반면, 혈연주의는 혈연의 존재 사실을 인정하는 관념의 통지의 일종으로 파악한다. 일본의 현행 민법에는 두 가지 요소를 반영하는 조항들이 섞여 있는 것으로 평가되지만 자녀의 복리를 실현하기 위하여 되도록 혈연주의의 입장을 반영하여 해석하는 것이 일반적이다.[53]

2) 방식

임의인지의 방식은 호적법에 따른 신고(제781조 제1항) 또는 유언(같은 조 제2항)이며, 이러한 요건이 갖추어지면 전자의 경우에는 신고가 수리된 때, 후자의 경우에는 유언의 효력이 발생한 때 혈연의 존부에 대한 심사 없이 일단 인지의 효과가 발생한다. 따라서 전자의 신고는 창설적 신고, 후자에 근거한 신고는 보고적 신고이다. 다만 전자와 관련하여 부가 명시적인 인지신고가 아니라 출생신고를 한 경우에도 판례[54]와 호적실무에 의하여 인지신고로서의 효력이 인정된다.[55]

---

53) 二宮周平 (家族法), 172면.
54) 大審院 1926. 10. 11.선고 판결 (民事判例集 제5권, 703 이하) 등. 특히 最高裁判所 1978. 2. 24. 선고 판결(民事判例集 제32권 1호, 110 이하 = 判例時報 제883호, 25 이하)은, 아버지가 자녀를 자신의 친생자로서 출생신고를 하는 것에는 인지의 의사표시가 포함되어 있다고 하면서 이러한 신고가 수리된 이상 인지신고의 효력이 인정된다고 판시하였다.
55) 二宮周平 (家族法), 173면.

3) 인지능력

부는 인지로부터 어떠한 법적 효과가 생기는지를 이해할 수 있을 정도의 의사능력만 있으면 행위능력의 유무를 불문하고 자유롭게 인지 여부를 결정할 수 있다. 즉 미성년자와 성년피후견인도 의사능력이 있는 한, 법정대리인의 동의 없이 인지를 할 수 있다(제780조). 이처럼 의사능력만 있으면 자유롭게 임의인지를 할 수 있도록 한 이유는 다음과 같이 요약할 수 있다: 우선 미성년자이더라도 자녀가 있을 정도이면 당연히 의사능력이 있다고 보아야 하며, 다음으로 금치산자라 하더라도 자녀를 인지하는 것은 부모로서의 당연한 의무라고 파악하여야 한다. 또한 금치산자 등의 인지에 의하여 부자관계가 성립하는 것은 (상속순위나 상속분 등을 감안할 때) 법정대리인에게 불리한 것이 일반적이기 때문에, 법정대리인에게 인지 여부를 대리할 수 있게 하면 안된다는 점도 지적된다.[56]

4) 자녀 측의 동의

일본민법은 우리 민법과는 달리 자녀 등의 승낙을 임의인지의 요건으로 규정하고 있다. 우선, 자녀가 성년인 때에는 자녀의 승낙을 얻어야만 하고(제782조), 다음으로 태아를 인지할 때에는 모의 승낙을 얻어야만 한다(제783조 제1항). 끝으로, 자녀가 이미 사망한 때에는 그에게 직계비속이 있는 경우에 인지할 수 있는데 그 직계비속이 성년인 때에는 그의 승낙을 받아야만 한다(제783조 제2항). 이러한 요건을 둔 이유는 부의 기회주의적이고 자의적인 인지를 제한하고 피인지자의 의사를 존중하기 위한 것으로 이해하는 것이 일반적이다.[57] 이러한 맥락에서 '승낙'이 필요한 범위를 확장하자는, 즉 의사능력이 인정될 수 있는 한 미성년 자녀의 승낙도 요건으로 규정하거나, 모

---

56) 注釋民法 (2004), 330면.
57) 注釋民法 (2004), 350면; 二宮周平 (家族法), 175면 등.

든 미성년 자녀에 대해 모의 승낙을 요건으로 하자는 입법론이 활발하게 전개되고 있다.[58]

그러나 반대로 이러한 요건에 대해서는 특히 혈연부가 임의인지를 원하는 경우에도 승낙을 절대적인 요건으로 하고 있는 것에 대한 개선이 필요하다는 비판적인 견해도 제기되는데 그 내용은 다음과 같이 요약할 수 있다: 첫째로, 자녀의 승낙이라는 요건에 대해서는, 비록 자녀 측의 의사를 존중할 필요가 있다는 논거 자체는 정당하다 하더라도, 혈연부의 임의인지에 대한 승낙을 거부하였던 자녀가 혈연부에 대한 인지청구의 소를 제기할 수 있다는 점이 문제된다. 고령의 혈연부에 대한 부양의무를 면하기 위하여 임의인지에 의한 법적 부자관계 창설을 거부하던 자녀가 혈연부의 사망 후에 강제인지에 의하여 법적 부자관계를 성립시킴으로써 상속권을 누릴 수 있기 때문이다. 둘째로, 모에게 임의인지에 대한 승낙을 할 수 있도록 한 것은 모가 자녀의 이익을 대변하는 것이 일반적이라는 사정에 근거한 것이기는 하지만, 항상 그렇지는 않다는 점, 즉 모가 자신의 고유한 이익을 위하여 임의인지에 대한 승낙을 거부함으로써 자녀의 이익을 실현하지 못할 수도 있다는 점을 감안하여, 모의 승낙에 대해서는 제한을 둘 필요가 있다.[59]

(c) 강제인지

혈연부가 자녀를 임의인지하지 않으면 자녀(그 직계비속 또는 법정대리인)는 인지청구의 소를 제기하여 승소판결을 받음으로써 혈연부의 의사에 반하

---

58) 注釋民法 (2004), 350면; 특히 이와 관련하여, 일본민법이 인지를 아버지의 일방적 의사에 맡겼던 것은 명치 시대의 있어서 남성이 처 이외의 여성이 낳은 자녀를 자신의 가에 끌어들이는 수단으로서 인지라는 제도를 둔 데서 기인함을 지적하면서 이제는 모와 자녀의 의사를 부의 의사와 대등하게 존중하여야 한다는 논거를 주목할 만하다(二宮周平 (1997), 963면 이하 참조).
59) 窪田充見 (2009. 9), 37~38면.

여 부자관계를 성립시킬 수 있다. 일본민법은 제정 당시부터 모법인 프랑스법과는 달리 강제인지 제도를 인정하였는데 혼인 외의 자녀 보호가 주요한 입법이유였던 것으로 보인다. 일본민법 제정 당시의 논의를 보면, 강제인지 제도를 도입하면 조신하지 않은 여성으로 인하여 남성의 은밀한 사생활이 폭로될 우려가 있다는 반대 의견도 있었다. 그러나 설령 이러한 제도가 도입되더라도 증거를 확보하기가 어렵기 때문에 남소의 우려가 없으며 사생자에게 부자관계를 형성할 기회를 전혀 주지 않는 것은 문명국의 수치이며, 혈연이 있음이 증명되었는데도 아버지에게는 법적인 보호를 부여하면서 자녀는 법적인 보호 밖에 방치하는 것은 국익에 반한다는 점 등을 강조한 반론의 영향으로 강제인지 제도가 도입된 것이다.[60]

1) 법적성질

본조에 근거한 인지청구의 소의 법적 성질과 관련하여, 패전 전에는 부에게 인지라는 의사표시를 할 것을 청구하는 이행의 소의 일종으로 보는 것이 지배적[61]이었으나, 패전 후의 통설과 판례[62]는 형성의 소의 일종으로 파악하고 있다.[63] 한편 혈연주의를 더욱 강조하는 입장에서는 혼인 외의 자녀의 부자관계도 혈연에 의하여 형성되기 때문에 인지청구의 소는 이러한 관계를 확인하기 위한 확인의 소라는 주장도 제기되고 있다. 그러나 혈연에 의한 부자관계라는 사실이 인정되더라도 곧바로 법적 부자관계가 발생하는 것이 아니라는 점[64]을 감안한다면, 증서진부확인의 소(일본 민사소송법 제134조)와 같은 명문의 근거규정을 두지 않는 한 인지청구의 소를 확인의 소의 일종으로 보기는 어렵다는 비판론[65]이 유력하다.

---

60) 有地亨 (2006), 151면 각주 1 참조.
61) 注釋民法 (2004), 390~391면.
62) 最高裁判所 1954. 4. 30. 선고 판결, 民事判例集 제8권 4호, 861면.
63) 注釋民法 (2004), 393~394면.
64) 最高裁判所 1979. 6. 21. 선고 판결, 判例時報 제933호, 60면.

2) 요건

인지청구의 소는 자녀, 그의 직계비속(또는 이들의 대리인)이 제기할 수 있다. 법정대리인은 본인에게 의사능력이 있는 경우에도 인지청구의 소를 제기할 수 있으나[66] 제782조의 입법취지를 고려하여 법정대리인은 소 제기 전에 본인의 의사를 확인하고 이를 존중하여야 한다.[67] 인지청구의 소의 피고는 아버지이며 그가 이미 사망한 때에는 검찰관이 피고가 된다(인사소송법 제24조 제1항).

인지청구의 소의 제소기간은 아버지가 생존해 있는 동안에는 제한되지 않지만 아버지가 사망한 때에는 원고적격자가 그러한 사실을 안 날로부터 3년으로 제한된다(제787조 단서). 이러한 제소기간 제한에 대해서는 찬반 양론이 대립하고 있다.[68] 한편 제소기간의 기산점의 의미와 관련하여 판례는 한편으로는 자녀의 이익을 보호하기 위하여 제소기간의 기산점은 '부의 사망이 객관적으로 명확하게 된 때'로 해석[69]하면서도, 다른 한편으로는 [본조를 근거로] 부가 사망한 후 3년이 경과하면 법적인 부자관계가 성립할 수 없다고 한다. 판례를 보면, ⓐ모가 부와 내연관계 중에 회태하여 자녀를 출산하였는데 부는 자신의 자녀라고 확신하였기 때문에 인지 등의 절차가 필요하다는 사실을 몰라서 인지를 하고 지내다가 사망한 사안에서, 판례는 제소기간 제한의 취지는 신분관계에 따르는 법적안정성을 추구하는 것임을 이유로 친생추정의 유추적용에 의한 부자관계의 성립을 인정하지 않았다.[70] ⓑ또한

---

65) 注釋民法 (2004), 392~393면.
66) 最高裁判所 1968. 8. 27. 선고 판결, 判例時報 제533호, 38면.
67) 內田貴 (2004), 201면; 二宮周平 (家族法), 175면 등.
68) 다만 이러한 견해대립은 일본과 마찬가지로 부 사망후에는 인지청구의 소의 제소기간을 제한하고 있는 우리나라 친자법의 입법론으로서도 문제될 수 있기 때문에 제5장 입법론 부분에서 소개한다.
69) 最高裁判所 1982. 3. 19. 선고 판결, 家庭裁判月報 제34권 8호, 36면.
70) 最高裁判所 1969. 11. 27. 선고, 判例時報 제582호, 67면 이하.

모가 배우자 아닌 혈연부와 성행위를 하여 포태한 자녀를 출산한 후 그 자녀를 자신의 지인인 A·B 부부에게 부탁하여 그들의 혼인중의 출생자로 출생신고 한 사안에서, 혈연부의 사망으로부터 10년이 지난 후 이러한 사정을 알게된 자녀가, 일단 A·B를 상대로 친생자관계 부존재의 확인을 구하여 이러한 취지의 심판이 확정된 후 혈연부를 상대로 인지청구의 소 대신 친자관계존재확인의 소를 제기하였는데, 이에 대해 최고재판소는 혼인 외의 출생자의 부자관계는 인지에 의하여 비로소 발생하는 것이기 때문에 인지를 거치지 않고 실친자관계 존재확인의 소를 제기할 수는 없다고 판시하였다.[71)]

인지청구의 소의 요건사실은 자연적 혈연에 근거한 부자관계로서 이른바 사회적 부자관계는 여기에 해당하지 않는다.[72)] 과거에는 혈연의 존재는 간접사실에 의한 추정으로 증명할 수밖에 없어서 이에 관한 판례법리가 확립되어 있다. 비록 과학적 혈연검사가 가능해져서 이러한 법리의 중요성은 현저하게 낮아졌지만 일본에서는 혈연 감정을 위한 직접강제는 물론 간접강제도 인정되지 않기 때문에[73)] 판례법리가 적용될 가능성은 여전히 남아 있다고 할 수 있다. 이러한 법리는 다음과 같이 요약할 수 있다: 과거의 인지소송에서는 원고 측이 혈연의 존재를 추인하게 해 주는 간접사실들(예를 들어, 가임기에 피고와 모가 성행위를 하였다거나, 피고가 이름을 지어주거나, 자신의 친족들에게 사건본인을 소개하거나, 양육비를 보내주는 등의 아버지로서의 태도를 보인 것)을 주장·증명하면 여기에 경험칙을 적용하여 부자관계의 존재를 추정하였다. 이에 대하여 피고가 가임기에 모가 다른 남성과도 성행위를 하였다는 취지의 항변(이른바 不貞의 항변)을 주장하는 경우에, 과거의 판례는 원고 측이 이러한 사실이 없었음을 증명하여야만 한다고 하였으나,[74)] 그 후 자녀 측에게 유리하게 판례가 변경되었다. 즉, 最高裁判所

---

71) 最高裁判所 1990. 7. 19. 선고, 判例時報 제1360호, 115면 이하.
72) 注釋民法 (2004), 460면.
73) 권재문 (2007. 민사소송), 337~338면 참조.
74) 大審院 1912. 4. 5. 民事判決錄 제18집, 343면.

1957. 6. 21. 선고 판결, 判例時報 제116호, 1면 이하는, 소송법의 일반원칙
상 경험칙의 적용을 방해하기 위한 '반대사실'에 대해서는 피고가 증명책임
을 지는 것이고, 또한 이러한 부정의 항변의 진위가 증명되지 못하더라도 원
고가 주장하는 간접사실들이 증명되는 한 자유심증주의에 비추어 법관은 부
정의 항변의 당부에 대한 판단과 무관하게 원고 승소 판결을 할 수 있다고
판시하였다.

3. 부자관계의 해소

(1) 친생부인

(a) 의의

친생추정에 의하여 성립한 법적 부자관계는 친생부인의 소(제774조 이하)
에 의해서만 해소될 수 있다. 판례와 지배적 견해에 의하며 친생부인의 소는
법적 부자관계를 소급적으로 소멸시키는 형성의 소이며, 청구원인 사실은 법
률상의 부와 자녀 사이의 혈연의 부존재이다. 다만 일본의 법제 하에서는 과
학적 혈연검사를 강제할 수 있는 방법이 없기 때문에[75] 조정 절차를 활용하
여 검사에 응하도록 설득하는 수밖에 없다.[76]

우리나라와 마찬가지로 일본에서도 친생부인의 소는 원고적격과 제소기간
을 엄격하게 제한함으로써 친생추정에 의하여 성립한 법적 부자관계를 다투는
것을 억제하는 기능을 수행한다. 그 논거로는 혼인가정에 대한 제3자의 교란
을 방지함으로써 가정의 평화를 유지하고, 혼인 중의 출생자의 부자관계를 조
기에 안정시킴으로써 자녀의 복리 실현하여야 한다는 점[77] 등이 거론된다.[78]

---

75) 권재문 (2007. 민사소송), 337~338면 참조.
76) 二宮周平 (家族法), 162면.

(b) 요건

1) 원고적격

친생부인권은 법률상의 부에게만 인정된다. 친생부인의 소의 원고적격을 법률상의 부에게만 인정한 이유와 관련하여, 일본민법 제정과정에서의 논의 를 보면, 우선 법률상의 부와 마찬가지로 친생추정의 당사자인 자녀에게도 친생부인권을 인정하는 것이 공평하다는 점은 인정하면서도 자녀가 모의 간 통사실을 주장·증명하는 '폐해'가 있음을 이유로 자녀에게는 친생부인권을 주지 않기로 하였다.[79] 한편 처에게 부인권을 부여하지 않은 이유는 제안설 명에는 명확하게 나타나지 않지만, 일본민법 제정을 위한 기초위원으로 활동 하였던 梅謙次郎는, "모가 적출성을 부인하는 것은 자신의 간통 사실을 주 장하는 것과 같아서 실제로는 이러한 주장을 하기 어려울 뿐 아니라, 이러한 사실을 법정에서 주장할 권리를 부여하는 것은 風教에 해로운 것이기 때문 에 남편에게만 [친생]부인권을 인정한 것"[80]이라고 설명하고 있다. 다만 남 편이 친생부인권을 행사하지 않을 때에는 어떻게 할 것인가에 대해서는 논 의되지 않았다.[81]

2) 제소기간

친생부인 기간은 (2005년 개정 전의 우리 민법과 마찬가지로) 자녀의 출생 을 안 날로부터 1년으로 제한되어 있다(제777조).[82] 이처럼 '자녀의 출생을

---

77) 특히 친생부인 제한은 자녀의 복리 실현에 기여한다는 점을 강조하는 견해로서, 內 田貴 (2004), 179면; 水野紀子 (1995. 1), 121면 등을 들 수 있다.

78) 注釋民法 (2004), 202～203면.

79) 廣中俊雄/星野英一 (1998), 62면.

80) 梅謙次郎 (1899), 245면.

81) 廣中俊雄/星野英一 (1998), 69면.

82) 입법과정에서는 이러한 기간을 연장해야 한다는 의견은 전혀 없었고 오히려 더 짧

안 날'을 기산점으로 하는 제소기간을 둔 이유로는 ⓐ친생부인 기간의 경과는 법률상의 부의 부작위에 의한 묵시적인 친생승인으로 인정될 수 있고, ⓑ 법적 부자관계를 되도록 빨리 안정시키는 것이 자녀의 복리에 부합하고, ⓒ 기간의 경과에 따라 혈연의 존부를 증명하기가 어려워진다는 점 등이 거론된다.

이러한 절대기간 1년이라는 입법방식에 대해서는, 법률상의 부가 자녀가 출생할 무렵에 이미 처의 간통 사실에 대한 의혹을 가지고 있었던 경우가 아닌 한 사실상 친생부인의 소를 제기할 기회 자체를 박탈하는 결과를 초래함을 이유로 그 정당성에 대한 문제제기가 이어져 왔다. 이러한 비판론은 기간제한의 정당성에 관한 위의 논거들에 대해 다음과 같은 반론을 제기한다. 우선 ⓐ에 대해서는, 모의 법률혼 배우자는 자신이 혈연부라고 믿었기 때문에 부인기간을 도과하는 것이 오히려 보편적이며, 다음으로 ⓑ에 대해서는 친생추정에 의한 부자관계의 확정이 자녀의 복리에 부합하는지의 여부는 개별 사안에 따라 판단하여야 하는 것이고, 끝으로 ⓒ에 대해서는 과학적 검사기법이 발달하였기 때문에 이제는 상황이 달라졌다는 것이다.[83]

그러나 최고재판소는 절대기간 방식에 의한 친생부인의 기간제한이 법률상의 부의 인간존엄가치를 위헌적으로 침해한 것은 아니라고 판단하면서, 친생부인을 비롯한 법적 부자관계의 해소에 관한 법제는 입법재량에 속하는 것인데 현행법상의 친생부인 기간 제한은 신분관계의 법적 안정성을 지킨다는 면에 비추어볼 때 충분히 합리적이라고 볼 수 있음을 이유로 제시하였다.[84] 이러한 판례에 대해서는 법률상의 부가 자신이 자녀의 혈연부가 아님을 알게 된 이상(운명으로 받아들이고 체념하거나, 성인군자인 경우가 아닌 한) 사실상 가정의 평화는 지켜질 수 없으며, 혈연에 반하는 법적 부자관계

게 규정하여야 한다는 취지의 의견이 있었다. 廣中俊雄/星野英一 (1998), 64, 66면 참조.

83) 注釋民法 (2004), 231~232면

84) 最高裁判所 1980. 3. 27. 선고 판결, 判例タイムズ 제419호 참조.

를 해소할 기회를 사실상 봉쇄함으로써 그 유지를 강요하는 것은, 패전 전과 같이 '가 제도'의 유지라는 공공복리를 전제하지 않는 한 인간존엄가치·행복추구권을 지나치게 제한하는 것이라는 비판론85)이 제기되고 있다.

(2) 인지무효의 소

(a) 개관

혼인 외의 출생자의 부자관계 결정에 대해서도 원칙적으로 혈연주의가 적용된다. 따라서 인지에 근거한 부자관계도 혈연에 반하는 경우에는 해소될 수 있어야 한다.86) 특히 임의인지의 경우에는 혈연의 존부에 대한 심사를 요건으로 하지 않을 뿐 아니라, 이른바 악의의 호의인지(好意認知)87) 사례도 적지 않게 나타나고 있기 때문에, 인지에 의하여 성립한, 혈연상의 친자관계와 일치하지 않는 법적 친자관계의 해소가 문제된다. 반면 강제인지에 의한 부자관계 형성은 혈연의 존부를 요건사실로 하기 때문에 실제로 혈연에 부합하는 경우가 많지만, 설령 그렇지 않음이 밝혀졌다 하더라도 인지판결이라는 확정판결을 근거로 하기 때문에 재심으로써 이러한 확정판결의 기판력을 제거하지 않는 한 부자관계의 존재를 다툴 수 없다.88)

---

85) 위 최고재판소 판결에 대한 평석인 林屋礼二 (1981), 162~163면 참조.
86) 注釋民法 (2004), 372면 참조.
87) 인지자가 자녀가 자신의 친생자가 아님을 알면서도 모와의 관계 등을 고려하여 인지를 하는 경우를 의미한다.
88) 인지판결에 대한 재심에 관하여 구체적인 내용은, 注釋民法 (2004), 433면 이하를 참조할 것.

(b) 임의인지의 취소금지 조항의 의미

일본민법 제785조는 인지를 한 부 또는 모는 이러한 인지를 취소할 수 없는 것으로 규정하고 있다. 일본에서도 '취소'와 '철회'가 법문상 엄밀하게 구별되지 않고 사용되는 경우가 있기 때문에[89] 이 조항의 취소의 의미에 대해서는 견해가 대립한다.

제1설은 의사주의에 입각한 견해로서, 인지자는 임의인지 과정에서의 의사표시의 하자가 있으면 민법총칙 규정에 따라 임의인지를 취소할 수 있으므로, 결국 이 조항에 의하여 금지되는 것은 '철회'로 한정된다고 해석한다.[90] 그러나 현재의 통설[91]인 제2설은 사실주의에 근거한 견해로서, 인지자와 자녀 사이에 혈연상의 부자관계가 인정되는 한, 인지자가 임의인지 과정에서의 의사표시의 하자를 이유로 이를 취소하더라도 자녀가 인지청구의 소를 제기하면 결국 법적 부자관계가 그대로 유지된다는 점을 강조한다. 즉 임의인지를 취소는 무의미함을 전제로 제785조는 바로 이러한 취지를 규정한 것이라고 한다. 한편 제3설[92]은 본조에 의하여 인지자는 단순한 변의에 의한 철회 뿐 아니라 사기·강박, 착오 등을 내세운 민법총칙상의 취소 주장도 할 수 없게 된다는 결론에 있어서는 제2설과 같지만, "양심[93]에 따라 인지한 후에 私利로 인하여 취소하는 도의에 반하는 행태[不德義]는 법적으로 허용될 수 없음"을 논거로 하고 있다는 점이 다르다.

---

89) 注釋民法 (2004), 362~363면 참조.
90) 이 조항은 명치 민법의 규정이 거의 그대로 유지된 것인데, 명치 민법의 기초위원이었던 富井政章는 이 조항의 취지는 인지자의 단순한 변심에 의한 철회를 방지하기 위한 것이라고 설명하고 있다(注釋民法 (2004), 263면); 또한 梅謙次郎 (1899), 267면이하도 같은 취지로 설명하고 있다
91) 注釋民法 (2004), 365~366면 참조.
92) 梅謙次郎 (1899), 267면.
93) 사전적 의미의 良心이 아니라, '自意'를 뜻하는 것으로 이해할 수 있다.

(c) 인지에 대한 반대사실의 주장

1) 의의

자녀 또는 그 외의 이해관계인은 인지에 대하여 반대의 사실을 주장할 수 있다(제786조). 이 조항의 제정 과정에서의 논의[94]를 살펴보면, 여기서 말하는 '반대의 사실'이란 인지를 근거로 형성된 부자관계가 혈연에 반함을 뜻하고, 별도의 기간제한을 두지 않은 것은 친생추정의 경우와는 달리 혈연에 반하는 인지에 의하여 형성된 부자관계에 대해서는 누구나 선결문제로서 이를 다툴 수 있는 것으로 할 필요가 있다고 판단하였기 때문이라고 한다.

한편 일본민법은 제정 당시부터 이러한 '반대사실의 주장'을 요건사실로 하는 재판의 형태와 그 효과(대세효의 인정여부 등)를 별도의 절차법으로 규정할 것을 전제하고 있었다. 이를 반영하여 인사소송법 제2조와 가사심판법 제23조은 인지무효의 소(인지무효 심판) 절차를 두고 있다. 다만 인지무효 사유에는 혈연의 부존재 뿐 아니라, 임의인지의 요건(인지능력, 자녀 측의 승낙 등)을 갖추지 못한 상태에서 인지신고가 수리된 경우(이른바 '부실인지')도 포함된다.[95]

2) 요건

민법은 인지에 대한 반대사실을 주장할 수 있는 사람을 자녀와 그 외의 '이해관계인'이라고만 규정하고 있으며 절차법도 인지무효의 소의 원고적격, 제소기간, 요건사실 등에 대해서 아무런 규정을 두고 있지 않아서 이에 관한 논의가 활발하다.

우선, 제소기간과 관련하여, 명문 규정이 없는 이상 제소기간은 제한되지

---

94) 富井政章 기초위원의 입법취지 설명을 注釋民法, 372면에서 재인용한 것이다.
95) 注釋民法 (2004), 372면.

않는 것으로 해석된다. 다만 이러한 해석론에 대하여, 혼인 외의 자녀에 대해서도 부자관계라는 법적 신분의 안정성을 보호할 필요가 있는데 이를 다투는 인지무효의 소 제기에 대해 어떠한 기간제한도 두지 않은 것은 지나친 차별대우라고 하면서, 명문의 제한규정이 없는 이상 권리남용의 법리라도 적극적으로 활용할 필요가 있다는 견해가 유력하다.[96]

다음으로, 원고적격과 관련하여, ⓐ인지자 자신도 인지무효를 주장할 수 있는지와 ⓑ아버지와 자녀 이외의 '이해관계인'의 범위를 어떻게 제한할 것인지가 문제된다. 먼저 ⓐ와 관련하여, 인지자 자신이 인지무효의 소를 제기할 수 있는지에 관한 견해대립은 제785조에 의하여 금지되는 '취소'의 의미에 관한 견해대립과 연결된다. 단순한 번의에 의한 철회만을 금지하는 것으로서 인지자도 사기·강박·착오 등을 이유로 인지를 취소할 수 있다고 보는 견해는 물론, 사기·강박·착오를 이유로 하는 취소까지도 금지하고 있다고 보는 견해에 의하더라도, 인지자는 혈연의 부존재를 이유로 하는 인지무효 주장을 할 수 있다. 반면 일종의 금반언의 원칙이 반영된 것으로 파악하는 견해[97]에 의하면, 인지자는 인지무효 주장도 할 수 없는 것으로 해석된다. 다음으로 ⓑ와 관련하여, 학설상의 논의는 별로 없으며, 판례[98]는 인지자의 처, (피인지자 이외의) 자녀, 자신이 피인지자의 혈연부라고 주장하는 사람 등에 대해 인지무효의 소의 원고적격을 인정하였다. 다만 인지의 무효 여부는 내밀한 프라이버시와 관련된 것이니만큼 상속·부양 등 구체적 법률관계에 기초한 직접적 이해관계를 가지는 사람으로 제한해석할 필요가 있음을 지적하면서, (친생부인의 소의 보충적 원고적격을 규정하고 있는) 인사소송법 제41조를 유추적용하여 3촌 이내의 혈족으로 제한하자는 견해도 제기되고 있다.[99]

---

96) 二宮周平 (家族法), 176면.
97) 梅謙次郎 (1899), 267면; 또한 같은 취지를 프랑스 법의 동향을 참조하여 설명하고 있는 견해로서 水野紀子 (2000. 6), 28면을 참조.
98) 구체적인 출처 등은 注釋民法 (2004), 379면을 참조.
99) 注釋民法 (2004), 379면.

끝으로, 인지무효의 소의 요건사실과 관련하여 다음과 같은 논의가 전개되고 있다. 첫째로, 혈연에 반하는 인지라는 사실은 당연히 인지무효의 소의 요건사실에 해당한다. 둘째로, 인지신고의 흠결은 인지의 무효사유가 아니라 불성립 사유로서, 부실인지로 인하여 호적부에 기재된 부자관계의 해소를 목적으로 하는 인지무효의 소로 다툴 필요가 없다. 셋째로, 인지능력·인지의사의 흠결이 인지무효의 사유인지의 여부와 관련하여, 사실주의를 관철시키려는 견해는 부정적이지만, 지배적 견해는 긍정적이다. 판례는, ⓐ인지자의 의사에 따르지 않은 인지신고에 의한 임의인지는 비록 인지자와 피인지자 사이에 혈연이 있는 경우라 하더라도 무효라고 하였고,[100] ⓑ혈연부가 의사능력이 있을 때 인지신고를 타인에게 위탁한 후 인지신고 당시에는 의사능력을 상실한 경우에, 인지신고 위탁을 철회하였다고 볼 만한 사정이 없는 한 수탁자에 의한 인지신고는 유효라고 함으로써 의사능력이 임의인지의 요건임을 시사[101]하고 있다. 셋째로, 자녀 등의 승낙이라는 요건을 갖추지 못한 경우에 대해서는 인지무효사유라고 보는 견해도 있으나 이러한 요건을 둔 취지가 자녀 등의 보호에 있는 만큼 인지취소 사유라고 보는 것이 타당하다.[102]

4. 친생자관계 존부확인의 소

(1) 의의

일본민법은 제정 당시에 법적 부자관계를 다투는 절차로서 친생부인의 소와 인지무효의 소라는 두 가지만을 규정하였는데 이것은 모법인 프랑스 민법의 태도를 따른 것이다. 그러나 이러한 입법방식은 프랑스와 일본의 신분

---

100) 最高裁判所 1977. 2. 14. 선고 판결, 家庭裁判月報 제29권 9호, 78면 이하.
101) 最高裁判所 1979. 3. 30. 선고 판결, 家庭裁判月報 제31권 7호, 54면 이하.
102) 注釋民法 (2004), 377～378면.

등록 제도의 차이를 간과한 것이었기 때문에 일본 민법 시행 직후부터 혼란
을 야기하게 되었다. 프랑스법에 의하면, 신분등록제도인 출생증서 제도는
혈연의 진실성을 전제하지 않은 것으로서 법적 친자관계, 즉 출생증서에 기
재된 친자관계와 일치하는 사실적 친자관계가 유지되고 있으면 신분점유의
효과로서 이에 대한 불가쟁력이 인정되었다. 반면, 일본의 경우에는 민법 제
정 전에 이미 혈연을 반영하여 개인의 신분을 등록하는 것을 본질로 하는 호
적제도가 완비되어 있었기 때문에 호적에 기재된 법적 친자관계가 혈연과
일치하지 않을 때에는 이러한 기재는 '진실에 반하는 것으로서 무효'라는 관
념이 확립되어 있었다.[103]

이러한 문제를 해결하기 위하여, 즉 혈연에 반함을 이유로 법적 친자관계
를 해소할 필요가 있으나 친생부인의 소나 인지무효의 소의 적용 대상이 아
닌 경우를 해결하기 위하여 판례는 친생자관계 존부확인의 소라는 새로운
유형을 확립하였다. 이러한 판례의 태도는 입법에도 반영되어 2003년에 제
정된 인사소송법은 이러한 '親子關係存否確認의 訴'라는 형태를 명문으로
규정하였다(제2조 제2호).

일본법상의 친생자관계 존부확인의 소는 일반적인 확인의 소의 일종이기
때문에, 확인의 이익이라는 요건(즉시확정의 법률상 이익)만 충족되면 누구
나 언제든지 제기할 수 있는 것으로 이해되고 있다. 다만, 법적인 부자관계
는 친생추정 또는 인지에 의하여 성립하는 것이기 때문에 친생자관계의 '존
재' 확인판결에 의하여 친자관계가 '성립'하는 경우는 생각하기 어렵다. 반
면 제3자가 친생자관계의 부존재 확인을 구하기 위한 소극적 확인의 이익은
상대적으로 넓게 인정되지만[104][105] 법적 부자관계를 해소시키는 것을 목적

---

103) 水野紀子 (1991. 4), 4〜5면.
104) 예를 들어 법률상의 부의 또 다른 자녀 등의 상속인은 친생추정을 받지 않는 혼인
   중의 출생자에 대한 부자관계를 해소하기 위한 방편으로 친생자관계의 부존재 확
   인을 구할 수 있을 것이다.
105) 注釋民法 (2004), 116면.

으로 하는 다른 절차들과의 정합성을 고려할 때 보충적으로 적용되는 것으로 이해하여야 한다는 견해가 지배적이다.[106] 이러한 맥락에서 본다면, 친생부인의 소 등과 친생자관계 부존재확인의 소를 특별법과 일반법의 관계에 있는 것으로 파악할 수도 있을 것이다.[107]

친생자관계의 존재 또는 부존재를 확인하는 판결이 확정되면, 그러한 법률관계의 존부에 대해 기판력이 미치고[108] 대세효가 인정된다(인사소송법 제24조 제1항). 따라서 이들 중 어떤 것에 대해서건 인용판결이 확정되면 법적 부자관계의 해소라는 효과는 대세적으로 확정된다.

(2) 비판론

다만, 이처럼 원고적격과 제소기간을 제한하지 않고 확인의 소에 관한 일반론에 맡기는 것에 대해서는 비판적인 견해가 제기되고 있다. '혈연의 존부'를 주요사실로 하는 절차인 이상 가정의 평화와 당사자들의 인격권 등에 영향을 미칠 수 있으며, 특히 부존재의 확인을 구하는 소는 법적 친자관계의 불확정 상태를 지나치게 장기화시킬 수 있기 때문이다.

이러한 문제를 해결하기 위하여, 특히 '부존재' 확인의 소에 대해서는 ⓐ 일정한 요건 하에 권리남용의 법리를 적용하여 혈연의 존부에 대한 본안판단과 무관하게 각하하여야 한다는 견해[109]와, ⓑ권리남용의 법리에 의존하면 예견가능성·법적 안정성이 저해되기 때문에 원고적격을 친자관계의 당사

---

106) 注釋民法 (2004), 128면; 특히 最高裁判所 1990. 7. 19. 선고 판결, 家庭裁判月報 제43권 4호, 33면 이하는, 혼인 외의 자녀에 대한 부자관계는 인지에 의하여 비로소 발생하는 것이기 때문에 인지라는 요건이 갖추어지지 않는 한 친생자관계 존재확인의 소를 제기하는 것은 허용되지 않는다는 취지로 판시하였다.

107) 梶村太市 (2008), 297면.

108) 注釋民法 (2004), 128면.

109) 水野紀子 (2009), 1459면.

자인 법률상의 부, 자녀, 모로 제한하고 이들에 대해서도 '소의 이익'이라는
요건을 엄격하게 해석하며, 이들 이외의 친족에 대해서는 '직접적인 확인의
이익'이라는 요건을 적용하여야 한다는 견해가 제기되었다.[110] 이와 관련하
여 일본 最高裁判所 1998. 8. 31. 선고 판결에서 福田博 재판관이 설시한
다음과 같은 보충의견을 주목할 만하다: 친생부인의 소를 제한하는 입법취지
를 신분관계의 조기안정, 자녀의 복리, 제3자의 혼인가정에 대한 개입의 방
지 등에서 찾는다면, 이러한 요청은 혼인 중에 출생한 모든 자녀에게 해당하
는 것[이므로] ⋯ 친생자관계 부존재확인 절차의 당사자적격은 직접적인 이
해관계가 있는 법률상의 부, 자녀, 모, 혈연부(라고 주장하고 있거나 지목된
사람) 등으로 제한되어야 하고 ⋯ 그 외의 사람에 대해서는 신분상·재산상
이해관계가 있는 경우라 하더라도 특별한 사정이 없는 한, 원고적격이 배제
되도록 해석하는 것이 민법의 취지에 부합하는 것[이다] ⋯ 자녀 출생 후 상
당한 기간이 경과하여 진정된 신분질서가 사실상 계속되고 있는 경우에는
법률상의 부나 자녀라 하더라도 친자관계 부존재확인의 소를 제기하는 것이
권리남용에 해당할 수 있다.[111]

한편 일본의 최고재판소는 2006년 7월 7일에 선고한 두 개의 판결[112]로써
혈연에 반하는 법적 친자관계라 하더라도 장기간에 걸쳐 사회적 친자관계가
유지되어 왔다면, 제3자가 이를 다투기 위하여 친생자관계 부존재확인의 소
를 제기하는 것은 권리남용이 될 수 있음을 명확하게 하였다. 양자는 기본적
으로 동일한 법리를 판시하고 있으나, 사실관계에서 약간의 차이가 있다. 두
사건 모두 쟁점은 혈연에 반하는 호적상의 친자관계가 장기간에 걸쳐 실질
적으로 유지된 경우에 이를 다투기 위한 친생자관계 부존재확인의 소가 권
리남용이라고 볼 수 있는지의 여부였는데, 전자에서는 망부모의 또 다른 친

---

110) 二宮周平 (家族法), 166~167면.
111) 判例時報 제1655호, 132~133면.
112) 사건번호 平成17(受)第833号 (民事判例集 제60권 6호, 2307면 이하), 사건번호
平成17(受)第1708号 (家庭裁判月報 제59권 1호, 98면 이하).

생자가 친자관계를 다툰 반면, 후자에서는 생존해 있는 호적상의 모가 이를 다투었다는 점에서 차이가 있다. 다만 후자의 경우에도 결국 호적상 부모에 게는 다른 친생자가 있었기 때문에 전자와 마찬가지로 그 자녀들 사이의 상 속분쟁이 비화된 것이라고 볼 여지도 있다. 전자에 비해 후자는 법적 친자관 계의 일방 당사자에 의한 다툼이었기 때문에 권리남용이 아니라고 볼 여지 도 있었으나, 판례는, 원고가 상당한 기간 동안 친생자관계의 부존재 확인을 구하지 않았고 종래에도 이를 주장하였다가 소를 취하하는 등의 사정에 비 추어 볼 때, 원고의 자발적이고 확고한 법적 친자관계 해소 의사가 없음을 전제로 권리남용에 해당한다고 본 듯하다.

IV. 보조생식 자녀의 친자관계 결정기준

일본에서도 보조생식시술에 의하여 출생한 자녀의 친자관계 결정기준에 관한 논의가 활발하게 진행되고 있다. 종래에는 이러한 경우에 대해서도 현 행법의 해석론으로써 문제의 해결을 시도하는 견해[113]도 있었으나, 최고재 판소[114]가 '현행법이 상정하지 않은 상황에 대해서는 현행법을 적용할 수 없 다'는 취지로 판시함에 따라 이제는 입법적인 해결이 절실하게 요구되는 상 황에 직면하게 되었다.

이하에서는 보조생식 자녀의 친자관계에 관한 일본에서의 논의를 해석론 과 판례를 중심으로 검토하고, 일본에서의 입법 작업의 현황을 소개하는데 그친다. 일본의 입법론의 구체적인 내용은 제5장 입법론 부분에서 우리나라 친자법의 입법론에 대한 참고자료로써 검토할 필요가 있기 때문이다.

---

113) 우병창 (2007. 11), 89면 각주 12 참고.
114) 最高裁判所 2006. 9. 4. 선고 판결, 民事判例集 제60권 6호, 2307면 이하. 구체 적인 내용은 후술한다.

1. 모자관계

(1) 학설의 전개

보조생식 자녀, 특히 대리출산 자녀의 모자관계의 결정기준과 관련된 중심적인 문제는 일반적인 법적인 모자관계 결정기준인 출산주의가 그대로 적용될 수 있는지의 여부이다.

일본의 지배적 견해에 의하면, 모성이 분리되는 경우에도 별도의 명문 규정이 마련되지 않은 이상 친자관계의 요건에 관한 일반원칙이(출산에 이르게 된 과정을 불문하고) 적용된다. 따라서 출산대리모에게 법적인 모의 지위가 귀속되고 의뢰모는 자녀를 입양하여야만 법적인 모가 될 수 있다.[115] 자녀의 법적인 아버지 결정에 관하여는, 출산모가 기혼자인 때에는 친생추정이 적용되며 출산모의 배우자에 대한 친생추정이 적용되지 않거나 출산모가 미혼인 때에는 의뢰부(혈연부)의 인지를 요건으로 한다.

(2) 판례의 태도

해외에서 체결한 유효한 출산대리모 계약에 의하여 자녀가 출생한 경우에 혈연모와 출산모 중 누구가 법적인 어머니인가에 관하여 일본 최고재판소[116]는, 첫째로, 대리모 계약의 유효를 전제로 출산모 아닌 의뢰모에게 법적인 모의 지위를 귀속시키는 미국 네바다주 법원의 판결은 공서양속에 반하기 때문에 일본에서는 효력이 인정될 수 없으며(일본 민사소송법 제118조 3호 참조), 둘째로, 일본법에 의하면 출산모에게 법적인 모의 지위가 귀속되기 때문에 의뢰모의 배우자인 의뢰부와 자녀 사이에는 친생추정에 의한 법

---

115) 二宮周平 (家族法), 188면 참조.
116) 最高裁判所 2007. 3. 23. 선고 판결, 判例タイムズ 제1239호, 120면 이하.

적 부자관계가 성립할 수 없다는 취지로 판시하였다. 이 판결은 이러한 판단
의 논거를 다음과 같이 제시하고 있다: 본호의 '공서양속'에는 법질서의 기
본원칙·기본이념도 포함되는데, 친생자관계는 신분관계 중에서도 가장 기본
적인 것으로서 갖가지 사회생활상의 관계의 기초가 된다. 따라서 단순히 사
인간의 문제에 그치는 것이 아니라 공익과도 깊이 관련되며 자녀의 복리에
도 중대한 영향을 미친다. 그렇다면 어떤 사람들 사이에 친생자관계의 성립
을 인정할 것인지의 여부는 그 나라의 신분질서의 근간을 이루는 기본원칙
내지 기본이념에 관한 것이라고 하지 않을 수 없다. 그리고 친생자관계가 이
처럼 공익 및 자녀의 복리와 밀접하게 관련된 것임에 비추어본다면, 이것을
정하는 기준은 일의적으로 명확한 것이어야만 하고 또 그 존부는 그 기준에
의하여 일률적으로 결정되지 않으면 안된다.

또한, 최고재판소는 연혁적으로 볼 때 출산주의가 출산과 혈연이 일치함
을 전제하고 있는 것임을 인정하면서도 보조생식시술에 의하여 출생한 자녀
에 대해서도 이를 적용하는 것은 일의적이고 명확한 기준에 의하여 일률적
으로 친생자관계를 결정하는데 가장 적합함을 강조하였다. 즉 이처럼 신분의
명확성 원칙을 실현하는 것은 친생자관계에 관한 기본이념·기본질서의 유지
라는 공익 뿐 아니라 자녀의 복리에도 가장 적합하다는 것이다. 또한 이 사
건의 사안과 같이 의뢰부모에게 혈연이라는 요소 뿐 아니라 의사와 양육이
라는 요소까지 갖추어졌다 하더라도 이들에게 친생부모로서의 지위가 귀속
되어야만 자녀의 복리가 실현되는 것은 아니고, 오히려 특별양자(우리 민법
상의 친양자) 제도를 활용하는 것이 바람직하다는 취지의 보충의견도 제기되
었음을 주목할 만하다.

2. 부자관계

(1) 학설의 전개

AID 자녀의 부자관계 결정 기준에 관한 일본에서의 견해대립의 현황을 살펴보면, 우선 법률상의 부가 동의하지 않은 AID 시술에 의하여 출생한 자녀에 대해서는 법률상의 부에게 법적인 부의 지위가 귀속되지 않는다는 점에 대해서는 이론이 없다.

반면 법률상의 부가 동의한 AID 시술에 의하여 출생한 자녀의 부자관계에 대해서는 세 가지 견해가 대립하고 있다. 제1설은 AID 시술에 법률상의 부가 동의한 경우에는 친생추정이 적용될 뿐 아니라, 금반언의 법리 또는 친생승인 조항의 유추적용을 근거로 친생부인이 허용되지 않는다고 한다. 제2설은 친생추정이 미치지 않는 혼인 중의 출생자로 파악하여, 일단 법적 부자관계는 성립하지만 친생자관계 부존재확인의 소에 의하여 이러한 관계가 해소될 수 있다고 한다. 제3설은 특별양자(우리 민법상의 친양자와 비슷함)에 해당하는 것으로 파악한다. 특별양자입양은 공권력의 결정(특히 법원의 재판)에 의하여 성립하는 것이기는 하지만, 본질적인 내용은 양부모 측의 '부모로서의 책임을 인수하려는 의사'와 혈연부모와의 법적인 친자관계 단절이며, 법률상의 부가 동의한 AID 시술에 의하여 자녀가 출생한 경우에는 이러한 두 가지 전제가 모두 충족되어 있다는 것이다.[117]

이들 중 제3설은, 일본의 판례가 허위의 출생신고를 입양신고로 인정하지 않으며 오히려 이러한 출생신고에 의한 친생자관계의 외관을 (제소기간과 원고적격의 제한이 없는) 친생자관계 부존재 확인의 소로써 다툴 수 있음[118]을

---

117) 注釋民法 (2004), 10~11면 참조.
118) 大審院 1936. 11. 1. 선고 판결, 民事判例集 제15권, 1946면 이하; 最高裁判所 1974. 12. 23. 선고 판결, 民事判例集 제18권 10호, 2098면 이하 등.

인정하고 있음에 비추어볼 때 받아들여지기 어려울 것이다. 다만 이에 대해서는 이미 상당한 기간 실질적인 친자관계를 유지하고 있는 경우처럼 입양의사의 합치와 양친자로서의 생활사실이라는 실질적 요건이 갖추어졌음이 명백한 때에도 제3자가 친생자관계 부존재확인의 소에 의하여 양친자관계자체를 단절시킬 수 있게 하는 것은 부당하다는 취지의 반론[119]이 유력하다. 한편 최근에는 판례[120]도 양친자관계가 장기간 지속되었다는 사정 등 구체적 사실관계를 고려하여 제3자가 제기한 친자관계의 부존재 확인의 소는 권리남용에 해당할 수 있다고 판시함으로써 양친자관계를 보호하는 방향으로 전환하고 있는 듯한 모습을 보여주고 있다.

(2) 판례의 태도

일본의 판례를 살펴보면, AID 자녀의 부자관계 결정이라는 쟁점 자체에 대해서는 하급심에서만 논의되었을 뿐이어서 이에 관한 최고재판소의 태도는 명확하지 않다.[121]

다만, 최근에 최고재판소[122]는 남편이 사망한 후 처가 그의 정자를 이용한 인공수정으로 자녀를 회태·출생한 경우에는 망부에 대한 인지청구의 소가 허용될 수 없다고 하면서, 현행 친자법은 제정 당시에 입법자가 상정하지 않은 사안에 대해서는 적용될 수 없음을 명확하게 하였다. 따라서 최고재판소는 AID 자녀의 부자관계에 대해서도 현행 친자법이 적용되지 않는 것으로

---

119) 浦本寬雄 (2003), 173~175면; 有地亨 (2006), 161~162면; 柳澤秀吉/緒方直人 (2006), 136면.
120) 最高裁判所 2006. 7. 7. 선고 판결, 民事判例集 제60권 6호, 2307면 이하; 最高裁判所 2006. 7. 7. 선고 판결, 家庭裁判月報 제59권 1호, 98면 이하.
121) 注釋民法 (2004), 11~13면 참조.
122) 最高裁判所, 2006=平成18. 9. 4. 선고 판결, 民事判例集 제60권 7호, 2563면 이하

판단할 가능성이 있다고 할 수 있다.

3. 입법작업의 현황

(1) 보조생식시술에 의하여 출생한 자녀의 친자관계에 관한 민법의 특례에 관한 중간시안[123]의 작성

보조생식시술에 의하여 출생한 자녀의 친자관계 결정을 현행법의 해석으로 해결하는데는 한계가 있다는 인식이 확산되자, 2001년 2월 26일에 생식보조의료기술에 관한 전문위원회 산하에 생식보조의료관련 親子法制部會(이하 '친자법 부회'라고 한다)가 설치되었다.[124] 친자법 부회는 19차례에 걸친 회의[125]의 결과를 정리하여 중간시안을 마련하였는데, 구체적인 내용은 제5장 입법론 부분에서 소개한다. 한편, 친자법 부회는 중간시안을 마련한 후 이에 대한 각계각층의 의견을 수렴하였는데 호의적인 견해가 다수인 것으로 파악되었다고 보고하였다. 다만 중간시안과 다른 의견들 중에 특기할 만한 것으로서 ⓐ단순한 정자제공이 아니라 배아를 제공받아 보조생식시술을 한 경우에 대해서는 특별양자제도를 참고하여 별도의 규정을 둘 필요가 있다는 의견, ⓑ법률상 부부 뿐 아니라 자녀를 키울 의사가 있는 한 사실혼 부부나 동성 커플에게도 본조를 적용하여야 한다는 의견, ⓒ본조의 동의도

---

123) 精子·卵子·胚提供等による生殖補助醫療により出生した子の親子關係に關する民法の特例に關する要綱中間試案(이하에서는 중간시안이라고 한다). 출처는 웹문서, http://www.moj.go.jp/PUBLIC/MINJI35/pub_minji35.html (최종방문: 2011년 2월 20일). 또한 이 중간시안을 준비하게 된 경과와 참조한 외국 입법례 등을 포함하고 있는 법무성의 공식적인 해설을 담고 있는 웹문서 http://www. moj. go.jp/PUBLIC/ MINJI35/refer02.pdf (이하 '보충설명'이라고 한다)도 참조할 것

124) 보충설명, 2, 4 참조

125) 친자법 부회의 1회부터 19회까지의 회의록은 http://www.moj.go.jp/SHINGI/ seishoku_index.html (최종방문: 2011년 2월 20일)에서 입수할 수 있다.

서면에 의한 요식행위로 규정하여야 한다는 의견(특히 모 법관은 동의가 진의에 따른 것인지의 여부에 대한 분쟁을 예방하기 위하여 공증을 요건으로 할 필요가 있다는 의견을, 모 대학 교수는 친생자관계는 공서양속에 관한 것으로서 당사자의 의사에 의한 처분이 불가능하기 때문에 동의를 불요식 행위로도 할 수 있게 하는 것은 부당하고 동의에 더하여 공권력의 개입(신고, 허가 등)이 필요하다는 의견을 각 개진하였다고 한다)등을 들고 있다.126)

(2) 日本學術會議127)의 2008년 보고서128)

중간시안은 원래 정부안으로서 의회에 제출될 예정이었으나, 후생노동성의 이러한 계획은 일부 의원들의 반대 등의 사정으로 인하여 좌절되고 말았다. 이러한 상황을 타개하기 위하여 2006년 11월 30일에 법무대신과 후생노동대신이 연명으로 일본학술회의에 대해 대리회태를 중심으로 생식보조의료에 관한 문제들을 전반적으로 심의해 줄 것을 요청하였다.129) 이에 따라 같

---

126) 제19회 회의 의사록 참조.
127) 일본학술회의는 과학에 관한 중요사항을 심의하여 그 실현을 도모하고, 과학에 관한 연구를 연계시켜 그 능률을 향상시키기 위하여 1949년 1월에 설립된 內閣總理大臣 소속의 정부로부터 독립된 위원회이다. 현재 일본의 인문·사회과학, 자연과학 전 분야에 걸친 210명의 회원으로 구성되어 있는데, 그 역할은 정부에 대한 정책제언, 국제적인 활동, 과학자들 사이의 네트워크 구축, 과학의 역할에 대한 여론의 계발 등이라고 한다. 구체적인 내용은 웹문서 http://www.scj.go.jp/ja/scj/index.html을 참조할 것.
128) 2008년 4월 8일에 공간된, "代理懷胎を中心とする生殖補助醫療の課題: 社會的合意に向けて." 출처는 웹문서, http://www.scj.go.jp/ja/info/kohyo/pdf/kohyo-20-t56-1.pdf (최종방문: 2011년 2월 20일). 이 보고서는 2008. 1. 31. 개최된 일본학술회의 공개강연회 '生殖補助醫療のいま―社會的合意を求めて―'에서 논의된 내용을 정리한 것이라고 한다.
129) 稻熊利和 (2007. 1), 131면.

은 해 12월 21일에 일본학술회의 산하에 '생식보조의료의 존재방식의 검토를 위한 위원회(生殖補助醫療の在り方檢討委員會)'가 설치되었는데, 이 위원회는 2008년 3월 31일까지 총 15차례의 회의를 거쳐 위 보고서를 작성·발표하였다.[130] 구체적인 내용은 제5장 입법론 부분에서 소개한다.

V. 일본 친자법의 특징

일본의 친자법은 혈연의 진실을 반영하는 신분등록제도에 기초한 것으로서 혈연주의를 원칙으로 한다. 다만 신분관계의 법적 안정성, 혼인가정의 보호, 자녀의 복리 등의 요청에 근거한 예외가 인정되고, 이러한 원칙과 예외는 모두 헌법상의 원리(일본 헌법 제24조 제2항 참조)에 기속된다.[131] 이처럼 일본의 친자법은 우리나라 친자법과 기본적인 구조가 동일하다고 평가할 수 있다.

그러나 현행법의 해석론을 비교해 보면, 일본의 친자법은 우리나라의 친자법과 다음과 같은 점에서 실질적인 차이가 있다. 첫째로, 친생부인의 요건과 관련하여, 일본에서는 여전히 원고적격은 법률상의 부에게만 인정되고 그 기간은 절대기간 1년으로 제한되고 있다. 2005년 개정에 의하여 상대기간을 채택한 우리나라의 경우와 비교할 때 문리해석상으로는 절대기간 방식을 유지함으로써 혈연에 반하는 법적 친자관계를 좀 더 강하게 보호하는 것처럼 보인다. 그러나 판례와 학설에 의한 제한설이 확립됨에 따라, 이러한 법적 친자관계는, 보호의 필요성과 정당성을 근거지우는 사회적 친자관계의 보호

---

130) 구체적인 경위에 대해서는, 2008년 1월 31일에 개최된 일본학술회의주최 공개강연회 (生殖補助醫療のいま: 社會的合意を求めて) 자료집(웹문서: http://www.scj.go.jp/ja/ event/pdf/43-k-2-siryo.pdf) 4면을 참조할 것.

131) 內田貴 (2004), 163면.

가치나 이를 통한 자녀의 복리 등과 무관한 사정들에 의하여 좌우된다. 예를 들어 외관설에 의하면 포태 추정 시점에 모와 표현부 사이의 관계, 가정파탄설에 의하면 친생부인의 소 제기 당시의 모와 표현부 사이의 관계 여하에 따라, 법률상의 부는 제소기간 제한 없는 친생자관계 부존재확인의 소를 제기하여 법적인 부자관계를 해소할 수 있다. 뿐만 아니라 절대기간 방식은 법률상의 부에게 법적 친자관계를 받아들이려는 의사가 있는지의 여부를 불문하고 혈연에 반하는 법적 친자관계를 확정시키게 된다는 점에서, 부와 자녀 모두의 인격권을 침해한다는 문제를 야기한다. 이러한 사정을 반영하여 일본에서도 친생부인 기간을 절대기간 방식으로만 규정하는 것에 대해서는 비판적인 입법론이 일찍부터 제기되어 지금까지 이어지고 있다.[132]

둘째로, 임의인지에 의한 법적 부자관계는 자녀(태아인지의 경우에는 모)의 동의가 있어야만 성립한다. 이러한 입법태도에 대해 일본민법상의 임의인지는 혈연보다는 의사를 중시한 것이라고 볼 수도 있으나 여기서의 '의사'는 혈연부의 의사가 아니라 자녀, 모 등의 피인지자 측의 의사를 존중하기 위한 것이라고 보아야 한다. 후술하는 일본의 친자법 개정 논의에서도 이 부분에 대해서는 별다른 문제가 제기되고 있지 않으며, 비교법적으로 보더라도 자녀 측, 즉 자녀나 모의 동의를 인지에 의한 법적 부자관계 성립의 요건으로 하는 것이 보편적이라는 점을 주목할 필요가 있을 것이다.

---

132) 구체적인 내용은 제5장에서 살펴본다.

제2절 독일1)

I. 서언

친생자관계(Abstammung)의 성립과 해소에 관한 독일의 실정법과 학설·판례의 현황을 파악하는 것은 다음과 같은 점에서 우리나라 친자법에 대해 시사하는 바가 적지 않을 것이다.

첫째로, 친자법을 둘러싼 논의가 우리나라와 동일한 구도 하에서 전개되고 있다. 독일의 친자법은 독일연방헌법재판소2)의 판례와 이를 반영한 친자법 개정이라는 과정을 통해 발전해 왔는데, 이러한 과정에서 나타나는 기본적인 구도는 혈연주의와 이에 대립하는 원리들을 모두 기본권적 이익으로 파악하고 양자가 모두 최대한 기능을 발휘할 수 있도록 하기 위한 조화점을 찾는 것이라고 요약될 수 있다. 이러한 구도는 우리나라의 2005년 개정의 계기가 되었던 헌법재판소 판례에도 반영되어 있기 때문에 독일 친자법의 발전 과정에서의 논의를 파악하는 것은 우리나라의 2005년 개정법을 평가하고 앞으로의 개선의 방향을 모색하는데 도움이 될 수 있다. 둘째로, 우리 민법은 2005년 개정에 의하여 친생부인의 소의 제소기간의 기산점을 '절대기간 없는 상대기간'이라는 방식으로 규정하였다. 그런데 이러한 입법례는 매우 드물게 나타나는 것으로서 비교법적 연구의 대상인 나라들 중 독일만이 이러한 방식을 채택하고 있다. 따라서 이로 인하여 독일에서 문제되고 있는 상황과 여기에 대처하기 위한 학설·판례의 논의가 우리나라에서도 나타날 가

---

1) 이 절에서 특별한 법명 없이 인용하는 것은 모두 독일의 현행 민법 조문들이다.
2) 이하에서는 독일어 'Bundesverfassungsgericht'를 '독일연방헌법재판소'로 번역하고, 'Bundesgerichtshof'는 '독일연방대법원'으로 번역한다.

능성을 배제할 수 없다.

II. 모자관계의 결정기준

1. 모자관계의 성립

제1591조는 "아이를 낳은 여성이 그 아이의 어머니이다"라고 규정하여, 출산이라는 사실을 근거로 모성을 귀속시키는 '출산주의'를 명시적으로 선언하고 있다. 부자관계 결정의 경우와는 달리, 모자관계의 결정은 오직 출산이라는 사실만을 근거로 하며, 모의 의사나 모와 자녀 사이의 사회적 관계 등은 전혀 고려되지 않는다. 1998년에 본조가 신설되기 전에는 모자관계의 성립에 관하여는 명문규정이 없었지만 출산에 의하여 성립함은 자명한 것으로 받아들여지고 있었다. 따라서 출산주의를 명문으로 규정한 것은 대리출산에 의하여 혈연모와 출산모가 달라지는 이른바 모성의 분리가 일어나는 경우에 대비할 필요가 있다는 견해[3]를 반영한 것으로 볼 수 있다.

이처럼 출산이라는 사실을 근거로 모자관계를 결정하는 것 자체에 대해서는 긍정적인 평가가 지배적인데, 그 논거는 다음과 같이 요약할 수 있다: 혈연검사를 거칠 필요가 없기 때문에 신속·간단·명확할 뿐 아니라, 출산대리모 사안이 아닌 한 혈연과도 일치하며, 무엇보다도 모자관계의 안정성을 확보할 수 있어서 궁극적으로 자녀의 복리에도 부합한다.[4]

---

3) Gaul, FamRZ 1997, 1441, 1463.
4) Gernhuber/Coester-Waltjen §52 Rn. 2.

2. 모자관계의 해소

(1) 모자관계의 해소 금지 원칙

제1591조는, 출산에 의하여 성립한 법적인 모자관계는 배타적·종국적인 것으로서 어떠한 법적 절차에 의해서도 해소될 수 없음을 전제하고 있다.[5] 따라서 혈연모와 출산모가 분리되는 경우에, 출산모와 자녀 사이의 모자관계를 해소하거나 혈연모와 자녀 사이의 모자관계의 확인을 구하는 것은 허용되지 않는다.[6]

이처럼 모성의 분리가 일어나는 대리출산 사안의 경우에도 출산에 근거한 모자관계의 해소 가능성을 전면적으로 배제하는 것에 대해서는 비판적인 견해가 제기되는데, 그 논거는 다음과 같이 요약할 수 있다. ⓐ법적으로 금지된 대리출산 억제라는 공익적(또는 정책적) 목적을 달성하기 위하여 친생자관계 결정과 해소에 관한 일관성있는 규율을 포기한 것은 부당하고 ⓑ자녀의 혈연을 알 권리의 실현가능성을 완전히 배제하는 것은 정당화되기 어렵다. 이러한 비판론의 논거들 중에서 ⓐ는 대리출산 자녀의 모자관계 결정기준과 관련된 보편적인 문제이기 때문에 제5장 입법론 부분에서 소개하고, 이하에서는 ⓑ에 대해서만 좀 더 구체적으로 살펴본다.

(2) 예외없는 출산주의와 자녀의 혈연을 알 권리의 긴장관계

(a) 개관

부자관계에 관한 연방헌법재판소의 확립된 판례[7]에 의하면, 법적 부자관

---

5) BT-Drucks. 13/4899 S. 82.
6) BT-Drucks. 13/4899 S. 83; Palandt/Diederichsen §1591 Rn. 2.

계의 성립과 해소에 관한 규율에 있어서는, 혈연주의 뿐 아니라 자녀의 복리, 신분의 안정성 등의 제한원리도 적용될 수 있지만, 혈연의 존부라는 사실을 알 권리만 놓고 볼 때에는 이러한 제한이 적용될 수 없다. 그런데 모자관계에 대해서는 법적 모자관계를 다투기 위한 법적 절차가 없음은 물론, 이러한 절차를 통해 혈연의 존부를 확인할 수 있는 가능성도 없다. 제1591조를 신설한 1998년의 친자법 개정의 목적 중 하나가 바로 혈연을 알 권리의 실현을 보장하는 것이었기 때문에, 이러한 문제는 입법 당시부터 논란의 대상이 되었다. 입법자는 자녀의 혈연을 알 권리 실현을 위한, 즉 혈연에 근거한 모성의 확인을 위한 수단으로서 독일 민사소송법 제256조에 기한 일반적인 확인의 소의 가능성을 언급하였으며[8] 학설은 출산모 또는 보조생식시술기관에 대한 자녀의 정보제공청구권을 인정함으로써 이러한 문제를 해결하려고 시도해 왔다. 그러나 이러한 두 가지 방법은 모두 자녀의 혈연을 알 권리를 실현하기에 부족하다고 평가되었다.[9]

(b) 독립된 혈연확인 청구권(제1598a조)에 의한 해결

다만, 이러한 문제는 제1598a조에 근거한, '법적 친자관계의 해소와 무관한 독립된 혈연확인 청구권'을 모자관계에 대해서도 인정함으로써 해결될 수 있게 되었다.

이 조항은 부자관계에 관한 조항들 사이에 규정되어 있을 뿐 아니라, 입법의 연혁에 비추어볼 때 연방헌법재판소 판례나 입법자도 부자관계만을 상정한 것이다. 그렇지만, 문리해석상 자녀는 부모 모두를 상대로 혈연확인 청구권을 행사할 수 있을 뿐 아니라[10] 모자간의 혈연확인 청구만을 금지하는 것

---

7) 특히, 후술하는 BVerG, NJW 2007, 753 = FamRZ 2007, 441 결정.

8) BT-Drucks. 13/4899, S. 83.

9) MünKomm/Seidel §1591 Rn. 23; Gernhuber/Coester-Waltjen §1591 Rn. 7.

10) MünKomm/Seidel, §1598a, Rn. 14.

은 평등원칙(독일기본법 제3조 제2항)에 반할 우려가 있기 때문에, 모자관계
에 대해서도 적용된다고 해석하여야 한다. 또한 제1591조가 모자관계의 해
소를 금지하고 있다는 점도 문제되지 않는다. 왜냐하면 혈연확인 청구권의
도입 목적 자체가 법적 친자관계의 해소절차와 '독립된' 혈연확인의 가능성
을 실현하기 위한 것이기 때문이다.[11]

그러나 독립된 혈연확인 청구권을 인정하는 것도 완전한 해결책이라고 하
기는 어렵다. 혈연의 존재의 확인을 구하는 소를 인정하여야 한다는 견해에
대한 비판론이 지적하고 있는 것처럼, 출산모 아닌 사람이 혈연모인 것으로
확정된다면 혈연모와 자녀 사이에는 '법적으로 의미 있는' 관계가 형성되어
버려서 법적 모자관계의 중첩이 생기는 것이 불가피하기 때문이다.

III. 부자관계의 결정기준

1. 부자관계의 성립

(1) 개관

독일민법상의 부자관계 성립요건은 모와의 혼인에 근거한 친생추정, 부의
의사에 의한 인지, 부자관계의 확인을 구하는 재판[12]의 세 가지이다. 이들
사이에는 적용의 우선순위가 정해져 있어서, 친생추정의 요건을 갖춘 자녀에
대해서는 인지나 재판에 의해서 부자관계가 성립할 수 없고, 타인이 인지한
자녀에 대해서는 부자관계 존재확인의 소를 제기할 수 없다.

---

11) MünKomm/Seidel, §1598a, Rn. 14; Borth, FPR 2007, 381, 382.
12) 혈연을 근거로 법적인 부자관계의 성립을 명하는 재판이라는 점에서 우리나라의
    인지청구의 소와 비슷하다.

이처럼 독일 친지법상의 부자관계 성립요건도 기본적인 체계는 우리나라 친자법과 다르지 않다. 혼인 외의 자녀에 대한 차별 철폐라는 1998년 개정의 입법목적을 반영하여 이들은 하나의 조문에서 통일적으로 규정하였다는 점이 다를 뿐이다. 다만 이러한 취지는 완전히 실현되지는 못한 것으로 평가된다. 1998년 개정 당시의 논의 과정에서, 혼인 외의 자녀에 대한 차별을 완전히 철폐하기 위하여 모의 배우자도 인지함으로써 부성이 귀속되도록 하자는 주장이 제기되기도 하였다.[13] 그러나 이에 대해서 혼인 중의 출생자와 혼인 외의 출생자에 대해 서로 다른 부자관계의 성립요건을 적용하는 것은 불가피하다는 취지의 반론이 제기되었고,[14] 결국 후자가 채택되었다.

법적 부자관계가 성립하면 그 요건이 무엇이었건 간에 효과는 동일하다. 다만 친생추정에 의한 부자관계는 자녀의 출생 즉시 당연히 성립하는 반면 임의인지나 재판에 근거한 부자관계는 별도의 절차를 거쳐서 후발적으로 성립한다는 점이 다를 뿐이다.

(2) 친생추정

(a) 의의와 연혁

혼인 중에 자녀가 태어난 경우에는, 모의 법률혼 배우자와 자녀 사이에 법적인 부자관계가 성립한다(제1592조 1호). 혼인 중에 포태되었는지의 여부는 고려의 대상이 아니기 때문에[15] 법률상의 부와 자녀 사이에 혈연이 없음이 명백하더라도 친생추정이 적용된다.

친생추정은 독일민법 제정 당시부터 당연한 것으로 인정되어 그 정당성의

---

13) BT-Drucks. 13/4899, S. 52.
14) BT-Drucks. 13/8511, S. 81.
15) Bamberger/Roth/Hahn Rn. 3; BT-Drucks. 13/4899, S. 83.

근거에 대해서는 별다른 논의가 없었다.[16] 그러나 1960년대 이후에, 이혼·
비혼동거의 급증과 혈연검사 기술의 발달로 인하여 혼인중의 포태라는 사실
로부터 혈연의 개연성을 추정한 후 이를 근거로 법적 부자관계를 성립시키
는 친생추정 제도의 정당성에 대한 의문이 제기되기 시작하였다. 그러나 이
러한 논란은 연방헌법재판소가 친생추정 제도를, "법률상의 부가 자녀의 혈
연부일 고도의 개연성을 전제로, 자녀 출생 즉시 과학적 검사와 같은 번잡한
절차를 거치지 않고 혼인 중의 출생자라는 안정된 지위를 부여하기 위한 제
도"라고 선언[17]하여 그 정당성의 근거를 명시함으로써 일단락되었다. 나아가
1998년 개정법은 위와 같은 제반사정의 변동을 반영하여 친생추정에 새로운
의미를 부여하였다. 부모의 혼인을 근거로 부자관계를 결정하는 친생추정 자
체는 유지하면서도 포태시주의[18]를 폐기하고 출생시주의를 채택함으로써, 혈
연의 개연성 대신 혼인을 근거로 부자관계가 성립하도록 한 것이다. 이러한
개정은 혼인을 촉진하고 혼인 외의 출생자의 수 증가를 방지하며 친생자관계
의 외관을 보호하기 위한 것[19] 또는 혈연의 개연성보다는 사회적 친자관계의
개연성을 근거로 법적 친자관계를 결정한 것으로 평가할 수 있다.

(b) 요건: 출생시주의

친생추정은 부모의 혼인 중의 출생한 모든 자녀에 대해 적용된다. 즉 혼인
중에 포태되었는지의 여부를 불문하고, 출생 당시의 모의 배우자에게 법률상
의 부의 지위가 귀속된다. 일단 친생추정이 성립하면 그 후에 부모의 혼인이

---

16) 독일민법상의 친생추정 제도의 연혁에 대해서는 차선자 (2009), 95면 이하를 참조
   할 것.
17) BVerG, NJW 1989, 891 = BVerGE 79, 256.
18) 종래의 포태시주의에 의하면 부성귀속의 기준은 단순한 혼인이 아니라 '혼인 중의
   포태'였기 때문에 자녀가 출생한 날로부터 역산한 포태추정 시점(출생일로부터 302
   일 전)을 기준으로 부성추정 여부가 결정되었다(구 제1591조 제1항 1문 참조).
19) MünKomm/Seidel §1592 Rn. 18.

해소되더라도 법적 부자관계에는 아무런 영향을 미치지 않는다. 다만 혼인무
효의 경우에는 소급효로 인하여 부성의 귀속이 유지되는지가 문제될 수 있
으나, 개정 전 법이 무효인 혼인의 성립시와 혼인무효확인판결의 확정시 사
이에 출생한 자녀에 대해서도 친생추정이 유지된다는 취지의 명문규정[20]을
두었고 개정 과정에서 이에 관하여 별도의 논의가 이루어지지 않은 것에 비
추어볼 때 종래의 입법의 태도가 그대로 유지된 것으로 이해할 수 있다.[21]
이러한 점은 혼인무효의 경우에는 친생추정이 미치지 않는다고 보는 우리나
라의 지배적 견해와 다르다.

　이와 관련하여 부모가 비혼 동거관계에 있었던 경우에도 친생추정이 적용
될 수 있는지가 문제된다. 독일에서는 부정적인 견해가 지배적인데, 그 이유
로는 혼인 이외의 관계는 극히 다양한 양상으로 전개되고 그 존부나 유지 여
부가 명확하지 않기 때문에, 이러한 요건에 따라 친자관계를 결정하면 친자
관계의 명확성이 문제될 수 있다는 점이 주로 거론된다.[22]

　출생시주의가 적용되기 때문에 친생추정은 부모의 혼인 해소 전의 출생한
자녀에 대해서만 적용되는 것이 원칙이다. 이러한 요건은 신분의 명확성 원
칙을 실현하는데 기여한다. 입법과정에서는 부모의 혼인공동생활이 실질적
으로 종료되었더라도 모와 다른 남성 사이의 혼인유사 공동생활관계가 개시
되기 전까지는 친생추정이 유지되도록 하자는 견해가 제기되기도 하였으나
채택되지 않았다.[23]

---

20) 구 제1591조 제1항 1문 후단은, 이러한 자녀를 적출자로 간주하였다.

21) MünKomm/Seidel §1592 Rn. 19.

22) Gernhuber/Coester-Waltjen §52 Rn. 27; Bamberger/Roth/Hahn Rn. 2; BT-Drucks.
13/4899, S. 52.

23) BT-Drucks. 13/4899, S. 52 참조.

(3) 임의인지

(a) 의의

자녀의 출생 당시에 모가 혼인하지 않았을 때에는 부성을 인지한 사람에게 법률상의 부의 지위가 귀속된다(제1592조 2호). 이러한 인지는 동의를 요하는 단독행위이기 때문에, 조건·기한과 친하지 않으며 조건 또는 기한을 붙인 인지는 무효임이 원칙(제1594조 제3항)이다. 다만, 법률상의 부의 부성을 부인하는 판결의 확정이라는 조건이 붙은 인지는 비록 그러한 부성부인재판이 계속 중에 행하여졌더라도 허용된다.[24]

인지에 의한 부자관계의 성립이라는 효과는 부의 의사를 근거로 인정된다.[25] 따라서 인지에 있어서 혈연상의 진실은 문제되지 않는다.[26] 즉 혈연부 아닌 사람이 인지를 하더라도 인지의 다른 요건들이 갖추어져 있다면 법적 부자관계가 성립하고, 다만 이러한 법적 부자관계는 부성부인의 소에 의하여 해소될 수 있을 뿐이다.[27] 이처럼 혈연의 개연성과 무관하게 임의인지에 의한 부자관계가 성립하도록 한 것은 혼인 외의 자녀의 증가 추세에 대응하여 자녀의 복리를 실현하기 위한 것이었다.[28]

---

24) MünKomm/Wellenhofer §1594 Rn. 30; Bamberger/Roth/Hahn §1594 Rn. 7; Staudinger/Rauscher §1594 Rn. 44.

25) Bamberger/Roth/Hahn Rn. 4; Gernhuber/Coester-Waltjen §52 Rn. 42; Staudinger/ Rauscher Rn. 51.

26) Bamberger/Roth/Hahn Rn. 4; Staudinger/Rauscher Rn. 53; MünKomm/Wellenhofer-Klein §1594 Rn. 4.

27) Bamberger/Roth/Hahn Rn. 4.

28) 차선자 (2009), 101면.

(b) 요건

1) 인지할 수 있는 자녀의 범위

인지는 ⓐ타인과의 사이에 아직 법적 부자관계가 형성되어 있지 않은 ⓑ 인지자와 혈연관계가 있는 ⓒ자녀를 대상으로 한다. 이러한 요건들에 관하여 좀 더 자세하게 살펴본다.

우선, ⓐ와 관련하여, 이미 타인과 법적 친자관계를 형성한 자녀를 인지할 수 있는지가 문제된다. 제1592조 각호를 근거로 인정되는 법적 부자관계에는 대세효가 인정되기 때문에 이러한 자녀에 대한 임의인지는 무효이다. 그러나 타인과 자녀 사이의 법적인 부자관계가 해소되면 다시 인지를 하지 않아도 종래의 임의인지를 근거로 법적 부자관계가 성립하기 때문에,[29] 확정적 무효가 아닌 유동적 무효라고 보아야 한다.[30] 반면, 타인이 입양한 자녀에 대한 임의인지는 확정적으로 유효이다.[31] 입양이 제1592조에 규정된 법적 부자관계 성립의 요건은 아니기 때문이다.[32] 한편, 인지가 경합하는 경우에는 유효 요건을 갖춘 순서에 따라 인지의 효력의 인정여부가 결정되고[33] 선후의 판별이 불가능할 때는 모든 인지가 무효이기 때문에 결국 재판에 의하여 법적 부자관계가 결정되어야만 한다. 다만 인지에 대한 동의권자인 모 (예외적으로 자녀)는 누구에게 동의를 할 것인지를 결정함으로써 법률상의 부를 선택할 수 있다.[34]

---

29) Bamberger/Roth/Hahn Rn. 5.
30) BT-Drucks. 13/4899, S. 87; MünKomm/Wellenhofer §1594 Rn. 29; Bamberger/ Roth/Hahn §1594 Rn. 4; Staudinger/Rauscher §1594 Rn. 35, 44.
31) Bamberger/Roth/Hahn Rn. 6; MünKomm/Wellenhofer-Klein, Rn. 34; Staudinger/ Rauscher Rn. 40.
32) MünKomm/Wellenhofer §1594 Rn. 34.
33) Bamberger/Roth/Hahn Rn. 5.
34) MünKomm/Wellenhofer §1594 Rn. 31.

다음으로 ⓑ와 관련하여, 인지자가 자신과 자녀 사이에 혈연이 없음을 알면서 한 인지, 즉 이른바 악의의 허위인지의 효과가 문제된다. 지배적 견해에 의하면 이러한 악의의 허위인지라 하더라도 다른 요건들[35]을 충족한 이상 일단 유효한 인지로서 법적 부자관계를 성립시킨다(제1598조 제1항).[36] 이로 인하여 이미 자녀가 있는 여성과 혼인하는 남성은 처의 자녀를 인지함으로써 손쉽게 법적 부자관계를 성립시킬 수 있게 되어 엄격한 요건을 규정하고 있는 배우자입양 제도(제1741조 제2항 3문)는 사실상 사문화되고 말았다.

끝으로 ⓒ와 관련하여 태아인지의 효력이 문제된다. 태아에 대한 인지는 원칙적으로 유효이지만(제1594조 제4항) 태아인지에 의한 법적 부자관계는 자녀의 출생, 자녀 출생 당시에 다른 사람의 친생추정이 성립하지 않을 것 등의 추가적인 요건이 충족된 경우에만 성립할 수 있다.[37]

2) 모의 동의

인지에 의한 법적 부자관계가 성립하려면 모의 동의를 받아야만 한다(제1595조 제1항). 인지에 대한 동의는 수령을 요하는 의사표시이고[38] 요식행위이다(제1597조 제1항 참조). 이러한 의사표시는 인지 전은 물론 후에도 할 수 있고, 그 기간도 제한되어 있지 않다.

모의 동의권은 자녀의 인지동의권을 법정대리하는 것이 아니라 모 자신의

35) 예를 들어, 인지에 대한 모 또는 자녀의 동의에 관한 제1595조, 행위무능력자의 인지 방법을 규정한 제1596조, 공증 등의 요식성을 규정한 제1597조 등.
36) MünKomm/Wellenhofer §1594 Rn. 4; Palandt/Diederichsen §1594 Rn. 4; Staudinger/Rauscher §1592 Rn. 53.
37) MünKomm/Wellenhofer §1594 Rn. 42; Staudinger/Rauscher §1594 Rn. 52; Gernhuber/Coester-Waltjen §52 Rn. 55.
38) MünKomm/Wellenhofer §1595 Rn. 6; Palandt/Diederichsen §1597 Rn. 4; Staudinger/Rauscher §1595 Rn. 11; Bamberger/Roth/Hahn §1595 Rn. 3.

고유한 권리로서 부여된 것이다.[39) 즉, 모는 (자녀의 복리를 고려할 일반적
인 의무를 준수하는 한) 자녀, 인지자의 의사와 무관하게 동의 여부를 결정
할 수 있다.[40) 따라서 모가 인지에 대한 동의를 거부하는 경우에는, 혈연부
와 자녀가 인지에 의한 법적 부자관계 형성을 원하더라도 동의의 의사표시
에 갈음하는 판결 등을 구할 수는 없으며, 그 대신 부자관계 존재확인 판결
에 의하여 법적 부자관계가 성립하도록 할 수 있을 뿐이다.[41) 자녀는 모에게
친권(elterliche Sorge)이 인정되지 않는 예외적인 경우[42)에 인지에 대한 동의
권이 인정되지만, 이러한 경우에도 인지에 대한 동의권은 반드시 모와 함께
행사하여야만 한다(제1595조 제2항).[43)

　이처럼 임의인지에 의한 법적 부자관계의 성립여부를 전적으로 모의 동의
여부에 따라 결정되도록 한 것, 즉 자녀가 모의 인지 동의를 저지하지도 못
하고 모의 동의거부를 자신의 동의로써 보충하지도 못하게 한 것에 대해서
는 비판적인 견해[44)가 지배적이다. 입법자는, 모가 혈연부가 누구인지를 가
장 잘 알 수 있고 인지의 효력은 모에게도 직접적인 영향을 미친다는 점,[45)
모에게 친권이 귀속되는 한 자녀에게 고유한 동의권을 부여하더라도 결국
모가 이를 법정대리할 수 밖에 없다는 점[46) 등을 근거로 내세우고 있다. 그
러나 이러한 논거는 자녀와 모 사이에 이해상반이 있을 수 있음을 간과하고
있을 뿐 아니라, 모의 동의라는 요건은 자녀가 성년에 이른 후에도 인정[47)되

---

39) MünKomm/Wellenhofer §1595 Rn. 7; Palandt/Diederichsen §1595 Rn. 3.

40) BT-Drucks. 13/4899, S. 84 참조; MünKomm/Wellenhofer §1595 Rn. 7; Palandt/
　　Diederichsen §1595 Rn. 3.

41) MünKomm/Wellenhofer §1595 Rn. 8; Staudinger/Rauscher §1595 Rn. 15; Gernhuber/
　　Coester-Waltjen §52 Rn. 48.

42) 입법자는 자녀가 성년인 경우를 상정하고 있다 (BT-Drucks. 13/4899, S. 85 참조).

43) Gernhuber/Coester-Waltjen §52 Rn. 50.

44) MünKomm/Wellenhofer §1595 Rn. 3; Bamberger/Roth/Hahn §1595 Rn. 2; Palandt/
　　Diederichsen §1595 Rn. 1; Staudinger/Rauscher §1595 Rn. 5이하.

45) BT-Drucks. 13/4899, S. 54.

46) BT-Drucks. 13/4899, S. 94.

기 때문에 설득력이 떨어진다.[48]

(4) 부자관계 존재확인의 소

(a) 의의

법적 부자관계를 성립시키는 부자관계 존재확인의 소는 보충적으로 적용된다. 즉 친생추정, 인지라는 요건에 의하여 법적인 부자관계가 형성되지 않았거나[49] 이러한 요건에 의하여 형성되었던 법적 부자관계가 제1599조 이하의 부성부인 절차에 의하여 해소된[50] 자녀에 대해서만 법원의 판결에 의하여 법적 부자관계가 성립할 수 있다(제1600d조 제1항).[51] 이러한 일반적인 경우 외에도, 비혼 혈연부가 제기한 부성부인의 소가 인용되어 법적 부자관계가 해소되는 경우에는 법원의 직권에 의한 부자관계 존재확인 판결(독일민사소송법 제640h조 제2항[52])에 의하여 부성부인의 소의 원고인 비혼 혈연부와 자녀 사이에 부자관계가 성립한다. 이러한 특례는 법적 부자관계의 공백을 방지하기 위한 것이다.[53]

부자관계의 존재를 확인하는 판결이 확정되면, 부와 자녀 사이에는 법적 부자관계가 소급적·대세적으로 성립한다(제1592조 제3호). 다만 이러한 법적

---

47) BT-Drucks. 13/4899, S. 85.
48) MünKomm/Wellenhofer §1595 Rn. 3; Palandt/Diederichsen §1595 Rn. 1.
49) BGH, FamRZ 1999, 716.
50) Bamberger/Roth/Hahn Rn. 4.
51) 다만 양친자관계의 존재는 부성확인의 소를 방해하지 않는다(Bamberger/Roth/Hahn §1600d Rn. 4; Staudinger/Rauscher §1600d Rn. 14).
52) 조문의 내용은 다음과 같다: 제1600조 제1항 2호에 기하여 제1592조에 근거한 부성의 부존재를 확인하는 기판력 있는 판결은 부성부인권자의 부성 확인을 수반한다. 이러한 효과는 직권으로 주문으로 선고되어야 한다.
53) BT-Drucks. 15/2253, S. 12.

부자관계로부터 도출되는 법률효과는 판결이 확정된 때로부터 발생한다(제 1600d조 제4항).

부자관계 존재확인의 소에 의한 부자관계 성립은 혈연주의를 충실하게 반영하는 것으로서[54] 재심절차라는 극히 제한적인 요건에 의해서만 배제될 수 있기 때문에 신분의 안정성도 더 잘 확보할 수 있으나, 법정책적으로 볼 때 친생추정이나 인지를 전면적으로 대체하기에는 부족하다고 평가된다. 시간과 비용이 많이 들 뿐 아니라 사회적 친자관계의 형성·유지(또는 성립의 개연성)의 여부와 전적으로 무관하게 혈연만에 근거한 법적 부자관계를 성립시키기 때문이다.[55]

(b) 요건: 혈연상의 부자관계

부자관계 존재확인판결에 의한 법적 부자관계 결정의 가장 큰 특징은 친생추정, 인지의 경우와는 달리 혈연주의가 관철된다는 점이다. 비록 제1600d조 제2항[56]·제3항[57]은 혈연의 존부를 추정을 근거로 간접증명하는 방식으로 규정하고 있으나,[58] 본조에 의한 부성확인 판결은 과학적 방법에 의한 혈연의 존부 규명을 전제하는 것으로 해석된다. 입법자가 현행법 조항들은 구제1600n조 1항에 '상응(entsprechen)'하는 것이고 구 제1600o조 제2항에 의한

---

54) BT-Drucks. V/4179, S. 2.

55) MünKomm/Wellenhofer §1594 Rn. 2.

56) 법적 부자관계의 존재확인에 관한 재판절차에 있어서 모가 가임기에 성관계를 가졌던 모든 사람은 부로 추정된다. 이러한 추정은 부자관계의 존재에 관한 중대한 의심이 있을 때에는 적용되지 않는다.

57) 가임기란 자녀 출생 전 300일부터 181일 사이를 뜻하고 300일째 되는 날과 181일째 되는 날도 포함된다. 자녀가 전항의 기간 아닌 때 포태되었음이 확실하면 전항의 기간 외의 기간에 포태된 것으로 본다.

58) 입법과정에서, 과학적 증거에 의한 직접증명을 성행위에 매개한 간접증명보다 우선시켜야 한다는 제안이 있었으나 채택되지 않았다(BT-Drucks. 13/4899, S. 88 참조)

추정을 이어받은 것(übernommen werden)이라고 명시하고 있음[59]에 비추어 볼 때 혈연주의를 반영한 것이라는 점에 대해서는 의문의 여지가 없다.[60]

혈연의 존부에 대한 과학적 증명이 가능하게 되었는데도 이처럼 혈연상의 부자관계라는 요건사실을 과학적 검사 뿐 아니라 성관계(Beiwohnung) 등의 간접사실에 의한 추정에 의해서 증명할 수 있도록 한 것은, 피검사자의 해외 체류 등으로 인하여 과학적 검사가 불가능한 경우[61]도 있을 뿐 아니라, 모가 포태 가능 시점에 어떤 남성과 성행위를 하였다는 사실만 입증하면 그 남성의 부성을 추정함으로써 원고의 입증부담을 완화[62]시키고, 나아가 자녀가 아버지 없는 상태가 되는 것을 방지[63]하는 등의 긍정적인 기능도 수행할 수 있기 때문이다.

이러한 추정의 전제가 되는 '성관계'라는 사실은 추정되지 않기 때문에 반드시 증명되어야만 한다. 다만 과학적 감정에 의하여 혈연 있음이 증명되면 성관계의 존부를 심사할 필요는 없다.[64] 제1600d조 제2항에서 말하는 성관계의 개념은 넓게 정의된다. 즉 여성과 남성의 성기의 결합 뿐 아니라 의학적으로 볼 때 정자와 난자가 결합되기에 적합하다고 인정되는 모든 방법이 포함된다.[65] 따라서 남성의 판단능력 또는 자발성의 존부는 문제되지 않으며[66] 남성의 정자가 그의 의사와 무관하게 또는 그의 의사에 반하여 모체 내에 주입되어 포태된 자녀[67]에 대해서도 본항이 적용된다. 물론 원하지 않

---

59) BT-Drucks. 13/4899, S. 88.

60) MünKomm/Seidel 1600d Rn. 27; Gernhuber/Coester-Waltjen §53 Rn. 83; Staudinger/ Rauscher §1600d Rn. 3

61) BGH, NJW 1986, 2370.

62) Bamberger/Roth/Hahn Rn. 9.

63) BT-Drucks. 13/4899, S. 88.

64) BGH, NJW 1976, 369, 370; MünKomm/Seidel 1600d Rn. 110.

65) MünKomm/Seidel 1600d Rn. 110.

66) MünKomm/Seidel 1600d Rn. 110; Staudinger/Rauscher §1600d Rn. 51. 반면, Ramm JZ 1989, 870은 본항의 성행위를 "의식적인 행위(Willensakt)"로 파악한다.

67) 예를 들어, 모가 법률상의 부의 정액을 양초를 이용하여 자신의 체내에 주입한 경

은 부성으로부터 비롯되는 법률효과(부양의무 등)의 귀속 여부는 별개의 문제이다.68) 가임기 중에 행하여진 보조생식시술은 본항의 적용에 있어서 성행위와 마찬가지로 평가될 수 있다. 혈연의 징표로서의 추정의 전제사실이라는 점에서 마찬가지로 파악할 수 있기 때문이다.69) 다만 체외수정(In-vitro-Fertilisation)의 경우에는 그렇지 않다.

이러한 추정은 혈연상의 부자관계의 존재에 대한 중대한 의혹이 있을 때에는 적용될 수 없다(제1600d조 제2항 2문). 여기서 말하는 '중대한 의혹'에 해당하는 사정들의 예로서 모가 가임기에 다수의 남성과 성행위를 하였다는 사실(Mehrverkehr), 모의 증언태도(증언거부 또는 증언의 번복),70) 모가 가임기에 성행위를 함에 있어서 피임약을 복용하거나 피임 조치를 한 경우 등이 거론된다.71)

2. 부자관계의 해소

(1) 개관

(a) 부성부인 절차의 통일적 규율

독일에서는 부자관계의 해소에 대해서도 (부자관계의 성립에 관한 요건들의 경우와 마찬가지로) 모든 자녀에 대해 동일한 규율이 적용된다. 즉 모든 법적인 부자관계는 동일한 부성부인 절차에 의하여 해소될 수 있다(제1599조 제1항, 제1600조 이하). 이처럼 법적 부자관계의 해소 절차를 획일적·배

우(RG JW 1908, 485, MünKomm/Seidel 1600d Rn. 110 각주 327에서 재인용).
68) MünKomm/Seidel §1600d Rn. 110.
69) MünKomm/Seidel 1600d Rn. 111; Staudinger/Rauscher §1600d Rn. 48.
70) BGH, NJW 1982, 2124; Bamberger/Roth/Hahn Rn. 10; Staudinger/Rauscher Rn. 61.
71) BGH, FamRZ 1974, 645; Bamberger/Roth/Hahn Rn. 10; Staudinger/Rauscher Rn. 62.

타적으로 규정한 것은 가정의 평화와 자녀의 복리 보호 등의 가치를 실현하기 위한 특칙들이 적용되지 않는 일반적인 민사소송 절차에서 부자관계의 존부가 다투어지는 것을 방지하기 위한 것이다.[72]

이러한 절차에 있어서 혈연관계는 존재하는 것으로 추정되며(제1600c조 제1항 참조), 부성부인 판결이 확정되지 않는 한 법적 부자관계는 유효하게 유지된다(제1599조 제1항 참조).[73] 반면, 부성부인 판결이 확정되면 현존하는 법적인 부자관계는 해소되는데 그 효과는 자녀 출생시로 소급하고 대세효가 인정된다.[74]

부성부인 절차에 의하지 않은 부자관계 해소가 인정되는 유일한 예외는, 이혼소송의 계속 중에 자녀가 출생하였고 그 후 이혼판결이 확정되었으며 이러한 판결이 확정된 날로부터 1년이 지나기 전에 제3자가 부성을 인지한 경우에 적용된다. 이러한 요건이 충족되면 제1592조 제1호의 적용 자체가 배제된다(제1599조 제2항). 법률상의 부가 혈연부일 가능성은 낮고, 법률상의 부, 모, 비혼 혈연부가 자녀의 혈연상의 부자관계에 대해 합의하고 있는데도 일단 법률상의 부에게 부성을 귀속시킨 후 부성부인 절차를 거치도록 하는 것은 무의미한 절차의 낭비이기 때문이다. 입법과정에서 모의 의사표시와 법률상의 부의 동의만 있으면 법률상의 부의 부성귀속을 배제하자는 제안이 있었으나 이것은 배척되었고[75] 자녀가 아버지 없이 출생하는 것을 방지하기 위하여 제3자(혈연부)의 인지라는 요건을 두는 방안이 채택[76]된 것이다. 이에 대해서는 비판적인 견해[77]도 있지만 현실을 반영하고 있음을 근거로 하는 옹호론[78]도 제기되고 있다.

---

72) BGH, BGHZ 99, 236 = NJW 1987, 899 등.
73) 따라서 부자관계의 존부를 선결문제로 하는 다른 사건에서(예를 들어, 아동양육비 청구사건) 그 존부를 다툴 수 없다(BGH, FamRZ 1985, 51).
74) Bamberger/Roth/Hahn §1600 Rn. 5.
75) BT-Drucks. 13/4899, S. 147 참조.
76) BT-Drucks. 13/4899, S. 53 참조.
77) Gaul, FamRZ 1997, 1441.

(b) 부성부인의 제한요건

부성부인 절차는, 혈연을 반영한 법적 친자관계를 영위할 인격권적 이익과 법적 친자관계의 유지를 통한 자녀의 복리라는 이익의 상충을 수반한다. 따라서 양자를 조화롭게 도모하려면 혈연에 반하는 법적 부자관계의 해소를 목적으로 하는 부성부인 자체는 허용하면서도 이에 대해 일정한 제한요건을 두는 것이 불가피하다.

다만 독일 친자법상의 부성부인의 제한요건에는 다른 나라들에 비해 특이한 점이 적지 않다. 우선, 부성부인권자의 범위와 부성부인 기간의 제한이라는 일반적인 제한요건 외에도 판례에 의하여 확립된 의심의 계기라는 요건이 추가되어 있으며, 다음으로 비혼 혈연부에게도 부성부인권이 인정되고, 끝으로 부성부인 기간을 상대기간 방식으로 규정하고 있기 때문이다. 이하에서 독일 친자법상의 부성부인의 제한요건을 구체적으로 살펴본다.

(2) 부성부인권자의 범위

부성부인권은 자녀의 복리와 혼인가정의 보호를 위하여 제1600조에 열거된 사람에 한하여 인정되며 고도의 일신전속성을 가진다.[79] 즉 원래 부성부인권은 법률상의 부에게만 인정되었으나, 1961년에 자녀에게도 부성부인권이 인정되었고[80] 1998년에는 모에게는 부성부인권이 인정된 반면 법률상의 부의 부모의 부성부인권은 배제되었다. 그 후 연방헌법재판소 판례를 계기로 2004년에는 비혼혈연부에게도 제한적 요건하에 부성부인권이 인정되었다.

---

78) Bamberger/Roth/Hahn §1599 Rn. 5.

79) BT-Drucks. 16/3291, S. 10; MünKomm/Wellenhofer §1600 Rn. 1; Gernhuber/Coester-Waltjen §52 Rn. 105.

80) FamRÄndG Art.1 Nr.4. BT-Drucks. III/530 S. 14 참조.

비혼혈연부를 제외한 모든 부성부인권자에 대해 적용되는 유일한 부성부인의 요건사실은, '현존하는 법적인 부자관계가 혈연에 반한다는 사실'이다.[81]

(a) 법률상의 부의 부성부인권

법률상의 부의 부성부인권은 인격권으로부터 도출되는 고유한 권리[82]로서 자녀에 대한 친권의 존부와 무관하게 인정된다.[83] 또한 악의의 허위인지를 하여 법률상의 부가 되었더라도 이러한 사정만을 이유로 부성부인권이 배제되지는 않는다.[84]

(b) 모의 부성부인권

1998년에 모에게 고유한 부성부인권이 인정되기 전에도 모에게 부성부인권을 인정하지 않는 것은 양성평등이라는 관점에서 위헌이라는 견해[85]가 지배적이었으나 연방헌법재판소[86]는 합헌이라고 결정한 바 있었다.

1) 인정근거

그러나 1998년 개정법은 모의 부성부인권을 명문으로 인정하였는데, 이에 관한 입법자의 논거는 다음과 같이 요약할 수 있다: 자녀의 법적인 부자관계의 결정은, 특히 친권과 관련하여 모의 법적 지위에 대해서도 중대한 영향을

---

81) BT-Drucks. V/2370, S. 31.
82) 법률상의 부의 부성부인권의 헌법적 근거에 대해서는 부성부인 기간 제한의 합헌성을 인정한 BVerG, BVerGE 38, 241 (1974. 12. 4. 선고) 결정을 참조.
83) MünKomm/Wellenhofer §1600 Rn. 2; Palandt/Diederichsen §1600 Rn. 2.
84) BT-Drucks. V/2370 31; MünKomm/Wellenhofer §1600 Rn. 2; Staudinger/Rauscher §1600 Rn. 23.
85) MünKomm/Wellenhofer §1600 Rn. 1 각주 3 참조.
86) BVerG, FamRZ 1993, 1422 이하.

미친다.87) 모와 자녀의 이해관계는 일치하는 것이 일반적이고88) 부성부인에 관하여 법률상의 부, 모, 자녀를 다르게 취급할 충분한 이유가 없다. 따라서 혈연에 반하는 법적 부자관계를 바로잡는 것에 대한 모의 이익은 경시되어서는 안된다. 또한 [자녀의 복리라는 측면에서 보더라도] 모의 부성부인 기간은 자녀 출생 즉시 기산하는 것이 일반적이기 때문에 모는 자녀가 만 2세가 되기 전까지만 부성부인권을 행사할 수 있다. 그런데, 이러한 경우에는 아직 자녀와 법률상의 부 사이에는 보호가치 있는 사회적 친자관계가 형성되었다고 보기 어려운 경우가 대부분이다.89)

2) 법적성질과 행사요건

모의 부성부인권은 모의 고유한 권리로서 법원에 의한 자녀의 복리 심사의 대상이 아니다. 이에 관한 입법 과정에서의 논의를 보면, 모의 부성부인권은 제한적인 요건 하에서만 인정되어야 한다는 취지의 제안이 있었는데, 이 제안이 상정하고 있는 제한요건은 자녀가 미성년인 때에는 자녀의 복리 심사를 거치는 것이고 성년인 때에는 자녀의 동의를 받는 것이었다.90).

그러나 법제사법위원회에서의 논의를 거치면서 이러한 제안은 배척되었다.91) 그 논거로는 모의 고유한 이해관계도 경시될 수 없고, 모는 사실상 절대기간의 제한을 받는다는 점이 지적되었다. 즉, 부성부인 기간의 기산점은, 혈연과 법적 부자관계의 불일치를 확신한 때가 아니라 그러한 불일치에 대한 의심을 하게 된 때라고 해석된다. 따라서, 가임기에 법률상의 부 이외의 남성과 성행위를 하였던 모에 대해서는 (준강간 상황이 아닌 한) 항상 자녀의 출생 즉시 부성부인 기간이 기산할 수밖에 없다는 것이다. 이렇게 본다면,

---

87) BT-Drucks. 13/4899, S. 54.
88) BT-Drucks. 13/8511, S. 83.
89) BT-Drucks. 13/8511, S. 70.
90) BR-Drucks 180/1/96, S. 4 이하.
91) BT-Drucks. 13/4899, S. 148 참조.

자녀가 성년에 이른 후에 모가 부성부인을 할 수 있는 경우는 생각할 수 없으며, 자녀가 미성년이라 하더라도 법률상의 부와의 사회적 친자관계가 충분히 형성된 경우를 상정하기 어렵다[92]고 할 수 있다.

(c) 자녀의 부성부인권

1) 개관

독일에서는 자녀의 부성부인권도 무제한적으로 즉 자녀가 성년에 이르렀는지의 여부나 부모의 혼인의 상태와 무관하게 인정된다.[93] 원래 자녀의 부성부인권은 모와 법률상의 부의 혼인이 파탄된 경우에 한하여 인정되었으나, 이러한 제한을 규정하고 있었던 조항들에 대한 연방헌법재판소의 판례[94]를 계기로 자녀에게도 기간제한 외의 제한요건이 없는 부성부인권이 인정되기에 이르렀다.

2) 연방헌법재판소 판례의 요지

연방헌법재판소의 위 판례는, 자녀의 부성부인권은 인격권으로부터 도출되는 것으로서 이를 제한하는 법률은 기본권적 이익의 상충을 조화롭게 형량하기 위한 기준들을 충족할 필요가 있음을 전제로 심판대상 조항들에 대해 다음과 같이 판단하였다: 자녀의 부성부인권 행사를 법률상의 부와 모의 혼인가정의 파탄 여부와 그 외의 예외적인 사정[95]과 연계시키는 것은, 비록

---

92) BT-Drucks. 13/8511, S. 70; Staudinger/Rauscher §1600 Rn. 34.
93) MünKomm/Wellenhofer §1600 Rn. 5; Bamberger/Roth/Hahn §1600 Rn. 2; Staudinger/ Rauscher §1600 Rn. 24.
94) BVerG, NJW 1989, 891 = BVerGE 79, 256.
95) 법률상의 부의 자녀에 대한 심각한 비행(구 제1596조 제1항 4호), 심각한 유전병 (같은 항 5호) 등.

혼인·가족생활의 보호라는 목적의 정당성은 인정될 수 있다 하더라도, 다음
과 같은 이유로 비례원칙에 부합한다고 보기 어렵다. 우선 자녀의 부성부인
권을 제한하더라도 이것만으로는 모의 혼인가정의 평화를 보호할 수 없기
때문에 수단의 적합성이라는 요건을 충족하기 어렵다. 또한 부성부인 절차
외에는 혈연의 존부를 법적으로 확인할 수 있는 절차가 없기 때문에 부성부
인의 요건을 제한하는 것은 (법률상의 부와 모, 자녀가 합의한 경우처럼 법
률상의 부와 모의 혼인에 악영향을 미치지 않는 경우를 포함하여) 일률적으
로 자녀의 혈연을 알 권리 실현 가능성을 배제하는 것을 의미한다.

또한 위 판례는 이러한 위헌적 상황의 시정을 위하여 입법자에게 ⓐ자녀
의 부성부인권 행사에 대한 제한요건을 제거하거나 ⓑ이러한 제한요건을 유
지하면서도 혈연을 알 권리를 실현할 수 있게 해 주는 법적인 절차를 신설할
것 중 하나를 선택할 것을 제안하였다. 입법자는 위 판례가 제시한 두 가지
방안 중 ⓐ를 채택하였는데, 이처럼 무제한적으로 즉 법률상의 부와 모의 혼
인가정의 파탄 여부와 무관하게 자녀의 부성부인권을 인정한 것에 대해서는,
기본법 제6조 제1항에 근거한 혼인과 가족생활 보호의 존재가치를 전혀 인
정하지 않은 것이라는 취지의 비판론이 제기된다. 그러나 이에 대해서는, 법
률상의 부의 부성부인권과 그 후에 인정된 모의 부성부인권에 대해서는 '혼
인과 가족생활의 보호'를 위하여 '혼인의 실질적 파탄'을 요건으로 삼지 않
으면서도 유독 자녀의 부성부인권에 대해서만 이러한 요건을 강요하는 것은
부당하고, 혈연에 반하는 법적인 부자관계의 해소라는 자녀의 이익이 자녀와
무관한 사유로 인하여 초래된 혼인가정의 교란보다 후순위로 밀려날 이유도
없으며, 성년에 이른 자녀가 부양의무를 면할 목적으로 하는 배은망덕한 부
성부인의 방지라는 논거는 법률상의 부에게 그 동안 지급한 양육비에 대한
부당이득반환청구권을 인정함으로써 극복할 수 있다는 취지의 반론[96]이 유
력하다.

---

96) Staudinger/Rauscher §1600 Rn. 28~30 참조.

(d) 비혼 혈연부의 부성부인권

1) 연혁

혈연주의와 이를 제한하는 원리들 사이의 긴장관계는 비혼 혈연부에게도 부성부인권을 인정하여야 하는지에 관한 논의에 극명하게 드러난다. 원래 독일에서는 비혼 혈연부와 자녀 사이에는 어떠한 친족관계도 인정되지 않았으나,[97] 비혼 혈연부의 부성부인권을 전면적으로 배제하는 것은 위헌이라는 독일연방헌법재판소 판례[98]와 이를 반영한 민법 개정에 의하여 이제 독일에서는 비혼 혈연부에게도 (비록 엄격한 제한 요건이 부과되어 있지만) 자녀의 법적 부자관계를 부인할 수 있는 부성부인권이 인정되기에 이르렀다.

위의 연방헌법재판소 결정은 기본법의 보호대상인 친자관계의 의미를 비롯한 여러 가지 쟁점들에 대해 다음과 같은 법리를 확립하였다: ⓐ독일 기본법 제6조에 근거한 '부모의 권리의무'는 법질서에 의하여 부여되는 것이 아니라 이에 선재하는 자연권적인 것으로서 법률상의 부모의 지위와 무관하게 혈연부모에게 인정될 수 있다(para. 56). 그러나 법률상의 친자관계와 혈연상의 친자관계가 분리되는 경우에는 혈연부모가 법률상의 부모에 우선하거나 법률상의 부모와 함께 [즉 중첩적으로] 부모로서의 권리의무를 당연히 가질 수 있는 것은 아니다(para. 58, 71 참조). ⓑ법률상의 친자관계는 혈연 뿐 아니라 자녀 양육과 관련된 광범위한 의무의 이행을 중심으로 하는 사회적 친자관계도 고려하여 결정하여야 함은, 지속적인 의무이행 공동체로서의 '사회적 가족'이 기본법 제6조의 보호대상에 포함됨을 인정해 온 선례(BVerG, BVerGE 80, 81, 90; BVerG, 99, 216, 231)를 근거로 인정될 수 있다. 이러한 맥락에서, 현존하는 사회적 부자관계를 보호하기 위하여 비혼 혈연부의 부성

---

97) 혼인 외의 출생자의 부자관계에 관한 독일민법 제정 당시의 논의에 대해서는 차선자 (2009), 98~99면을 참조.
98) BVerG, NJW 2003, 2151 = BVerGE 108, 82.

부인권을 배제한 1998년 개정 당시의 입법자의 결단(BT-Drucks. 13/4899, S. 58)에는 헌법적으로 문제가 없다(para. 79). ⓒ다만, 법률상의 부와 자녀 사이에 보호가치 있는 사회적 부자관계가 없고, 비혼 혈연부가 단순히 자신과 자녀 사이의 혈연의 존부를 알기를 원하는데 그치지 않고 아버지로서의 의무를 이행함으로써 사회적 부자관계를 형성하기를 원하는 때에는, 비혼 혈연부에게 법률상의 부성이 귀속될 수 있는 가능성을 열어 두어야만 한다. 그렇지 않으면 기본법 제6조 제2항 1문을 위반한 위헌적 입법부작위에 해당하게 된다(para. 80).

이러한 위헌결정으로 인하여 야기된 입법과정에서 입법자는 이러한 상태의 시정을 위하여 상정된 두 가지 방안 중 비혼 혈연부에 의한 부성부인을 자녀의 복리 심사라는 요건 하에 일반적으로 인정하자는 제안[99) 대신에, 법률상의 부와 자녀 사이에 사회적 부자관계가 없을 것이라는 요건 하에 제한적으로 부성부인권을 인정하라는 연방헌법재판소의 제안을 채택[100)하였다.

2) 요건

법률상 부가 아닌 아닌 비혼 혈연부의 부성부인권은, 부성부인 기간이라는 일반적인 제한요건 외에도 ⓐ비혼 혈연부라고 자칭하는 원고가 선서에 갈음하는 보증으로써 자녀가 포태될 수 있었던 기간 중에 모와 성행위를 하였다는 사실을 인정하고(제1600조 제1항 제2호), ⓑ법률상의 부와 자녀 사이에 사회적 부자관계가 없을 것(이미 법률상의 부가 사망한 경우에는 법률상의 부의 사망시에 이러한 관계가 존재하지 않았을 것)(같은 조 제2항)이라는

---

99) 이러한 내용의 입법론으로 Wellenhofer, FamRZ 2003, 1889; Roth, NJW 2003, 3153 등을 참조.

100) 이러한 현행법의 태도에 대해 독일연방대법원은 정당성을 인정하였으나(BGH, FamRZ 2007, 538, 540 이하 참조), 학계에서는 비판적인 견해가 유력하다. 구체적인 내용은 Staudinger/Rauscher §1600 Rn. 40 이하; Gernhuber/Coester-Waltjen §52 Rn. 20; Roth, NJW 2003, 3153, 3154 등을 각 참조.

두 가지 요건이 추가된다.

우선 위 ⓐ요건은 소송요건의 일종이라고 보는 것이 일반적인데,[101] 자녀의 포태가 가능하였던 기간 중에 모와 성관계를 가졌음을 소명하거나 선서로써 보증하여야 함을 의미한다. 이러한 요건은 모와 자녀, 법률상의 부의 이익(가정의 평화, 프라이버시, 인격권 등)을 보호하기 위하여 무의미한 남소를 방지하고 특히 정자제공자에 의한 부성부인의 소 제기 가능성을 배제하기 위한 것이다.[102]

다음으로 위 ⓑ요건은, 연방헌법재판소 결정의 취지를 반영한 것으로서 사회적 부자관계의 보호가 비혼 혈연부의 인격권으로부터 도출되는, 혈연을 알 권리 그리고/또는 혈연에 따른 법적 부자관계를 형성할 이익보다 우월한 보호가치가 있음을 근거로 한다. 이 요건은 소송요건이 아니라 청구원인 사실에 해당하기 때문에 비혼 혈연부는 사회적 친자관계의 부존재에 대한 주장·입증책임을 진다.[103]

3) 사회적 친자관계의 의미

사회적 친자관계란 법률상의 부가 실제로 자녀에 대한 책임을 부담하고 자녀를 돌보는 것을 뜻한다(제1600조 제4항 1문). 따라서 양육비만을 지급하는 경우에는 사회적 친자관계로 인정되기에 부족하다.[104]

사회적 친자관계의 존재는 간접사실에 의하여 추정되지만 이러한 추정은 반대사실의 주장·증명에 의하여 번복될 수 있다.[105] 사회적 친자관계의 존재

---

101) MünKomm/Wellenhofer §1600 Rn. 7; Staudinger/Rauscher §1600 Rn. 36.
102) BT-Drucks. 15/2253, S. 10; MünKomm/Wellenhofer §1600 Rn. 7; Bamberger Roth/Hahn §1600 Rn. 3.
103) BGH, FamRZ 2007, 538, 539; MünKomm/Wellenhofer §1600 Rn. 8; Palandt Diederichsen §1600 Rn. 7.
104) MünKomm/Wellenhofer §1600 Rn. 8.
105) MünKomm/Wellenhofer §1600 Rn. 10; Staudinger/Rauscher §1600 Rn. 45.

를 추인할 수 있게 해 주는 간접사실은 크게 두 가지로 나누어진다. 우선 법률상의 부가 모와 혼인한 때에는 양육의무를 인수한 것으로 인정되는데(같은 항 2문), 이 부분의 해석에 있어서 독일연방대법원106)은 "인수(übernehmen)"라는 단어를 강조한다. 즉 모와 혼인하였다는 사실로부터 자녀에 대한 의무를 일단 인수하였다는 사실만이 인정될 수 있으며, 혈연부의 부성부인의 소 제기 시점까지 그러한 의무의 이행이 계속되었는지의 여부는 별개의 문제라는 것이다. 다음으로, 법률상의 부와 자녀가 상당한 기간동안 세대공동체(Häusliche Gemeinschaft) 생활을 영위한 경우에는 모와의 혼인 여부와 무관하게 실제로 의무를 인수하였음이 추정된다. 입법자는 "상당한 기간"의 길이를 구체적으로 법정하지 않고 구체적 사안에 따라 사회적 부자관계의 존부를 판단하도록 하였다.107) 동거생활을 통해 형성된 신뢰관계가 유지되고 있는 한 비혼 혈연부의 부성부인의 소 제기 당시까지 동거생활이 계속되지 않아도 무방하다(동거"하였을" 것). 자녀가 성년에 이른 후에도 혈연부의 부성부인의 소 제기를 억제하기 위하여 자녀와 법률상의 부의 동거생활 유지를 강요하는 것은 비합리적이기 때문이다.108)

사회적 친자관계의 존속기간은 문제되지 않는다. 즉 모와 법률상의 부의 동거생활 중에 자녀가 출생하였고 법률상의 부가 즉시 의무를 인수하였으며 의무의 이행이 앞으로도 계속될 것으로 여겨지는 경우에는 사회적 친자관계가 인정된다. 이처럼 사회적 친자관계가 존재하는 것으로 인정되면 자녀의 복리 심사와 무관하게 비혼 혈연부의 부성부인 가능성은 배제된다.109)

---

106) BGH, FamRZ 2007, 538, 540.
107) BT-Drucks. 15/2253, S. 11.
108) MünKomm/Wellenhofer §1600 Rn. 11.
109) MünKomm/Wellenhofer §1600 Rn. 8; Bamberger/Roth/Hahn §1600 Rn. 3.

4) 비혼 혈연부에 의한 부성부인의 효과

이러한 요건을 모두 충족시켜서 비혼 혈연부의 부성부인의 소가 인용되면 그가 진정한 혈연부인지의 여부와 무관하게 그와 자녀 사이에 법적인 부자관계가 성립하는지가 문제되는데 제1592조 제3호와 제1600조 제1항 제2호의 문리해석을 근거로 이를 긍정하는 견해가 유력하다.

우선 제1600조 제1항 제2호는 비혼 혈연부가 자녀의 혈연부일 '개연성의 소명'만을 요건으로 하고 있으며, 과학적 검사 등에 의하여 혈연부임을 확인할 것을 요건으로 하고 있지 않다. 또한 제1592조 제3호는 제1600d조에 근거한 확인판결에 의한 부성과 독일민사소송법 제640h조 제2항에 근거한 "반사효과"인 원고의 부성을 구별하고 있는데 전자의 경우와는 달리 후자의 경우에는 혈연의 확인을 요건으로 하지 않는다.

결국 입법자는 비혼 혈연부의 부성부인권을 인정하면서, 이로 인하여 사라지게 되는 법률상의 부의 자리를 비혼 혈연부라고 스스로 주장하는 원고라는 또다른 법률상의 부로써 전보(塡補)하는 것을 의도한 것으로 볼 수 있다. 따라서 독일민사소송법 제640h조 제2항에 의한 부성귀속은 모 또는 자녀의 동의와 무관하게 인정되고, 부성부인에 의하여 제거될 수도 없는 것으로 해석하여야 한다.[110)]

(3) 부성부인의 기간제한

(a) 서언

1) 의의

독일민법상의 부성부인 기간은 모든 부성부인권자에 대해 동일하게 적용

---

110) Gernhuber/Coester-Waltjen §52 Rn. 111.

되는 것이 원칙이다. 즉 모든 부성부인권자는, 자녀가 출생하였다는 사실과 현존하는 법적인 부자관계가 혈연상의 부자관계에 반한다는 사정을 알게 된 날로부터 2년이 지나면 부성부인의 소를 제기할 수 없게 된다(제1600b조 제1항). 자신이 비혼 혈연부라고 주장하는 원고의 부성부인 기간도 법률상의 부와 자녀 사이에 사회적 친자관계가 존재하는지의 여부와 무관하게 기산하고 진행된다.111) 이러한 기간제한은 한편으로는 부인권자에게 적절한 숙려기간을 부여하고, 다른 한편으로는 법적 안정성과 신분의 안정성, 사회적 가족의 보호에 기여한다.112) 부성부인 기간의 법적 성질은 직권조사 대상인 제척기간이며113) 객관적 입증책임은 각 부인권자들이 부담한다.114) 한편 기간의 정지에 대해서는 이를 주장하는 사람이 입증책임을 진다.115)

부성부인의 기간을 제한하는 것은 현저하게 대립하는 이해관계, 즉 혈연에 반하는 법적 부자관계 해소에 관한 법률상의 부의 인격권적 이익과 법적인 부자관계의 유지 및 이를 통한 혼인 중의 출생자라는 신분 유지와 부양의무자의 확보라는 자녀의 복리를 조화시키기 위한 것으로서, 그 목적의 정당성은 인정된다. 또한 그 구체적인 내용, 즉 기산점을 어떻게 정하고 기간을 어느 정도로 할 것인가는 입법재량의 영역에 속하기 때문에 입법자는 이익형량의 원칙을 준수하는 한 이러한 내용을 자유롭게 정할 수 있다. 다만 이러한 이익형량에 있어서 미성년 자녀의 복리에 우월한 보호가치를 두는 것은 허용된다. 부성부인으로 인하여 자녀가 입게 되는 불이익이 이를 제한함으로써 법률상의 부가 입게 되는 불이익에 비해 현저하게 크기 때문이다.116)

---

111) Bamberger/Roth/Hahn Rn. 2.
112) BT-Drucks. 13/4899 87; MünKomm/Wellenhofer §1600b Rn. 1; Bamberger/Roth/ Hahn §1600b Rn. 1.
113) Bamberger/Roth/Hahn Rn. 1; Staudinger/Rauscher Rn. 7; MünKomm/ Wellenhofer-Klein Rn. 3.
114) BGH, NJW 1978, 1629; BGH, NJW 1980, 1335, 1337; Bamberger/Roth/Hahn Rn. 1; Staudinger/Rauscher Rn. 63; MünKomm/Wellenhofer-Klein Rn. 6.
115) Bamberger/Roth/Hahn Rn. 1; Staudinger/Rauscher Rn. 65.

부성부인 기간의 제한은 자녀의 신분이 무제한적으로 불안정한 상태에 놓이는 것을 방지하고, 신분의 법적 명확성과 안정성을 위하여 필요한 부성의 존속가능성을 제공하기 위하여 필요하다.[117] 충분한 심사숙고 기간이 부여된 이상 부양의무 소멸에 관한 법률상의 부의 이익도 충분히 보장되어 있다.[118] 기간을 도과한 사람은 부성부인을 하지 않겠다는 의사를 표시한 것이다. 입법자는 부성부인 기간제한을 완전히 포기한다는 생각을 일찌감치 폐기하였는데, 부성부인 기간을 제한하지 않으면 개별사안에 있어서 받아들이기 어려운 결과(예를 들어, 법률상의 부의 부양 하에 성년에 이른 자녀가 법률상의 부를 부양할 의무를 면하기 위하여 부성부인을 하는 경우)가 초래될 수 있기 때문이다.[119]

2) 연혁

제정 당시의 독일민법에는 '자녀의 출생을 안 날로부터 1년'이라는 절대기간만이 규정되어 있었다(당시의 제1594조 참조). '현존하는 법적인 부자관계에 반하는 사정을 안 날'을 기산점으로 하는 상대기간은 1938년에 도입되었는데 나찌즘에 바탕을 둔 혈연중시사상이 반영된 것이다. 이러한 부성부인 기간에 관한 조항은 1961년에 다시 개정되었는데 상대기간 조항 자체는 그대로 유지하면서 기간을 2년으로 연장하고, 출생후 10년이라는 절대기간을 신설하였다.[120] 그러나, 이러한 절대기간 조항은 다시 삭제되었는데 그 이유로는 처가 자신의 간통사실을 충분히 오래 감추어야 하는 것으로 해석될 우

---

116) BVerG, BVerGE 38, 241; BVerG, NJW 2007, 753, 756 = FamRZ 2007, 441, 445. 이러한 연방헌법재판소의 견해에 대한 비판론으로는 Frank, FamRZ 2004, 841, 844를 참조할 것.

117) BT-Drucks. V/2370 S. 32; BGH, NJW 1999, 1862.

118) BGH, FamRZ 1998, 1577.

119) BR-Drucks. 180/96, S. 97.

120) 입법이유에 대해서는 BT-Drucks. II/1586, S. 33을 참조.

려가 있고, 자녀 출생 당시에 이미 별거하고 있었기 때문에 법률상의 부가 자녀의 출생 사실 자체를 몰랐거나, 출생 날짜를 거짓으로 통지받는 등의 경우에 법률상의 부가 자신에게 책임 없는 부지로 인하여 자신의 권리를 상실해야만 한다는 것은 부당하다는 점이 제시되었다.[121] 진실한 혈연을 확인할 법률상의 부의 이익은 자녀에게 혈연에 반하는 법적 지위를 보장해 주는 것보다 더 높은 가치가 인정되어야 한다는 연방헌법재판소 판례[122]도 같은 맥락이라고 할 수 있다.

(b) 상대기간의 기산점인 '부성부인 사유를 안 날'에 관한 해석론

부성부인 기간은 법적인 부자관계에 반하는 사정, 즉 법률상의 부가 자녀의 혈연부가 아니라는 사정을 안 때로부터 기산하는 것이 원칙이다. 지배적 견해와 판례에 의하면, 부성부인권자가 합리적 평균인의 객관적 판단에 근거할 때 부성에 대한 진지한 의혹을 근거지을 수 있는 사실을 확실하게 알았을 것이 요구된다. 즉, ⓐ우선 문제된 사정에 대한 확실한 인식이 요구되고, ⓑ 나아가 이것에 결부된 타인의 부성의 가능성에 관한 추론이 문제된다.[123] 다만, 부성부인의 법적 요건 및 그 효과에 대한 인식은 문제되지 않는다.[124]

1) 인식의 대상과 정도

위의 ⓐ와 관련하여, 인식의 대상은, 전문가가 아니라 합리적인 일반인의 관점에서 볼 때[125] '법적 부자관계가 혈연과 일치하지 않을 가능성을 완전히

---

121) BT-Drucks. V/2370, S. 24.
122) BVerG, BVerGE 38, 241.
123) BGH, BGHZ 61, 197; BGH, FamRZ 1978, 494; MünKomm/Wellenhofer §1600b Rn. 9; Palandt/Diederichsen §1600b Rn. 7.
124) BGH, BGHZ 24, 134 = NJW 1957, 1069.
125) BGH, FamRZ 2006, 771; Bamberger/Roth/Hahn Rn. 3; Staudinger/Rauscher Rn.

배제할 수 없게 하는 사실'이며[126] 인식의 정도는 확신에 이를 것을 요한
다.[127] 이러한 사실의 전형적인 예로서 모의 간통(또는 법률상의 부 아닌 남
성과의 성행위)[128]을 들 수 있다. 그러나 법률상의 부는 현장 적발 등의 특수
한 경우가 아닌 한, 어떤 간접사실을 근거로 가임기에 모가 다른 남성과 성
행위를 하였다는 사실에 대한 가능성(또는 의혹)을 가지는 경우가 대부분인
데, 이러한 경우에는 부성에 대한 진지한 의심을 일으키기에 부족한 것으로
평가된다.[129] 뿐만 아니라 자녀의 포태가 가능하였던 시점에 법률상의 부도
모와 성행위를 하였다면 더욱 그러하다. 또한 모의 부정한 행위에 관한 단순
한 소문은 본항의 사정에 해당하지 않음은 당연하다.[130] 모가 법률상의 부에
게 그러한 행위를 하였다고 자인한 것만으로는 본항의 사정에 해당하지 않
지만 객관적 근거에 바탕을 둔 경우에는 해당하는 것이 일반적이다.[131] 처음
부터 법률상의 부가 아버지일 수 없는 사정(예: 생식불능, 가임기에 성행위를
하지 않았음을 명백하게 보여주는 사정 등)은 본항의 사정에 해당하지만 생
식능력 감소는 그렇지 않다.[132]

2) 인식대상인 사실에 대한 평가

다음으로 ⓑ와 관련하여, 위 ⓐ의 사정은 객관적으로 판단할 때 현존하는
부성에 대한 의혹을 불러일으키기에 적합하여야만 한다.[133] 이러한 적합성

17; MünKomm/Wellenhofer-Klein Rn. 11.

126) BGH, NJW R-R 1995, 643, FamRZ 1999, 1362; Bamberger/Roth/Hahn Rn. 3.

127) BGH, NJW 1978, 1629, 1630은 "Volle Kenntnis"라고 표현한다; MünKomm/
    Wellenhofer §1600b Rn. 10; Bamberger/Roth/Hahn §1600b Rn. 3; Staudinger/
    Rauscher §1600b Rn. 23.

128) BGH, NJW-RR 1989, 194.

129) MünKomm/Wellenhofer §1600b Rn. 10; Staudinger/Rauscher §1600b Rn. 26.

130) BGH, FamRZ 1984, 80.

131) MünKomm/Wellenhofer §1600b Rn. 10; Staudinger/Rauscher §1600b Rn. 27.

132) MünKomm/Wellenhofer §1600b Rn. 10.

은 객관적으로 판단하여야 한다. 즉 부성부인권자 자신의 관점이 아닌 합리적 일반인의 관점에서 판단하여야 하는 것이다.[134]

따라서 부성부인권자가 인식한 사정이 일반인의 관점에서 판단할 때 현존하는 부성에 대한 의혹을 야기하기에 충분하다면 비록 부성부인권자가 이러한 사정으로부터 그러한 의혹이 야기되지 않는 것으로 잘못 추론하였더라도 부성부인기간은 기산한다.[135] 또한 이러한 의혹의 '정도'에 대해서는 명문규정이 없고 판례도 통일되어 있지 않지만, 지배적 견해는 타인의 혈연의 존재 가능성을 "완전히 배제할 수 없는 정도"를 기준으로 제시하고 있다. 즉 타인의 혈연의 존재 가능성 또는 현존하는 부성이 혈연에 부합하지 않을 개연성이 인정될 수 있을 정도까지는 필요하지 않다는 것이다.[136] 하급심에 의하면, 가임기에 다른 남성과 성행위를 한 경우, 2주간 여행을 다녀온 경우 등은 이러한 사정에 해당한다.[137] 또한 자녀의 외모가 법률상의 부를 닮지 않았다거나 다른 남성과 닮았다는 등의 사정은 해당하지 않지만 피부색 등 유전형질을 반영한 외모가 법률상의 부와 서로 다른 경우 등은 이러한 사정에 해당한다.[138]

(c) 모와 자녀의 부성부인권의 기산점

모의 부성부인권의 기산점에 대해서도 기본적으로 같은 원칙들이 적용된

133) BGH, NJW 1990, 2813; BGH, NJW 1980, 1335.
134) BGH, FamRZ 2006, 771, 773; BGH, NJW 1980, 1335; MünKomm/Wellenhofer §1600b Rn. 11; Palandt/Diederichsen §1600b Rn. 7; Staudinger/Rauscher §1600b Rn. 18.
135) BGH, FamRZ 1990, 507 = NJW 1990, 2813; MünKomm/Wellenhofer §1600b Rn. 11.
136) BGH, BGHZ 61, 195, 197 = NJW 1973, 1875.
137) MünKomm/Wellenhofer §1600b Rn. 12; Staudinger/Rauscher §1600b Rn. 26.
138) MünKomm/Wellenhofer §1600b Rn. 13.

다.[139] 따라서 특별한 사정이 없는 한 모의 부성부인권은 모가 자녀의 출생이라는 사실을 알게 된 때(예를 들어, 법률상의 부와 혼인한 경우에는 자녀출생 즉시, 그렇지 않은 경우에는 유효한 인지의 요건 완비 사실을 알게 된 때)로부터 2년이 지나면 소멸한다.

한편, 자녀의 경우를 보면, 미성년 자녀의 법정대리인에 적시에 부성부인을 하지 않은 경우에는 자녀는 성년이 된 후 스스로 부성부인을 할 수 있다. 법정대리인이 부성부인을 하지 않은 이유는 불문하며,[140] 이러한 경우에 부인기간은 자녀가 성년이 되고 추정되는 부성과 저촉되는 사정을 알게 된 때로부터 기산한다(제1600b조 제3항). 또한 이러한 기간이 경과한 후에도 법률상의 부와의 법적인 부자관계의 확정이라는 결과를 자녀가 수인하기를 기대하기 어렵다고 판단할 만한 근거가 된 사정을 자녀가 알게 된 때에는, 그 때 제1600b조 제1항 제1문의 기간이 다시 기산한다(제1600b조 제6항). 본항의 입법과정에서 친자관계를 지나치게 오랫동안 유동적인 상태에 두게 된다는 문제점이 지적되기도 하였다.[141] 그러나 이러한 비판론은 배척되고, 개정 전 조항[142]이 구체적으로 적시하여 규정하고 있던 요건을 '부성귀속 확정의 수인불가능성'이라는 일반적인 표현으로 대체하는 것에 그쳤다. 친자관계의 불확정성보다 우월한 자녀의 이익을 보장하려는 입법취지를 반영하는 것이라는 취지의 반론[143]이 채택되었기 때문이다. 본항은 자신의 혈연을 밝히기를 원하는 성년 자녀에 대해서만 적용되고 그 외의 부성부인권자들에게는 적용되지 않는다.[144]

---

139) BGH, FamRZ 2002, 880.
140) Staudinger/Rauscher §1600b Rn. 75.
141) BR-Drucks. 180/96, S. 5 참조.
142) 구 제1596조 제1항, 제1600i조 제5항은, 법률상의 부가 심히 부당한 대우를 하는 경우, 공서양속에 반하는 생활상태의 해소가 필요한 경우, 법률상의 부에게 심각한 유전적 질환이 있는 경우 등과 같이 구체적으로 열거된 '신의칙상 부성부인을 정당화시켜 줄 수 있는 사정'이 있는 경우에 한하여 자녀에게 기간 제한 없는 부성부인권을 인정하였다
143) BT-Drucks. 13/4899, S. 166 참조.

(4) 이른바 '의심의 계기(Anfangsverdacht)' 요건에 관한 논의

(a) 의의

독일연방대법원의 확립된 판례[144]에 의하면, 친생추정 또는 인지에 의하여 법적인 부자관계가 성립한 경우에, 법률상의 부가 부성부인의 소를 제기하려면 혈연의 부존재 사실을 주장하는 것만으로는 부족하다. 즉 여기에 더하여 객관적으로 볼 때 자녀의 혈연에 대한 의심을 가지게 하기에 적합한 사정을 주장하고 이를 소명하여야만 하는 것이다.[146] 이러한 의심의 계기 요건은 명문의 근거규정은 없지만 부성부인의 기간제한과는 별개로 인정되는 부성부인의 제한요건으로 인정된다.

(b) 법적성질

1) 청구의 유리성

부성부인 소송의 원고인 법률상의 부가 의심의 계기가 된 사정을 주장·입증하지 못하면 부성부인 청구는 청구 자체의 유리성(Schlüssigkeit)[147] 흠결로

---

144) MünnKomm/Wellenhofer §1600b Rn. 39; Palandt/Diederichsen §1600b Rn. 25; Staudinger/Rauscher §1600b Rn. 86.

145) BGH, NJW 1998, 2976; BGH, NJW 2003, 585 등.

146) 이러한 요건을 약칭하는 독일어 Anfangsverdacht를 이 책에서는 '의심의 계기 요건'이라고 번역한다.

147) 소 또는 신청(Klage oder Antrag)의 유리성(Schlüssigkeit)이란 원고 또는 청구인이 주장하는 사실을 다툼이 없는 것으로 간주할 때 청구가 정당화되는 상태를 뜻한다. 유리성이 인정되지 않으면 원고의 청구는 이유 없는 것으로서 기각(abweisen)되어야 한다(Tilch·Arloth (2001) 참조); 국내에서는 이를 정당성, 有理性, 일관성 등으로 번역하고 있다. 구체적인 의미 등에 대해서는 李時潤 (2009), 183면을

인하여 기각된다.[148]

다만 이러한 요건을 엄격하게 인정하면 법률상의 부의 부성부인권을 사실상 배제하는 결과가 초래될 수 있기 때문에 판례[149]는 객관적으로 볼 때 부성에 대한 의심을 가지는 것과 타인이 혈연부일 가능성을 완전히 배제할 수 없게 하기에 적합한 사정만 있으면 이러한 요건이 충족된 것으로 인정한다. 그러나 모와 자녀가 부성검사에 대한 협력이나 부성감정 결과의 사용을 거부하고 있으며 부와 자녀의 용모가 닮지 않았다는 것만으로는 부족하고, 오히려 모의 혼외 성관계 사실을 말해주는 사정을 구체적으로 적시할 것을 요구한 예도 있다.[150]

2) 상대기간의 기산점

한편 의심의 계기가 된 사정은 이른바 상대기간으로 규정된 부성부인 기간의 기산점인 '부성부인 사유를 알게 된 날'을 확정하기 위한 간접사실로서의 기능도 수행한다.

상대기간의 기산점이 실제로 언제였는지를 법원이나 자녀 측이 알아내는 것은 사실상 불가능하다. 따라서 의심의 계기 요건을 두지 않으면 상대기간은 사실상 무의미해져 버리고 법률상의 부는 언제든지 부성부인의 소를 제기할 수 있게 되어 버린다. 바로 이러한 문제를 방지하기 위하여 독일연방대법원은 명문의 근거규정이 없어도 의심의 계기 요건이 정당화될 수 있다고 하였으며 독일연방헌법재판소도 이러한 판례를 승인하였다.[151] 특히 후자는 의심의 계기 요건은 독일 기본법 제6조 제1항으로부터 도출되는 법적·사회적 가족관계의 보호를 근거로 정당화될 수 있다고 하면서 의심의 계기 요건

참조.

148) MünnKomm/Wellenhofer §1599 Rn. 15.

149) BGH, NJW 1998, 2976, 2977; BVerG, NJW 2007, 753, 757.

150) 구체적인 출처 등은 MünnKomm/Wellenhofer §1599 Rn. 20을 참조할 것.

151) BVerG, NJW 2007, 753, 757.

을 '실질적인 단서조항'이라고 표현[152]하고 있다.

이처럼 의심의 계기 요건은 안정적으로 형성된 가족관계를 보호하는 것을 목적으로 하는 제1600b조의 입법취지에 부합하지만, 지나치게 엄격한 입증을 요구하면 혈연관계와 일치하지 않는 법적 부자관계를 해소할 법률상의 부의 이익이 부성부인 절차에 의하여 충분히 실현될 수 없게 된다는 문제가 생긴다. 이와 관련하여 독일연방헌법재판소는, 제3자가 자녀의 생물학적 부일 가능성을 완전히 배제 할 수 없게 하는 정도의 사정만 제시하면 이러한 요건이 충족된다고 보는 독일연방대법원의 판례는 법률상의 부의 이익을 조화롭게 고려한 것이라고 평가하였다.[153]

(c) 의심의 계기 요건에 대한 비판론

이처럼 독일의 연방대법원과 연방헌법재판소가 한결같이 의심의 계기 요건을 확고하게 지지하고 있는데도 그 필요성과 정당성에 대해서는 회의적인 견해[154]가 적지 않다. 이를 요약하면 다음과 같다

첫째로, 청구의 유리성 요건은 그 기본적인 의미에 비추어볼 때 부성부인을 구하는 법률상의 부가 자신이 혈연부가 아니라는 취지의 주장만 하면 충족되는 것으로 보아야 한다. 특히 아동사건에 대해서는 직권탐지주의가 적용되기 때문에 원고가 청구원인 사실을 구체적으로 적시하지 않아도 법원은 본안심리에 들어가야만 한다. 둘째로, 법률상의 부가 객관적으로 정당화될 수 있는 부성의 부존재에 대한 의심의 계기를 주장·입증하는 것은 쉬운 일이 아니다. 의심의 계기에 해당하는 전형적인 사유인 모가 자녀의 포태가 가능한 기간 동안에 혼외 성관계를 가졌다는 사실조차도 현장을 적발하지 않

---

152) BVerG, NJW 2007, 753, para. 81.
153) BVerG, NJW 2007, 753, para. 83~84.
154) 구체적인 출처는 MünnKomm/Wellenhofer §1599 Rn. 16 각주 41을 참조.

는 한 증명하기가 쉽지 않은 것이 현실이다. 셋째로, 부성부인의 소 제기는 법률상의 부에게도 적지 않은 시간과 비용이 소요될 뿐 아니라, 명예의 실추 등도 수반될 수 있기 때문에, 굳이 의심의 계기 요건을 두지 않아도 판례가 우려하는 것처럼 법률상의 부가 아무 이유 없이 상대기간의 기산점을 임의로 선택하여 제기한 남소로써 장기간 지속된 법적 친자관계를 불안정하게 만드는 경우는 생각하기 어렵다. 넷째로, 비록 직권탐지주의가 적용된다 하더라도 법원은 당사자가 제출한 자료를 근거로 판단할 수밖에 없다. 따라서 원고가 소 제기일로부터 2년 이내에 부성에 반하는 사정을 알게 되었다고 주장한 이상, 피고가 본안전 항변으로 부성부인 기간의 위반을 주장하면서 제소 시점부터 2년 이전에 법률상의 부가 부성에 반하는 사정을 알 수 있었다고 볼 만한 사정을 제시하여야만 하고, 이러한 경우에 한하여 원고는 방어할 필요가 있는 것이다. 따라서 '의심의 계기' 요건을 제대로 주장하지 못한 것으로 인한 불이익은 피고에게 귀속되어야 하는데도 판례는 의심의 계기 요건을 (승소판결을 받기 위한 요건들 중 하나인) 청구의 유리성과 결부시킴으로써 실질적으로 법적으로 예견되지 않은 입증책임 전환을 시도하고 있는 것이다.

이러한 비판론을 반영하여 2006년에 소개된 가사사건·비송사무관련절차 개혁법에 관한 연방법무부의 전문가초안(Referentenentwurf)은, 혈연의 존부가 쟁점인 사건인 친자관계의 존부확인절차, 인지의 유효·무효확인 절차, 이 법안 제178조에 의한 부성부인의 절차에 관한 법안을 마련하면서, 부성부인권자의 절차상 지위를 현행법에 비해 실질적으로 강화하기 위하여 부성부인 절차는 법안 제180조 제1항에 근거한 신청에 의하여 개시되고 같은 조 제2항에 의하여 절차의 목적과 당사자가 표시되어야 하지만, 청구원인(Begründung)을 기재할 필요는 없는 것으로 하였다.[155] 이 개정안에는, 친생자관계와 관련된 사건을 대심적 비송사건(streitiges Verfahren der freiwilligen

---

155) BR-Drucks. 309/07, S. 89.

Gerichtsbarkeit)으로 변경하여 법원이 부성부인권 행사기간의 기산점을 비롯한 사실관계를 직권으로 확인할 수 있도록 하는 내용도 포함되어 있었다.[156] 그러나 이러한 시도는 연방헌법재판소가 의심의 계기 요건을 승인함에 따라 좌절되고 말았고, 2009년 9월 1일부터 시행된 개정법[157]은 오히려 의심의 계기 요건을 명문으로 규정하기에 이르렀다. 즉, 제171조 제2항은, 부성부인 절차에 있어서 민법 제1600조 제1항에 규정된 부성부인권자들은 부성에 반하는 사정과 이러한 사정을 알게 된 때를 주장하여야만 한다는 취지를 명문으로 규정하였다. 입법자는 이 요건은 상대기간 방식으로 규정된 제소기간의 준수 여부에 대한 법원의 직권탐지를 가능하게 하기 위한 최소한의 요청으로서 엄격하게 해석할 필요는 없다고 함으로써, 의심의 계기 요건에 관한 종래의 판례를 그대로 원용하였다.[158] 참고로, 이 법의 주요한 입법목적은 가정법원의 강화(Einführreung des Grossen Familiengerichts), 친권·면접교섭권·후견 등 미성년 자녀의 복리와 관련된 사건에 있어서의 신속한 처리의 촉진, 자녀의 복리 심사의 일반화, 친생자관계 사건에 관한 조항들의 전면적인 개정 등이었다. 또한 이 법은 친생자관계(혈연)에 관한 모든 사건을 비송사건으로 파악하고 민사소송법 대신 이 법의 특칙을 적용함으로써 유연한 절차의 진행과 아동복지관청(Jugendamt)과의 원활한 협조체계 구축이 가능하도록 하고 있다.[159]

---

156) BVerG, NJW 2007, 753, para. 9~10에서 재인용.
157) Gesetz über das Verfahren in Familiensachen und in den Angelegenheiten der freiwilligen Gerichtsbarkeit (BGBl I, S. 2586).
158) BT-Drucks. 16/6308, S. 243~244 참조.
159) 이 개정법의 경과와 개정 과정에서의 논의 등은 BT-Drucks. 16/6308; BR-Drucks. 309/07, BR-Drucks. 617/08 등을 각각 참조.

(d) 법적 부자관계에 영향을 미치지 않는 독립된 혈연검사 절차의 신설

1) 배경

의심의 계기 요건을 유지하면 법률상의 부의 부성부인의 소 제기는 현저하게 어려워진다. 이러한 상황을 타개하기 위하여 법률상의 부가 자녀 측의 동의 없이 과학적 혈연검사를 실시하여[160] 혈연의 부존재 사실을 확인한 후 이것을 의심의 계기라고 주장하는 경우가 나타나게 되었다. 그러나 이러한 비밀검사는 자녀 측의 인격권과 자기정보결정권을 침해하는 것이기 때문에 검사결과의 증거능력은 국가의 기본권 보호의무에 비추어볼 때 인정되기 어렵다. 결국 법률상의 부는 의심의 계기 요건을 충족하지 못하여 부성부인의 소를 제기할 수 없고, 부성부인 절차 외에서는 자녀 측의 동의가 없는 한 혈연 검사를 할 수도 없게 되어 버리는데, 이것은 법률상의 부의 혈연을 알 권리 실현 가능성을 완전히 봉쇄해 버리는 셈이 된다.

이러한 문제의식을 반영하여, 독일연방헌법재판소[161]는 연방대법원 판례에 의한 의심의 계기 요건과 비밀검사 결과의 증거능력 배제의 정당성을 모두 인정하면서도, 법률상의 부가 부성부인 재판절차 외에서도 자녀 측의 동의 없이 혈연검사를 할 수 있는 절차를 두지 않은 것은 위헌적인 입법부작위라고 판단하였다. 이 결정은 '친자관계에 영향을 미치지 않는 독립적인 혈연확인 절차'를 도입할 필요가 있음을 강조하면서 이러한 절차는 부성부인의 소와는 달리 혼인가정의 안정성 보호라는 헌법적으로 보호되는 법익을 침해하지는 않기 때문에 제소기간 등의 제한요건을 둘 필요는 없다고 하였다.

---

160) 검사결과의 증거능력 등의 쟁점과 관련하여 문제되는 것은 자녀 측의 동의가 있었는지의 여부이기 때문에 '동의 없는 검사'라고 하는 것이 더 정확한 표현이겠지만, 이 책에서는 독일 판례가 사용하고 있는 '비밀검사(heimliche Abstammungstest)'라는 표현을 사용한다.

161) BVerG, NJW 2007, 753 = FamRZ 2007, 441.

2) 제1598a조의 해석론

이러한 연방헌법재판소 결정에 따라 신설된 제1598a조의 내용을 살펴본다. 먼저 제1항은 검사에 대한 동의청구권의 근거조항으로서, "자녀의 혈연을 밝히기 위하여 1.부는 모와 자녀에게, 2.모는 부와 자녀에게, 3.자녀는 부모에게 유전적 관련성 검사에 대한 동의와 검사에 적합한 유전적 시료 채취를 수인할 것을 요구할 수 있다. 시료는 과학적으로 인정되는 원칙들에 따라 채취되어야 한다."라고 규정하고 있다. 본항의 청구권 행사에는 대해서는 당사자의 범위 제한 이외의 제한요건(예를 들어 행사기간 등)은 없으며 일반적인 권리남용의 법리에 의하여 그 행사가 제한될 수 있을 뿐이다.[162]

본항의 동의에 의한 혈연감정은 법원이 아닌 당사자들의 자율적인 의뢰에 따라 행하여진다. 즉 검사방법과 기관의 지정 또한 당사자들에게 맡겨진다. 양 당사자가 동의하고 법원이 검사 내용의 정당성과 완전성 및 사용된 시료의 동일성에 대한 의심을 가지지 않는 한, 검사결과는 나중에 부성부인절차에서 사용될 수 있다.[163]

제1항에 의한 동의청구권의 실효성을 강화하기 위하여 제2항은 "청구권자의 신청이 있으면 가정법원은 부여되지 않은 동의를 보충하고 시료채취에 대한 수인을 명하여야 한다."라고 규정하고 있다. 이러한 신청에 대한 별도의 요건은 없고 법원의 판단기준도 규정되어 있지 않기 때문에, 결국 법원은 제3항이 적용될 사안이 아닌 한 항상 신청에 따라 동의에 갈음하는 재판을 해야만 한다. 다만 혈연 규명이 미성년 자녀의 복리에 대한 현저한 해악을 초래할 수 있고 청구권자의 관점을 고려하더라도 (자녀의 연령과 발달 정도 등을 고려할 때) 자녀가 이를 받아들이기를 기대할 수 없을 것으로 여겨지는 경우에 한하여 법원은 혈연규명 절차를 중지할 수 있다.

본조에 의한 청구권이 실현되더라도 혈연의 존부라는 사실을 확인하는데

---

162) BT-Drucks. 16/6561, S. 12.
163) BT-Drucks. 16/6561, S. 19.

그칠 뿐이고 이것으로부터 당연히 어떤 법률효과가 발생하는 것은 아니다. 다만 당사자들은 이러한 검사결과를 (특히 '의심의 계기' 요건에 대한) 증거로 사용하여 부성부인 절차를 제기할 것인지의 여부를 스스로 결정할 수 있다.[164] 이러한 기회를 실질적으로 보장하기 위하여, 법률상의 부가 이러한 청구권을 행사하면, 부성부인 기간은 제1598a조 제2항·제3항에 의한 법적 절차가 계속 중인 동안에는 그 진행이 중지된다(제1600b조 제5항 제1문).

IV. 보조생식 자녀의 친자관계 결정기준

1. 모자관계

위에서 본 것처럼 모자관계에 관한 제1591조는 모자관계의 성립은 출산이라는 사실을 근거로 하며, 출산모와 자녀 사이에 성립한 모자관계의 해소는 어떠한 경우에도 허용될 수 없음을 명시하고 있다.

이 조항은 입법 당시부터 대리출산 자녀를 비롯한 모든 자녀에 대해 적용될 것을 전제한 것이었다. 즉 모자관계에 관한 한, 독일에서는 대리출산 등의 보조생식 시술에 의하여 출생한 자녀와 그 외의 방법으로 출생한 자녀에 대해 동일한 규율이 적용이 적용된다. 따라서 보조생식 자녀의 모자관계 결정 기준에 대해서는 별도로 검토하지 않는다.

---

164) MünKomm/Seidel §1598a, Rn. 12.

2. 부자관계

(1) 개관

AID 자녀의 부자관계 결정이라는 문제와 관련하여, 독일민법은 AID 시술에 동의하였던 법률상의 부와 모의 부성부인권을 배제하는 명문 규정을 신설하였다. 이러한 입법은, 연방대법원이 제안한 절충적인 해결방법, 즉 AID 자녀에 대해서도 자연생식 자녀와 마찬가지로 민법의 일반원칙을 그대로 적용하여 AID시술에 동의하였던 법률상의 부의 친생부인을 허용하면서도, 그가 자녀에 대한 부양의무를 면할 수 없도록 함으로써 자녀의 복리를 보호한다는 방안을 명시적으로 폐기한 것이다.

이 조문의 신설로써 장기간에 걸친 견해대립이 종식될 것이라는 견해[165]도 있으나 이 조항의 해석론상의 문제점을 지적하는 견해가 제기되고 있음에 비추어볼 때 종래의 논쟁이 쉽사리 마무리되지는 않을 것으로 보인다.

(2) 과거의 판례: 법률상의 부의 부성부인권의 원칙적 긍정

AID 시술에 동의하였던 법률상의 부의 부성부인을 허용할 것인지의 여부에 대해 독일연방대법원은 1983년 판결 이후의 일련의 판결에 의하여 판례법리를 형성하였는데 그 내용은 다음과 같이 요약할 수 있다: ⓐ친생자관계에 관한 조항들은 비록 제정 당시에 보조생식기술에 의하여 출생한 자녀를 상정한 것은 아니지만 AID자녀를 비롯한 보조생식기술에 의하여 출생한 자녀들에 대해서도 적용될 수 있다. 그런데 부성부인권 포기를 내용으로 하는 의사표시는 무효이고 법률상의 부의 친생부인권 행사는 신의칙 위반이라고 볼 수도 없기 때문에, AID에 동의하였던 법률상의 부도 부성부인을 할 수

---

165) Wanitzek, FamRZ, 2003, 731, 731.

있다.166) ⓑ친밀한 가족관계 내에서 아버지와 함께 살아가는 것은 자녀의 복리에 기여하지만, 부성부인을 일반적으로 배제하더라도 이러한 기회가 더 확실하게 보장되는지는 명확하지 않다. 부가 부성부인의 소를 제기한 것은 대개 혼인이 파탄되어 어차피 자녀는 모 1명의 양육을 받을 수밖에 없는 경우이다. 따라서 부성부인권을 배제하더라도 자녀의 생활환경이 더 나아지는 것은 아니다.167) 즉, 법률상의 부의 부성부인을 인정한다고 해서 필연적으로 자녀의 복리가 저해되는 것은 아니라는 것이다. ⓒ부성부인의 결과로서 부자관계가 소멸하여 법률에 의한 부양의무는 소멸하더라도 AID에 대한 동의에는 대개 태어날 자녀에 대한 부양의무를 지겠다는 의사표시가 포함되어 있기 때문에 법률상의 부와 모 사이에 체결된 계약에 기한 부양의무는 면할 수 없다. 법률상의 부가 AID시술에 대한 동의서를 작성하면서 부성부인권 포기 등을 기재한 경우에, 비록 부성부인권 포기 부분은 무효라고 하면서도, 법률상의 부가 위 동의서 작성 당시에 부성부인권 포기 부분이 법적 구속력이 없음을 알 수 있었다면 부양의무를 지겠다는 취지의 약정을 하였을 것으로 여겨지기 때문에, 부양의무를 부담하겠다는 의사표시 부분은 일부무효의 법리에 관한 판례와 해석론에 비추어볼 때 당연히 무효로 되는 것은 아니다.168)

이러한 판례법리는 비록 비판론169)이 적지 않게 제기되었지만, 그대로 유지되었다.170) 그러나, AID에 동의한 법률상의 부의 부성부인권을 배제하는 실정법 규정, 즉 "모와 그의 남편이 동의한, 제3자의 정자제공에 의한 인공

---

166) BGH, BGHZ 87, 169 = NJW 1983, 2073.

167) BGH, FamRZ 1995, 1272 = NJW 1995, 2921.

168) BGH, BGHZ 129, 297 = FamRZ 1995, 861, para. 22.

169) 독일에서 전개된 이러한 판례에 대한 비판론은 국내에도 이미 자세하게 소개되었다. 구체적인 내용은, 양수산 (1988); 이준영 (1996. 12) 등을 각 참조.

170) 판례법리에 대한 반대견해의 출처는 BGH, FamRZ 1995, 1272 para. 13, 16, 20을 각 참조. 또한 이 판결은 이러한 반대견해들에 대해 일일이 반론을 제기하면서 1983년 판결의 법리를 고수하고 있다.

수정에 의하여 자녀가 출생하였다면 모와 그의 남편의 부성부인권은 배제된
다."고 한 제1600조 제5항이 신설됨으로써, 이 문제는 이제 새로운 국면을
맞이하게 되었다.

(3) AID자녀에 대한 부성부인권의 배제 조항의 신설

이 조항의 입법목적은 법률상의 부의 부성부인으로 인하여 AID자녀가 부
양청구권·상속권 등의 재산적 이익과 법률상의 부와의 인간관계를 상실하는
것을 방지함으로써 자녀의 복리를 실현하기 위한 것이다.[171] 즉 이 조항은
AID 시술의 적법성 여부와 무관하게 적용된다.[172]

(a) 적용범위

이 조항은 법률상의 부가 동의한 AID 시술에 의하여 출생한 모든 자녀에
대해 적용된다. 따라서 AID 시술이 독일 아닌 나라의 의료기관에서 시술받
은 경우는 물론, 의료기관을 거치지 않고 당사자들이 스스로 시술하는 이른
바 'DIY 인공수정'의 경우[173]에도 적용될 여지가 있다.[174] 반면 자연적 방
법에 의하여 생식된 자녀에 대해서는 적용되지 않음은 문리해석상 명백하다.
또한 이 조항은 모가 기혼자인 경우에만 적용될 수 있다. 모가 혼인하지
않은 경우에는 인지절차를 거치기 전까지는 비혼 동거남에게 부의 지위 자
체가 귀속되지 않기 때문이다.

---

171) BT-Drucks. 14/2096, S. 7.
172) BT-Drucks. 14/2096, S. 7.
173) 당사자들이 스스로 인공수정(人工受精) 시술을 하는 경우를 의미한다. 전문적인
    의료기관에 의한 시술이 필요한 대리출산과는 달리, 제3자의 정자를 이용한 인공
    수정 시술은 매우 간단하며 성공률도 높다고 한다.
174) Staudinger/Rauscher, Rn. 77.

(b) 동의의 법적 성질에 관한 논의

AID에 대한 동의의 법적 성질과 관련하여, 우선 이러한 동의는 (요식행위인 임의인지와는 달리) 불요식행위라고 해석된다. 이 조항에 대한 입법부(Bundesrat)의 원안[175]은 동의를 요식행위로 규정하고 있었으며 정부도 동의의 존부에 대한 입증의 곤란을 방지하고 동의에 의하여 초래될 수 있는 중대한 법률효과에 대한 심사숙고의 기회를 제공할 필요가 있음을 들어 요식행위로 규정할 필요가 있다는 의견을 제시[176]하였다. 그러나 입법자는 의식적으로 이러한 주장을 배척하고 부성부인권 배제의 요건인 AID에 대한 동의를 불요식행위로 규정하였다. 이에 대해서는 묵시적 동의가 인정될 수 있는 여지를 인정함으로써 AID자녀 보호라는 이 조항의 목적을 더 잘 실현하기 위한 것이라는 긍정적 견해와 위의 정부의 의견과 같은 근거로 비판하는 견해가 대립하고 있다.[177]

다음으로 본항의 동의를 법률행위적 의사표시로 이해하고 의사표시에 관한 규정들이 적용된다고 보는 견해가 지배적[178]이지만 이에 대하여 본항의 동의는 임의인지와는 달리 법률효과를 지향하지 않고 직접적인 신분법적 효력을 발생시키지 않으며 오히려 처에 대한 AID시술이라는 사실적 결과만을 목적으로 하기 때문에 의사를 내포하는 현실행위(eine willensgetragenen Realakt)로 파악하여야 한다는 소수견해[179]도 제기된다. 또한 지배적 견해에 의하면 본항의 동의는 수령을 요하는 의사표시이며 그 수령자는 상대방 배우자라고 해석되는데 의뢰부부가 AID자녀에 대해 '함께' 책임을 지도록 하

---

175) BR-Drucks 366/99.
176) BT-Drucks 14/2096, S. 10.
177) 각 견해들의 논거와 출처에 관한 구체적인 내용은 Staudinger/Rauscher, Rn. 78을 참조.
178) Staudinger/Rauscher, Rn. 80.
179) Wanitzek, FamRZ 2003, 731, 734.

는 것이 본항의 입법취지라는 견해도 있다.[180]

(c) 효과

이 조항에 규정된 AID에 대한 동의의 효과는 법적 부자관계의 적극적인 창설이 아니라 이미 성립한 법적 부자관계의 해소를 구하는 부성부인권을 소극적으로 '배제'하는 것에 지나지 않음이 문리해석상 명백하다. 입법자도, 모와 혼인하지 않은 남성도 AID에 동의하였고 AID자녀를 인지하면 본조의 적용 대상이 됨을 예정하고 있었다.[181] 이러한 입법자의 태도에 대해, 자녀의 복리를 실현하려면 의뢰부모가 부부가 아닌 경우에도 이 조항이 적용될 수 있게 하여야 하는데도, 이처럼 소극적인 효과만을 규정함으로써 이 조항의 적용범위를 친생추정이 성립하는 경우로 제한시킨 것은 합리적이지 못하다는 취지의 비판론[182]이 제기되고 있다.

(4) 비판론

이처럼 AID시술에 대한 동의의 효과로서 부성부인권을 행사할 수 없게 하는 입법태도에 대해서는 다음과 같은 취지의 비판론이 제기되고 있다. 첫째로, 혈연 대신에 의사작용(Willensbetätigung)을 부자관계의 원칙적인 결정기준으로 도입하는 것은 아버지 결정에 관한 민법의 전체적인 체계와 상충하고, 자녀의 복리를 실현하기 위하여 종래의 계약입양제도를 대체하여 마련된 입양허가제도(Dekretadpotion)를 채택한 입법자의 근본결단과 저촉된다. 또한 보조생식기술이 사용된 경우에만 당사자들의 의사가 부자관계의 결정

---

180) Staudinger/Rauscher, Rn. 83.

181) BT-Drucks. 14/2096, S. 7.

182) Staudinger/Rauscher, Rn. 65.

기준이라고 하는 것도 정당화되기 어렵다. '동의'가 자녀 출생의 원인이기 때문에 부성부인권이 배제되어야 한다는 논리를 관철시킨다면, 처가 다른 남성과의 성행위라는 자연적 방법에 의한 자녀를 출산하는 것에 대해 남편이 동의한 경우에도 부성부인권은 배제되어야만 하는데, 입법자는 이러한 경우를 상정조차 하고 있지 않다.[183] 둘째로, 이 조항에 의한 부성부인권 배제가 자녀의 복리 실현을 보장하는 것도 아니다. 이 조항이 문제되는 전형적인 사안에서 이미 부자관계는 경제적 부양의무의 형태로만 잔존하고 있을 뿐이다. 부성부인권을 배제하기만 하면 자녀가 부양이라는 경제적 이익 뿐 아니라 부와의 '인간관계'라는 이익도 계속 누릴 수 있을 것이라는 가정은 비현실적이다. 따라서 경제적 부양의무와 아버지의 지위귀속이라는 문제를 분리시키기고 부양법적 측면에서의 해결을 시도하였던 종래의 판례가 오히려 설득력이 있게 다가온다.[184] 셋째로, '자녀 탄생에 대한 원인행위'인 동의를 한 사람이 아버지의 지위와 이에 따르는 책임을 벗어나지 못하게 하려는 것이 입법취지라면 비혼모에 대한 AID 시술에 동의한 남성도 부의 지위를 벗어나지 못하도록 하는 것이 일관성 있는 입법일 것이다. 그런데 이 조항은 AID 시술에 대한 동의에 대해 소극적인 효과(즉, 이미 귀속되어 있는 부성의 부인 금지)만을 인정함으로써 모의 배우자 아닌 남성은 인지를 하지 않는 한 자신이 하였던 AID에 대한 동의에 구속되지 않도록 하고 있다. 게다가, 제1594조는 명문규정으로 조건부 인지를 금지하고 있기 때문에 AID에 대한 동의를 인지로 해석할 여지도 없다.[185]

---

183) Staudinger/Rauscher, Rn. 68.

184) Staudinger/Rauscher, Rn. 69.

185) Staudinger/Rauscher, Rn. 71.

V. 독일 친자법의 시사점

전체적으로 볼 때, 독일민법에 있어서 친생자관계(Abstammung)를 결정하는 원칙적인 기준은 혈연이라고 이해할 수 있다.[186] 그러나 당사자들의 의사, 법적 안정성, 가족의 평화 등의 다른 정당한 이익을 고려하여 일정한 경우에 대해서는 혈연과 법적인 친생자관계의 분리가 인정된다.[187]

친생자관계의 성립과 해소에 관한 이러한 '기본원칙'은 다음과 같은 구도를 가지고 있는 것으로 파악할 수 있다. 먼저 친생자관계라는 배타적 신분관계의 특수성을 반영한 원리들, 즉 신분관계의 안정성(Statusbeständigkeit)과 명확성(Statusklarheit)이라는 원리에 의하여 친생자관계의 성립이 결정되고, 이러한 친생자관계에는 배타성이 인정된다. 따라서 한 명의 남성과 한 명의 여성에 대해서만 친생부모의 지위가 인정되어야 한다.

그러나 혈연에 따른 친생자관계 성립은 헌법이 보장한 기본권의 발현이기 때문에 이러한 일차적 귀속원리에 의하여 결정된 친생자관계가 혈연과 일치하지 않을 때에는 이를 바로잡을 수 있는 기회가 보장되어야 한다. 다만 이러한 혈연주의도 기본권 제한의 일반원칙에 따라 상충하는 다른 기본권적 이익과의 조화를 위하여 제한될 수 있으며, 이러한 제한을 정당화하는 원리로 기능하는 것이 바로 혼인가정에서 성장하는 것에 관한 자녀의 복리, 헌법상 보장된 혼인·가족생활의 보장이라는 가치들이다.[188]

이러한 독일 친자법의 구도는 우리 민법과 헌법의 해석론에도 직접적으로 관련될 수 있을 것이다.

---

186) Bamberger/Roth/Hahn Rn. 4; Palandt/Diederichsen Rn. 1.
187) Schwab, Rn. 450.
188) Gernhuber/Coester-Waltjen §52 Rn. 1~5; MünKomm/Seidel Vor §1591 Rn. 18~19.

제3절 미국

I. 서언

1. 비교연구의 대상

　　미국법상 가족관계(domestic relations)에 대한 법적 규율은 원칙적으로 각 주의 법에 맡겨져 있으며, 연방법원도 특별한 사정이 없는 한 이러한 사안에 대한 관할권이 없다.[1] 그 결과 미국의 친자법은 각 주마다 달라질 수밖에 없다. 그러나 미국 각 주의 친자법은, 비록 세부적인 면에서는 다른 모습을 보이고 있기는 하지만, 기본적으로는 공통된 사회적·문화적 배경을 반영하고 있기 때문에 전체적으로 볼 때 보편적인 내용도 적지 않으며,[2] 이러한 보편성을 집약적으로 보여주는 것이 바로 통일친자법규칙(Uniform Patentage Act, 이하 'UPA'라고 줄인다)이라고 할 수 있다. 따라서 이 책에서는 미국 각 주의 친자법을 일일이 살펴보는 것 대신에, UPA의 내용을 개관함으로써 친자관계 결정 기준에 관한 미국의 전반적인 법상황을 파악하는데 그친다.[3]

　　다만, 대리출산 자녀의 모자관계 결정기준에 관하여는 캘리포니아주 판례

---

1) 가족관계에 대한 연방법원의 관할이 인정되기 위한 예외적인 사정 등에 관하여 자세한 내용은, Ankenbrandt v. Richards, 504 U. S. 689, 112 S. Ct. 2206 (1992)를 참조.

2) 이화숙/Wardle (1997), 623면.

3) 친생추정·친생부인에 대한 각 주의 법상황은 매우 다양한 모습으로 전개되고 있으며 크게 고수, 완화, 개별사안별 접근의 세 가지로 나누어진다(Carbone/Cahn (2003), p. 1048); 이러한 미국법상의 부자관계 결정 기준에 관한 각 주의 법상황에 대한 비교법적 분석으로는 이화숙 (2003. 9), 135~139면(혼인 중의 출생자의 경우), 146~148면(혼인 외의 출생자의 경우); 권재문 (2007. 11) 등을 참조.

를 중심으로 하는 미국 판례의 내용을 좀 더 구체적으로 살펴본다. 그 이유
는 다음과 같다. 첫째로, 모자관계 결정 기준이 될 수 있는 의사, 혈연, 출산
이라는 세 가지 요소들이 각각 다른 사람에게 귀속될 수 있기 때문에 법적인
모자관계의 결정기준에 관한 기본적인 가치판단을 하기에 적합하다. 둘째로,
캘리포니아 주의 Johnson v Calvert 사건4) 판례와 In re Marriage of Buzzanca
사건5) 판례 등은 미국의 대표적인 연구성과들6)을 반영하였을 뿐 아니라, 그
후 미국은 물론 우리 나라를 비롯한 세계 각국에서에서 전개되고 있는 대리
출산 자녀의 모자관계 결정기준에 관한 논의에도 직접적인 영향을 미쳤다.
셋째로, 2005년에 나온 일련의 판례7)는 위 판례의 법리를 새로운 상황, 즉
여성 동성 반려자들 사이의 분쟁에 대해 적용하면서 또다시 이에 관한 논의
를 주도하고 있다.

2. UPA 개관

(1) 의의

UPA를 비롯한 Uniform Law는 미국의 특수성을 반영한 독특한 규범으로
서 그 자체가 실정법은 아니지만 각 주가 이를 채택하면 법률로서의 효력이
인정되는 일종의 모범입법이다.8) 이러한 Uniform Law는 National Conference
of Commissioners on Uniform State Laws(이하 'NCCUSL'라고 한다)가 각 주의
입법권을 존중하면서도 연방 차원의 법적 통일성을 유지하기 위하여 작성한

---

4) 851 P. 2d 776 = 19 Cal. Rptr. 2d 494.
5) 72 Cal. Rptr. 2d 280.
6) 특히 대리출산의 유효성을 인정하는 견해들인 Hill (1991), Shultz (1990).
7) K.M. v E.G., 117 P. 3d 673 (2005); Elisa B., v. The Superior Court, 117 P. 3d
   660 (2005); Kristine H. v Lisa R., 117 P. 3d 690 (2005).
8) 이화숙 (2003. 9), 128～129면.

다. NCCUSL은 비영리·비법인 단체로서 각 주의 위임을 받은 위원
(commissioner)들로 구성된다. 위원은 무보수, 비상근으로 활동하며 그 선임
은 각 주에 맡겨지며 변호사의 자격이 있을 것이라는 최소한의 공통요건 외
의 자격제한은 없어서 주의회 의원, 판사, 법학교수, 변호사 등의 다양한 직
역에 종사하는 위원들로 구성되어 있다. 위원들은 전문분야 별로 활동하는
것이 원칙이고 오직 통일규칙을 제정하여 규율할 영역을 선정할 때에만 전
체 위원회가 소집된다.9)

(2) 연혁

(a) UPA 1973

NCCUSL은 혼인 외의 출생자에 대한 통일적인 규범을 마련하기 위하여
Uniform Illegitimacy Act 1922의 작성 이래로 일련의 통일규칙을 작성하였으
나 거의 채택되지 못하였다. 그러나 UPA 1973은 적지 않은 주에서 채택되어
최초로 명실공히 '통일규칙'으로서의 역할을 수행하게 되었다. UPA 1973의
주요한 입법목적은, 혼인 외의 출생자에 대한 법적 차별은 연방헌법 수정 제
14조의 평등원칙 위반이라고 선언한 일련의 연방대법원 판례10)를 반영하여,

---

9) NCCUSL의 공식 웹싸이트인 http://www.nccusl.org/ 참조. 최종방문: 2011년 2월
20일.
10) 혼인 외의 출생자에 대한 법적 차별은, 자신이 책임질 수 없는 사정을 근거로 불이
익을 가하는 것이며, 간통의 방지라는 목적을 달성하기에 적합한 수단이 될 수도
없기 때문에 부당하고 비합리적이라는 취지로 판시한 Weber v. Aetna Casualty &
Surety Company 사건(1972) 판결(92 S. Ct. 1400, 1406); 혈연부로부터 부양을 받을
자녀의 권리를 혈연부가 모와 혼인하지 않았다는 이유만으로 제한하는 것은 부당
하고 비합리적이라고 하면서, 부자간의 혈연의 존부를 증명하기 어렵다는 사정만
으로는 혼인 외의 출생자의 혈연부에 대한 부양청구권 제한을 정당화하기 어렵다
고 판시한 Gomez v. Perez 사건(1973) 판결(93 S. Ct. 872, 874) 등.

혼인 외의 출생자에 대한 법적인 차별대우를 철폐하기 위한 통일적인 규율을 설정하는 것이었다. 이러한 목적을 실현하기 위하여 UPA 1973은 특히 혼인 외의 출생자의 법적인 아버지를 결정하기 위한 제도를 고안하는데 중점을 두었다. 그 내용 중 당시의 각 주의 실정법과 커먼로에 비해 획기적인 시도라고 평가될 수 있는 것은, ⓐ혼인 중의 출생자와 혼인 외의 출생자에 관한 조항을 통일적으로 규정하였다는 점, ⓑ비혼 혈연부의 입양동의권이 인정되기 위한 요건을 명시함으로써 이에 관한 연방대법원의 판례11)의 취지의 과도한 확대해석에 의하여 혼인 외의 출생자의 입양절차가 지연되는 사태를 방지하려고 시도하고 있다는 점 등을 들 수 있다.12)

(b) UPA 2002

UPA 1973은 18개 주에서 법률로 채택되어 혼인 외의 자녀에 대한 법적 차별의 철폐라는 목적을 달성하는데 기여하였으나, 실제 적용 과정에서 몇 가지 문제가 나타났을 뿐 아니라 제정 이후의 법적·사회적 상황이 급변함에 따라 개정이 불가피하게 되었고, 이러한 문제의식 하에 UPA 2002가 작성되기에 이르렀다. UPA 2002의 제정 배경이기도 한 UPA 1973의 개정 이유는 다음과 같이 요약할 수 있다. 첫째로, 각 주의 법원이 UPA 1973을 적용하는 과정에서, 여기에 규정되지 않은 내용에 관한 판단은 물론 개별조항의 해석·적용과 관련하여서도 서로 다른 내용의 판단을 하는 현상이 나타나서 '통일' 규칙으로서의 기능을 완전하게 수행하지 못하게 되었다. 둘째로, 이 규칙이 제정되고 난 후에 비혼 혈연부의 입양동의권에 관한 연방대법원 판례법리 확립과 보조생식기술과 혈연감정 기술의 발달 등 친자관계 결정기준에 영향

---

11) Stanley v Illinois, 92 S. Ct. 1208 (1972).

12) UPA 1973에 대한 Prefatory Note (웹문서 http://www.law.upenn.edu/bll/archives/ulc/fnact99/1990s/upa7390.htm, 최종방문: 2011년 2월 20일) 참조.

을 미치는 사정변경이 발생하였다.[13] 셋째로, 비혼 동거와 혼외 성관계가 증가함에 따라 혼인 외의 출생자가 급증하자, 어린이 양육비 공적부조로 인한 재정압박을 줄이기 위하여 혼인 외의 출생자의 부자관계를 신속·간단하게 성립시킬 수 있는 법적 절차를 둘 것을 각 주에게 요구하는 연방법률이 제정·시행되었다.[14]

UPA 2000은 UPA 1973의 조항들 중 그대로 유지할 것들을 구체화하거나 수정하고, 위와 같은 상황변화에 대응하기 위하여 제정되었던 여러 개의 통일규칙들[15]의 내용을 수정하여 반영한 새로운 조항을 신설하는 방식으로 제정되었다. UPA 2002는 UPA 2000의 일부 조항들에 대해 ABA(American Bar Association)가 제기한 두 가지 문제, 즉 혼인 외의 출생자에 대한 차별이 잔존하고 있다는 점과 동성반려자들에 대해서도 부부의 경우와 같은 조항을 적용해야 한다는 점에 대한 토의와 표결을 거쳐 채택된 전자만을 반영한 것이다.[16]

UPA 1973을 채택하였던 주들 중 11개 주[17]는 아직도 기본적인 틀을 유지하고 있으나, 7개 주[18]는 이를 UPA 2002로 대체하였다. 한편 3개 주[19]는 UPA 1973을 채택하지 않은 상태에서 곧바로 UPA 2002를 채택하였다.[20] 이

---

13) UPA 2002에 대한 Prefatory Note (웹문서 http://www.law.upenn.edu/ bll/archives/ ulc/upa/final2002.htm, 최종방문: 2011년 2월 20일) 참조.

14) 이화숙 (2003. 9), 131면.

15) Uniform Putative and Unknown Fathers Act (UPUFA) 1988, Uniform Status of Children of Assisted Conception Act (USCACA) 1988 등.

16) 비혼부에 대한 친생추정의 근거조항인 제204조 (5)항을 신설하고, 대리출산의 허용요건 중 "husband and wife"라는 문언을 "man and woman"으로 수정함으로써 의뢰 부모가 법률혼 관계에 있을 것이라는 요건을 삭제하였다. 구체적인 내용은 Sampson (2003)을 참조.

17) California, Hawaii, Illinois, Kansas, Minnesota, Missouri, Montana, Nevada, New Jersey, Ohio, Rhode Island.

18) Alabama, Delaware, Colorado, New Mexico, North Dakota, Washington, Wyoming.

19) Oklahoma, Texas, Utah.

처럼 아직도 UPA 1973의 내용을 그대로 또는 수정하여 유지하고 있는 주들이 적지 않기 때문에, 이하에서는 UPA 2002 뿐 아니라 UPA 1973의 내용도 함께 개관한다.

II. 모자관계의 결정기준

1. 모자관계의 성립

UPA 1973은 물론 UPA 2002도 모자관계는 출산이라는 사실을 근거로 성립하는 것으로 규정하고 있다. 다만 UPA 1973이 '모는 출산이라는 사실에 의해 결정된다(제3조 제1항)'라고 간결하게 규정하고 있는 것에 비해, UPA 2002는 대리출산 상황을 염두에 두고 이러한 원칙을 좀 더 구체적으로 규정하고 있다는 점에서 차이를 보인다.

UPA 2002에 의하면, 법적인 모의 지위는 자녀를 출산한 여성, 재판에 모자관계의 존재가 확인된 여성, 자녀를 입양한 여성에게 귀속된다(제201조 (a)항 (1)~(3)). 또한 대리출산 자녀의 경우에는 별도의 조항(같은 항 (4))을 두고 있으며 이를 뒷받침하기 위하여 제8장에서 상세한 규정을 두고 있다. UPA 2002의 모자관계 결정기준에 관한 구체적인 내용은 보조생식 자녀의 친자관계에 관한 부분에서 후술한다.

2. 모자관계의 해소

모자관계의 해소에 대해서는 UPA 1973은 물론 UPA 2002에도 아무런 조

---

20) UPA 1973, 2002의 채택 현황은 NCCUSL의 공식 홈페이지인 http://www.nccusl. org/를 참조.

항이 없다. 특히 친자관계에 관한 분쟁해결 절차에 관하여 규정하고 있는 UPA 2002 제6장의 조문들은 부성(paternity)에 관한 분쟁만을 규율 대상으로 명시하고 있다.

자연생식 자녀의 경우에는 출산모가 곧 혈연모이기 때문에 모자관계의 해소에 관한 규정을 두지 않은 것은 문제되지 않는다. 그러나 대리출산 자녀의 경우처럼 양자가 분리되는 경우에는, 혈연모가 출산모의 법적인 모의 지위를 다툴 수 있는지의 여부가 (누구에게 법적인 모의 지위가 귀속되어야 하는지에 관한 실체법적 문제 이전에) 절차법적으로 문제될 수 있다. 이에 관한 구체적인 내용은 보조생식 자녀의 친자관계에 관한 부분에서 후술한다.

III. 부자관계의 결정기준

1. 부자관계의 성립

(1) UPA 1973

(a) 부성추정

UPA 1973은 법적인 부자관계는 이 규칙에 의하여 성립하는 것임을 명시하고 있다(제3조 (2)항). 이러한 법적인 부자관계는 혼인 중의 출생자와 혼인 외의 출생자를 불문하고 부성추정에 의하여 성립하는 것이 원칙이다. 즉 양자는 추정의 근거가 되는 간접사실이 다를 뿐이다. 이러한 부성추정의 요건은 다음과 같이 요약할 수 있다. 첫째로, 모가 혼인(무효이거나 취소된 경우를 포함한다)의 존속 중 또는 혼인해소 후 300일 이내에 출산한 경우에는 그 배우자에게 법률상의 부의 지위가 귀속된다(제4조 (a)항 (1)). 둘째로, 자녀 출생 당시에 모의 배우자가 아니었던 남성이더라도, 자녀가 출생한 후 생모와 혼인하고, 자신이 부임을 인지하거나(같은 항 (3) (i)), 자녀의 가족관계등록부 상의 부 기재란에 자신의 이름이 기재되는 것에 대해 동의하거나(같은 항 (3) (ii)), 계약 또는 법원의 재판에 의하여 자녀에 대한 부양의무를 부담하기로 한 경우(같은 항 (3) (iii))에는 법률상의 부의 지위가 귀속된다. 셋째로, 자녀의 출생 당시는 물론 그 후에도 모와 혼인하지 않은 남성이라 하더라도, 자녀가 미성년자인 때에는 다음의 요건들 중 하나를 갖추면 법률상의 부가 될 수 있다. 즉, 자녀가 성년에 이르기 전에 자녀와 동거하면서 자신의 친생자임을 공시(hold out)하거나(같은 항 (4)); 적식(適式)의 서면으로 인지하면 법률상의 부의 지위가 귀속된다. 단 인지에 의하여 부자관계가 성립하려면, 모가 그러한 사실을 통지받은 후 상당한 기간 내에 이의를 제기하지 않았어야만 하고, 자녀에게 법률상의 부가 없거나 기존의 법적 부자관계가 해소되어야만 한다(같은 항 (5)).

(b) 부자관계 존재확인판결

UPA 1973에 의하면 재판에 의한 부자관계 성립은 추정에 의한 성립에 대해 보충적으로 적용된다(제6조 (c)항). 즉 자녀에게 제4조에 의하여 추정되는 법률상의 부가 없는 경우에는, 자녀, 모, 자신이 혈연부라고 주장하는 사람 등은 언제든지 부자관계의 존재확인의 소를 제기할 수 있다.

(c) 특징

이러한 UPA 1973의 입법태도는 혼인 중의 출생자에 대해서는 가임기에 모가 혼인하였을 것이라는 간접사실을, 혼인 외의 출생자에 대해서는 부의 명시적 또는 묵시적 의사표시와 사회적 친자관계의 존재 개연성의 근거가 되는 일정한 사실관계라는 간접사실을 근거로 각각 법적 부자관계를 추정하고 있다는 점에서는 종래의 각 주의 실정법과 판례의 태도와 크게 다르지는 않다.

다만 혼인 중의 출생자와 혼인 외의 출생자의 부자관계 성립요건을 같은 조문에 규정하였으며, 혼인 외의 출생자에 대해서도 일정한 간접사실만 인정되면 (인지청구의 소와 같은) 별도의 절차를 거치지 않아도 당연히 법적 부자관계가 성립할 수 있도록 하였다는 점은 획기적이라고 평가할 수 있다.[21]

(2) UPA 2002

UPA 2002에 의하면, 법적 부자관계는 부성추정, 임의인지, 부자관계 존재 확인의 소, 입양에 의하여 성립한다(제201조 (b)항 (1)~(4)). 모자관계 성립에 관한 제201조 (a)항과 마찬가지로 본항도 보조생식 자녀의 부자관계에 관한 조항(제201조 (b)항 (5), (6))을 동일한 조문 내에서 규정하고 있다. 이하에서는 부자관계의 성립과 해소에 관한 UPA 2002 상의 요건들을 좀 더 구체적으로 살펴본다.

(a) 부성추정

UPA 2002는 UPA 1973과 마찬가지로 법적 부자관계는 일정한 간접사실에 근거한 추정에 의하여 성립하는 것으로 규정하고 있으며, 혼인 중의 출생자와 혼인 외의 출생자에 대해 동일한 조문을 적용하고 있다.

부자관계를 성립시키는 부성추정의 요건은 다음과 같다. 첫째로, 자녀 출생 당시에 모가 혼인한 경우에는 모의 배우자에게 법률상의 부의 지위가 귀속된다. 이러한 친생추정은 혼인이 무효이거나 취소인 경우에도 적용되며,

---

21) UPA 1973에 대한 Prefatory Note (위 웹문서)의 제4조에 대한 comment 참조.

자녀가 출생한 날로부터 300일이 경과하기 전에 모와의 혼인이 해소된 경우
에도 적용된다(제204조 (a)항 (1)∼(3)). 둘째로, 자녀 출생 후에 모와 혼인하
고, 자발적으로 자신이 아버지라고 주장하면서 가족관계등록 관할관청에 이
러한 취지를 서면으로 신고하였거나, 자녀의 가족관계 등록부에 자신이 아버
지인 것으로 기재되는 것에 대해 동의하였거나, 서면으로 자녀에 대한 부모
로서의 부양의무를 질 것을 약정한 사람에게는 법률상의 부의 지위가 귀속
된다(같은 항 (4)). 셋째로, 자녀 출생일로부터 2년 이상 자녀와 동거하면서
자신의 자녀라고 명시적으로 공시(openly hold out)한 사람에게도 법률상의
부의 지위가 귀속된다(같은 항 (5)).

  전체적으로 볼 때 제204조 (a)항에 의한 부성추정은 혈연에 의한 법적 부
자관계의 성립 보장보다는 자녀의 복리 실현을 위한 혼인가정 내에서의 양
육의 보장을 중시한 것으로 평가할 수 있다. 우선 우리 민법상의 친생추정에
상응하는 첫 번째 요건을 보면 혼인 해소 후 300일 이내에 태어난 자녀에게
도 친생추정이 미치도록 하는 것은 혈연의 개연성에 근거한 것으로 볼 여지
가 있지만, '혼인 성립 후 일정 기간 이후에 태어날 것'이라는 요건을 두지
않음으로써 모의 배우자와의 혈연의 개연성이 거의 없는 경우, 즉 자녀가 모
의 혼인 직후에 출생한 경우에 대해서도 부성추정이 미치도록 하고 있다. 또
한 자녀 출생 후 모와 혼인한 비혼 혈연부를 전제하고 있는 두 번째 요건을
근거로 성립한 부자관계는 모와 혼인하지 않은 비혼 혈연부의 임의인지에
의하여 성립한 부자관계에 비해 강하게 보호된다. 왜냐하면 전자에 근거한
법적 부자관계는 친생부인의 소에 의해서만 해소될 수 있는데, 이러한 절차
에 대해서는 후자에 근거한 법적 부자관계를 다투기 위한 인지이의의 소에
비해 훨씬 더 엄격한 제한요건이 적용되기 때문이다. 한편 위의 세 번째 요
건은 원래 일정기간 지속된 사회적 친자관계를 혼인과 마찬가지로 부성추정
을 위한 간접사실로 인정함으로써 혼인 외의 출생자에 대한 평등대우를 실
현하려고 하였던 UPA 1973[22]의 기본적인 틀을 유지하면서도, '자녀 출생일

로부터 2년'이라는 기간 요건을 추가함으로써 적용상의 불확실성을 제거한 것이다.[23]

(b) 임의인지

1) 의의와 연혁

UPA 2002는 제3장에서 임의인지(Voluntary Acknowledgement of Paternity)의 요건, 절차, 효과와 임의인지의 효과 발생을 저지하기 위한 인지철회에 관하여 자세하게 규정하고 있다. 본장의 임의인지는 UPA 2000이 신설한 것인데 그 목적은 혼인 외의 출생자의 부자관계를 부자관계 존재확인소송 절차를 거치지 않고 신속하고 간단한 방법에 의하여 성립시키는 것이다. 즉 임의인지는 혼인 외의 출생자와 비혼 혈연부 사이에 제204조에 근거한 법적 부자관계가 성립할 수 없는 경우에 적용될 것을 전제하고 있는 것이다.

임의인지 제도가 도입된 것은, 1970년대 이후의 사회변동, 즉 이혼과 비혼 동거관계의 급증의 여파로 한부모 가족이 늘어남에 따라 초래된 아동양육비 공적부조 예산의 부담을 줄이기 위한 것이다. 연방정부는 비혼 혈연부에 대한 양육비 구상권을 확보하기 위하여 이들과 자녀 사이의 법적 부자관계를 좀 더 용이하게 성립시키기 위한 방안을 모색하였는데, 이러한 노력의 일환으로 각 주에 대해 인지절차에 관한 근본적인 개혁을 요구하는 연방법[24]을 제정하였다. 이 법은, 각 주가 연방으로부터 자녀양육비 구상집행 기금을 보조받으려면, 임의인지가 유효하게 성립하기만 하면 부성확인판결을 거치지 않아도 부자관계가 성립한다는 취지를 주법에 반영하라고 요구하고 있다. 이

---

22) 특히, 제4조 (4)항 참조.

23) UPA 2002에 대한 Prefatory Note (위 웹문서), 제204조에 대한 comment 참조.

24) 42 U. S. C. §666 (a) (5) (C)). Personal Responsibility and Work Opportunity Reconciliation Act 1996.

법은 이처럼 개괄적인 내용만 규정하고 있으나 UPA 2002 제3장은 단순히 이러한 연방법의 취지를 구체적으로 규정하는데 그치지 않고 실제 적용시에 발생할 수 있는 문제에 대비하거나 NCCUSL의 정책적 판단을 반영하기 위한 내용들도 포함시켰다. 그 예로는, 예를 들어, 모의 동의를 요건으로 추가한 것, 엄격한 입양 절차를 회피하는 것을 방지하기 위하여 인지자와 자녀 사이의 혈연의 존부에 관한 과학적 혈연검사를 하였을 때에는 그 결과를 인지신고서에 기재하도록 한 것, 타인의 친생추정을 받는 자녀에 대해서도 임의친생부인과 동시에 임의인지를 할 수 있도록 한 것 등을 들 수 있다.

2) 임의인지의 요건

제301조는 부성인지(Acknowledgment of paternity)라는 표제 하에, "자신이 자녀의 혈연부라고 주장하는 남성은 부자관계를 성립시킬 의사로써 자녀의 모와 부성인지 약정을 할 수 있다(sign an acknoledgement of paternity)"라고 규정한다. 이 조항은, '인지자와 자녀 사이의 혈연의 존부를 판별하기 위한 과학적 검사를 하였는지의 여부와 그 결과'를 인지약정서의 필수 기재사항으로 규정함으로써[25] 임의인지가 탈법적인 입양수단으로 변질되는 것을 방지하려고 하였다. 또한, 모의 지위를 보호하기 위하여 인지자의 단독행위가 아닌 모와 인지자의 '약정'이라는 방식에 의하도록 하였다는 점이 특이하다.

임의인지는 요식행위로서 제302조에 규정된 방식에 따라야만 한다. 즉 임의인지는 반드시 서면으로 하여야 할 뿐 아니라, 인지 약정 서면에 기재된 내용이 사실과 다를 때에는 위증의 벌을 받는 것을 전제로 인지자와 모가 서명하거나, 진의에 의한 의사표시임을 인정할 수 있게 해 주는 그 외의 방법을 갖추어야만 한다(제302조 (a)항 (1), (2)). 이처럼 당사자들이 합의하기만 하면 공증이나 증인 등의 추가적 요건을 갖추지 않아도 임의인지가 성립할

---

25) 제302조 (a)항 (3)). UPA 2002에 대한 Prefatory Note (위 웹문서), 제302조에 대한 comment 참조.

수 있도록 한 것은 임의인지 제도를 활용하여 비혼 혈연부와 자녀 사이의 부자관계가 좀 더 쉽게 성립할 수 있도록 하려는 연방법의 입법목적을 실현하기 위한 것이다.26)

다만, 이미 자녀와 다른 남성 사이에 법적인 부자관계가 성립한 경우에는 혈연부가 적식의 임의인지를 하더라도 부자관계가 성립하지 않는다. 이러한 자녀에 대한 임의인지는 무효이기 때문이다(제302조 (c)항). 본항은 부자관계의 중첩이 발생하는 것을 방지하기 위하여 현존하는 법적 부자관계를 우선시키는 것으로서, 이미 임의인지에 관한 실정법을 제정한 다수의 주들이 채택하고 있는 일반적인 내용을 반영한 것에 지나지 않는다.27)

3) 임의인지의 효과

법정 방식을 갖춘 임의인지 신고가 가족관계등록 관할관청에 수리되면, 유효한 인지철회가 없는 한 부성확인판결과 동일한 효력이 발생한다. 즉 인지자와 피인지자 사이에는 법적 부자관계가 성립하고 인지자에게는 부모의 권리의무가 모두 인정된다(제305조 (a)항).

(c) 부자관계 존부확인의 소

1) 개관

UPA 2002는 제6장에서 친자관계의 존부확인을 구하는 소(preceeding to adjudicate parentage)에 관한 조항들을 두고 있다. 이러한 절차에 대해서는 각 주의 민사소송법이 적용되는 것이 원칙이지만(제601조), 친자관계를 대상으로 하기 때문에 여러 가지 특칙들이 적용된다.

---

26) UPA 2002에 대한 Prefatory Note (위 웹문서), 제302조에 대한 comment.
27) UPA 2002에 대한 Prefatory Note (위 웹문서), 제302조에 대한 comment.

이러한 절차에서 과학적 혈연검사는 매우 중요한 기능을 수행한다. 왜냐하면 법원은 과학적 혈연검사 결과 부성이 인정되는 사람에 대해서는 이와 상반되는 내용의 검사결과가 없는 한 반드시 부성확인판결을 하여야만 하고, 과학적 혈연검사 결과 현존하는 법적 부자관계가 혈연과 일치하지 않음이 인정되는 경우에만 이를 해소하기 위한 부성부인 판결을 할 수 있기 때문이다(제631조). 따라서 UPA 2002는 제5장에서 과학적 혈연검사의 요건, 절차, 방법 등을 상세하게 규정하고 있다. 즉, 부자관계의 존재를 주장하는 당사자가 자녀의 포태가능 시점에 모와 부라고 지목된 사람이 성행위를 하였음을 인정할 만한 합리적 개연성 있는 사실을 주장하거나, 반대로 부자관계의 부존재를 주장하는 당사자가 성행위가 없었음을 인정할 만한 합리적 개연성 있는 사실을 주장하는 경우에, 이러한 주장의 진실성을 선서로써 보증하고 과학적 검사를 신청하면, 법원은 제5장, 제6장이 달리 규정한 경우가 아닌 한 자녀와 그 외의 지정된 사람에게 과학적 혈연검사를 받을 것을 명하여야 한다(제502조 (a)항). 이러한 검사명령의 집행가능성을 확보하기 위하여 법원은 검사명령에 불응하는 사람을 법정모욕죄(contempt)로 처벌하거나(제622조 (a)항), 그에게 불리한 사실을 확정할 수 있다(같은 조 (b)항).

여기서는 제6장에 규정된 여러 가지 유형들 중 친자관계의 존재확인을 구하는 소에 대해서만 살펴보고 법적 부자관계의 해소를 구하는 절차에 대해서는 후술한다.

2) 부자관계 존재확인의 소

재판에 의한 부자관계 성립은 보충적으로 적용된다. 즉 부성추정 또는 임의인지를 근거로 부자관계가 성립하지 않아서 법률상의 부가 없는 경우에 한하여, 자녀, 모, 자신이 아버지라고 주장하는 사람, 대리출산을 의뢰한 부모, 공익적 당사자(아동양육비 지급사무를 관할하는 관청, 입양 관련 기관 등) 등은 부자관계 존재확인을 구하는 소를 제기할 수 있다(제602조, 제606

조). 이들 중 특히 모와 자신이 아버지라고 주장하는 사람은 반드시 당사자가 되어야만 한다(제603조). 이러한 소의 제소기간에는 제한이 없다.

부자관계 존재확인의 소에 의하여 성립하는 부자관계는 (UPA 2002 제5장에 의한) 과학적 혈연검사 결과를 반영하는 것이 원칙이다(제621조 (a)항 참조). 연혁적으로 볼 때, 본조는 혈연부에게 법률상의 부로서의 의무를 부담시키는 것을 목적으로 하는 연방법률의 내용[28]을 반영한 것이기 때문이다. 뿐만 아니라 본조는 부성추정 또는 임의인지라는 요건을 갖추지 못한 경우를 전제한 것이기 때문에 부의 의사나 사회적 친자관계라는 사실을 근거로 부자관계의 성립을 인정할 가능성이 없는 경우에만 적용된다는 점에도 유의하여야 한다. 또한, 부자관계 존재확인의 소에 관한 특칙들 중에서, 신속한 부자관계 성립을 도모하기 위하여 부성의 존재확인을 구하는 절차에 있어서 피고가 위증의 벌을 받는 것을 전제로 청구를 인낙하면 법원은 특별한 사정이 없는 한 이를 인용하여 부자관계 확인판결을 하도록 한 제623조를 주목할 만하다.

2. 부자관계의 해소

(1) UPA 1973

UPA 1973에 의하면 법적 부자관계는 법정 요건을 갖춘 경우에만 성립할 수 있고 이렇게 성립한 법적 부자관계는 법정 요건을 갖춘 경우에만, 즉 설득력 있는 증거에 의한 부성부인 절차에 의해서만 해소될 수 있다(제4조 (b)항).

이러한 부성부인의 소의 원고적격과 제소기간은 부자관계의 성립 요건에 따라 각각 다르게 정해진다. 먼저 제4조 (a)항의 (1)~(3)에 의하여 성립한 법

---

28) 42 U. S. C. §666 (a) (5) (A) (i) 참조.

적 부자관계를 다투는 부성부인의 소에 대해서는, 원고적격은 자녀, 모, 법률상의 부에 대해서만 인정되고, 제소기간은 부자관계 존재확인을 구하는 때에는 제한이 없으나 이것의 부존재 확인을 구하는 때에는 부성부인 사유를 안 날로부터 상당한 기간 또는 자녀 출생 후 5년으로 제한된다(제6조 (a)항). 반면 제4조 (a)항 (4), (5)에 의하여 법적 부자관계가 성립한 경우에는, 모든 이해관계인은 언제든지 이러한 부자관계의 존재 또는 부존재의 확인을 구할 수 있다(제6조 (b)항).

(2) UPA 2002

(a) 개관

UPA 2002도 일단 성립한 법적 부자관계의 해소는 이 규칙이 정한 절차를 거쳐야만 하는 것을 원칙으로 규정하고 있다는 점에서는 UPA 1973은 물론 각국의 입법례와도 대체로 비슷하다. 다만 UPA 2002는 UPA 1973과는 달리 모든 부자관계에 대해 동일한 해소절차를 규정하고 있을 뿐 아니라, 부성추정에 의하여 성립한 법적 부자관계를 재판을 거치지 않고 해소할 수 있도록 하는 절차(이 책에서는 '임의친생부인'이라고 한다)를 두고 있다는 점이 특이하다.

(b) 부성부인의 소

1) 원고적격

제204조의 부성추정에 의하여 성립한 법적 부자관계의 해소를 구하는 부성부인의 소의 원고적격은, 법률상의 부와 모 뿐 아니라 그 외의 이해관계인(특히 비혼 혈연부)에게도 인정된다. 비혼 혈연부에게도 원고적격을 인정한

것은, 이혼의 급증이라는 사정변경으로 인하여 더 이상 '혼인가정에 대한 제3자의 교란 방지'라는 친생부인의 소의 원고적격 제한의 취지[29]가 무의미해졌다는 현실을 반영한 것이다.[30]

2) 제소기간

다음으로 제소기간과 관련하여, 비록 원칙적으로 자녀가 출생한 날로부터 2년이라는 절대기간이 규정되어 있지만(제607조 (a)항), 재판과정에서 ⓐ법률상의 부와 모가 가임기에 동거 또는 성행위를 하지 않았고 ⓑ법률상의 부가 자녀를 자신의 아이라고 공시한 적도 없다는 사실이 모두 인정된 때에는 제소기간이 제한되지 않는다(같은 조 (b)항). 이러한 경우에는 법률상의 부와 자녀 사이에는 혈연도 없고 사회적 친자관계도 없으므로 법률상의 부에게 아버지로서의 의무를 지우는 것이 정당화되기 어렵기 때문이다.[31]

3) 금반언 법리에 의한 부성부인 제한

다만 위와 같은 원고적격과 제소기간이라는 요건을 모두 충족한 경우라 하더라도 금반언 법리가 적용되면 부성부인권 행사는 제한된다(제608조 (a)항). 금반언 법리가 적용되기 위한 요건은 다음과 같다. 첫째로, 법원이 모와 법률상의 부의 행위를 근거로, 법적 부자관계를 부인하는 것이 형평에 반하고 금반언 법리가 적용될 수 있음을 모두 인정한 때에는, 법원은 모, 자녀 또는 법률상의 부에 의한 혈연 검사 신청을 기각할 수 있다(제608조 (a)항).[32]

---

29) Michael v. Gerald, 491 U. S. 110 (1989) 참조.
30) UPA 2002에 대한 Prefatory Note (위 웹문서), 제607에 대한 comment.
31) Roberts (2001), p. 59.
32) 부자관계 부존재확인(또는 부성부인) 판결을 하려면 현존하는 부자관계가 혈연과 일치하지 않음이 과학적 혈연검사에 의하여 증명되어야 하기 때문에(제631조 참조) 혈연 검사 신청을 기각하는 것은 사실상 부성부인 청구 자체를 기각하는 것과 마찬가지이다.

이러한 기각결정을 하려면 반드시 명백하고 설득력 있는 증거에 근거하여야만 하고(같은 조 (d)항), 법률상의 부에 대해 부성확인판결을 함으로써 현존하는 법적 부자관계를 확정시켜야 한다(같은 조 (e)항). 둘째로, 이러한 판단을 함에 있어서 법원은 반드시 자녀의 복리에 미치는 영향을 고려하여야 하는데, 특히 법정된 사정들을 반드시 참작하여야만 하는데(제608조 (b)항), 그 내용은 다음과 같다: ①법률상의 부가 혈연이 없음을 알게 된 때로부터 부성부인의 소를 제기한 때까지의 기간 ②법률상의 부가 아버지 역할을 해 온 기간 ③법률상의 부가 혈연 없음을 알게 된 경위 ④자녀와 법률상의 부 사이의 실질적인 관계 ⑤자녀의 연령 ⑥부성부인으로 인하여 자녀에게 발생할 수 있는 해악 ⑦자녀와 자신이 혈연부라고 주장하는 사람 사이의 실질적인 관계 ⑧법적 부자관계가 지속된 기간이 타인과의 법적 부자관계를 성립시킬 기회를 감소시킨 정도 ⑨법적 부자관계의 해소로 인하여 형평성에 영향을 미칠 수 있는 사정 또는 그 외의 해악이 자녀에게 발생할 가능성.

(c) 인지철회의 소

임의인지에 의한 부자관계가 성립한 경우에 임의인지의 당사자인 인지자와 모는 제307조[33]·제308조[34]에 규정된 기간 내에 한하여 자신의 의사표시를 철회하기 위한 소를 제기할 수 있다(제609조 (a)항). 또한 임의인지 또는 부성확인의 소의 당사자가 아니었던 사람은 임의인지 또는 부성확인 판결의 효력이 발생한 날로부터 2년 내에 부자관계의 부존재확인을 구하는 소를 제

---

33) 인지자는 ⓐ임의인지의 효력이 발생한 날로부터 60일이 지난 날과 ⓑ자신이 당사자인 친자관계소송의 첫 변론기일(hearing) 중 빠른 날이 도래하기 전까지는 재판에 의하여 임의인지를 철회(rescind)할 수 있다.

34) [제307조에 규정된 기간이 경과한 경우에는] 인지신고일로부터 2년이 지나기 전까지만 인지이의의 소를 제기할 수 있으며, 사기·강박 또는 중요부분의 착오에 의하여 인지의 의사표시를 하였음을 입증하여야만 한다.

기할 수 있다(같은 조 (b)항). 자녀에 대해서는 별도의 규정이 없지만 자녀는 친자관계 존부확인 소송 절차의 원칙적인 당사자라는 점(제601조), 제608조 (b)항이 '자녀를 제외한'이라고 규정하고 있는 점에 비추어 볼 때, 자녀는 당연히 임의인지 또는 부성확인판결에 의한 부자관계의 해소를 구하는 소를 제기할 수 있고 제소기간 제한을 받지도 않는 것으로 해석할 수 있다.

연방법은 철회의 방법을 제한하지 않고 있으나 NCCUSL는 임의인지의 철회 여부를 명확하게 하기 위하여 부성부인 절차에 관한 조항들을 준용한다(제309조 (d)항).[35] 즉 이러한 절차에 대해서도 제608조에 의한 금반언 법리가 적용되어(제609조 (c)항) 임의인지 또는 부자관계 존재확인 판결에 의하여 성립한 법적 부자관계와 일치하는 사회적 친자관계가 이미 형성된 경우에는 법원은 이러한 부자관계를 다투는 절차에서 혈연 검사명령 신청을 기각할 수 있다.

(d) 임의친생부인(Denial of Paternity)

UPA 2002는 비혼 혈연부가 이미 적법한 임의인지를 한 경우에는 법률상의 부가 재판 절차를 거치지 않고 친생부인을 할 수 있도록 하는 독특한 제도를 신설하였다.

혈연부에 의한 유효한 임의인지가 성립한 경우에, 법률상의 부(presumed father)는, 사실과 다를 때에는 위증의 벌을 받는 것을 전제한 서명(또는 진의에 의한 의사표시임을 인정할 수 있게 해 주는 그 외의 방법)을 갖춘 서면으로써 친생부인의 의사표시를 할 수 있다(제303조 (a)항 (1), (2)). 다만, 법률상의 부가 임의친생부인의 의사표시를 하기 전에 한 적법한 임의인지의 효력이 유지되고 있거나, 부자관계 존재확인 판결에 의하여 법적 부자관계가 성립한 경우에는 임의친생부인을 할 수 없다(같은 항 (3)). 이러한 임의친생부

---

35) UPA 2002에 대한 Prefatory Note (위 웹문서), 제307조에 대한 comment.

인은 혈연부의 임의인지와 하나의 서면으로 할 수도 있고 별개로 작성되어 [인지부와 법률상의 부] 쌍방이 서명하는 방식으로도 할 수 있다. 다만 양자 가 모두 유효하게 성립하여야만 각각의 효력이 발생한다(제304조 (a)항).

임의인지와 임의친생부인은 자녀가 출생하기 전에도 할 수 있으나, 그 효 력은 자녀가 출생한 날과 가족관계등록 관할관청에 서면이 제출된 날 중 더 늦은 날 발생한다(같은 조 (b), (c)항). 적식의 임의친생부인 신고가 가족관계 등록 관할관청에 수리되면, 임의친생부인의 철회 또는 이에 대한 이의가 없 는 한, 친생부인판결과 동일한 효력이 발생한다. 따라서 법률상의 부와 자녀 사이의 법적 부자관계는 해소되고 법률상의 부는 부모로서의 모든 권리의무 를 면한다(제305조 (b)항).

이러한 임의친생부인제도는, 아버지가 될 의사가 있는 혈연부가 이미 인 지를 하였다면 혈연도 없고 부자관계를 유지할 의사도 없는 법률상의 부와 의 법적 부자관계를 해소시키는 것이 오히려 자녀의 복리에 부합하고, 당사 자들이 모두 이러한 결과에 대해 합의한 상황임을 전제로 최대한 신속·간단 하게 친생부인이 이루어질 수 있도록 하기 위한 것이다.[36]

IV. 보조생식 자녀의 친자관계 결정기준

UPA는 1973년에 제정될 때부터 AID 자녀의 친자관계 결정기준을 명문으 로 규정하였고 UPA 2002는 AID 자녀는 물론 대리출산 자녀를 포함하는 보 조생식 자녀 전반에 대한 친자관계 결정기준을 상세하게 규정하였다. 이러한 UPA의 입법태도는, 보조생식시술에 관한 의료법적 규제에 관한 입법이 이 루어지기 전이라 하더라도 보조생식 자녀가 출생한 이상 자녀의 복리를 실

---

36) Roberts (2001), p. 57~58. 이러한 사정은 일본에서 제기된 이른바 '합의설', '신가 정파탄설(신가정형성설)'과 일맥상통한다.

현하고 공적부조로 인한 재정부담을 줄이기 위하여 보조생식 자녀의 친자관
계 결정 기준이 정립될 필요가 있다고 한 판례37)의 태도를 반영한 것이다.38)

보조생식 자녀의 친자법에 관한 미국의 실정법의 현황을 개관하면, 보조
생식시술에 의하여 출생한 자녀의 친자관계 결정 기준에 관하여 아직 입법
을 하지 않은 주도 있으나 적지 않은 주들은 UPA 1973을 그대로 채택하거
나 일부 수정하여 채택하였다. 그 외에도 UPA 1973를 대체하여 UPA 2002
를 채택하거나 UPA 2002 자체를 곧바로 채택하거나, UPA 1973은 물론
UPA 2002과도 전혀 다른 내용의 주법을 제정한 주들도 있다.39)

1. 모자관계

(1) UPA 1973: 대리출산에 관한 규정 흠결로 인한 혼란

대리출산 시술이 증가하면서 대리출산 자녀의 모자관계 결정에 관한 분쟁
도 증가하였다. 이에 따라 출산모가 모의 지위를 주장하는 것을 방지하기 위
하여, 대리출산모에게 법적인 모의 지위가 귀속되기 쉬운 전통적 대리모(즉,
출산모 겸 혈연모) 방식보다는 의뢰모(또는 제3자인 난자제공자)가 난자를
제공하여 대리출산을 시술하는 출산대리모 방식이 주로 사용되게 되었다. 이
러한 출산대리모 방식에 의하여 출생한 자녀의 모자관계 결정 기준과 관련
하여, 즉 의뢰모, 출산모, 혈연모(난자제공자를 의미한다. 의뢰모와 동일인일
수도 있고 동일인이 아닐 수도 있다) 중 누구에게 법적인 모의 지위가 귀속
되어야 하는지가 논란의 대상이 되었다.

---

37) In re Marriage of Buzzanca, 72 Cal. Rptr. 2d. 280 (1998). 구체적인 내용은 후술함.
38) UPA 2002 제7장의 전주는 위와 같은 취지의 위 판례의 설시내용을 그대로 인용하
    고 있다.
39) 보조생식기술에 의하여 출생한 자녀의 부모 결정에 관한 미국 각 주 법률에 대한
    비교법적 분석은 Varnado (2006), p.15~20를 참조.

UPA 1973의 제정 당시에는 대리출산 사안이 별로 문제되지 않았기 때문에 대리출산 자녀의 모자관계에 대해서는 명문규정이 없었다. 그런데, UPA 1973 제정 이후에 의학의 발달로 인하여 대리출산 계약이 급증하였고, 이로 인하여 대리출산 자녀의 친자관계를 어떤 기준에 따라 결정할 것인지에 대한 법적 혼란도 증가하였다.

(2) 대리출산 자녀의 모자관계에 관한 판례의 개관

출산대리모의 모자관계 결정기준에 대해서는 특히 캘리포니아주의 판례를 살펴볼 필요가 있다. 우선 캘리포니아주는 UPA 1973을 실정법에 거의 그대로 반영하였기 때문에 캘리포니아주 판례에 의한 대리출산 자녀의 모자관계 결정 기준은 UPA 1973 자체에 대한 해석론이라고 볼 수도 있다. 또한 이러한 사안에 대한 리딩케이스라고 할 수 있는 Johnson v. Calvert 사건 판결은 당시의 학계의 논의를 충실하게 반영하고 있을 뿐 아니라, 이 판례에 대한 찬반양론이 활발하게 전개되면서 출산대리모 사안에서의 모자관계 결정기준에 관한 논의 자체를 주도하고 있다.

이하에서는 이러한 판례의 전개를 개관하는데 그치고, 판례에 반영된 의사기준설, 출산기준설 등의 논거와 각각에 대한 비판론과 반론은 제4장에서 구체적으로 소개한다.

1) Johnson v. Calvert 사건[40]

캘리포니아주의 친자법[41]은 UPA 1973을 거의 그대로 반영하고 있는데,

---

40) Johnson v. Calvert, 851 P. 2d. 779 (1993).
41) 위 판결 당시의 실정법인 Civil Code 제7000조~제7021조는 형식상으로는 모두 삭제되었으나 본질적인 변화 없이 1994. 1. 1.부터 시행된 Family Code 제7600조~

모자관계는 출산이라는 사실을 근거로 성립하는 것으로 규정하고 있다.[42] 또한, 친자관계 존부확인의 소는 모자관계도 대상으로 할 수 있으며[43] 이러한 절차에서는 특별한 사정이 없는 한 부자관계에 관한 조항들이 적용된다. 따라서 실정법상의 부자관계 결정기준인 혈연검사, 친생추정, 친생승인 중 혈연검사는 모자관계의 결정기준으로도 적용될 수 있으며, 이것은 곧 혈연도 모자관계의 결정기준이 될 수 있는 것을 의미한다.

이 사건 판결은 위와 같은 실정법의 해석론을 전제로 대리출산 자녀의 모자관계 결정기준에 관한 의사주의를 채택하였는데 그 내용은 다음과 같이 요약할 수 있다: 실정법의 해석상 출산모와 혈연모는 모두 법적인 모가 될 수 있으나, 주법에 의하면 자녀의 법적인 모는 한 명만이 인정될 수 있다. 제7003조는 'the' natural mother라고 표현하고 있기 때문이다. 이러한 모자관계의 배타성 원칙은 이혼의 증가로 인하여 3인 이상의 부모의 슬하에서 성장하는 자녀가 증가하고 있다고 하여 달리 볼 것은 아니다. 따라서 혈연모와 출산모 중 누가 우선적으로 법적인 모가 되어야 하는지를 결정하여야만 하는데, 그 기준은 실정법의 해석만으로는 불명확하다. 그렇다면 이러한 경우에는 자녀를 가지기를 원하는 의사(intention to procreate the child)를 기준으로 법적인 모를 결정할 수밖에 없으며, 결국 난자제공 사안의 경우에는 의뢰모에게 법적인 모의 지위가 귀속된다.

2) Belsito v. Clark 사건[44]

이 사건 판례는 원고들의 청구를 인용하면서 "자녀에게 유전자를 물려준 사람이 친생모(natural mother)이고 법적인 모"라고 판시하였는데, Johnson v.

제7650조에 규정되어 있다.

42) Family Code 제7610조.

43) Family Code 제7650조 (a)항.

44) Belsito v. Clark 사건, 67 Ohio Misc. 2d 54, 644 N. E. 2d 760 (1994).

Calvert 판례에 의한 의사기준설을 명시적으로 부인하고 있다는 점을 주목할
만하다. 이 사건에 대해 적용된 당시의 오하이오 주의 실정법은 Johnson v.
Calvert 사건에 대해 적용된 캘리포니아 주법과 마찬가지로 모자관계의 귀속
은 출산이라는 사실 또는 혈연검사 등의 그 외의 방법에 의하여 결정하도록
규정하고 있었으므로[45] 두 사람은 모두 실정법상 친생모가 될 수 있었다.

이 사건 판례는, 의뢰모가 법적인 모라고 판단한 결론에 있어서는 Johnson
v. Calvert 사건 판례와 같지만, 의사 아닌 혈연이 모자관계의 결정기준이 되
어야 한다고 주장함으로써 Johnson v. Calvert 사건 판례를 정면으로 배척하
였다는 점을 주목할 만하다.

3) In re Marriage of Buzzanca 사건[46]

이 판례는 의뢰모, 출산모, 혈연모가 모두 다른 사람인 사안을 대상으로
하였다는 점에서 중요한 의미를 가지는데, 그 요지는 다음과 같다: 첫째로,
모자관계 결정기준에 관한 캘리포니아주 실정법의 해석론과 관련하여, 출산,
혈연 뿐 아니라 부자관계의 결정기준도 모자관계의 결정기준으로서 원용될
수 있다. 따라서 AID 자녀의 부자관계 결정에 관한 의사주의는 대리출산 자
녀의 모자관계 결정에 대해서도 적용될 수 있다. AID 시술에 의하여 자녀가
출생한 경우와 대리출산에 의하여 자녀가 출생한 경우는 혈연은 없지만 부
모로서 태어날 아이를 양육할 의사를 가진 사람들에 의하여 이러한 과정이
주도되었다는 본질적인 공통점을 가지고 있기 때문이다. 둘째로, 이렇게 본
다면 혈연모, 출산모, 의뢰모 모두가 실정법상 친생모가 될 수 있는 것으로

---

45) UPA 1973의 오하이오 주 버전인 R.C. §3111.02. 참고로 2006년에 신설된
   §3111.97에 의하면 배아제공에 의하여 출생한 자녀에 대해서는 출산모와 그의 배
   우자에게 법적인 친생부모의 지위가 귀속되지만, 이 조항은 대리출산 자녀에 대해
   서는 적용되지 않는다(Ohio Final Bill Analysis, 2006 House Bill 102).
46) In re Marriage of Buzzanca, 61 Cal. App. 4th 1410 (1998).

해석되며, 이 사건 사안은 Johnson v. Calvert 판례가 말하는 '친생모가 경합하는 경우'에 해당한다. 따라서 위 판례에 따라 즉 의사를 기준으로 배타적인 친생모의 지위가 귀속되어야 하는 것으로서, 이 사건의 경우에 부모가 될 의사가 없음이 명백한 난자제공자와 출산모가 아니라 의뢰모에게 친생모의 지위가 귀속된다.

4) K. M. v. E. G. 사건[47)]

이 사건 판례는 여성 동성반려자들 사이에서 출생한 자녀의 친자관계의 결정과 관련하여 부모 지위의 배타성은 양성 한 쌍이 아니라 동성 한 쌍에게도 인정됨을 선언하였다는 점에서 중요한 의미를 가진다.[48)]

먼저 이 판결의 사실관계는 다음과 같이 요약된다: 동성 반려관계에 있었던 K. M.과 E. G.는 공동의 자녀를 키울 의사로, 전자의 난자와 기증받은 정자로 만들어진 배아를 후자에게 포태시키는 대리출산 시술을 받았고 이를 통해 자녀가 출생하였다. 그 후 자녀의 가족관계등록부에는 출산모만이 기재되었고 '부'란은 공란으로 남겨졌으며, 자녀는 출산모에 대해서만 의료보험을 비롯한 사회보험의 피보험자로 기재되었다. 다만 출산모는 자신의 부모뿐 아니라 혈연모의 부모도 자녀의 '조부모'라고 하였으며, 초등학교의 학생신상기록에는 두 사람이 모두 '모'로 기재되었다.

이러한 사안에 대해 이 사건 판결은 출산모 뿐 아니라 혈연모에게도 법적인 친생모의 지위를 인정하였는데, 그 논거는 다음과 같다: 우선 사실관계의 본질적인 차이로 인하여 Johnson v Calvert 판례의 '의사기준설'은 적용될 수 없다. Johnson v Calvert 사건에서는 적어도 보조생식 시술 당시에는 의뢰모(혈연모)에게만 '의사'가 있었으나 이 사건의 경우에는 혈연모와 출산모 모두

---

47) K. M. v. E. G., 37 Cal. 4th 130, 117 P. 3d 673 (2005).
48) 특히 이러한 법리는 이 사건 판결 뿐 아니라 같은 해에 선고된 Elisa B. v. Superior Court, 37 Cal. 4th 108, 117 P. 3d 660 (2005) 판결에서도 재확인된 바 있다.

에게 '부모가 되려는 의사'가 있었기 때문이다. 또한 Johnson v Calvert 사건 판례는 자녀의 친생부모는 '두 명'만이 인정될 수 있다는 취지로 해석되어야 하지만, 반드시 한 명의 여성과 한 명의 남성을 의미하는 것으로 해석될 필요는 없다. Johnson v. Calvert 사건의 사안과는 달리 이 사건에서는 혈연모와 출산모는 서로 배타적인 지위에 있지 않다. 혈연모는 (Johnson v. Calvert 사건의 경우처럼) 자신이 '출산모 대신(instead of)' 친생모가 되어야 한다고 주장하고 있는 것이 아니라 출산모와 '함께(in addition to)' 자녀의 부모로 인정되어야 한다고 주장하고 있기 때문이다. 따라서 이 사건의 경우에는 '의사'를 기준으로 판단할 대상이 없으며(there is no tie to break) 출산모와 혈연모가 친생모들이라고 결정하면 충분하다(p. 142~143).

(3) UPA 2002

(a) 서언

1) 모자관계에 관한 UPA 2002 제8장의 입법연혁

대리출산 자녀의 친자관계는 AID 자녀의 경우에 비해 훨씬 더 복잡하기 때문에[49] 명문 규정으로써 이를 명확하게 할 필요성은 AID의 경우에 비해 더욱 절실하다. 이에 부응하여 대리출산 자녀의 친자관계에 관한 최초의 통일규칙인 Uniform Status of Children of Assisted Conception Act(이하 'USCACA'라고 한다)가 1988년에 제정되었으나, 제정 과정에서 첨예하게 대립한 대리출산 계약을 금지해야 한다는 견해와 제한적 요건 하에 허용하여

---

49) 대리출산 사안에서는 기본적으로 의뢰부, 의뢰모와 출산대리모라는 세 사람의 이해관계인이 등장하며, 경우에 따라서는 더 많은 사람(예를 들어, 의뢰모 이외의 난자제공자, 의뢰부 이외의 정자제공자, 출산대리모의 법률상 배우자 등)들이 등장할 수도 있다.

야 한다는 견해를 조정하는데 실패하여, 이 통일규칙은 각 견해에 따른 두 가지 선택지로 구성될 수밖에 없었다. 게다가 제정된 후에도 단 두 개 주만이, 그것도 별개의 선택지를 각각 선택함으로써50) 위 규칙은 사실상 '통일규칙'으로서의 실효성을 잃어버리고 말았다.

그 후에 대리출산 자녀의 친자관계에 관한 분쟁이 급증하여 거의 절반 정도의 주들이 이에 관한 실정법을 제정하였다. 그러나 주제사법(州際私法)적인 문제가 발생하였을 뿐 아니라, 대리출산 계약을 법적으로 금지한 주들에서는 대리출산 자녀의 친자관계가 불명확한 상황에 처하게 됨에 따라 통일규칙의 재정비가 시급하게 요구되었다. 이에 NCCUSL은 다시 한 번 대리출산 자녀의 친자관계에 관한 통일규칙 제정을 시도하여 종래의 USCACA에 대해 상당한 수정을 가함으로써 UPA 2002 제8장이 제정되기에 이르렀다. 다만, 대리출산에 관한 입법적 규율에 대한 입장이 정리되지 못한 주들이 제8장으로 인하여 UPA 2002 자체를 채택하지 않는 것을 방지하기 위하여 제8장을 선택대상으로 규정함으로써, 제1장~제7장만을 채택할 수도 있도록 하였다.51)

2) UPA 2002에 의한 규율의 개관

UPA 2002의 제8장의 특징은 다음과 같이 요약할 수 있다. 첫째로, USCACA와는 달리 일정한 요건을 충족한 대리출산 계약은 유효라고 인정하고 그 내용에 따라 의뢰부모와 자녀 사이에 친생자관계가 성립할 수 있게 하였다. 둘째로, 대리출산 계약을 입양과 마찬가지로 법원의 허가를 요하는 계약으로서 규정하고 있다는 점에서는 USCACA와 같지만, 적법한 요건을 갖추지 못한 대리출산 계약의 강제집행을 금지함으로써 실효성을 강화하였고, 의뢰부모

---

50) Virginia 주는 제한적 요건 하에 허용하는 안을, North Dakota 주는 전면적으로 무효로 하는 안을 선택하였다.

51) UPA 2002에 대한 Prefatory Note (위 웹문서), 제8장에 대한 comment.

중 일방은 자녀와 혈연이 있어야 한다는 제한요건을 폐지하였다. 뿐만 아니라 대리출산 자녀의 복리를 실현하기 위하여 대리출산 계약이 부적법하여 무효이고 의뢰부모가 입양을 거부하여 자녀와 의뢰부모 사이에 법적 친자관계가 성립하지 않더라도 의뢰부모는 자녀에 대한 부양의무를 면할 수 없도록 하였다는 점을 특기할 만하다.52) 셋째로, 종래에 일반적으로 사용되던 용어인 '대리모(surrogate mother)'를 '출산모(gestational mother)'로 대체한 것을 주목할 만하다. 그 이유로는 다음과 같은 점들이 거론된다. 첫째로, 무엇보다도 출산은 타인을 대신하여 행위한다는 '대리'의 본래의 의미에 부합하지 않는다. 둘째로, 난자제공과 출산 모두를 급부의 내용으로 하는 경우(이른바 전통적 대리모)와 출산만을 급부의 내용으로 하는 경우(이른바 출산대리모)를 별개로 규율하기 위하여 별도의 용어를 사용할 필요가 있는데, 전자는 거의 사용되지 않고 있기 때문에 후자만을 지칭하는 용어를 사용하는 것이 바람직하다. 셋째로, 무엇보다도 미국 사회에서 이미 대리모라는 말 자체가 부정적인 의미로 받아들여지고 있다.53)

(b) 대리출산 자녀의 모자관계 결정기준

1) 의뢰부모의 의사에 의한 결정

적법한 대리출산 계약(gestational agreement)54)에 의하여 자녀가 포태·출생한 경우에 이러한 자녀의 친자관계는 다음과 같은 절차를 거쳐서 결정된다: 의뢰부모는, 대리출산모가 보조생식시술을 받은 날로부터 300일 이내에

---

52) UPA 2002에 대한 Prefatory Note (위 웹문서), 제8장에 대한 comment.
53) UPA 2002에 대한 Prefatory Note (위 웹문서), 제8장에 대한 comment.
54) UPA 2002는 대리출산 계약의 요건에 관하여 상세하게 규정하고 있다. 이러한 요건들 중 주요한 내용을 보면, 반드시 서면으로 계약서를 작성하여(제801) 법원의 허가를 받도록 하면서 자녀의 복리를 실현하기 위하여 그 절차를 입양허가 절차에 준하도록 하였다(제803조).

출산하였다는 취지의 통지를 법원에 대해 하여야 한다. 이러한 통지를 받은 법원은, 의뢰부모가 자녀의 법률상의 부모임을 확인하고 가족관계등록 관할 관청에 대해 의뢰부모가 부모로 기재된 출생증명서의 발급을 명하며, 필요한 경우에는 자녀를 의뢰부모에게 인도할 것을 명하는 취지의 결정을 하여야 한다(제807조 (a)항). 만약 대리출산모가 출산한 자녀가 보조생식시술에 의하여 포태되지 않았다고 주장하는 사람이 있으면 법원은 자녀의 친자관계를 확인하기 위하여 유전적 검사를 명하여야 한다(같은 조 (b)항).

2) 법원에 의한 부양의무자 결정

한편, UPA 2002는, 대리출산 자녀에 대한 법적 친자관계의 공백이 발생할 가능성에 대비하여 이러한 자녀에 대한 부양의무를 부담할 친생부모를 확보하기 위한 조항들을 두고 있다.

우선, 대리출산 자녀가 출생한 후에 의뢰부모가 사정변경(단순한 변의 또는 의뢰부모 사이의 관계의 파탄 등)으로 인하여 친자관계 성립을 회피하려고 하는 경우에는, 의뢰부모가 제807조 (a)항의 통지를 하지 않아도 대리출산모 또는 관할 관청이 법원에 대해 같은 취지의 통지를 할 수 있도록 하였다. 나아가 적법한 대리출산임이 확인되면 법원은 의뢰부모가 자녀의 부모임을 확인하고 자녀에 대한 부양의무를 질 것을 명하여야 함을 명시(제807조 (c)항)하였다.

다음으로 적법한 허가를 받지 못하여 강제이행할 수 없는 대리출산 계약에 의하여 출생한 자녀에 대해서는 일반원칙, 즉 제2장에 의하여 친생부모가 결정되도록 하였다(제809조 (b)항). 따라서 대리출산모는 비록 의뢰모의 난자제공에 의하여 포태·출산하였더라도 자녀의 법적인 모가 되고 의뢰모는 입양의 요건을 갖추어야만 법적인 모가 될 수 있다. 그러나 대리출산모가 사회적 약자인 경우가 있을 수 있기 때문에 대리출산 계약을 체결한 의뢰부모가 그러한 계약의 이행가능성과 무관하게 이로 인하여 출생한 자녀에 대한

부양의무를 지도록 함으로써 지녀의 복리를 두텁게 보장하고 있다(제809조
(c)항).

2. 부자관계

(1) UPA 1973

UPA 1973는 '人工授精(Artificial Insemination)'이라는 표제 하에, 인가된
의료기관의 감독 하에 기혼여성과 그의 배우자의 서면동의를 받아 행하여진
AID시술에 의하여 자녀가 출생한 경우에는, 모의 배우자에게 친생부(natural
father)의 지위가 귀속되며 정자제공자는 아버지가 될 수 없음을 명문으로 규
정하였다(제5조). 즉 보조생식 자녀의 친자관계에 대해서는 일반적인(즉 자연
생식 자녀에 대해 적용되는) 친자관계와는 달리 혈연보다 의사라는 요소가
우선적으로 적용된다.

그러나 이 조항을 구체적인 사안에 적용함에 있어서는 적지 않은 혼란이
야기되었다. 예를 들어 인가된 의료기관의 감독 없이 행하여진, 즉 의료법적
규제를 위반한 AID 시술에 의하여 자녀가 태어난 경우에 대하여, 캘리포니
아 주 판례[55]는 이 조항이 적용될 수 없어서 정자제공자의 부성이 인정될
수 있다고 한 반면, 캔사스 주 판례[56]는 이 조항을 근거로 정자제공자의 부
성을 부인하였다. 또한 모의 사실혼 배우자가 AID시술에 대해 서면으로 동
의한 경우에 대해 콜로라도 주 판례[57]는 이 조항이 적용되지 않기 때문에
결국 커먼로에 의하여 부의 지위가 결정될 수 밖에 없다고 한 반면에 위 캔

---

55) Jhordan v. Mary, 224 Cal. Rptr. 530 (1986).
56) In re K. M. H., 285 Kan. 53, 169 P. 3d 1025 (2007) (배우자 없는 모가 AID에
　　의하여 출산한 자녀에 대해서도 AID자녀의 부성 결정에 관한 조항들이 적용될 수
　　있다).
57) In Interest of R. C., 775 P. 2d 27 (1989).

사스 주 판례[58]는 이 조항을 근거로 정자제공자의 부성을 부인하고 있다. 이러한 혼란을 해결하기 위한 지침을 제공하기 위하여 UPA 2002는 AID 자녀의 친자관계 결정기준에 관하여 구체적인 조항들을 신설하게 되었다.

(2) UPA 2002

이러한 UPA 1973의 적용과정에서의 혼란을 극복하기 위하여, UPA 2002는 좀 더 구체적이고 상세하게 AID 자녀의 부자관계 결정에 관한 내용들을 규정하고 있으나, 혈연보다는 의사를 근거로 의뢰부에게 법률상의 부의 지위를 귀속시킨다는 기본적인 관점은 그대로 유지하였다.

1) 적용범위

적용범위와 관련하여, 우선, 제7장에 규정된 특칙들은 보조생식시술에 의하여 포태·출생한 자녀에 대해서만 적용됨이 명확하게 규정되었다(제701조). 따라서 성행위에 의하여 포태·출생한 자녀의 친자관계는 그 과정에 관여한 사람들(모, 모의 배우자, 아버지가 될 의사 없이 모를 포태시킬 목적만으로 모와 성행위를 한 남성)의 의사와 무관하게 제2장의 일반원칙에 따라 결정된다. 또한, UPA 2002는 UPA 1973와는 달리 AID 자녀의 부자관계 결정 기준에 관한 특칙의 적용요건 중 '인가된 기관에서의 제공'이라는 요건을 삭제함으로써 의료법적 규제 위반 여부와 무관하게 획일적으로 제7장에 규정된 특칙들이 적용될 수 있도록 하였다. 나아가, 모의 혼인이라는 요건도 삭제하여 비혼모가 출산한 AID 자녀에 대해서도 같은 규율이 적용될 수 있게 하였다.

---

58) 위 In re K. M. H. 사건 판례 (인가된 의료기관의 시술을 받지 않고 당사자들에 의하여 실행된 AID의 경우에도 AID자녀의 부성 결정에 관한 조항들이 적용될 수 있다).

그 결과 비혼모에 대한 보조생식 시술에 동의한 남성도 모의 배우자에 준하여 같은 요건 하에 자녀의 법적인 아버지가 될 수 있고 비혼모가 단독으로 보조생식 시술을 받은 때에는 부가 없는 상태로 자녀가 출생하는 경우도 발생할 수 있게 되었다.[59]

2) 부자관계의 성립

AID 자녀의 경우에는 부자관계를 형성할 의사로써 모에 대한 AID시술에 동의한 남성에게 법률상의 부의 지위가 귀속된다(제703조). 반면 생식세포 제공자와 보조생식기술에 의하여 포태된 자녀 사이에는 법적 친자관계가 인정되지 않아서(제702조) 생식세포 제공자는 (자연생식 자녀의 비혼 혈연부와는 달리) 친생자관계 존재확인의 소의 원고나 피고가 될 수 없다.

이처럼 AID 시술에 대한 동의는 법적 부자관계를 결정짓는 요소로서 중요한 의미가 있기 때문에 그 존부 자체와 진의에 의한 동의인지의 여부를 확실하게 할 필요가 있다. 이를 위하여 UPA 2002는 이러한 '동의'는 반드시 서명된 서면이라는 방식을 갖추도록 하였다(제704조 (a)항). 다만 이러한 요건을 갖추지 못한 경우라 하더라도 이미 사실적 친자관계가 형성되어 있을 때에는 이를 보호하기 위하여 AID 시술에 서면 이외의 방식으로 동의한 남성이 자녀 출생 후 모 및 자녀와 2년간 동거하면서 자신의 자녀임을 공시(hold out)한 때에는 방식흠결이라는 하자가 치유되는 것으로 규정하고 있다(같은 조 (b)항).

이처럼 AID 자녀에 대해서는 의사기준설에 따라 법률상의 부를 결정하는 것은 자녀 출생 즉시 부모로서의 책임을 질 아버지를 확보할 필요가 있다는 법정책적 목적을 반영한 것으로서, 특히 판례[60]는 AID 시술에 대한 동의가

---

59) UPA 2002에 대한 Prefatory Note (위 웹문서), 제702조에 대한 comment.
60) Storrow (2002), 각주 172 참조.

구술로써 이루어지는 등 법적으로 요구되는 방식을 갖추지 못한 경우에도 계약법리 또는 금반언 법리를 근거로 법률상의 부의 부성부인을 허용하지 않는 경향을 보인다.

3) 부자관계의 해소

AID 자녀와 의뢰부 사이에 대해 일단 성립한 부자관계가 해소되는 것은 자녀의 복리에 반하는 경우가 많다. UPA 2002는 이러한 사정을 감안하여 법률상의 부가 혈연이 없음을 이유로 부자관계의 해소를 구하는 것을 극히 제한적인 요건 하에서만 인정한다. 즉, 제704조의 요건이 갖추어지면 법률상의 부는 원칙적으로 부성부인을 할 수 없고(제705조 (a)항 본문), 제704조의 요건이 갖추어지지 않았음이 인정되는 경우에도 법률상의 부가 자녀의 출생사실을 안 날로부터 2년이 지나면 더 이상 부성부인을 할 수 없다(같은 조 (a)항 단서). 이러한 기간제한은 자녀의 친자관계에 대한 법적 안정성을 보장하기 위한 것이다.[61]

다만, 법률상의 부가, 정자제공을 하지도 않았고 AID에 대해 동의하지도 않았으며, 보조생식시술에 의한 포태 당시에 모와 동거하거나 보조생식 자녀를 자신의 자녀라고 공시하지도 않았음을 법원이 인정한 때에는, 법률상의 부는 기간의 제한을 받지 않고 친생부인을 할 수 있다(같은 조 (b)항). 본항은 법적 부자관계의 존속을 강요하더라도 자녀의 복리가 실현될 가능성이 없어 보이는 경우에 대해서는 기간의 제한 없이 부성부인이 가능하도록 한 것으로 이해할 수 있다.

---

61) UPA 2002에 대한 Prefatory Note (위 웹문서), 제705조에 대한 comment.

4) AID 시술 전에 한 동의 철회의 효과

UPA 2002는 법률상의 부의 자기결정권을 존중하기 위하여, AID 시술에 동의하였던 법률상의 부라 하더라도 실제로 자녀가 포태되기 전까지는 자유롭게 이러한 동의를 철회함으로써 부자관계의 성립을 방지할 기회를 부여하고 있다. 즉, 법률상의 부는, 이미 AID 시술에 대해 동의하였다 하더라도 생식세포 또는 배아가 모체에 주입되기 전까지는 명시적으로 동의를 철회하거나(제706조 (b)항), 모와의 혼인을 해소함으로써(같은 조 (a)항 본문) 부자관계의 성립을 방지할 수 있다.

이러한 사정이 있는데도 모가 AID 시술을 받아 자녀가 포태되면, 그 자녀는 법적인 모(즉, 출산모62))와 혈연부(즉, 정자제공자)는 있지만 법률상의 부는 없는 상태로 출생하게 된다. 본조는 AID 시술에 대한 동의를 철회한 법률상의 부에게 그의 의사에 반하여 법률상의 부의 지위를 귀속시키는 것은 자녀의 복리에 부합하지 않음을 전제로 한다.63) 따라서 법률상의 부가 서면으로 제706조 (a)항 본문의 적용을 배제하겠다는 의사를 표시한 경우, 즉 AID 시술 후에 혼인이 해소되더라도 부가 되는 것에 대해 동의한 경우에는 출생한 AID 자녀에 대한 법적인 아버지가 된다(제706조 (a)항 단서).

V. UPA에 나타난 미국 친자법의 특징

UPA를 중심으로 살펴본 미국의 친자법이 우리나라의 친자법과 구별되는 특징은 다음의 두 가지로 요약할 수 있다.

첫째로, 미국의 친자법은 법적 부자관계의 성립을 추정에 의존하고 있다

---

62) 제201조 (a)항 (1) 참조.
63) UPA 2002에 대한 Prefatory Note (위 웹문서), 제706조에 대한 comment.

는 점에서는 각국의 입법례와 비슷하지만, 이러한 부성추정의 근거를 혈연의 개연성보다는 사회적 친자관계의 개연성(예를 들어, 모와의 혼인, 공시, 부양의무의 자발적 부담 등)에서 찾고 있다. 이러한 특성은 혈연의 존재만을 근거로 (즉 사회적 친자관계의 존부를 불문하고) 법적 부자관계를 성립시키는 임의인지 제도가 UPA 2002에 의하여 뒤늦게 도입되었다는 사정과 일맥상통한다. 이러한 맥락에서 본다면, 미국의 친자법에 있어서 친생자관계와 양친자관계의 구별기준은 친자관계의 성립 근거를 혈연과 의사 중 어디에서 찾느냐가 아니라, 그 과정에 법원의 허가 등의 공적 규율이 적용되는지의 여부라고도 볼 수 있을 것이다.

둘째로, UPA 2002 제204조의 추정에 근거하여 성립한 부자관계의 해소를 목적으로 하는 부성부인 절차에 대해서는, 원고적격, 제소기간이 엄격하게 제한될 뿐 아니라 금반언 법리도 적용된다. 이러한 점에서 미국의 경우에는 일단 성립한 법적 부자관계는 상당히 강하게 보호된다고 볼 수 있을 것이다.

제4절 영국[1]

I. 서언

　영국의 친자법을 개관하면, 비록 법적인 친자관계의 결정기준에 관한 명문 규정은 없지만 커먼로와 판례에 의하면 혈연이 일차적인 기준인 것으로 인정된다. 그러나 보조생식시술의 발달과 더불어, 그리고 세계 최초로 보조생식시술 전반에 관한 체계적인 실정법[2]을 제정함에 따라 이제 영국에서의 법적인 친자관계(parenthood)를 결정하기 위한 기준은 다양한 모습으로 나타나고 있다. 즉, "유전적 관련성을 유일한 기준으로 하는 자연생식과 사회적·의사적 요소를 유일한 기준으로 하는 입양이라는 양 극단 사이에 생식보조기술의 다양한 유형들이 펼쳐져 있는"[3] 것이다.

　이처럼 영국은 세계 최초로 보조생식 전반에 걸친 체계적인 실정법을 제정하여 시행하고 있으며 두 차례의 의미 있는 개정까지 거친 상태이기 때문에, 그 과정에서의 논의와 이러한 실정법을 적용한 판례를 살펴보는 것은 보조생식 자녀에게 적용될 친자법을 모색함에 있어서 큰 도움이 될 것이다. 이하에서는 영국에서의 법적인 친자관계 결정 기준을 모자관계와 부자관계, 그리고 이들을 각각 자연생식의 경우와 보조생식의 경우로 나누어 살펴본다.

---

1) 이 부분에서 조문만 인용하는 것은 모두 잉글랜드·웨일즈에 적용되는 법령이고, 이러한 법령들과 이에 대한 해설(Explanatory Note)은 모두 웹싸이트 http://www.opsi.gov.uk에서 검색한 것이다.
2) Human Fertilisation and Embryology Act. 이하에서는 이 법이 제정된 1990년 당시의 법은 'HFEA 1990', 2008년에 개정된 법은 'HFEA 2008'로 각각 줄여서 부른다.
3) Douglas/Lowe (1992), p. 416～417.

II. 모자관계의 결정기준

1. 모자관계의 성립

다른 나라들과 마찬가지로 영국에서도 법적인 어머니의 결정기준은 '출산'이다. 이러한 태도는 법률상의 부모의 결정기준들 중 혈연을 가장 중요시하는 영국법의 전통[4]과 모자간의 혈연은 출산이라는 사실에 의하여 명백하게 나타난다는 경험칙을 반영한 것이다.[5] 즉 자녀를 출산한 여성이 혈연모이고 법적인 모인 것이다.[6]

2. 모자관계의 해소

이처럼 출산을 법적 모자관계 성립의 근거로 하면, 이러한 법적 모자관계의 해소는 불가능한 것으로 해석될 수밖에 없다. 이러한 점에서 영국의 친자법도 각국의 친자법과의 일반적인 모습과 같다고 할 수 있다.

III. 부자관계의 결정기준

1. 부자관계의 성립

영국의 친자법에 있어서도 법률상의 부를 결정하는 핵심적인 요소는 혈연

---

4) Re M (Child Support Act: Parentage) [1997] 2 F. L. R. 90.
5) Ampthill Peerage Case, [1977] A. C. 547 사건 판결에서의 Lord Simon의 판시: 부자관계(fatherhood)는, 출산이라는 사실을 통해 입증되는 모자관계(motherhood)와는 달리, 항상 의문의 여지가 있는 것이다(p. 577).
6) Herring (2007), p. 311~312; Harris-Short/Miles (2007), 672

이다. 즉 자녀와 혈연관계가 있는 남성이 자녀의 아버지인 것이 원칙이다.[7)]
또한 영국법에 의하면 남성에게만 '모 이외의 부모'라는 지위가 인정될 수
있으며[8)] 어떤 남성이 '아버지'로 인정되기 위한 요건은, 부모의 혼인관계로
인한 친생추정, 자녀와의 혈연관계가 증명된 경우, 보조생식에 관한 법령에
규정된 요건이 충족된 경우, 대리출산 자녀에 대해서만 적용되는 부모를 정
하는 결정[9)] 또는 입양허가결정 등의 재판의 확정이라는 네 가지로 크게 나
누어진다.[10)]

(1) 혼인 중의 출생자: 친생추정

영국법상의 부자관계는 대부분 별도의 절차 없이 자녀 출생과 동시에 당
연히 형성되는데 기혼 여성이 자녀를 낳으면 남편이 그 아이의 아버지로 추
정되기 때문이다. 잉글랜드·웨일즈에는 이러한 친생추정에 대한 명문의 근
거규정은 없고 커먼로에 의하여 인정되지만 스코틀랜드법은 이에 관한 명문
규정을 두고 있다.[11)] 잉글랜드·웨일즈에서도 스코틀랜드법의 예와 같이 친
생추정을 명문으로 규정하자는 의견[12)]도 있었으나 채택되지는 않았다.[13)]

---

7) 최근 판결로, [2003] E. W. H. C. 259.
8) 특히, 최근의 판례로 J v. C, [2006] E. W. C. A. Civ 551를 참조할 것.
9) HFEA 2008 제54조, 제55조 참조. 구체적인 내용은 후술함.
10) Herring (2007), p. 310.
11) Law Reform (Parent and Child) (Scotland) Act 1986 Chapter 9 제5조 (1)항: 다음
   각호에 해당하는 남성은 자녀의 아버지로 추정된다. (a)자녀의 포태일로부터 출산
   일 사이의 기간 동안에 모와 혼인하였거나; (b)전항이 적용되지 아니할 때에는, 모
   의 동의를 받아 인지하고 그러한 취지가 가족관계등록부에 기재된 사람 … (4) 본
   조에 의한 추정은 번복될 수 있다.
12) A Lord Chancellor's Department Consultation, Procedures for the Determination of
   Paternity and on the Law on Parental Responsibility for Unmarried Fathers (1998),
   웹문서 (http://www.dca.gov.uk/consult/ general/patfr.htm 최종방문: 2011년 2월 20
   일), para 31 이하. 이하에서는 이 웹문서를 'DCA Consultation paper'로 인용한다.

영국법상의 친생추정은 우리 민법과는 달리 부모의 혼인 중의 포태와 출생 모두를 요건으로 한다. 즉 모의 혼인 중에 자녀가 출생했다면 포태 시기가 혼인 전임이 명백하더라도 모의 배우자에 대한 친생추정이 적용되고,[14] 모의 혼인 중에 포태되었음이 명백[15]하면 이혼 또는 남편의 사망으로 인한 혼인 해소 후에 자녀가 태어나도 적용된다.[16]

친생추정은 원래 혈연의 존부를 판별할 수 없음을 전제한 것이지만, 혈연의 존부를 신속·정확하게 판단할 수 있게 된 오늘날에도 자녀의 출생 즉시 (즉, 과학적 혈연검사를 거치지 않아도) 법률상의 부를 결정할 수 있게 해 준다는 점에서 여전히 중요한 의미를 가지는 것으로 평가된다.[17] 반면, "모든 자녀의 부성은 법률상의 추정 대신 과학적 검사에 의하여 확정되어야 한다"라고 하면서 친생추정을 유지하는 것이 과연 타당한지에 대한 의문을 제기하는 견해[18]도 있다.

한편, 친생추정이 경합하면, 전혼이 유지되고 있는 동안에는 모가 간통을 하지 않았다고 보는 것이 경험칙에 부합하기 때문에, 전 남편에 대해 친생추정이 적용된다.[19] 같은 맥락에서 재판에 의한 별거 중에 포태되었으면 별거명령을 준수하였다고 보는 것이 경험칙에 부합하기 때문에 전 남편에 대한 친생추정이 적용되지 않는다.[20]

---

13) DCA Consultation paper, para. 9, 38 참조.
14) Gardner v. Gardner, [1877] 2 App. Cas. 723, HL; Anon v. Anon, [1856] 23 Beav. 273 (Lowe/Douglas (2007), p. 321에서 재인용)
15) 대부분 일반적인 임신 기간을 근거로 하지만, House of Lords는 Preston-Jones, [1951] A. C. 391 사건에서 임신기간의 정의에 관하여 의견을 통일할 수 없었다고 한다.
16) Herring (2007), p. 311.
17) Herring (2007), p. 311.
18) Re H & A (Paternity: Blood Tests), [2003] E. W. C. A. Civ. 383 = [2002] 1 F. L. R. 1145 사건에서의 Thorpe L. J.의 설시(para. 30).
19) Re Overbury, [1955] Ch. 122, Lowe/Douglas (2007), p. 322에서 재인용.
20) Lowe/Douglas (2007), p. 322.

(2) 혼인외의 출생자

친생추정의 적용대상이 아닌 자녀와 혈연부 사이의 부자관계는 출생신고에 의하여 추정되거나 재판에 의해서 확정된다. 커먼로의 친생추정은 적출추정에 근거를 두고 있기 때문에 비록 부모가 동거하는 동안에 포태·출생한 자녀라 하더라도 이러한 사실만을 근거로 법적인 부자관계를 성립시키는 부성추정이 적용되는 것은 아니다.[21]

(a) 출생신고

우선 출생신고서의 부 란에 이름이 기재된 남성은 출생한 자녀의 아버지인 것으로 추정되는데, 이러한 추정은 강력한 추정(prima facie evidence)에 해당한다.[22] 따라서, 친생부인에 대한 요건이 그다지 엄격하게 제한되어 있지 않음을 감안한다면, 출생신고서에 부로 기재된 비혼 혈연부와 자녀 사이의 부자관계는, 해소의 제한이라는 측면에서만 본다면 친생추정에 근거한 부자관계와 큰 차이가 없다.[23]

출생신고 등에 관한 영국의 실정법[24]에 의하면, 자녀의 부모는 자녀 출생후 42일 이내에 출생신고를 할 의무를 지는데 비혼모가 자녀를 출산한 경우에는 이러한 의무는 모에게만 인정된다. 비혼 혈연부에게는 이러한 의무가없을 뿐 아니라 자신이 혈연부임이 명백하더라도 출생신고를 할 권리도 없다. 이러한 영국의 입법례는 대륙법계 국가들이 비혼부의 임의인지(voluntary recognition of paternity)를 허용하는 것과 대조적인 것으로 평가된다.[25]

---

21) Lowe/Douglas (2007), p. 322.
22) DCA Consultation paper, para. 26.
23) Lowe/Douglas (2007), p. 322.
24) Births and Deaths Registration Act 1953.
25) 한편 모든 신생아의 친생자관계(parentage)에 관한 정확한 기록을 확보하기 위하여

다만 비혼 혈연부는, 다음과 같은 요건을 갖추면 법률상의 부로 출생신고
서에 기재될 수 있다: ⓐ모와 함께 출생신고서에 서명함으로써 공동신고한
경우 ⓑ자신이 혈연부라는 취지를 서면으로 작성하고 모와 함께 여기에 서
명한 후 이를 첨부하여 출생신고하는 경우 ⓒ친권에 관한 약정 또는 재판
(Parental Responsibility Agreement, Parental Responsibility Order)이나 양육비
지급을 명하는 법원의 재판의 등본을 첨부하여 신고하는 경우.[26] 이러한 요
건들이 자녀가 출생한 후에 갖추어졌거나, Family Law Act 1986 제55A조, 제
56조에 기한 부성확인판결이 확정된 경우에는 사후신고를 할 수 있다.[27]

(b) 부자관계 존재확인의 소

Family Law Act 1986이 적용되기 전까지는, 미혼모는 Bastardy Laws
Amendment Act 1872 제4조를 근거로 특정한 남성이 아이의 아버지라고 주
장하는 소를 제기할 수 있었고 법원은 그를 잠정부(putative father)로 결정한
후 양육비 지급의무와 교육의무의 이행을 명할 수 있었을 뿐이었고, 법적인
부자관계를 성립시키는 방법은 없었다. 게다가 이 법은 '방탕한 여성의 자의
적인 양육비 지급청구로부터 비혼 혈연부를 보호'하기 위하여 모의 주장의
신빙성을 인정할 수 있게 해 주는 보강증거를 법정하는 등의 제한을 가하고
있었기 때문에, 실제로 비혼모가 이 법을 근거로 비혼 혈연부에게 양육비의
지급을 구하는 것은 상당히 제약되어 있었다.[28]
그러나 현행 실정법은 혼인외의 자녀 측이 부자관계의 성립을 구하는 것

비혼모가 출산한 자녀에 대해서도 부모가 공동으로 출생신고를 할 의무를 지게 할
필요가 있다는 견해도 있다.
26) 구체적인 절차에 대해서는 Births and Deaths Registration Act 1953 제10A조.
HFEA 2008 제54조, 제55조에 기한 부모를 정하는 결정(parental order)을 받은 경
우에는 Parental Order Regulations 1994가 적용된다.
27) Births and Deaths Registration Act 1953 제14조 참조.
28) Cretney (2003), p. 531~532.

을 목적으로 하는 두 가지 유형의 재판을 규정하고 있다. 첫째로, Family Law Act 1986 제55A조, 제56조에 의한 친생자관계 확인판결이 확정되면 친권을 제외한[29] 부자관계의 모든 법률효과(상속, 국적 등)가 인정된다. 특히 신설된 제55A조는, 친생자관계의 존재확인 뿐 아니라 부존재확인 절차도 도입하였는데, 자녀 이외의 사람들에게 원고적격을 인정하면서도 이러한 제3자가 제기한 소에 대해서는 법원이 소의 이익 심사와 자녀의 복리 심사를 근거로 각하할 수 있도록 하고 있다. 이 법에 의한 부성확인판결에 대해서는 대세효가 인정된다(제58조 (2)항). 둘째로, Child Support Act 1991이 도입한 간이절차에 의하면, 법원은 양육친 또는 아동양육관할관청(Secretary of State)의 신청에 의하여 비양육친의 부성(paternity)을 확인하는 판결을 할 수 있으나, 이 판결에 의한 부성확인은 비양육친의 부양의무 발생이라는 효과에 대해서만 인정될 수 있다.[30] 후자는 간단하고 신속한 절차진행이라는 장점이 있지만 대세효가 인정되지 않는다는 단점도 있다.[31]

2. 부자관계의 해소

영국법에 있어서도 법적 부자관계가 혈연과 일치하지 않을 때에는 재판으로써 이를 해소시킬 수 있다. 부자관계의 성립 근거가 친생추정이건 출생신고 등이건 이를 해소하기 위한 절차는 기본적으로 동일하다.

판례[32]에 의하면, 친생추정은 일반적인 추정이기 때문에 아무리 약한 증거가 있어도 이것을 배척할 만한 반대증거가 없으면 민사소송법의 일반원리

---

29) 영국법상 비혼 혈연부, 즉 모의 배우자가 아닌 혈연부의 친권(Parental Responsibility)은, 모의 동의 또는 법원의 재판이라는 별도의 요건을 충족한 경우에만 인정된다. 이에 관한 구체적인 내용은 Herring (2007), p. 337 이하를 참조.

30) DCA Consultation paper, para. 7.

31) Lowe/Douglas (2007), p. 331.

32) S v. S, [1972] A. C. 24에서의 Lord Reid의 설시내용 참조.

에 따라 친생부인이 인정된다. 그 후 더 높은 수준의 증명이 있어야만 친생부인을 허용할 수 있다는 판결[33]도 있었으나, 이후의 판례[34]는 다시 S v. S 사건 판례를 지지하여 '혈연의 존부 가능성의 비교'라는 기준만을 근거로 친생부인 여부를 판단하고 있다.[35]

친생부인을 하려면 가임기에 모와 법률상의 부가 성행위를 하지 않았다는 사실을 증명하여야만 하는데, 과학적 검사기법이 발달하기 전까지는 이러한 증명은 사실상 불가능하였다. 우선 이러한 사정을 추인할 수 있게 해 주는 간접사실을 주장하는 것 자체가 미풍양속과 자녀보호에 반함을 이유로 허용되지 않는 경우가 많았고,[36] 처가 간통하였다는 사실을 증명하더라도 이것 만으로는 친생추정이 당연히 뒤집히거나 상간남이 아버지로 추정되지도 않았기 때문이다. 다만 이제는 친생부인 사건은 과학적 혈연검사에 의하여 해결되는 것이 일반적이다. 즉 실정법과 판례에 의하면, 혈연의 존부가 재판상 문제될 때에는 이를 과학적 검사에 의하여 확인하여야 하는데, 혈연 검사는 혼인 외의 출생자의 부성을 확인하기 위한 재판 절차와 친생추정 또는 출생신고를 근거로 인정되는 법적인 부자관계를 해소시키기 위한 재판 절차에서 행하여질 수 있다.[37]

영국에서는 과학적 검사에 의한 친생자관계의 존부확인에 대해 제소기간 등의 제한을 두고 있지 않지만 피검사자가 과학적 검사에 대해 동의하지 않는 한 이를 강제할 수 없고 법관은 검사를 거부를 당사자에게 불리한 사실을 추정할 수 있을 뿐이다.[38] 또한 부성부인은 자녀의 복리라는 제약 하에서만 허용된다.[39]

---

33) Re Moynihan, [2000] 1 F. L. R. 113.
34) Re H and A, [2002] F. C. R. 469; Re H (Minors) (Sexual Abuse: Standard of Proof), [1996] A. C. 563, p. 577.
35) Herring (2007), p. 312; Lowe/Douglas (2007), p. 324.
36) Harris-Short/Miles (2007), p. 672.
37) Lowe/Douglas (2007), p. 324.
38) Family Law Reform Act 1969 제23조 (1)항.

IV. 보조생식 자녀의 친자관계 결정기준

1. 개관

보조생식기술에 의하여 출생한 자녀에 대해서도 자연적 생식방법에 의하여 출생한 자녀와 마찬가지의 기준에 따라 친자관계가 결정되는 것이 원칙이다. Bracewell J가 판시한 것처럼, 어떤 방식으로 정자가 난자에 수정되었는지 무의미하다. 성행위는 법률상의 부자관계(fatherhood)의 불가결한 전제가 아니기 때문이다.[40]

다만 보조생식기술에 관한 일반법인 HFEA에 규정된 특칙의 적용요건을 갖춘 경우에 한하여 별도의 기준에 따라 친자관계가 결정된다.[41] 이와 관련하여, 특히 Leeds 사건 판결[42]은, 보조생식기술에 의하여 자녀가 출생하였더라도 HFEA 1990 제28조 (2), (6)항의 적용요건을 갖추지 못하였다면 일반적인 친자관계 결정 기준이 적용됨을 명백하게 밝힌 바 있다. 이 판결을 요약하면 다음과 같다: ①사실관계의 요지: A씨 부부와 B씨 부부는 모두 인가된 의료기관에 AIH 방식의 보조생식시술을 의뢰하였다. 그런데 병원 측의 과실로 인하여 B씨의 정자가 A부인에게 주입되었고 그 결과 사건본인이 포태·출생하였다. ②판시사항의 요지: 사건본인의 아버지는 B씨이다. 우선 사건본인과 혈연이 없는 A씨는 부가 될 수 없다. B씨의 정자에 의한 AID 시술에 동의하지 않았기 때문에 제28조 (2)항이 적용될 수 없기 때문이다. 또한 B씨는 자신의 정자를 A부인에 대한 AID시술에 사용하는데 대해 동의하지 않았기

---

39) S v. S, [1972] A. C. 24, p. 58~59 참조.
40) Re B (Parentag), [1996] 2 F. L. R 15, p. 21.
41) 따라서, 예를 들어 (HFEA 1990에 의한 인가를 받지 않은) 외국의 의료기관에서 보조생식시술을 받은 경우에는 이 법이 적용되지 않기 때문에 일반원칙에 따라 아버지가 결정된다(U v. W, [1997] 2 C. M. L. R. 431 = [1997] 2 F. L. R. 282, para.77 참조).
42) [2003] E. W. H. C. 259.

때문에 제28조 (6)항이 적용될 수 없다. 따라서 '일반원칙'에 따라 혈연부인 B씨에게 아버지의 지위가 귀속된다.

보조생식 자녀의 친자관계 결정기준에 관한 일반법인 HFEA는 제정 이후 두 번에 걸쳐 개정되었으나 친자관계의 결정기준에 관한 기본적인 태도는 바뀌지 않은 것으로 평가할 수 있다. 우선 HFEA (Deceased Fathers) 2003은 사후포태에 의하여 출생한 자녀의 부자관계에 관한 조항들을 신설한 것에 지나지 않는다. 다음으로 HFEA 2008은 비록 적지 않은 수의 조문들을 신설·변경하기는 하였지만 의료법적 규제에 대해서만 의미 있는 개정을 하였을 뿐이고,[43] 친자법에 대해서는 HFEA 1990의 시행과정에서 나타난 문제점을 개선하고 동성반려관계에 있는 사람들에 대해서도 이 법의 적용을 확장하는 정도에 그쳤다.[44] 특히 HFEA 2008은 보조생식 자녀의 모자관계를 먼저 결정한 후, 이러한 모와의 관계 여하에 따라 나머지 한명의 부모가 결정됨을 명확하게 규정하고 있다는 점을 주목할 만하다. HFEA 2008 제34조 (1)항은, 제35조~제47조는 보조생식 자녀의 모자관계가 제33조에 의하여 결정되었음을 전제로, 나머지 한 명의 부모를 결정하기 위하여 적용되는 것임을 명시하고 있다.

---

43) 의료법적 규제에 관한 조항들의 개정 내용의 개관은, HFEA 2008에 대한 해설 (위 웹문서)의 para. 10~13을, 구체적인 내용은 para. 22~169를 각각 참조.

44) HFEA 1990 제정 이후의 보조생식 의료기술의 발달과 사회의 변화, 그리고 이 법 시행상의 문제점 등에 대처하기 위한 정부의 조사활동은 2006년 12월에 발표된 백서(Review of the HFEA 1990: Proposals for revised legislation)로 구체화되었는데, 이 백서를 기초로 작성된 법안을 2007년 한 해 동안 양원합동 위원회에서 다시 검토하여 HFEA 2008이 제정되었다. HFEA 2008의 제정 경과와 배경 등에 관한 구체적인 내용은 HFEA 2008에 대한 해설 (위 웹문서) para. 4~9를 참조.

2. 모자관계

(1) 서언

영국에서도 다른 나라들과 마찬가지로 출산대리 사안이 등장함에 따라 모자관계의 결정기준을 무엇으로 할 것인지가 문제되었다.

대리출산의 허용여부와 대리출산 자녀의 모자관계 결정에 관한 체계적인 입법이 행하여지기 전에는 이러한 경우의 모자관계 결정에 대해서도 커먼로가 적용되었다. 따라서 출산모에게 모성이 귀속되고 이를 기준으로 부자관계가 결정될 수밖에 없었다. 하지만 대리출산의 허용여부라는 민감한 문제를 회피하기 위하여 자녀의 복리를 전면에 내세우면서, 유상의 입양계약을 무효로 하는 실정법의 규율에도 불구하고 대리모에게 대가를 지급한 의뢰부모에게 입양에 의하여 법률상의 부모의 지위를 인정하려고 하는 판례[45]가 형성되고 있었다.[46]

그러나 HFEA는 제정 당시부터 대리출산을 일정한 요건 하에 허용하였다. 이에 대해서는, 이러한 입법으로 인하여 법은 누구를 법적인 어머니로 인정할 것인가에 대한 딜레마에 처하게 되었다는 비판론이 제기되기도 하였다.[47]

(2) 출산주의

1) 연혁

HFEA 1990은 일정한 요건 하에 대리출산을 허용하면서, 대리출산으로 인

---

45) Re Adoption Application, [1987] Fam. 81, p. 88~89; Re M. W. (Adoption: Surrogacy), [1995] 2 F. L. R. 759.

46) Lowe/Douglas, (2007), p. 723~724.

47) Re W. (Minors) (Surrogacy), [1991] 1 F. L. R. 385, p. 386 (Scott Baker J.).

하여 출생한 자녀의 모자관계에 대해서도 명확한 규정을 두었는데, 이러한
체계는 HFEA 2008에도 그대로 이어졌다.

우선 이 법이 적용되는 경우에 난자제공자는 모자관계 성립에 관한 다른
요건을 충족한 경우가 아닌 한 혈연만을 근거로 법적인 친생모가 될 수 없음
을 명시하면서(HFEA 2008 제47조), 출산주의라는 일반원칙을 출산대리모
사안에 대해서도 그대로 관철시키고 있다(HFEA 1990 제27조; HFEA 2008
제33조).

2) 논거

이러한 입법태도는 법적인 모의 결정에 관한 한 혈연보다는 출산을 중시
한 것인데, 그 논거로는 출산에 수반되는 고통과 노력, 임신기간 동안 형성
되는 애착과 연대감, 혈연모의 확인보다는 출산모의 확인이 훨씬 쉽고 빠르
고 정확하다는 점, 난자 제공의 촉진 등이 거론된다.

이와 관련하여 HFEA 1990의 입법을 위하여 작성된 워녹 보고서[48]는, 모
자관계의 '확실성(certainty)'을 위하여 출산모에게만 법적인 모의 지위를 부
여하고 혈연모에게는 어떠한 권리의무도 인정하여서는 안된다고 제안하였다
(para. 6.8. 참조). 또한 Hale 대법관은 "부분적으로는 확실성과 편의가 이유
일 수 있지만 더 심오한 진실을 인정한 것이다: 아이를 임신하고 낳고 수개
월간 수유를 하는 과정은 대부분의 경우에 다른 어떠한 관계와도 구별되는
특별한 모자관계를 수반한다."라고 판시한 바 있다(Re G 사건 para. 34). 또
한 의사를 기준으로 친생부모를 결정하는 것이 합리적이라고 하더라도, 의사
주의를 관철시키면 의뢰부모의 변의로 인한 법적 친자관계의 해소가능성도
고려하여야 한다는 문제가 생긴다는 점도 지적된다.[49]

---

48) Warnock (1984).
49) Lowe/Douglas (2007), p. 308.

3) 적용요건: 의료법적 규제를 준수한 대리출산

위와 같은 출산주의 원칙은 이 법이 규정한 의료법적 규제를 준수한 대리출산 사안에 대해서만 적용된다. 따라서 해외에서 시술받은 경우와 같이 이 법이 적용될 수 없는 경우에는 부모가 되려는 의사가 있어도 입양이라는 절차를 거쳐야만 법률상의 부모가 될 수 있다. 영국법은 부모가 되려는 의사가 있더라도 곧바로 이를 근거로 '사회적' 부모라는 법적 지위를 인정하지 않기 때문이다.50) 따라서, 혈연모인 의뢰모와 출산모가 달라지는 출산대리모 사안의 경우에는 HFEA 2008의 적용 여부에 따라 법률상의 부모의 결정 과정이 달라지게 된다.

우선 이 법이 적용되지 않으면 출산모에게 법적인 모의 지위가 귀속된다. 다만 의뢰부는 비록 정자제공자라 하더라도 '비혼' 혈연부이기 때문에 그에게 당연히 법률상의 부의 지위가 귀속되는 것은 아니고 커먼로에 의한 부자관계의 성립요건, 즉 출산모의 동의에 의한 출생신고 또는 부성확인 재판이라는 별도의 요건을 갖추어야만 법률상의 부의 지위가 귀속된다.

반면 이 법이 적용되면, 법적인 모의 지위는 여전히 출산모에게 귀속되고 법률상의 부의 지위는 HFEA 2008에 규정된 부자관계 성립요건을 갖춘 남성이 있으면 그에게 원시적으로 귀속된다. 환언하면, 우선 출산모에게 배우자가 있을 때에는 그에게 법률상의 부의 지위가 귀속되고(HFEA 2008 제35조) 모에게 배우자가 없을 때에는 의뢰부인 혈연부에게 법률상의 부의 지위가 귀속된다. 대리출산 사안에서 의뢰부인 혈연부는 보조생식시술에 협력한 것으로 인정될 수 있을 뿐 아니라(제36조), 이 법의 부성귀속 요건을 갖추지 못하였더라도 커먼로에 따라 혈연부인 의뢰부에게 원시적으로 부성이 귀속될 수 있다. 의뢰부에게는 HFEA 2008 제41조(HFEA 1990의 제28조 (6)항에 해당함)가 적용되지 않기 때문이다.51)

---

50) Douglas (1994), p. 640.

(3) 부모를 정하는 결정(Parental Order)[52]

(a) 의의

이처럼 대리출산 자녀의 친자관계는 출산모와 자녀 사이에 원시적으로 성립하는 모자관계를 기초로 성립하지만, 의뢰부모, 특히 의뢰모는 부모의 지위를 정하는 재판을 통해 법률상의 부모가 될 수 있다. 이러한 재판이 확정되면 신청인(들)에게 부모로서의 지위와 권리의무가 인정되고 그 외의 사람(들)(특히 출산모)의 그것은 소멸한다(HFEA 2008 제54조 (1)항[53] 참조). 이러한 결정은 부모를 정하는 결정 등록부(Parental Order Register)에 등록되고, 자녀는 만18세가 되면 친생부모(birth family)의 신원이 기재된 출생증명서(birth certificate)를 발급받을 수 있다.[54]

(b) 요건

이 법에 의한 보조생식시술을 통해 의뢰부부의 일방 또는 쌍방의 생식세포를 사용하여 처 아닌 여성이 자녀를 포태·출산하였고, (2)~(8)항에 규정된 요건이 갖추어진 경우에 한하여, 법원은 대리출산 자녀를 의뢰부모의 법적인 자녀로 간주하는 '부모를 정하는 결정(parental order)'을 할 수 있다(HFEA 2008 제54조 (1)항[55]). 이 법에 의한 의료법적 규제를 준수한 보조생식시술

---

51) Harris-Short/Miles (2007), p. 727 참조.
52) HFEA 2008 제54조, 제55조. 이 조항들은 혼인한 부부 뿐 아니라 동성반려관계인 (Civil Partners)도 이 조항에 근거한 명령을 신청할 수 있도록 한 것 외에는 HFEA 1990 제30조의 내용을 그대로 유지하였다(HFEA 2008에 대한 해설 (위 웹문서), para. 188).
53) HFEA 1990 제30조 (9)항에 대응한다.
54) Adoption Act 1976 제51조, Parental Order (HFEA 1990) Regulation 1994에 의한 준용.

에 의하여 자녀가 출생한 경우가 아니면 이 명령을 신청할 수 없다.

의뢰부모에게 친생부모의 지위를 귀속시키 위한 결정적인 요건인 HFEA 2008 제54조 (2)~(8)항의 내용을 좀 더 구체적으로 살펴본다. 첫째로, 의뢰부모가 혼인하였거나 동성반려관계에 있거나 지속적인 가족공동생활을 영위하고 있어야 한다. 이 요건은 HFEA 2008에 의하여 개정되었는데, 모의 배우자 아닌 동거남도 HFEA 1990 제28조 (3)항에 의하여 법률상의 부가 될 수 있고 동성 반려자들을 비롯한 비혼 동거인들도 입양을 할 수 있음을 감안할 때 정합성이 결여된 것이라는 취지의 종래의 HFEA 1990에 대한 비판론56)을 반영한 것이라고 할 수 있다. 특히 이 조항은, 의뢰부모의 관계를 혼인, 적법한 동성반려관계 뿐 아니라 사실혼(또는 사실상의 동성반려관계)까지도 확장하고 있다는 점이 흥미롭다. 둘째로, 이들은 모두 만 18세 이상이고 그들 중 한 명은 영국 내에 주거가 있어야 한다. 셋째로, 자녀가 태어난 후 6개월이 지나지 않아야 하고 신청 당시에 의뢰부모와 동거하고 있어야 하며, 넷째로, 의뢰부모중 적어도 한 명의 생식세포가 사용되었어야 한다.57) 특히 네 번째 요건은 본조가 의사만을 기준으로 부모를 결정하는 것은 아님을 보여주는 것으로서 특히 입양의 엄격한 요건을 회피하는 '태아입양'의 수단으로 대리출산이 악용되는 것을 방지하기 위한 것으로 보아야 한다.58) 다섯째로, 출산모와 그의 배우자(이 법 제35조 또는 제36조나 제42조 또는 제43조에 의하여 부모로 인정되는 자를 포함한다59))가 이 명령의 효과에 대해 완전히 이해하였고 아무런 조건 없이 동의하였음이 증명60)되어야 한다(HFEA 2008

---

55) HFEA 1990 제30조 (1)항에 대응한다.

56) Harris-Short/Miles (2007), p. 728~729.

57) 의뢰부모측과 관련된 첫 번째 내지 네 번째 요건들의 근거조문은 HFEA 2008 제54조 (1), (2), (4), (5)항이다.

58) Harris-Short/Miles (2007), p. 729.

59) Re Q (Parental Order), [1996] F. L. R 369 참조.

60) 동의에 관한 증명방법에 관하여는 Adoption Act 1976 제61조가 준용된다(Parental Order(HFEA) Regulations 1994 참조). 비록 Adoption Act 1976이 Adoption and

제54조 (6)항). 다만 동의를 받는 것이 불가능한 경우에는 그렇지 않고, 또한 출산모가 출산 후 6주 이내에 한 동의는 무효이다(같은 조 (7)항). 이처럼 출산모의 동의를 부모의 지위를 정하는 재판 신청의 요건이 아니라 결정 자체의 요건으로 한 것에 대해서는 비판의 여지가 있다. 출산모가 자녀를 의뢰부모에게 인도한 후 동의를 철회하는 경우에 자녀의 복리와 무관하게 본조에 의한 명령을 할 수 없게 되기 때문이다. 다만, 입양허가결정 또는 Children Act 1989 제8조에 기한 결정을 할 수는 있을 것이다.[61] 여섯째로, 법원은 본조에 의한 결정 자체, (6)항에 의한 동의, 자녀의 인도 등과 관련하여 (합리적으로 인정되는 실비보상[62] 외의) 금전 또는 그 외의 이익이 수수되었는지의 여부를 심사하여야 한다(같은 조 (8)항).

법원은 위의 여섯 가지 요건이 충족된 경우에도 부모를 정하는 결정을 할 것인지의 여부에 대한 재량을 가지며, 이러한 재량을 행사함에 있어서 자녀의 복리를 최우선적으로 고려하여야 한다. 특히 입양허가 결정의 요건과 비교해 볼 때, '부모로서의 적합성'에 관한 심사기준은 없는 반면 신청인 중 최소한 일방은 자녀와 혈연이 있을 것을 요구하고 있다는 점이 특이하다.[63]

(c) 효과

본조에 의한 결정의 효과는 위임입법으로 규정되어 있는데, 그 핵심적인 내용은 입양허가결정과 마찬가지로 본조의 결정에 의하여 부모의 책임이 신청인들에게 배타적으로 귀속된다는 것이다. 즉 자녀는 (실제로 혼인 후에

Children Act 2002에 의하여 개정되었지만 여전히 구법 조항이 준용되는 것이다 (Adoption and Children Act 2002 Order 2005 SI/2897, Art. 14 참조).

61) Lowe/Douglas (2007), p. 316.

62) 구체적인 예로, 임신·출산에 소요되는 비용, 임신·출산기간 동안의 일실이익, 보험료 등을 들 수 있다. In Re C, [2002] E. W. H. C. 157 (Fam) = [2002] 1 F. L. R. 909 참조.

63) Herring (2007), p. 317~318.

태어났는지의 여부를 불문하고) 신청인의 혼인 중의 출생자인 것으로 간주
된다.[64] 본조의 결정에 의하여 부모로 간주되는 신청인 이외의 어떠한 사람
도 자녀의 법적 부모로 인정될 수 없으나[65] 근친혼 금지에 관하여는 그렇지
않다.[66]

이러한 효과는 HFEA 1990 제30조 (9)항의 위임에 의한 시행규칙[67]에 규
정되어 있었는데, HFEA 2008 하에서도 그대로 유지될 것으로 보인다.
HFEA 2008 제55조도 HFEA 1990 제30조 (9)항과 마찬가지로 부모를 정하
는 결정의 효과 등을 입양허가결정의 효과에 준하여 규정하도록 하고 있기
때문이다.

(4) 평가

이처럼 HFEA 2008 하에서도 출산주의가 적용되기 때문에 의뢰모인 혈연
모는 자녀의 출생과 동시에 법적인 모가 될 수는 없다. 그렇지만 입양허가
결정(adoption order) 또는 부모를 정하는 결정(parental order)이라는 재판을
거쳐 법적인 어머니가 될 수 있다. 또한 출산모는, 비록 모성부인권은 없지
만, 부모를 정하는 결정에 의하여 친생모라는 법적인 지위를 완전히 벗어날
수 있다.

HFEA 2008은 HFEA 1990의 출산주의를 그대로 유지하면서도 그 적용범
위를 동성반려자들에 대해서까지 확장하였다. 즉 여성 동성반려자들 중 한
명이 출산모가 된 경우(특히 출산모의 반려자가 난자를 제공한 경우)는 물론,
남성 동성반려자들 또는 여성 동성반려자들이 대리출산을 의뢰한 경우에도

---

64) Adoption Act 1976 제39조 (1)항.
65) Adoption Act 1976 제39조 (2)항.
66) Adoption Act 1976 제47조 (1)항.
67) Parental Order (HFEA 1990) Regulation 1994 SI 1994/2767.

이들이 자녀를 함께 키우기를 원한다면 이제는 두 사람 모두에게 부모의 지위가 인정될 수 있게 되었다.

3. 부자관계

(1) 서언

(a) 개관

이 법이 정한 보조생식 시술의 요건을 준수하고, '보조생식 시술에의 동참 (treated ogether)'이라는 요건이 충족되면, 의사주의에 따라 부자관계가 결정되도록 하는 HFEA 1990의 기본적인 체계는 현행법인 HFEA 2008에도 그대로 반영되어 있다. HFEA 2008은 이러한 특칙의 적용범위를 모의 동성반려 관계에 있는 사람들도 포함하도록 확장하고, HFEA 1990의 적용여부와 관련하여 혼란을 초래해 온 '동참'이라는 요건의 충족 여부를 좀 더 명확하게 판별할 수 있도록 하기 위한 구체적인 절차들을 규정하는데 그쳤다.[68] 이러한 사정을 감안하여 이하에서는 보조생식 자녀의 부자관계에 관한 친자법을 HFEA 1990에 대한 종래의 해석론을 중심으로 검토하면서 HFEA 2008에 의하여 개정되거나 신설된 부분을 보충하는 방식으로 살펴본다.

(b) 의사주의에 의한 부자관계 결정

이 법의 요건을 갖춘 AID 시술에 동참한 사람에게는 법률상의 부의 지위가 귀속된다. AID 자녀의 친자관계에 대한 특칙이 적용되기 위한 '동참'이라

---

68) HFEA 2008에 대한 해설 (웹문서 http://www.opsi.gov.uk/acts/acts2008/en/ukpgaen_20080022_en_1, 최종방문: 2011년 2월 20일), para. 172, 179~180.

는 요건의 의미는 이미 HFEA 1990 제28조가 적용된 판례에 의하여 구체화
되었다. ⓐ우선, 위 Re R 사건 판결에서 L. Hope는 '동참'이란 '신체적인 관
여'에 이를 필요는 없지만 단순히 AID시술을 받으라고 격려하거나 이에 동
의한 것만으로는 부족하고, AID 시술을 두 사람의 '공동사업'이라고 볼 수
있을 정도의 관여가 필요한 것으로 해석하여야 한다고 판시하였다. ⓑ한편,
HFEA 1990에 대한 시행규칙(Code of Practice)은 이 요건과 관련한 분쟁을
방지하기 위하여 시술 의료기관이 비혼모에 대한 AID 시술에 동참하는 남성
에게 '시술에 동참하였음'을 시인하는 양식에 서명하라고 권고하도록 규정하
였다. ⓒ나아가, 동참이 필요한 기간과 관련하여, 위 Re R 사건 판결은 배아
(胚芽)가 모체에 착상될 때까지는 동참 상태가 유지되어야 한다고 판시한 바
있다. 따라서 시술을 의뢰할 때에는 동참하였던 남성이 배아가 모체에 착상
되기 전에 모와 결별한 경우에는 동참한 것으로 인정될 수 없기 때문에 제28
조 (3)항에 의하여 아버지가 될 수 없게 된다. ⓓ이러한 판례법리에 대해서는
다음과 같은 비판적 견해가 제기되었다: 유전적 관련성도 없고 어린이에게
의미있는 역할을 할 가능성도 없는 남성이 법적인 아버지가 되는 상황을 방
지하려는 목적 자체에 대해서는 수긍이 가지만, 의료기관이 보조생식 시술의
착수 당시에 동참하기로 하였음을 확인하였더라도 그 후 즉 배아의 착상 당
시에 비혼모와 남성이 결별했다는 사실을 알 수가 없기 때문에 모는 그러한
사실을 묵비함으로써 동참이라는 요건을 회피할 수 있으며, 반려자의 관점에
서 보면 인공수정 시술 과정에 함께 참여하기 위하여 상당한 시간과 비용을
소모하였는데도 모가 '결별'을 선택하기만 하면 즉시 아버지가 될 수 있는
기회를 박탈당하게 된다.[69]

　이러한 특칙에 의한 부자관계는 처음부터 혈연과 무관하게 성립하는 것이
기 때문에 법률상의 부가 혈연부가 아니라는 사실만을 근거로 법적 부자관
계가 해소될 수는 없다. 다만, 의사와 혈연이라는 요소가 모두 결여된 경우,

---

69) 판례에 의한 해석론 및 비판론의 구체적인 출처 등은 Herring (2007), p. 315을 참조.

즉 법률상의 부가 혈연부가 아니고, AID 시술에 동의하지도 않았다는 사실을 모두 입증한 경우에 한하여 이러한 추정을 뒤집을 수 있으나,[70] 이러한 경우에도 혈연부인 정자제공자에게는 법률상의 부의 지위가 귀속될 수 없다. 즉 '이 법에 의하여 인가된 의료기관에서 수정란 또는 정자와 난자를 인위적으로 모체에 주입하여 자녀가 포태된 경우'라는 요건이 갖추어지면, 이 법이 정한 방식에 따라 인가된 의료기관에 정자를 기증하였던 사람은 이 정자를 사용하여 출생한 자녀의 아버지가 될 수 없는 것으로 확정된다.[71]

이러한 입법태도는 유전적 요소보다 의사적·사회적 요소를 우선시한 것으로서 관련 당사자들의 의사와 자녀의 복리를 고려한 것으로 평가할 수 있는데[72] 이러한 의미를 잘 보여주는 사례로서 Re C. H. 사건 판결[73]을 들 수 있다. 이 사건에서, 모는 신청인(배우자)의 동의를 받아 생식보조기술을 사용하여 사건본인을 포태·출산한 후 신청인과 이혼하였는데, 신청인이 자신이 법률상의 부임을 전제로 면접교섭허가결정을 구하자 모는 신청인이 사건본인의 생물학적 부가 아니기 때문에 면접교섭권이 인정될 수 없다는 취지로 항변하였다. 이에 Callman J.는 다음과 같이 판시하면서 모의 항변을 배척하였다: 신청인이 생물학적 부가 아님을 이유로 법적인 부자관계를 단절하려고 하는 것은 HFEA 1990 제28조 (2)항의 입법취지에 반한다. 또한 여러 해에 걸친 생식보조시술에 동참한 부의 지위를 단순히 생물학적 관련성이 없음을 이유로 부정하려는 모의 주장은 정의의 원리(principles of justice)에 반한다. 신청인의 동의가 없었다면 사건본인은 태어날 수도 없었다. 신청인도 모와 함께 사건본인의 존재에 대한 책임이 있는 것이다.

---

70) HFEA 1990 제28조 (2)항; HFEA 2008 제35조 (1)항.
71) HFEA 1990 제28조 (6)항; HFEA 2008 제41조 (1)항.
72) Harris-Short/Miles (2007), p. 705.
73) [1996] 1 F. L. R. 569.

(2) 요건

(a) 혼인과 무관한 의사주의의 적용

영국에서 적용되는 보조생식 자녀의 부자관계에 관한 의사주의는 의뢰부모의 혼인 여부, 이성(異性) 여부와 무관하게 인정된다. 즉 '보조생식 시술에의 동참(treated ogether)'이라는 요건만 갖추면 부모가 되려는 '의사'가 있는 것으로 인정되어, 자녀와의 혈연관계와 모와의 혼인관계라는 두 가지 요건을 모두 갖추지 못하였더라도 법적인 부모의 지위가 귀속될 수 있다.[74] 다만 이처럼 자녀와의 혈연도 없고 모와의 혼인관계도 없는 사람은 모의 배우자나 동성반려자에 비해 후순위로 법률상의 부모가 될 수 있을 뿐이다. 모에게 배우자가 있으면, 그가 AID에 동의하지 않아서 제28조 (2)항이 적용될 수 없는 경우라 하더라도 본조가 적용될 수 없다. 만약 제28조 (6)항의 요건이 갖추어져서 정자제공자에게도 부의 지위가 귀속되지 않는다면 결국 AID자녀는 원시적으로 '아버지가 없는' 상태로 태어나게 된다. 판례[75]는 되도록 부가 있는 것이 자녀의 복리에 부합하겠지만 그렇지 못한 경우가 발생할 수 있음을 시인한 바 있다.

이처럼 모와의 혼인과 자녀와의 혈연이라는 요건을 모두 갖추지 않은 사람에게도 법적인 부가 될 수 있는 가능성을 인정하는 이 조항은, HFEA 1990의 기초를 위한 준비작업의 결과물들[76]에 포함되어 있지 않았으나, HFEA 1990의 의회 심의 과정에서 뒤늦게 도입된 것이다.[77] 특히, House of Lords의 제3차 독회에서 Lord Mackay of Clashfern L. C.는 이러한 제도를 도입한 이유

---

74) HFEA 1990 제28조 (3)항; HFEA 2008 제36조~제37조.
75) [2003] E. W. C. A. 182, para. 27.
76) 워녹보고서; 정부의 백서인 Human Fertilisation and Embryology: A Framework for Legislation (1987, Cm 259).
77) U v. W, [1997] 2 C. M. L. R. 431 = [1997] 2 F. L. R. 282, para. 77 참조.

를 다음과 같이 설명하였다. "배아 또는 정자와 난자가 모의 체내에 주입된 때에 모와 계속적이고 안정적인 관계를 유지하고 있는 남성이 있는데도 그가 모와 혼인하지 않았다는 이유만으로 태어난 자녀를 '아버지 없는 자녀'로 만드는 것은 부당합니다 … 비혼동거남녀(unmarried couple)도 보조생식시술의 혜택을 입어 자녀를 얻을 수 있다면 자녀에 대한 책임도 함께 부담하여야 합니다. 이러한 제안이 비혼동거남녀들이 보조생식시술을 사용함으로써 혼인제도를 잠식하는 것을 조장하거나, 일시적인 동거관계와 영속적인 동거관계의 식별의 어려움으로 인하여 자녀로 하여금 부적합한 사회적 아버지가 생기는 현상을 초래할 것으로 오해하지 마셨으면 합니다."78)

이러한 입법태도에 대해서는 혼인과 혈연이라는 요건을 모두 갖추지 못한 남성에게 법적인 부의 지위를 원시적으로 귀속시키는 것은 세계적으로 유례가 없는 특이하고 당혹스러운 제도이기 때문에 엄격한 요건 하에 제한적으로 적용되어야 한다는 취지의 비판적 견해79)가 제기되기도 하였다. 그러나, HFEA 2008은 '동참'이라는 요건을 '동의에 근거한 부자관계 귀속의 요건(The agreed fatherhood conditions)'으로 대체하여 해석상의 혼란의 여지를 줄인 후 여전히 같은 입법태도를 유지하고 있다. 즉 HFEA 2008 제36조는 HFEA 1990 제28조 (3)항과 마찬가지로 이 법에 의한 의료법적 규제를 준수한 보조생식 시술에 의하여 모가 포태하였고 모에게 배우자나 동성반려자가 없는 경우에 한하여, 동의에 근거한 부자관계의 귀속요건을 충족하면 혈연부 아닌 남성이 자녀의 법적인 친생부가 될 수 있음을 인정하고 있다.

---

78) Hansard (HL Debates) 1990. 3. 20. cols 209~210, Re R, [2005] 2 A. C. 621, para. 9에서 재인용.
79) U v. W, para. 68, 75~77.

(b) 동의의 의미

다만 HFEA 2008 제37조는 이러한 '동의에 근거한 부자관계의 귀속요건'을 1990년법에 비해 훨씬 더 자세하게 규정함으로써 그 존부의 판별을 명확하게 하고 이러한 요건의 충족 여부를 명확하게 하려고 시도하고 있다. 우선 단순한 '동참'이 아니라, 책임자(the person responsible)[80]에 대해 부자관계 성립이라는 효과에 대해 동의한다는 명시적 의사표시를 할 것을 요건으로 하고 있을 뿐 아니라, 부가 되기를 원하는 동거남 뿐 아니라 모에게도 이러한 부자관계 성립에 대해 동의할 것을 요구하고 있다(제37조 (1)항 (a)~(b)). 또한 모의 동의가 중복되어 이 조항에 근거한 법적 친자관계가 중첩되는 것을 방지하기 위하여 모가 책임자에게 다른 남성 또는 여성에게도 같은 취지의 동의를 한 적이 있다는 취지를 통지하면 먼저 한 동의의 효력이 소멸하는 것으로 규정하고 있다(같은 항 (d)).

한편 동의하였던 남성 또는 모는 자유롭게 이러한 동의를 철회할 수 있음을 명확하게 하고(같은 항 (c)), 동의의 존부나 진정성에 대한 다툼을 방지기 위하여 동의와 철회는 모두 서명한 서면에 의해서만 할 수 있도록 하고 있다(같은 조 (2)).

(3) 동성반려관계에 대한 적용

HFEA 2008은 보조생식 자녀의 친자법에 관한 모든 특칙들을 동성반려관계에 대해서도 적용하고 있다. 우선, 의뢰부모가 양성 부부인 경우는 물론 동성 반려관계인들인 경우에도 다른 요건들이 충족되어 있다면 이들이 대리

---

80) 이 조항에서 말하는 '책임자'란 인가된 의료기관에 소속된 사람으로서 보조생식 시술을 감독할 권한과 의무가 있는 사람을 뜻한다(HFEA 2008에 대한 해설 (위 웹문서), para. 172).

출산 자녀와 의뢰부모 사이의 친생자관계 성립요건인 부모를 정하는 결정 (parental order)에 의하여 자녀의 친생부모가 될 수 있도록 하였다.[81]

나아가 AID 자녀의 경우에는, 모의 법적 동성반려자에는 모의 배우자에 관한 제35조와 동일한 내용인 제43조를 적용하여 AID 시술에 동의하였다면 당연히 법적 친생부모의 지위가 귀속되도록 하고, 모와 사실상의 동성반려관계를 유지하고 있는 여성에게도 모의 비혼 동거남에 관한 제36조와 동일한 내용인 제44조의 요건이 충족된 경우에는 법적 친생부모의 지위가 귀속될 수 있도록 규정하고 있다.

V. 영국 친자법의 특징

영국의 친자법의 특징은 다음과 같이 요약할 수 있다.

우선 일반적인 친자법과 관련하여, 형식적인 면에서는 친자법의 法源으로 커먼로와 실정법이 혼재되어 있어서 전모를 파악하기가 쉽지 않다는 점을 들 수 있고, 내용이라는 면에서는 친자관계의 성립과 해소 모두에 대해 비교적 간결한 요건들만을 두고 있다는 점을 들 수 있다. 다음으로, 내용에서의 특징을 살펴보면, 부자관계의 성립이라는 단계에서는, 혼인 중의 출생자에 대해서는 출생시주의에 의한 친생추정, 혼인 외의 출생자에 대해서는 모의 동의를 전제한 임의인지라는 요건을 규정함으로써 혈연보다는 모와의 관계를 중시한다. 반면 혈연에 반하는 친자관계의 해소를 구하는 경우에는 과학적 혈연검사를 중시하고 제소기간 등의 제한을 두지 않는 대신 자녀의 복리 심사를 거치도록 하고 있다. 나아가, 영국 친자법은 보조생식 자녀에 관한 친자법적 규율을 명확하게 하고 있다. 즉 세계 최초로 실정법에 의한 전면적인 규율을 시도하였을 뿐 아니라, 그 내용에 있어서도 (각국의 입법작업을

---

81) HFEA 2008 제54조 참조.

지연시키고 있는) 민감한 쟁점사항들에 대해 과감한 선택을 하였다는 점을 주목할 만하다. 예를 들어 HFEA는, 의료법적 규제와 친자법을 연계시켰고, AID 자녀에 대해 혈연 대신 의사를 적극적인 부자관계의 성립 요건으로 하였으며, 대리출산 자녀에 대해서는 출산모와 의뢰모의 이해관계를 조화롭게 고려한 절충적인 방식을 채택하였다.

영국의 친자법의 이러한 특징들 중에서 특히 HFEA를 중심으로 하는 보조생식 자녀에 대한 친자법은 우리나라에도 소개된 적이 있으며, 영국 친자법의 일반적인 규율도 참고할 만한 가치가 충분하다고 여겨진다. 부자관계의 성립 단계에서는 혈연을 중시하지 않지만 해소 단계에서는 혈연을 중시하면서도 혈연주의에 대한 억제장치로서 자녀의 복리라는 기준을 활용하는 방식은, 장래의 입법방향을 모색함에 있어서 시사하는 바가 적지 않기 때문이다.

제5절 프랑스[1]

I. 서언

1. 프랑스 친자법의 영향

프랑스법의 친자법은 일본 친자법의 모법으로서[2] 일본법을 계수한 우리나라 친자법에도 영향을 미쳤다. 다만 이러한 프랑스 친자법의 영향은 개별조문의 해석론상으로는 잘 포착되지 않는다. 일본민법은 제정 당시부터 프랑스법과는 다른 내용들을 규정하였고, 우리 민법은 다시 제정 당시부터 일본민법과는 다른 내용들을 규정하였으며, 프랑스 친자법 자체도 그 후 여러 차례의 개정을 거친 결과, 현행법의 내용만 놓고 보면 적지 않은 차이가 있기 때문이다.

---

1) 이하에서 법명 없이 인용하는 것은 모두 프랑스의 현행 민법 조문들이다. 프랑스법의 조문의 번역은 1972년 개정법은 웹싸이트 http://www.legifrance.gouv.fr 에서 제공되는 영어번역판을, 2005년 개정법은 위 웹싸이트에서 제공되는 영어번역판의 업데이트판을 각각 참조하였음을 밝혀둔다. 다만, 친자관계에 관한 소의 명칭을 번역할 때에는 원문의 표현(예를 들어, Des actions aux fins d'établissement de la filiation, Des actions en contestation de la filiation 등)을 직역하지 않고 성질이 비슷한 우리 민법상의 소의 명칭을 사용하였다. 즉 친생추정을 받는 혼인 중의 출생자의 부자관계를 다투는 절차는 '친생부인'으로, 인지에 근거한 친자관계를 다투는 절차는 '인지이의'로, 그 외의 경우는 '친생자관계 부존재확인'으로 각각 번역하였고 이들을 통칭할 때에는 '부성부인'이라는 용어를 사용하였다. 한편 혼인 외의 출생자가 부모를 상대로 친자관계의 성립을 구하는 절차는 '인지청구' 또는 '강제인지'로 번역하였으며, 혼인 중의 출생자가 부모를 상대로 친자관계의 성립을 구하는 절차는 '친생자관계 존재확인'으로 번역하였다.
2) 水野紀子 (1991. 4), 11면.

그러나, 프랑스의 친자법은 친자관계의 결정기준이라는 기본문제에 대한 시각과 관련하여 일본과 우리나라의 친자법에 영향을 미치고 있다. 프랑스법에 의하면, 출생증서라는 공문서상의 기재라는 형태로 나타나는 법적 친자관계는 (독일이나 영국의 경우와는 달리) 당연히 혈연상의 친자관계를 반영하는 것이 아니다. 법적 친자관계는 사회적 친자관계에 의하여 뒷받침될 때 특별한 의미와 보호가치가 인정되기 때문이다. 이러한 기본적인 관점은 프랑스 민법 제정 당시부터 최근의 2005년 개정법까지 유지되고 있으며, 우리나라와 일본에서 전개되고 있는 친생부인 제한의 정당성에 관한 논의에 적지 않은 영향을 미치고 있다.

프랑스 친자법에 특유한 '혈연을 전제하지 않는 독자적인 법적 친자관계'라는 개념은 절차법적으로도 그 실현이 보장된다. 프랑스에서는 국적, 혼인, 친자관계, 혈족관계, 인척관계, 성명, 주소, 성별, 행위능력 등은 개인의 '신분'을 기재한 공문서인 신분증서(Les actes de l'état civil énonceront, 제34조)에 의하여 증명된다(제319조). 이러한 신분증서는 개인을 단위로 작성되는데, 가장 기본적인 신분증서인 출생증서는 양친의 성명이 모두 공란인 채로 작성될 수도 있고(제57조 1항 2문), 설령 양친의 성명이 기재되었다 하더라도 이것이 반드시 혈연관계나 양친 사이의 혼인관계 등의 사정을 보여주는 것은 아니다. 즉 프랑스의 신분등록제도는 당사자의 '법적' 신분관계 자체를 나타내는 것이 주요한 목적이며 혈연의 진실을 공시하는 것은 전제되어 있지 않다.[3]

일본과 우리나라에서는, 프랑스와는 달리, 민법 제정 당시부터 가족관계의 등록은 혈연의 진실을 공시하여야 한다는 원칙이 확립되어 있었다. 이처럼 실체법은 법적 친자관계의 독자적인 보호가치를 전제하고 있는 프랑스법을 계수하면서도 절차법적 측면에서는 혈연진실주의를 전제하는 호적제도를 유지함으로써, 친자법에는 제정 당시부터 절차법과 실체법의 불일치로 인하여

---

3) 水野紀子 (1991. 4), 10면.

야기되는 혼란의 가능성이 내포되어 있었다. 이러한 문제를 해결하기 위하여, 학설과 판례는 혈연주의를 강화함으로써 프랑스법적인 내용을 희석시켜왔다.[4]

2. 2005년 친자법 개정의 개관

(1) 2005년 개정의 의의

현행법인 2005년 개정법[5]은 친자법 부분에 대한 전면적인 개정으로서, 그 목적은, 첫째로, DNA 검사기법의 발달로 인하여 혈연의 중요성이 가중되고 있다는 현실을 반영하면서도, 둘째로, 혈연과 일치하지 않는 법적 친자관계의 보호를 적절하게 유지하고 혼인 중의 출생자와 혼인 외의 출생자에 대한 평등대우를 좀 더 철저하게 실현하기 위하여 구성 자체를 개편하며, 셋째로, 친자관계에 관한 소송 등에 관한 절차법적 조항들을 단순·명료하게 정비하는 한편, 넷째로, 1972년 개정법의 시행과정에서 발생한 문제점들을 바로잡고, 아울러 그 동안 형성된 판례를 반영하는 것 등이었다.[6]

다만 혼인 외의 출생자의 부모 사이에 혼인 장애 사유(제161조, 제162조)에 해당하는 혈족관계가 있는 경우에는 혼인 외의 출생자는 부자관계와 모자관계 중 하나만을 성립시킬 수 있도록 한 구 제334-10조를 그대로 유지함(제310-2조)으로써, 부모들의 행위로 인한 자녀의 차별 대우를 완전히 철폐하지는 못한 것으로 평가된다.[7] 1972년 개정 당시에 난륜자녀에 대한 이러

---

4) 水野紀子 (1991. 4), 8면~9면.
5) 친자관계의 개정에 관한 2005년 개정법은 법의 간소화에 관한 2004년법(Loi n° 2004-1343) 제4조에 근거한 위임입법(ordinnance)이라는 방식으로 입법되었다.
6) 羽生香織 (2008), 395~396면.
7) 羽生香織 (2007), 120면.

한 차별을 철폐하려는 시도가 있었으나, 입법과정에서 부모 모두와의 친자관계 성립을 허용하는 것은 자녀가 난륜자임을 공시하는 것으로서 오히려 자녀의 이익에 반한다는 취지의 반론이 제기되었다.[8] 2005년 개정법이 난륜자녀에 대한 차별조항을 유지한 것도 이러한 관점을 유지한 것이라고 볼 수 있다.

(2) 특징

(a) 친자관계에 관한 소에 대한 일반원칙의 정비

2005년 개정법은 친자관계에 관한 조항들을 체계적으로 재배치하면서 법적 친자관계의 성립 또는 해소를 구하는 절차에 관한 조항들을 총칙 부분에서 통일적으로 규정하였다. 그 내용을 개관하면 다음과 같다.

첫째로, 이러한 절차에 있어서 당사자들이 모든 증거방법을 사용할 수 있도록 하였을 뿐 아니라, 1972년 법이 남소 방지를 위하여 규정하고 있던 '중대한 징표'라는 소송개시 요건(구 제340조)을 삭제함으로써 적법하게 확보한 DNA 검사결과를 근거로 소를 제기하는 것도 가능하게 하였다. 둘째로, 이로 인하여 즉 혈연의 부존재만을 이유로 장기간 지속된 법적 친자관계가 해소되는 것을 방지함으로써 친자관계의 안정성이라는 요청을 실현하기 위하여 제소기간을 제한하는 조항들을 명확하고 단순하게 정비하였다.[9] 우선 친자관계에 관한 소의 제소기간에 관한 일반조항(제321조)을 두어, 법률이 다른 기간을 정한 경우가 아닌 한, 다툼의 대상이 된 신분의 성립 또는 소멸일로부터 10년이 지나면 더 이상 이러한 소를 제기할 수 없으며, 자녀가 미성년인 동안은 이 기간의 진행은 중지되도록 하였다. 이 조항은 1972년법이 규정하고 있던 30년이라는 일반적인 제소기간 제한에 비해 대폭 단축된 것으로

---

8) Helms (1999), S. 26
9) 羽生香織 (2007), 121~122면.

평가할 수 있다. 나아가 신분점유 부존재 확인의 소는 신분점유 종료일, 인지된 날 또는 공지증서(公知證書: Acte de notoriété)[10] 교부일로부터 5년으로 하여, 제소기간을 더욱 짧게 규정하고 있다.

(b) 신분점유에 관한 규정의 정비

2005년 개정법은 친자관계의 결정과 관련하여 신분점유의 기능을 더욱 강화하면서 신분점유에 관한 조항들을 좀 더 구체적이고 체계적으로 정비하였다.

즉, 신분점유는 친자관계 및 혈족관계를 보여주기에 충분한 제반 사정을 근거로 인정된다고 하면서(제311-1조), 이러한 사정들 중 주요한 것을 명문규정으로 예시하고 있는데 그 내용은 다음과 같다. ①부모와 자녀가 서로를 실제 친자관계에 있는 것처럼 대우하였을 것. ②동거하면서 경제적 부양과 교육을 제공하였을 것. ③부모의 친족들 사이에서, 그리고 사회적으로도 친자관계로 인정될 것 ④공공기관에 의해서도 친자관계로 인정될 것. ⑤자녀가 부모의 성(姓)을 사용하고 있을 것.

이러한 내용은 1972년 법과 대체로 비슷하지만 '성'의 사용보다는 사회적 친자관계라는 실질을 전면에 내세우고 있다는 점을 주목할 만하다. 또한 2005년 개정법은 종래에도 규정되어 있었던 신분점유의 '계속'이라는 요건뿐 아니라 명백·평온·공연이라는 요건도 추가하였는데(제311-2조), 이러한 개정은 1972년 개정법의 해석·적용과 관련하여 전개된 판례의 태도를 반영한 것이다.[11]

---

10) 어떤 사실에 대한 여러 명의 증인의 진술을 내용으로 하는 공정증서의 일종으로서 공증인 또는 법관이 발급한다(中村紘一 (1996) 참조).
11) 羽生香織 (2008), 369면 각주 85 참조.

II. 모자관계의 결정기준

프랑스의 친자법도 일단 모자관계를 결정한 후, 모의 혼인 여부에 따라 부를 결정하기 위한 이원적 기준을 적용하는 기본구조에 있어서는 다른 입법례들과 동일하다. 다만 프랑스에서는 자녀의 출생증서에 모의 성명을 기재하지 않는 것을 허용하는 이른바 익명출산 제도가 인정되어 왔다는 점을 주목할 만하다.

1. 모자관계의 성립

(1) 원칙

현행법인 2005년 개정법은 혼인 외의 출생자에 대해서만 인지를 요건으로 모자관계가 성립하도록 하였던 종래의 입법태도를 변경하여 모든 자녀에 대해 적용되는 통일적인 모자관계의 결정기준을 규정하였다. 1972년 개정 전에는 혼인 중의 출생자의 모자관계는 출산을 근거로 성립하지만 혼인 외의 출생자에 대해서는 모자관계도 인지라는 요건을 갖추어야만 성립하도록 되어 있었다. 즉, 1972년 법에는 혼인 중의 출생자의 모자관계에 대해서는 명문규정이 없었고, 혼인 외의 출생자의 모자관계는 부자관계와 마찬가지로 임의인지(구 제334-8조)를 거쳐야만 성립하는 것으로 규정되어 있었다. 1993년 개정법(Loi n°1993-22)에 의하면, 혼인 외의 출생자의 모에 대한 인지청구의 소는 제341-1조에 규정된 경우(즉, 익명출산의 경우) 외에는 원칙적으로 허용되었으며 출산이라는 사실이 주요사실이었다. 그러나 모에 대한 인지청구의 소 역시 남소방지를 위하여 추정 또는 간접증거에 의하여 친자관계의 존재를 인정할 수 있을 정도임이 인정되는 경우에 한하여 허용되었다(제341조).

현행법에 의하면, 모든 자녀의 모자관계는 원칙적으로 출생증서의 기재에 따라 성립한다(제311-25조). 다만 이처럼 출생증서 기재에 의하여 모자관계가 증명되지 못하는 경우에는, 부자관계와 마찬가지로 임의인지(제316조 제1항), 신분점유(제310조의3, 제317조), 강제인지(단, 익명출산의 경우를 제외한다) 등의 요건을 갖춤으로써 성립할 수 있다(제325조, 제326조).

(2) 예외: 익명출산의 경우

출산모가 자신의 신원을 밝히지 않고 자녀를 출산할 수 있게 하는 익명출산 제도는 프랑스 특유의 제도라고 평가하는 것이 일반적이지만,[12] 미국의 경우에는 오히려 이러한 제도를 주법으로 인정하고 있는 입법례가 압도적이다.[13] 우리 나라에서도 이러한 제도의 도입을 제안하는 법안이 제안된 바 있다.[14] 이 법안은 낙태방지, 비혼모의 사회복귀 촉진, 비혼모가 출산한 자녀에 대한 사회적 안전망 확대, 저출산·고령화로 인한 국가의 피해 최소화 등의 목적(법안 제1조)을 달성하기 위하여, 출산모가 본인의 임신 및 출산사실과 신분에 대한 비밀의 준수를 요청하여 출산하는 '희망출산'을 요청한 경우에는 그러한 사실에 대한 비밀 보장 하에(법안 제3조, 제9조 참조) 해산급여 등

---

12) 유럽연합에 속한 나라들 중에서 출생신고시에 부모의 신원을 밝히지 않아도 되는 나라는 프랑스, 이탈리아, 룩셈부르크 세 나라에 불과하다(Odiévre v. France, para. 19).

13) 미국의 경우에는 47개 주가 익명출산과 비슷한 제도인 이른바 Safe Haven Law를 법적으로 인정하고 있다. 미국 각 주의 Safe Haven Law의 현황은 웹페이지 http://www.childwelfare.gov/systemwide/laws_policies/statutes/safehaven.cfm (최종방문: 2011년 2월 20일)를, 캘리포니아, 텍사스, 일리노이, 뉴욕 등 주요 주들의 익명출산 제도에 대한 평가와 유럽 각국의 익명출산(또는 이에 준하는) 제도와의 비교분석은 Ayres, (2009)를 각각 참조할 것.

14) 박선영 의원이 2008년 9월 12일에 대표발의한 낙태방지 및 출산지원에 관한 법률 안(의안번호 제1800927호). 국회 의안정보 검색시스템 http://likms.assembly.go.kr/ (최종방문: 2011년 2월 20일)에 의하면, 이 법안은 2008년 9월 16일 국회 보건복지 가족위원회에 회부되었으나 그 후에는 더 이상 심의가 진척되고 있지 않다.

의 지원(법안 제4조, 제5조, 제7조)을 받을 수 있도록 하는 전형적인 익명출
산제도를 상정하고 있다. 뿐만 아니라, 최근에는 한 성직자 부부가 출산모가
익명으로 신생아를 두고 갈 수 있게 하는 이른바 '베이비박스'를 설치한 사
례가 언론에 보도되기도 하였다.[15] 따라서 프랑스의 익명출산 제도의 의의
와 연혁, 순기능과 역기능, 이와 관련하여 상충하는 법익들 등에 관한 논의
는 단순한 비교법적인 연구에 그치는 것이 아니라, 이러한 제도의 도입 필요
성에 관한 입법론과도 직결되는 문제로 되었다. 특히, 도입을 전제로 프랑스
의 익명출산 제도를 검토할 때에는 전체적인 모습을 파악할 필요가 있음을
유의하여야 한다.[16] 왜냐하면 프랑스의 현행법상의 익명출산 제도는, 단순히
모가 익명으로 출산할 수 있게 해 주는데 그치는 것이 아니라, 출산 전까지
의 모성보호와 출산 후의 친양자 입양절차를 포함하는 것으로 파악하여야
하기 때문이다.

익명출산에 대해서는 프랑스에서 많은 논란이 있었지만, 이하에서는 익명
출산 제도가 자녀의 가족생활권(유럽인권협약 제8조)을 침해하는지의 여부가
심판대상이었던 유럽인권법원의 Odiévre v. France 사건 판례의 내용을 중심
으로 살펴보는데 그친다.

(a) 연혁

1) 프랑스의 전통으로서의 익명출산 제도[17]

프랑스에서는 자녀를 출산한 여성은 자신의 출산 사실에 관한 비밀의 보
장을 요구할 수 있으며, 이러한 경우에는 모자관계 존재확인의 소 제기가 금

---

15) 연합뉴스, 한국일보, 경향신문, 세계일보 등의 2월 6일자 기사 참조.
16) 프랑스의 익명출산 제도의 배경과 도입과정에서의 논의에 대한 소개, 출생한 자녀
   의 출생증서와 가족관계등록부 작성방법, 입양절차 등의 전체적인 모습에 관한 구
   체적인 내용은 西希代子 (2001)을 참조.
17) Odiévre v. France, para. 15.

지된다(제325조). 이러한 익명출산 제도는 중세 이래로 계속되어 온 것으로서 프랑스의 전통이라고 할 수 있다. 당시의 교회가 운영하던 자선단체에는, 벽 외부에서 신생아를 상자에 넣은 후 종을 울리면 내부에서 상자를 회전시켜 외부에 있는 모의 신원을 확인하지 않은 채 신생아만을 인수할 수 있게 하기 위한, 이른바 '회전상자'가 설치되어 있었다고 한다. 이러한 익명출산 제도는, 미혼모를 위한 모성보호시설(maisons maternelles) 제도와 결합하여 자녀를 양육할 수 없는 상황에 놓여 있는 모에 의한 낙태, 영아살해, 기아 등을 방지한다는 순기능을 수행하고 있다. 반면, 자녀의 혈연을 알 권리를 극도로 제한할 뿐 아니라 부모로서의 책임 방기를 조장하는 등의 역기능도 부인할 수 없는 것이 현실이다. 따라서 이 제도에 대한 평가는 사회적 상황에 따라 (주로 인구증가의 필요성 여부에 따라) 바뀌어 왔고 이에 따라 그 요건이 엄격해 지거나 완화되는 등의 변화를 겪어 왔다. 익명출산 제도가 법적인 모자관계 성립에 미치는 영향을 명시적으로 규정한 것은 1993년 개정법[18]에 의한 구 제341-1조의 신설과 제341조의 개정이었다. 현행법상의 익명출산 제도에 의하면, 자녀의 혈연에 관한 정보는 비밀로 간주된다. 특히 자녀가 만 1세 미만인 경우에는 기존의 신분증서에 기재된 친자관계는 무효가 되고 가상적인 친자관계를 기재한 새로운 신분증서(이른바 잠정신분증서)가 다시 발급된다.

2) 익명출산 제도에 대한 보완[19]

익명출산 제도가 1993년에 민법전에 반영된 이후에도 이 제도의 유지 또는 개선여부에 관한 논의가 계속된 끝에, 2002년 1월 22일 법[20]이 제정되었다. 이 법의 주요내용은, 익명출산에 의하여 출생한 자녀, 입양된 자녀 등의

---

18) Loi n°1993-22.
19) Odiévre v. France, para. 16~17.
20) Loi n°2002-93.

혈연을 알 권리를 보호하기 위하여 이들에 관한 정보를 관리하기 위한 공공기관을 설립하고(L.147-1), 혈연에 관한 정보제공 신청을 처리하기 위한 절차를 구체적으로 규정하며(L.147-2～L.147-5), 익명출산을 한 모가 동의한 경우에는 모의 인적 동일성을 식별할 수 있는 정보를 제공할 수 있도록 하는 것이다(L.147-6～L.147-8).

(b) 익명출산 제도에 관한 평가

1) 친자법제의 전체적인 구도와의 관계[21]

현행법상의 익명출산 제도는, 모자관계 결정기준에 관한 전통을 유지·강화하면서도, 친자법제 전반에 대한 새로운 경향과는 상충하는 양면성을 가지는 것으로 평가할 수 있다.

우선, 현행법은 익명출산 제도의 적용범위를 모의 혼인 여부를 불문하고 모든 자녀에게 확장하고, 익명출산 자녀에 의한 인지청구의 소 제기를 명시적·전면적으로 금지하였다. 이러한 점에 비추어 본다면, 모자관계의 결정기준으로서 출산이라는 사실보다 모의 의사를 중시하였던 전통을 유지·강화한 것으로 평가할 수 있다. 반면, 프랑스 친자법제의 최근의 개정 추세는, 혈연의 존부 판명이 가능하게 되었다는 현실과 국제인권법과의 저촉을 최소화하려면 자녀의 혈연을 알 권리의 보장을 강화하여야만 한다는 당위성에 바탕을 둔, '혈연주의의 강화'임을 감안한다면, 익명출산 제도는 이러한 친자법제의 전반적인 경향에는 반하는 것이라고 평가할 수 있다.

그러나, 이들 중 후자의 측면을 지나치게 강조할 필요는 없다. 왜냐하면 비교법적으로, 또한 국제인권법적으로 보더라도, 혈연주의의 강화가 혈연주의의 '관철'을 의미하는 것은 아니기 때문이다. 부자간의 혈연의 존부 판명

---

21) 西希代子 (2001), 413～414면.

이 가능하게 되었는데도 프랑스의 현행법을 비롯한 각국의 입법례가 부성추
정 제도를 유지하고 있는 것과 마찬가지로, 익명출산 제도도 혈연주의 관철
로 인한 충격을 완화하고 관련 당사자들의 이익을 조화롭게 보호하기 위한
'방파제'로 인정될 수 있을 것이다.

2) 상충하는 이익들: 유럽인권법원의 판단

유럽인권법원 판례에 의하면, 혈연의 인식은 자아정체성의 중요한 부분을
구성하는 것으로서 자녀의 사생활과 직결된다. 따라서 출산모를 비롯한 부모
의 신원은 개인의 정체성 확립과 인격발달에 필요한 중요한 정보로서 유럽
인권협약 제8조의 보호대상인 사생활의 일부를 형성한다.[22] 그러나, 프랑스
정부가 주장한 것처럼, 익명출산 제도는, 비록 자녀의 사생활에 관한 이익을
제한하는 면이 있기는 하지만 그 목적은 출산의 익명성 보장 자체가 아니라
이를 통해 원하지 않는 임신을 한 여성들이 안전하고 쾌적한 환경 속에서
임신·출산을 할 수 있도록 보장하는 것이다. 또한, 출산모의 동의 없는 익명
출산 기록의 공개는 출산모 뿐 아니라 입양부모, 그리고 출산모 측과 입양
부모 측의 다른 가족구성원들의 사생활과 가족생활에 관한 이익도 침해할
수 있다.

따라서 익명출산 제도가 모의 사생활에 관한 이익, 자녀의 출생이라는 가
장 근본적인 이익, 낙태·영아살해의 방지라는 공익을 실현하는 것이라는 점
을 간과할 수 없다. 뿐만 아니라, 프랑스에서는 관련법규를 정비하여 비식별
정보에 대한 접근은 물론, 익명출산모의 동의 하에 인적 동일성을 식별할 수
있게 해주는 정보 제공도 가능하도록 하였다. 즉, 1978년 7월 17일 법에 의
하여 자녀는 비식별 정보에 대한 접근이 가능할 뿐 아니라 2002년 법은 익
명출산을 한 모에게 봉인된 봉투 표면에 비식별 정보를 기재하도록 하고 있

---

22) Odiévre v. France, para. 29, 59.

기 때문에, 자녀의 정체성 확립과 인격발달을 위하여 필요한 부모의 신체
적·정신적 특징이나 출생 당시의 정황 등에 관한 정보에 대한 접근은 어느
정도 보장되어 있는 것이다.[23] 따라서, 프랑스의 현행 법제는 상충하는 이
익들을 조화롭게 고려한 것으로서 입법재량의 범위 내에 있는 것으로 평가
할 수 있을 것이다.[24]

2. 모자관계의 해소

2005년 개정법은 모자관계의 성립 뿐 아니라 그 해소에 대해서도 모든 자
녀에 대해 통일적으로 적용되는 조항을 신설하면서 출산주의 원칙을 선언하
였다. 즉 법적 모자관계(maternité)가 성립하였더라도, 출생증서상의 기재 또
는 그 밖의 증거에 의하여 법적인 모가 자녀를 출산하지 않았음이 증명된 때
에는 모성부인의 소에 의하여 이것을 해소할 수 있다(제332조).

III. 부자관계의 결정기준

1. 부자관계의 성립

(1) 개관

법적 친자관계는 법률[상의 추정], 임의인지, 또는 공지증서에 기재된 신
분점유, 또는 재판에 의하여 성립하는 것이 원칙이다(제310-1조). 이러한 법
적 친자관계는 출생증서, 임의인지, 신분점유에 대한 공지증서로써 증명하는

---

23) Odiévre v. France, para. 36.
24) Odiévre v. France, para. 44, 48, 49.

것이 원칙이지만 그 외에도 이 법 제3장에 규정된 친자관계에 관한 재판절차에서는 친자관계의 존부를 증명하기 위한 모든 증거방법을 제출할 수 있다(제310조-3조). 특히 2005년 법은 1972년 법이 혼인 중의 출생자에 대해서만 적용되는 것처럼 규정하고 있었던 신분점유를 혼인 중의 출생자와 혼인 외의 출생자 모두에 대해 적용될 수 있는 제3의 독자적인 기준으로 규정하고 있다는 점을 주목할 만하다.

그러나, 2005년 개정법은 이처럼 혼인 중의 출생자와 혼인 외의 출생자 모두에 대한 통일적 규정방식을 채택하였으나 실제로는 여전히 혼인 중의 출생자에게는 친생추정, 혼인 외의 출생자에게는 인지라는 요건이 각각 적용되는 것으로 해석된다.

(2) 친생추정[25]

혼인 중에 포태되었거나 혼인 중에 출생한 자녀에 대해서는 모의 법률상 배우자가 법률상의 부로 추정된다(제312조[26]). 포태시주의와 출생시주의가 모두 인정되기 때문에 프랑스법은 친생추정이 인정되는 범위를 매우 넓게 인정하는 것으로 평가할 수 있다.

또한, 이처럼 친생추정의 시간적 범위를 매우 넓게 정함으로써 야기될 수 있는 문제에 대처하기 위하여, 친생추정의 적용배제 사유도 명문으로 규정되어 있다.[27] 첫째로, 출생증서에 법률상의 부의 성명이 기재되지 않은 경우에는 친생추정이 적용되지 않는다(제313조 제1문[28]). 둘째로, 모와 법률상의

---

25) 프랑스의 친생추정 제도에는 특이한 점들이 있기 때문에 이 부분에서는 프랑스 민법의 해당 조항들의 원문을 소개한다.

26) L'enfant conçu ou né pendant le mariage a pour père le mari.

27) 친생추정의 적용배제 사유에 관한 조항은 2009년에 다시 개정되어(Loi n° 2009-61) 2010년부터 시행되고 있다.

28) La présomption de paternité est écartée lorsque l'acte de naissance de l'enfant ne

부의 이혼 또는 별거에 관한 절차가 개시된 경우에 대해서는 다음과 같은 규율이 적용된다. 우선 그 후 이혼 또는 별거를 명하는 재판이 확정된 경우에는 재판의 확정일로부터 300일 이후에 출생한 자녀에 대해서는 친생추정이 적용되지 않는다. 반대로 이혼 또는 별거 청구를 배척하는 판결이 확정되거나 모와 법률상의 부 사이의 혼인관계가 원만하게 회복된 경우에는, 그 날로부터 180일 이내에 출생한 자녀에 대해서는 친생추정이 적용되지 않는다(제313조 제2문[29]).

다만 이처럼 친생추정이 적용되지 않는 경우라 하더라도 자녀에게 부자관계의 신분점유가 인정되고 자녀와 다른 사람 사이에 법적 부자관계가 성립하지 않은 경우에는 제312조에 의한 친생추정이 회복된다(제314조[30]). 또한 제313조가 적용되어 친생추정이 미치지 않는 경우에, 모 또는 그의 배우자는 제329조에 따라 (즉 후자가 자녀의 아버지임을 증명하여) 친생추정의 회복을 구하는 소를 제기할 수 있다. 다만 자녀가 성년에 이른 때에는 그러하지 아니하다(제315조 제1문, 제329조). 또한 부는 자녀를 인지함으로써 법적 친자관계를 성립시킬 수도 있다(제315조 제2문).

---

désigne pas le mari en qualité de père.

29) Elle est encore écartée, en cas de demande en divorce ou en séparation de corps, lorsque l'enfant est né plus de trois cents jours après la date soit de l'homologation de la convention réglant l'ensemble des conséquences du divorce ou des mesures provisoires prises en application de l'article 250-2, soit de l'ordonnance de non-conciliation, et moins de cent quatre-vingts jours depuis le rejet définitif de la demande ou la réconciliation.

30) Si elle a été écartée en application de l'article 313, la présomption de paternité se trouve rétablie de plein droit si l'enfant a la possession d'état à l'égard du mari et s'il n'a pas une filiation paternelle déjà établie à l'égard d'un tiers.

(3) 임의인지

친생추정이 적용되지 않는 경우에는 임의인지에 의하여 모자관계 또는 부자관계가 성립한다. 인지는 태아에 대해서도 할 수 있으며 인지의 방식은 신분공무원이 수리한 증서를 비롯한 모든 공정증서를 근거로 인지의 취지를 출생증서에 기재하는 것이다. 인지의 근거가 되는 증서에는 제62조에 규정된 필요적 기재사항과 인지로 인한 부모의 의무 부담에 관한 고지를 받았다는 취지가 기재되어야 한다(제316조).

(4) 신분점유

부모 또는 자녀는 법관에게 신분점유의 존재 사실을 증명하는 공지증서의 발급을 청구할 수 있다(제317조 제1항). 다만 신분점유가 종료한 날로부터 5년이 경과하면 더 이상 공지증서의 발급을 청구할 수 없다(같은 조 제2항). 신분점유가 존재한다는 사실이 기재된 공지증서가 발급되면 친자관계가 성립하고 이러한 취지는 출생증서의 난외에 기재된다(같은 조 제3항).

(5) 부자관계 존재확인의 소

위의 세 가지 요건에 의하여 부자관계가 성립하지 않은 경우에는 재판에 의하여 법적 부자관계가 성립할 수 있다. 이러한 재판으로서, 인지청구의 소(제325조, 제327조)와 신분점유 존재확인의 소(제330조)가 있다.

먼저, 인지청구의 소는 자녀(단 미성년자인 경우에는 부모)만이 제기할 수 있다. 제소에 대한 제한요건은 없으나 익명출산의 경우에는 모에 대한 인지청구의 소 제기 자체가 금지된다(제325조 제1항). 모에 대한 인지청구 소송에서는 모자관계의 성립을 주장하는 자녀 측에서 출산이라는 사실을 증명하여야만 한다(제325조 제2항). 부에 대한 인지청구의 소의 경우에도 부자관계의 성립을 주장하는 자녀 측이 입증책임을 진다(제327조 제2항). 다만 제325

조가 모에 대한 인지청구의 소에 대해서는 '출산'이라는 요건사실을 명시하고 있는 것과는 달리 제327조는 단순히 자녀에게 입증책임이 귀속된다는 취지만을 규정하고 있다.

한편, 신분점유 확인의 소는 모든 이해관계인이 제기할 수 있으며(제330조) 제소기간에 대해서는 특칙이 없기 때문에 일반조항이 적용된다. 따라서 다툼의 대상이 된 신분관계의 성립 또는 해소일로부터 10년이 지나면 더 이상 제기할 수 없다. 다만, 자녀가 미성년인 동안은 제소기간의 진행은 중지된다(제321조 참조).

(6) 양육비의 지급을 구하는 소(De l'action à fins de subsides[31])

양육비의 지급을 구하는 소는 프랑스 친자법에 특유한 절차로서, 법적 친자관계의 존부와 무관하게 양육비의 지급만을 구하는 소를 의미한다. 이 소는 혈연부모 중 일방에 대해서만 법적 친자관계가 성립할 수 있는 이른바 난륜자녀를 보호하기 위하여 1955년에 판례에 의하여 인정되었으나, 오히려 난륜자가 일반적인 혼인 외의 자녀보다 유리한 지위를 차지하게 된다는 비판론이 제기되자, 1969년 파기원[32] 판례와 1972년 개정법은 이를 모든 혼인 외의 출생자에 대해 적용하기에 이르렀다.[33]

1972년 법의 적용 당시에도, 이 소는 강제인지의 금지를 전제로 혼인 외의 출생자를 보호하기 위한 것이기 때문에, 강제인지 제도가 도입된 후에는 더 이상 유지할 필요가 없다는 취지의 비판적인 견해가 제기되기도 하였다.[34] 그러나 2005년 법은 난륜자녀에 대한 차별을 그대로 유지하였기 때문에 부득이 이러한 소를 유지한 것으로 볼 수 있다.

---

31) Subsides의 사전적 의미는 '援助金'이지만 자녀가 혈연부모에게 지급을 구하는 돈이라는 성질을 감안하여 양육비라고 번역한다.
32) 이 책에서는 'La Cour de cassation'를 '파기원(破棄院)'으로 번역한다.
33) Helms (1999), S. 23~24.
34) Helm (1999), S. 79~80.

2. 부자관계의 해소

친자관계, 그 중에서도 부자관계의 해소를 구하는 관련하여, 2005년 법은 1972년 법의 복잡한 구조를 단순하고 명확하게 하였을 뿐 아니라, 구 제322조와 제334-9조의 반대해석을 근거로 형성된 판례법리를 명문 규정으로 반영함으로써, 친자관계를 다투는 절차를 신분점유가 신분증서의 기재와 일치하는지의 여부에 따라 이원적으로 규정하였다. 2005년 개정의 배경인 판례법리의 내용은 다음과 같이 요약할 수 있다. ⓐ우선 파기원은 1976년 판결에서 구 제334-9조의 반대해석을 근거로 다음과 같은 법리를 확립하였다. 자녀와 법률상의 부 사이의 신분점유가 결여된 때에는, 혈연부는 법률상의 부의 혼인중의 출생자라 하더라도 그를 (친생부인의 소를 거치지 않은 채) 인지할 수 있다. 뿐만 아니라 이러한 경우에 모든 제3자는 (구 제311-7조에 의한 30년이라는 일반적인 제소기간 내에) 부자관계의 존재확인을 구할 수 있다. ⓑ 나아가 파기원의 1985년 판결은 구 제322조 제2항의 반대해석을 근거로, 신분점유와 출생증서가 일치하지 않는 경우에는 모든 이해관계인은 30년이라는 일반적인 제소기간만 준수하면(구 제311-7조) 부자관계를 다툴 수 있다는 법리를 확립하였다. 이 판례는 신분점유의 결여라는 요건은 사회적 부자관계의 부존재 또는 법률상의 부의 묵시적인 친생부인으로 파악할 여지가 있다는 점을 논거로 제시한다.[35]

(1) 신분증서의 기재와 신분점유가 일치하는 경우

신분점유와 신분증서의 기재내용이 합치하는 경우에는 친자관계의 안정성을 확보하기 위하여 이를 다투기 위한 소는 엄격한 요건 하에서만 인정된다.

---

35) Helms (1999), S. 30~31.

즉, 신분점유가 출생 또는 인지로부터 5년 이상 유지된 때에는 누구도 이를 다툴 수 없다(제333조 제2항). 신분점유가 유지된 기간이 5년 미만이라 하더라도 이를 다툴 수 있는 원고적격은 자녀, 법률상의 부 또는 모, 자신이 혈연부모라고 주장하는 사람에게만 인정되고 제소기간도 신분점유 종료일로부터 5년으로 제한된다. 신분점유에 근거하여 법적 친자관계를 다투는 소 제기를 제한하는 이러한 규정은 혼인 중의 출생자, 혼인 외의 출생자를 불문하고 적용된다.

(2) 신분증서의 기재와 신분점유가 일치하지 않는 경우

반면, 신분점유가 신분증서의 내용과 일치하지 않을 때에는 이해관계인은 누구나 제321조의 기간 내에 친생자관계를 다투는 소를 제기할 수 있다(제334조). 또한 공지증서에 근거한 신분점유에 의하여 성립한 친자관계에 대해서는, 이해관계인은 누구나 공지증서가 교부된 날로부터 5년 내에 반대 증거를 제출함으로써 이를 다툴 수 있다(제335조).

IV. 보조생식 자녀의 친자관계 결정기준

1. 모자관계

난자제공에 의한 대리출산으로 출생한 자녀의 모자관계에 대해서는 현행 법상 명문의 특칙규정은 없다. 따라서 일반적인 모자관계 성립에 관한 조항들이 적용되는 것으로 해석되어 출산모에게 법적인 모의 지위가 귀속된다. 이러한 해석론에 대해서는 출생 즉시 법적인 모자관계가 성립한다는 점, 임신기간 동안의 밀접한 관계가 형성된다는 점 등을 근거로 긍정적으로 평가

하는 견해가 지배적이다.36)

파기원 판례도, 대리출산이 허용되는 미국의 주법에 근거하여 의뢰모가 친생모로 기재된 출생증명서를 프랑스의 신분등록부에 轉記하는 것을 불허함으로써 대리출산 자녀의 법적인 모라는 원칙을 재확인하였다.37) 또한, 대리출산 계약은 인체와 신분의 불가양성에 반함을 이유로, 대리출산 자녀와 의뢰모 사이의 입양도 허용될 수 없다고 판시하였다.38) 한편, 하급심39)에서는, 의뢰모가 출생증서의 자신의 성명을 기재한 후 자녀를 실제로 양육한 사안에서, 신분점유에 의한 모자관계 성립도 부인함으로써, 어떠한 경우에도 의뢰모와 자녀 사이에 법적 친자관계의 성립을 인정하지 않으려는 태도를 보이고 있다.

한편 국사원(Conseil d'Édat)은, 대리출산 자녀에 대해 적용될 친자법제의 공백이라는 문제를 해결하기 위하여, 생명윤리법의 개정작업을 진행하고 있다. 그 기초작업으로서 2009년 5월 6일에 공표된 생명윤리법 개정 방향을 보면, 대리출산을 예외 없이 금지하고 출산모에게 법적인 모의 지위가 귀속되는 것을 원칙으로 하면서도 법률상의 아버지인 임의인지를 한 의뢰부가 의뢰모에게 친권의 일부를 委讓할 수 있도록 하였다. 이러한 내용은, 의뢰모와 대리출산 자녀 사이의 친생자관계는 물론, 일반입양 또는 친양자입양에 의한 양친자관계도 성립할 수 없다고 한 위와 같은 판례의 태도를 존중하면서도, 자녀의 법적 친자관계를 안정시키려는 모색을 하고 있는 것으로 평가할 수 있다.40)

---

36) Helms (1999), S. 116~117.
37) 2007. 10. 25. 선고 판결. 藤野美都子 (2009. 7), 45면에서 재인용.
38) 2008. 12. 17. 선고 판결. 藤野美都子 (2009. 7), 45면에서 재인용.
39) Tribunal de grande instance de Lille, le 22 mars 2007, D.2007, 1251. note Labbée. 이 판례의 내용과 이에 대해 프랑스에서 전개되고 있는 찬반양론에 대해서는 松川正毅 (2008), 221면 이하를 참조.
40) 藤野美都子 (2009. 7), 45면.

2. 부자관계

(1) 개관

보조생식 자녀에 관한 친자법 중 AID 자녀의 부자관계 결정 기준은 1994년 7월 29일에 제정된 이른바 생명윤리법[41]을 반영한 민법 제311-19조, 제311-20조에 의하여 규율된다. 원래 파기원 판례는 친생부인권의 포기는 무효라고 한 1972년 법 제311-9조를 근거로 AID에 동의하였던 법률상의 부의 친생부인을 허용하였다. 그러나 생명윤리법 제정 작업이 진행 중이던 1990년경에는 이미 AID에 동의하였던 법률상의 부의 친생부인을 불허하는 하급심 판례들이 형성되기 시작하였고 이러한 경향을 지지하는 것이 지배적인 견해였다.[42] 그 논거로는, 보조생식 자녀의 친자관계 결정에 있어서는 생물학적 관계 뿐 아니라 사회학적 관계도 존중되어야만 하고, AID에 대한 동의의 목적은 부부 공동의 의사에 근거하여 생물학적 혈연과의 불일치를 전제한 친자관계를 성립시키는 것으로 파악하여야 한다는 점 등이 제시되었다.

---

41) Loi n°1994-653. 다만 여기서 말하는 프랑스의 이른바 '생명윤리법'은 단행법이 아니라, 장기이식, 보조생식 등의 의료기술 발전에 수반된 법적 문제들을 해결하기 위한 일련의 조항들을 통칭하는 것이다. 구체적으로는 민법전에 포함된 DNA 검사, 장기이식, 보조생식 자녀의 친자법 등에 관한 조항들과 공중위생법전에 포함된 보조생식 의료에 관한 의료법적 규제를 내용으로 하는 조항들, 그리고 형법전에 포함된 이를 위반한 경우의 처벌에 관한 조항들 등이 여기에 해당한다. 이러한 생명윤리법은 2004년 8월 6일 법 Loi n°2004-800에 의하여 일부가 개정되었으나 보조생식 자녀의 친자법에 관한 조항은 개정되지 않았다(本山敦 (2007), 117면 참조).
42) Helms (1999), S. 117~118.

(2) 동의에 근거한 법적 부자관계의 성립

현행법에 의하면, 우선 AID 자녀와 생식세포 제공자 사이에는 어떠한 친자관계도 성립할 수 없을 뿐 아니라, 제공자에 대해서 책임을 추궁하는 소를 제기할 수도 없다(제311-19조). 반면 법률상의 부가 보조생식 시술에 대한 동의를 한 경우에는, 자녀가 보조생식 시술에 의하지 아니하고 출생하였거나 보조생식 시술에 대한 동의가 무효인 경우가 아닌 한, 누구도 보조생식자녀의 부자관계의 해소를 구하는 소를 제기할 수 없다(제311-20조 제2항). 뿐만 아니라 AID 시술에 동의하였던 남성이 모와 혼인하지 않아서 친생추정이 성립하지 않는 경우에는 그가 인지를 거부하더라도 자녀와 모에 대한 부양책임을 지거나(제311-20조 제4항), 강제인지에 관한 규정들을 준용하여 재판에 의하여 부자관계가 강제로 성립할 수 있게 하였다(제311-20조 제5항).

이러한 생명윤리법의 규정방식에 대해서는, 의사를 근거로 친생 부자관계를 적극적으로 창설함으로써 기존의 친자법에 대한 예외를 인정하려는 것이 아니라, 자녀의 신분의 안정성을 도모하기 위하여 법률상의 부의 친생부인 가능성을 배제함으로써 기존의 친자법과의 정합성을 유지하고 있다고 평가하는 견해도 제기된다. 그러나 동의를 거부한 법률상의 부에 대한 강제인지를 허용하고 있다는 점에서 동의만을 근거로 부자관계를 '적극적으로 창설'하는 예외를 인정한 것으로 파악하여야 하지 않을까?

한편, 보조생식 시술에 대한 동의는 이처럼 중요한 의미를 가지기 때문에 그 존부를 명확하게 할 필요가 있다. 뿐만 아니라 의사만을 근거로 친생자관계를 확정시키는 것은 친생자·양자의 준별이라는 기존의 친자법의 기본구도와 저촉되는 면이 있기 때문에 AID에 대한 동의는 단순한 '의사' 이상의 것으로 격상시킬 필요도 있다.[43] 이러한 사정을 감안하여, AID에 대한 동의는

---

43) 松川正毅 (2008), 188~189면.

법관 또는 공증인의 면전에서 그 효과에 관한 고지를 받은 후에 하도록 하고
있으며(제311-20조 제1항), 일단 동의를 하였더라도 동의한 사람이 시술 전
에 사망하거나 시술기관에 대해 동의철회의 의사를 표시한 경우에는 동의는
효력을 상실한다(제311-20조 제3항).

(3) 평가

이처럼 AID에 동의한 법률상의 부의 부성부인 가능성을 배제한 현행법의
태도에 대해서는 자녀의 출생의 원인을 제공한 자가 양육책임을 지는 것은
책임법의 일반원리임을 근거로 이를 옹호하는 견해도 있지만, 다음과 같은
비판적인 견해도 제기되고 있다.

우선, AID 자녀가 혼인 외의 출생자인 경우에 강제인지에 의하여 부성이
귀속되도록 한 것에 대해서는, 모의 의사에 따라 자녀의 부자관계 성립 여부
가 결정되도록 하였을 뿐 아니라, 혈연 없는 법률상의 부에게 원하지 않은
부성귀속을 강제하면 혈연도 의사도 없는 법적 부자관계를 확정적으로 귀속
시킬 우려가 있다는 등의 비판론이 제기되고 있다. 같은 맥락에서 즉 원하지
않은 부성의 귀속은 바람직하지 않다는 전제 하에서, 동의 하에 행하여진
AID 자녀와 의뢰부 사이의 법적 친자관계의 부인 가능성을 완전히 배제하지
말고, 친생부인은 인정하되 손해배상의무를 지우는 것이 더 낫다는 견해도
제기된다.[44]

---

44) 松川正毅, 위의 논문, 70～71면.

V. 프랑스 친자법의 시사점

1. 2005년 개정법의 특징

이러한 2005년 개정법의 내용을 전체적으로 본다면, 비록 모에 대한 인지 청구의 소 제기를 제한하기 위하여 1972년 법에 규정되어 있었던 제소요 건[45]을 삭제하였고, 출산이라는 사실에 근거하지 않은 법적 모자관계의 부인 가능성을 인정하였다는 점에 비추어 혈연주의적인 요소가 강화된 것으로 볼 수 있다.

그러나 신분점유에 의한 모자관계 성립 가능성을 강화[46]하고 익명출산 제도를 유지하고 있는 것에 비추어 볼 때, 혈연의 진실 뿐 아니라 친자관계와 관련된 여러 이해관계인들의 상충하는 법익을 신중하게 고려하여 조화와 균형을 모색하는 프랑스 친자법의 일관된 경향[47]은 여전히 유지되고 있다고 평가할 수 있다.

이처럼 프랑스의 친자법의 가장 중요한 특징은, 혈연과 사회적 친자관계 중의 배타적·획일적 선택이 아니라, 이들을 비롯한 다양한 가치들을 조화시키는 것을 목적으로 하고 있다는 점이라고 할 것이다.[48]

---

45) 1972년 법은 모에 대한 인지 청구의 소의 남용을 방지하기 위하여 강제인지의 요건인 출산이라는 사실은 서증에 의해서만 증명할 수 있도록 (즉 증언만으로는 증명할 수 없도록) 규정하고 있었다(구 제341조 참조).
46) 1972년 법은 극히 예외적인 사정(이른바 '출산사칭'과 '자녀의 바뀜')이 있는 경우에는 신분점유와 일치하는 법적 모자관계를 다투기 위한 모성부인의 소를 제기할 수 있도록 하였으나(구 제322-1조), 2005년 법은 이 조항을 삭제하였다.
47) 水野紀子 (1991. 4), 9면~11면 참조.
48) 松川正毅 (2008), 310면.

2. 신분점유

(1) 서언

사회적 친자관계와 일치하는 법적 친자관계가 성립한 경우에는 혈연의 존부를 불문하고 그 안정적인 유지를 보장한다는 프랑스 친자법의 기본적인 관점은, 실정법에도 반영되어 있는 신분점유 제도에 가장 잘 나타난다. 위에서 본 것처럼 신분증서에 기재된 친자관계가 신분점유에 의하여 뒷받침 될 때에는 이를 다투는 것은 극도로 제한되는데, '신분증서의 기재된 친자관계'는 곧 법적 친자관계를 의미하고, '신분점유의 뒷받침'이란 곧 사회적 친자관계의 존재를 의미하는 것으로 볼 수 있기 때문이다. 이처럼 신분점유와 일치하는 법적 친자관계(즉 출생증서에 기재된 친자관계)의 안정성을 강력하게 보호하는 프랑스법의 태도는, 임의인지에 있어서의 의사주의와 더불어 프랑스 친자법을 특징지우는 요소로서, 이들을 뒷받침하는 기본 이념은 법적 친자관계의 결정에 있어서 혈연의 진실보다는 이른바 '마음의 진실'을 중시하는 것이라고 평가된다.[49]

또한 신분점유는, 그 당사자인 부모와 자녀 사이의 '생물학적 관련성'를 간접적으로 나타냄과 동시에 '사회적·정서적 관련성'을 직접적으로 보여준다.[50] 따라서 그 의미와 이에 대한 평가는 '법적 친자관계의 보호'의 논거와 관련하여 시사하는 바가 적지 않을 것이다.

(2) 신분점유의 의의와 연혁

신분점유는 '법적 신분관계의 전형적인 특징을 보여주는 외관'으로 일단

---

49) Helms (1999), S. 217~218; 羽生香織 (2008), 358면.
50) CLÉMENT (2006), p. 409, 羽生香織 (2008), 363면에서 재인용.

정의할 수 있으나 그 개념과 기능은 일의적으로 규정할 수 없으며 사실관계에 기초한 개별적 구성요소들의 총합이라는 형태로 나타난다. 바로 이러한 유연성 덕분에 신분점유는 시대적 요구의 변화에 대응하는 다양한 기능을 수행해 왔다고 볼 수 있다.[51]

신분점유라는 개념과 그 존부판단을 위한 기초가 되는 삼대 구성요소(nomen, tractus, fama)[52]은 중세 카논법에 의하여 최초로 확립되었다. 신분점유는 중세에는 친자관계의 존부 판단을 위한 증거방법, 즉 간접사실로서 이용되었으며, 혼인 중의 출생자 뿐 아니라 혼인 외의 출생자에 대해서도 똑같이 적용되었다.[53] 그러나 나폴레옹 민법전은 혼인 중의 출생자에 대해서만 신분점유에 근거한 친자관계 증명을 인정하였고, 이러한 차별은 혼인 외의 출생자에 대해서도 신분점유만을 근거로 친자관계를 증명할 수 있도록 한 1982년 개정법(Loi n°82-538)에 의해 비로소 완전히 해소되었다.[54]

(3) 구성요소

신분점유는 다양한 사회학적·사실적 요소들의 집합체이기 때문에, 어떤 사안에서 신분점유가 인정되는지의 여부는 이러한 요소들을 총체적으로 판단함으로써 결정된다. 전통적으로 인정되어 온 삼대 요소들이 여전히 중요한 의미를 가지기는 하지만 이들은 제한적 열거가 아니라 예시에 지나지 않는다. 따라서 신분점유의 인정여부나 이를 위하여 어떤 요소들을 고려하여야

---

51) 羽生香織 (2008), 359면.
52) 이하에서 라틴어 tractus에 해당하는 프랑스어 traitement, compotement는 '대우(待遇)'로, 라틴어 fama에 해당하는 프랑스어 reputation은 '세평(世評)'으로 각각 번역하여 사용한다.
53) CLÉMENT, PRESOMPTIONS ET FICTIONS EN DROIT DE LA FILIATION (2006), p. 371, 羽生香織 (2008), 360면에서 재인용.
54) 羽生香織 (2008), 361면.

하는지는 궁극적으로는 법관의 재량에 맡겨져 있다.[55] 다만 이러한 요소들 중 '대우'는 예나 지금이나 신분점유의 존부 판별에 있어서 핵심적인 역할을 수행해 왔다. 특히 대우라는 요소를 내부 이미지, 세평이라는 요소를 외부 이미지로 파악한다면, 대우라는 요소와 세평이라는 요소는 연동된다. 즉 대우라는 요소가 표현되면 이것을 외부에서 인식하여 세평이라는 요소를 형성하는 것으로서, 세평은 결국 대우에 대한 사회적 승인에 지나지 않기 때문이다.[56]

이처럼 중요한 의미를 가지는 '친자로서의 대우'의 존부를 판단함에 있어서 자녀에 대한 부모의 행태와 부모에 대한 자녀의 행태를 모두 고려하여야 한다. 또한, '대우'라는 요소에 해당하는 당사자들의 행태의 구체적인 내용은 자녀의 연령이나 부모의 혼인생활의 실태 등의 구체적 사정을 고려하여 판단하여야 한다. 예를 들어, 자녀가 미성년인 경우에는 부모의 보살핌(care), 부모로서의 양육책임 인수가 포함되어야만 한다.[57] 친자로서의 대우에 해당하는 것으로 볼 수 있는 구체적인 행태의 예로서 다음과 같은 것들을 생각해 볼 수 있다. ⓐ먼저, 부모의 행태로서, 자녀와의 동거하거나 자녀와 함께 휴가를 보낸 것, 면접교섭권을 행사하거나 서신을 교환한 것, 자녀의 보육시설 또는 교육기관을 선택한 것 등을 들 수 있다. 또한, 교육, 양육, 거소지정권 등의 행사, 자녀의 취학에 수반되는 비용의 부담, 생명보험금의 수취인으로 자녀를 지정한 사실 등도 여기에 포함된다. ⓑ다음으로, 자녀의 행태로서, 부모에 대한 애정의 표명, '엄마', '아빠'라고 불렀거나 편지 등의 서면에 적었다는 사실 등을 들 수 있다. 또한 자녀가 성년인 때에는 고령의 부모에게 금전적인 원조를 제공하였다는 사실도 포함된다.[58]

---

55) CLÉMENT (2006), p. 376, 羽生香織 (2008), 364면에서 재인용.

56) 羽生香織 (2008), 366면.

57) 羽生香織 (2008), 366면.

58) 羽生香織 (2008), 366면.

(4) 신분점유 개념의 기능

(a) 전통적인 기능: 혈연상의 친자관계에 대한 간접사실

프랑스의 친자법에 있어서 신분점유는 여러 가지 기능을 수행해 왔지만, 가장 중요시된 것은 바로 생물학적 친자관계를 증명하기 위한 증거방법 내지는 간접사실로서의 기능이었다. 앙시엥레짐 하에서 신분점유는 모든 친자관계에 대해 적용되는 가장 강력한 증거방법이었다.

그러나 나폴레옹 민법전이 강제인지를 엄금함에 따라 신분점유의 전통적 기능은 혼인 중의 출생자의 친자관계에 대해서만 작용하게 되었다. 또한 1972년 법이 강제인지를 허용한 후에도 판례는 신분점유를 인지청구의 소의 소송개시요건 또는 증거방법으로 인정하지 않았다. 이러한 판례의 태도에 대해서는 비판적인 견해가 지배적이었으며, 인지청구 사건에서 신분점유가 증거방법이 될 수 있는지의 여부는, 이른바 Law King 사건(l'affaire Law King)에서 크게 다투어졌다. 이미 사망한 부에 대한 강제인지를 구한 이 사건에서, 신분점유가 부자관계의 증거방법이 될 수 있는지의 여부라는 쟁점에 대해, 파기원은 이를 부정하였으나 원심이 다시 이를 긍정함으로써 논쟁이 촉발되었다. 파기원의 논거는 문리해석 즉 1972년법이 신분점유를 혼인 외의 친자관계의 증명방법 또는 인지청구의 소의 소송개시요건으로 열거하고 있지 않다는 점에 있었던 반면, 원심의 논거는 체계적 해석 즉 1972년법이 신분점유의 의의를 '총칙'에 해당하는 부분에 규정하고 있다는 점에 있었다.[59]

결국, 이 문제는 1982년 6월 15일 법률이 혼인 외의 출생자의 친자관계에 대해서도 신분점유가 증거방법이 될 수 있음을 명문으로 인정함(구 제334-8조)으로써 입법적으로 해결되었다.[60] 그 후 2005년 개정법도 신분점유의 증

---

59) 羽生香織 (2008), 373면, 각주 102~103 참조.
60) 친자관계 소송에 있어서의 증거방법으로서의 신분점유의 연혁에 관한 구체적인 내

거방법으로서의 유용성을 승인하고, 신분점유의 존재를 공지증서로써 증명
할 수 있도록 하였다.

그러나 이러한 신분점유의 전통적인 기능, 즉 친자관계의 존재에 대한 간
접사실 내지는 증거방법으로서의 기능은 혈연의 과학적 판별이 가능해짐에
따라 점차 그 유용성이 약해지고 있다. 2005년 개정법은 공지증서에 의한 신
분점유의 존재 증명을 인정하면서도, 공지증서는 신분점유의 존재를 추정하
는 효력만을 가진다고 한 파기원의 판례[61]를 반영하여, 혈연 없음이 밝혀진
경우에는 공지증서에 근거한 신분점유에 대해서도 이의신청을 할 수 있도록
하였다.[62]

(b) 현대적 기능: 사회적 친자관계의 안정성 보호의 논거

혈연의 존부에 대한 과학적 판별이 가능해 졌다는 사정은 한편으로는 신
분점유의 전통적인 기능을 약화시켰으나 다른 한편으로는 신분점유의 기능
을 새롭게 발견할 수 있는 계기가 되었다. 이러한 현대적 기능은 혈연의 진
실과 사회적 진실의 균형을 유지하는 것이라고 요약할 수 있다. 즉 신분점유
는 혈연진실주의의 무제한적인 관철을 억제하여 법적 친자관계와 일치하는
사회적 친자관계의 안정성을 보호하기 위한 요건 내지는 정당화 근거로서
기능하고 있는 것이다.[63]

우선 신분점유는 혼인 중의 출생자에 대해서는 친생추정이 미치는 범위를
결정한다. 1972년 법뿐 아니라 2005년 법도, 혼인 중의 출생자라 하더라도
모의 배우자와 자녀 사이에 친자관계에 상응하는 신분점유가 없으면 친생추
정이 적용되지 않도록 함으로써 그들 사이에는 법적 부자관계가 성립하지

용은 羽生香織 (2008), 371면에 소개된 참고문헌을 참조할 것.
61) Cass. 1re Ch. civ., 7 février 1989, Bull. civ. I. n°65, D. 1989. 396.
62) 羽生香織 (2008), 374면.
63) 羽生香織 (2008), 377면.

않게 하고 있다(제313조 참조). 이 조문이 전제하고 있는 상황은 모와 모의 배우자가 사실상 별거하고 있는 동안에 자녀가 포태된 경우이다. 이러한 경우에 대해 친생추정이 미치지 않도록 하는 이유는, 혈연상의 부자관계의 개연성이 낮다는 점보다는 오히려 모의 배우자와 자녀 사이에 사회적 친자관계가 성립할 가능성이 없다는 점에 있다고 이해하여야 한다.[64] 이러한 취지는 출생 당시의 신분점유의 결여로 인하여 친생추정이 미치지 않았던 혼인 중의 출생자에 대해서도 후발적으로 신분점유가 회복되면 다시 친생추정이 적용되도록 한 것에도 반영되어 있다. 왜냐하면 이러한 제도는 (부모의 사실상 별거 중에 포태되었기 때문에, 혈연상의 부자관계가 존재할 개연성이 낮다는 사정은 그대로인데도) 신분점유의 후발적 회복이라는 모습으로 나타나는 사회적 친자관계를 중시하여 친생추정에 의한 법적 부자관계의 성립을 인정한 것으로 이해할 수 있기 때문이다.[65]

다음으로 신분점유는 혈연에 반하는 법적 친자관계를 다투는 것을 제한함으로써 사회적 친자관계의 안정성을 보호하는 기능을 수행한다. 2005년 법은 신분점유에 의하여 뒷받침 되는 법적 친자관계의 부인을 구하는 절차에 대해 1972년 법에 비해 훨씬 더 엄격한 제한요건을 신설하였다.[66] 원래 1972년 법하에서 판례는 파기원 2000년 3월 28일 선고 판결[67]이 친자관계에 관한 사건에서 법원은 정당한 사유가 없는 한 혈연감정을 명하여야 한다는 취지로 판시한 것을 계기로 혈연에 반하는 법적 친자관계의 보호라는 신분점유의 기능을 약화시키는 경향을 보이고 있었다. 그러나 2005년 법은 이러한 경향에 제동을 걸었으며 또한 파기원도 2005년 5월 31일 선고 판결[68]

---

64) 羽生香織 (2008), 380면.
65) 羽生香織 (2008), 383면.
66) 羽生香織 (2008), 376~377면.
67) Cass. 1re Ch. civ., 28 mars 2000, Bull. civ. I. n°103, J.C.P. 2000. I. 253. 사실관계와 쟁점 등에 관한 구체적인 내용은 이 판결에 대한 연구논문인 羽生香織 (2005)을 참조할 것.
68) Cass. 1re Ch. civ., 31 mai 2005, inédit, CLÉMENT (2006), p. 555에 수록됨.

에서, '사실관계의 총체로부터 증명된 신분점유는 [파기원 2000년 3월 28일 선고 판결이 판시한] 혈연감정을 명하지 않을 수 있는 정당한 사유'에 해당한다고 판시함으로써, 혈연에 반하는 법적 친자관계라 하더라도 신분점유에 의하여 근거지워지는 사회적 친자관계와 일치할 때에는 이것이 안정적으로 유지될 수 있도록 보호하여야 한다는 관점을 드러내고 있다.69)

이처럼 판례는 법적 친자관계가 혈연에 반한다 하더라도 신분점유에 의하여 근거지워지는 경우에는 그 해소를 제한하고 있는데 이러한 태도는 신분점유로 나타나는 사회적 친자관계를 혈연상의 친자관계보다 더 중시하는 것70) 또는 혈연의 진실을 희생하더라도 가족의 평화와 자녀의 복리를 보호하려는 것71) 등으로 파악할 수 있다.

(5) 신분점유 개념의 문제점

그러나 이러한 프랑스의 신분점유 제도가 혈연과 일치하지 않는 법적 친자관계 보호를 위한 만병통치약이 될 수는 없다. 신분점유에 대해서는 다음과 같은 문제점들도 지적되고 있기 때문이다.

첫째로, 혼인 중의 출생자라 하더라도 사회적 친자관계를 기준으로 신분점유의 인정여부를 판단하고 신분점유의 존부에 따라 친생부인의 가능성을 달리 정하는 파기원의 판례는, 보호가치 있는 사회적 친자관계가 없음을 이유로 내세워 친생부인을 제한하는 입법취지를 회피하여 손쉽게 법적 친자관계를 해소시킬 수 있게 만들어 버린다. 즉, 이러한 경우에는 오히려 법적 부자관계의 불안정성을 조장하게 되는 것이다. 예를 들어, 기혼자인 생모가 출산 직후부터 혈연부와 동거를 시작한 경우에는 법률상의 부와 자녀 사이에

---

69) 羽生香織 (2008), 402면.
70) Helms (1999), S. 58.
71) 羽生香織 (2008), 387면.

사회적 친자관계가 형성될 수 없기 때문에, 결국 생모의 의사에 따라 친생부인에 대한 엄격한 제한을 통해 실현하고자 하는 법률상의 부와 자녀 사이의 법적 친자관계의 안정성이 무의미하게 될 수 있다.[72]

둘째로, 신분점유는 '계속'을 요건으로 하기 때문에 구체적 사안에 있어서 신분점유의 중단 여부에 대한 판단이라는 지극히 어려운 사실판단의 문제를 야기한다. 사람들 사이의 사회적 관계의 내용이나 질을 평가하는 것은 지극히 어려울 뿐 아니라, 친생부인을 위하여 법률상의 부는 의도적으로 사회적 친자관계를 단절하거나 거부한 후에 이것을 빌미로 신분점유의 결여를 주장할 수 있다. 파기원 1993년 판례는 이처럼 악의적으로 소송요건을 작출한 것은 소권의 남용이라고 판단한 바 있으나, 경우에 따라서는 다른 사실관계를 고려하여 친생부인을 허용하여야 하는 경우도 있을 수 있다. 예를 들어, 1994년 무렵의 하급심 판례는, 모가 이미 자녀와 함께 다른 남성과 동거하고 있어서 자녀와 그 남성 사이에 사회적 친자관계가 형성되어 있거나 자녀도 법률상의 부와의 사회적 친자관계의 중단을 원하는 경우에는, 신분점유의 중단을 인정하여 친생부인의 소 제기가 허용된다고 판단하였다. 또한 그 무렵에 나온 다른 하급심 판결들은 법률상의 부가 혈연부가 아님을 보여주는 과학적 검사 결과가 증거로 제출된 사안에서, 이러한 사정을 신분점유의 계속 여부 판단에서 고려할 것인지에 대해 상반된 태도를 보이고 있다.[73]

셋째로, 신분점유는 '평온·공연'을 요건으로 하기 때문에, 법관의 가치판단이나 정책적 고려에 의하여 신분점유제도의 본래의 기능인 '사회적 친자관계의 보호를 통한 자녀의 복리 실현'이라는 목적을 달성하는데는 한계가 있다. 이러한 사정은, 이미 소개였던 대리출산 사안에 관한 하급심 판례[74]에 잘 드러난다. 이 판례는, 출생증서의 기재와 자녀의 양육이라는 사실상태가

---

72) Helms (1999), S. 59.
73) Helms (1999), S. 91.
74) 이 장의 각주 39.

일치하여 의뢰모와 대리출산 자녀 사이의 모자관계를 보여주고 있는 사안에 대해, 이러한 신분점유에는 하자가 있음을 이유로 신분점유에 의한 친자관계 보호의 요건을 갖추지 못하였다고 판시하였다. 이 판례는, 2005년 친자법 개정에 관한 법무부의 2006년 6월 30일 통달을 근거로 하고 있는데, 이 통달은, 강행규정을 위반하여 사회적 친자관계가 형성·유지되고 있는 경우에는 신분점유가 평온·공연하다고 할 수 없기 때문에, 신분점유에 기초한 친자관계 보호에 관한 규정이 적용될 수 없다고 하면서, 입양허가 등의 요건을 갖추지 못한 사실상의 양친자관계, 난륜자녀에 대한 친자관계, 그리고 대리출산 자녀의 친자관계 등을 적시하고 있다.[75] 이러한 해석론을 따른다면, 자녀의 보호라는 신분점유 제도의 기능은 강행규정 위반이라는 부모의 비행을 제재한다는 정책적 목적 달성을 위해 후퇴하는 것으로 평가할 수밖에 없을 것이다.

넷째로, 신분점유 제도가 친자관계를 다투는 소의 본안 전 항변으로서의 기능을 제대로 발휘할 수 없는 예외적인 경우들이 적지 않다. 우선 혼인 중의 출생자로서의 신분점유가 인정되더라도 친생추정의 또다른 요건인 부모의 혼인의 효력 자체를 부인하면서 친생부인의 소가 제기된 경우에는 본안 심리를 저지할 수 없다. 왜냐하면 혼인 중의 출생자로서의 신분점유는 친생추정의 요건 중 '부모의 혼인'이라는 요건은 충족되었을 것을 전제하기 때문이다. 또한, 출생증서 기재와 일치하는 신분점유가 존재하더라도 증서 기재 자체의 진실성을 다투는 것을 방지할 수는 없다. 예를 들어 출생증서가 작성된 후 자녀가 바뀐 경우에는 외관상으로는 출생증서의 기재 내용과 신분점유가 일치하더라도 신분점유에 의한 보호기능이 작동할 수 없다. 끝으로 모의 불임 또는 모가 출산하지 않았다는 사실이 친족들이나 지인들 사이에 알려져 있었을 때에는 신분점유의 요건 자체가 충족될 수 없다. 1972년 법이 구 제322조 자체는 그대로 유지하였지만 구 제322-1조의 예외사유들을 신설

---

75) 松川正毅 (2008), 221~222면에서 재인용.

한 것은 바로 이러한 사정을 반영한 것이다.[76)

다섯째로, 우리나라의 경우에는, 법원의 허가 등의 엄격한 요식성으로 인하여 입양의 성립을 쉽사리 인정하기 어려운 일본의 경우와는 달리, 혈연에 반하지만 사회적 친자관계와는 일치하는 법적 친자관계를 보호하기 위하여 신분점유라는 개념을 구사할 필요성 자체가 별로 없다는 점을 지적할 수 있다. 우리나라의 판례는 묵시적 의사표시 합치에 의한 입양합의의 성립은 물론 사후적 추인에 소급효까지 인정하고, 무효행위의 전환을 근거로 '입양신고 기능을 하는 출생신고'의 법리를 확립하였기 때문이다.

---

76) 伊藤昌司 (1992), 207~212면.

제 4 장

친생자관계의 결정에 관한
요소들과 원리들

　지금까지의 비교법적 분석을 정리하면, 우리나라를 비롯한 각국의 친자법은, '혈연을 반영한 법적 친자관계 성립을 원칙으로 하지만, 혈연과 일치하지 않는 법적 친자관계의 해소를 일정한 요건 하에 제한한다'라는 기본구조에 있어서는 동일하다. 그렇다면 '혈연'을 원칙적인 법적 친자관계의 결정기준으로 하는 이유와 혈연과 일치하지 않는 법적 친자관계 해소를 제한하는 이유에 관한 논의도 공통적으로 적용될 수 있을 것이다. 따라서 친자법을 관통하는 이러한 두 가지 쟁점들에 관한 외국에서의 논의를 살펴보는 것은 국내의 논의의 부족한 부분을 보충함으로써 우리 친자법의 입법론과 해석론을 전개하는데도 유용할 것으로 기대된다.

　이러한 문제의식 하에 제4장에서는 다음과 같은 순서로 논의를 진행한다. 우선 제1절에서는 각국의 입법례에서 친생자관계 결정 기준으로 제시되고 있는 기본적인 요소들 중, 혈연, 의사, 기능(사회적 사실), 그리고 모자관계의 결정기준과 관련하여서만 문제되는 출산 등의 의미를 좀 더 자세하게 살펴본다. 다음으로 제2절에서는 이러한 혈연 등의 요소들에 대한 평가기준으로 작용하는 '원리'인, 자녀의 복리, 친자관계 귀속의 명확성과 안정성, 배타성 등에 관한 논의를 살펴본다.

제1절 친생자관계의 결정기준인 요소들

I. 혈연

1. 의의

혈연을 친생자관계를 결정하는 가장 중요한 요소로 보는 혈연주의는 법적 친자관계의 결정에 관한 가장 강력하고 보편적인 논거라고 할 수 있다. 그렇지만 혈연주의가 '어떠한 경우에도 혈연을 기준으로 법적인 친생자관계를 결정해야만 한다'라는 절대적인 도그마라고 할 수는 없다. 과거에는 혈연의 존부 판별이 불가능하였기 때문에 혈연주의는 친자관계 결정의 '이상'에 지나지 않았으며, 혈연의 존부 판별이 가능하게 된 현대에도 혈연주의는 친생 추정 제도를 완전히 대체하지는 못하고 있는 것이 현실이기 때문이다.

2. 혈연주의에 대한 논거와 비판론

(1) 자연과학적 측면

(a) 논거

혈연을 친자관계의 기본적인 결정기준으로 삼아야 하는 논거로는 다음과 같은 점들이 제시된다.[1] 첫째로, 혈연을 이어가는 것은 자신의 유전형질을

---

[1] 이하에서 소개하는 혈연기준설의 논거의 구체적인 내용은 Hill (1991), p. 389~390; Hurwitz (2000), p. 151~152 및 위 면의 각주에 소개된 문헌들을 참조할 것.

남기고 싶어 하는 인간의 본질적인 욕구로서 거의 대부분의 문화권에서 보편적으로 나타난다. 둘째로, 진화생물학(evolutionary biology)에 근거한 이기적 유전자(selfish gene) 가설[2]에 의하면, 사람도 자신의 유전형질이 이어지게 하려는 본능을 가지고 있다. 따라서 혈연을 근거로 법적 친자관계가 성립하도록 하는 것은 바로 이러한 욕구의 실현을 제도적으로 보장한 것으로서 인간존엄·가치의 발현이라고도 할 수 있다. 또한 혈연이 있는 자녀에 대해서는 이타적으로 행동할 가능성이 높다고 할 수 있으므로 결국 혈연을 기준으로 법적 친자관계를 귀속시키는 것은 자녀의 복리에도 부합한다고 볼 수 있다.[3] 셋째로, 자녀는 혈연에 관한 정보를 통해 '존재의 근원'에 대한 안정감을 얻을 수 있고 개인사(personal history)의 중요한 부분을 인식함으로써 자아정체성을 확립할 수 있다. 따라서 혈연부모 중 한 사람을 자녀의 삶에서 완전히 배제해 버리는 것은 자신의 출생 배경에 대한 자녀의 알권리를 침해하는 것으로서 자녀의 복리에 반한다.[4] 넷째로, 부모는 자녀의 출생에 대한 원인을 제공하였으므로 자녀에 대한 양육의무를 부담함으로써 그 결과에 대한 책임을 져야만 한다. 이처럼 커먼로 이래로 '자연법'과 '인과관계'는 혈연부모의 부양의무의 도덕적 근거로 제시되어 왔다. 즉 "부모가 자녀를 부양하여야 함은 자연법적 원리이다 … 이러한 의무는 자연 자체를 근거로, 또한 자녀를 태어나게 한 스스로의 행위를 근거로 인정된다 … 자녀를 태어나게 하는 것은 자발적인 의무부담을 의미한다."[5]

---

2) Dawkins, The Selfish Gene, Oxford University Press(1976). 다만 이 책에서는 이 책의 번역서인 도킨스/홍영남 (2006)을 인용한다. 또한 진화생물학이 가족법의 해석론과 입법론에 미치는 영향에 대한 전반적인 소개로는 윤진수 (2007)을 참조할 것.

3) 도킨스/홍영남 (2006), 197~199면; Carbone/Cahn (2003), p. 1025 이하 참조.

4) Carbone/Cahn (2003), p. 1023.

5) William Blackstone, Commentaries on the Law of England 1, p. 435. Baker (2008), p. 661에서 재인용.

(b) 비판론

혈연주의에 대해서는 여러 가지 관점에 기초한 비판이 가해지고 있다.

1) 생물학적 논거에 대한 비판론

혈연에 따라 친자관계를 성립시키는 것이 심리학적·생물학적으로 볼 때 자녀의 복리를 실현하기에 가장 적합하다는 주장에 대해서는 다음과 같은 비판론이 제기된다. 첫째로, 유전형질이 개인에게 미치는 영향이 자연과학적으로 확인되지 않았다는 점에서 문제일 뿐 아니라, 설령 '상당한 정도'로 영향을 미친다는 점이 인정된다 하더라도 이것만을 근거로 법적인 친자관계의 귀속을 결정하기에는 부족하다. 왜냐하면 친자관계는 여러 가지 권리·의무의 근거가 되는 중요한 법률관계이기 때문에, 자연적·사실적 측면만을 근거로 인정될 수는 없고 규범적인 측면(예를 들어, 사회적 친자관계 등)도 고려하여야만 하기 때문이다.[6] 둘째로, 진화생물학적인 논변을 관철시킨다면 "자신이 교미한 암컷이 낳은 개체가 자신의 유전자를 이어받았는지를 확신할 수 없는 수컷으로서는, 이러한 개체의 부양에 전념하거나 암컷의 부양을 돕기보다는, 다른 암컷과 교미하는데 시간과 에너지를 사용하는 것이 유전자의 확산에 더 유리"[7]하다는 결론에 이르게 된다. 게다가 이러한 진화생물학적 접근법은, 어느 정도 설득력이 있기는 하지만, 동물의 행동에 대한 관찰에 근거하여 추론된 것일 뿐이고 유전자가 인간의 행동에 미치는 영향이 증명된 것은 아니라는 점이 문제된다.[8] 셋째로, 인간의 경우에는 단기적·생물학적인 본능을 억제하고 오히려 장기적으로 유전형질의 전승에 더 유리한 도덕과 제도의 존중을 선택하는 것도 유전자의 이기적 본능이 발현되는 모습

---

6) Charo (2000), p. 235.
7) 도킨스/홍영남 (2006), p. 270~273.
8) Carbone/Cahn (2003), p. 1027~1028.

의 일환으로 볼 수 있다. 따라서 부모 역할 수행의 '질'은 사회적·문화적 요
인에 의하여 결정될 수도 있다.9) 특히 '아버지 역할'의 내용의 본질적인 부
분 자체가 과거10)와는 달리 정서적 안정을 제공하는 애정관계를 유지함으로
써 양질의 교육을 받을 수 있는 가능성을 보장하는 것으로 바뀌었기 때문
에11) 재혼가정 또는 비혼가정의 경우에는 오히려 주양육자인 모의 배우자
(또는 비혼반려자)가 아버지 역할을 수행하도록 하는 것이 자녀에게 더 유리
하다고 볼 수 있다.12)

2) 심리학적 논거에 대한 비판론

혈연기준설의 논거들 중, 혈연부모가 누구인지를 아는 것은 자녀에게 중
요한 심리학적 의미를 가진다는 주장에 대해서는 다음과 같은 비판론13)이
제기된다: 우선, 혈연 또는 출생 과정에 관한 정보의 인식이 자녀의 자아정
체성 확립과 관련하여 가지는 중요성에 대해서는 아직 과학적으로 확실하게
증명된 것이 없다. 뿐만 아니라, 설령 증명된다 하더라도, 혈연부모의 인식을
통해 자녀가 얻을 수 있는 이익은 혈연부모의 특징과 출생 당시의 상황 등에
관한 기록을 작성하고 이것을 일정한 요건 하에 자녀가 열람할 수 있게 하면
충분히 실현될 수 있다. 또한 법적 친자관계의 성립은 혈연부모를 아는 것
이상을 의미하는 것이기 때문에 혈연을 아는 것과 혈연을 반영한 친자관계
를 성립시키는 것은 별개의 문제라고 파악하여야 한다.

---

9) Wax (1996), p. 309~310; Carbone/Cahn (2003), p. 1027~1028.
10) 수렵·채집경제에 의존하던 시대에는 단백질 확보, 농경사회에서는 약탈로부터의
    안전보장과 생산수단인 토지 등의 상속가능성 확보가 '아버지 역할'의 중심적인 내
    용이었다고 할 수 있을 것이다.
11) Wallerstein/Tanke (1996) 참조.
12) Carbone/Cahn (2003), p. 1038~1039.
13) Hill (1991), p. 404.

3) 인과관계 논변에 대한 비판론

혈연부모는 자녀의 출생에 대한 불가결한 원인을 제공하였기 때문에 자녀에 대한 책임을 인수하여야 한다는 논변에 대해서는 다음과 같은 비판론이 제기된다. 첫째로, 법적 권리의무의 귀속을 정당화하려면 조건적 인과관계뿐 아니라 그러한 결과를 의식적·의도적으로 초래하였다는 사정이 인정될 수 있어야 한다. 그러나 피임과 낙태에 관한 여성의 자기결정권이 보장된 사회에서는 성행위와 생식을 연계시키려는 '의도'는 모에 대해서만 인정될 수 있다.14) 둘째로, 부모의 자녀 부양의무는 부모가 자녀를 부양하기에 가장 적합한, 즉 가장 긴밀한 관계에 있는 사람이기 때문에 귀속되어야 한다. 이러한 '긴밀성'은 혈연부모에게 인정되는 것이 일반적인 모습이지만 개인의 생활사 또는 문화적 선택에 따라 그렇지 않을 수도 있다. 따라서 혈연만이 자녀에 대한 의무의 유일한 근거가 될 수는 없다.15)

(2) 법정책적 측면

위에서 본 것처럼 자연과학적인 관점만 고려한다면 혈연주의는 그 정당성이 인정되기 어렵다. 그런데도 혈연주의가 각국의 입법례에 보편적으로 반영되어 있는 이유는 무엇일까? 이와 관련하여 혈연주의의 근거를 자연과학적 측면이 아니라 법정책적인 측면에서 찾는 견해를 주목할 필요가 있다. 이 견해는 사실적 측면을 중시하는 종래의 혈연주의의 논거들을 비판하면서, 혈연주의가 통용되는 이유는 법정책적인 측면에서 찾아야 한다고 주장한다. 즉 혈연주의가 통용되는 이유는, 혈연주의가 법률상의 부모의 지위를 두 사람의 이성에게, 공적인 규제 없이, 배타적으로 귀속시키기에 가장 적합하며, 바로

---

14) Sheldon (2003), p. 181~187.
15) Eekelaar (1991), p. 351 이하 참조.

이러한 점이 부모와 국가 모두에게 유익하기 때문이라는 것이다.16) 또한, 이러한 관점에서 본다면, AID에 동의한 법률상의 부에게 법률상의 부의 지위를 확정적으로 귀속시킴으로써 혈연주의를 완전히 배제하고 의사주의를 채택한 것으로 평가되는 AID 자녀의 친자법에 관한 입법례도 기본적으로는 혈연주의의 법정책적 측면(부모 지위의 당연귀속, 친자관계의 배타성 등)을 그대로 반영하고 있는 것이라고 파악할 수 있다.17)

(a) 혈연주의의 법정책적 장점

1) 국가의 이익18)

혈연주의에 의하면 친자관계의 성립은 실정법보다 먼저 존재하는 것이며, 친자관계를 구성하는 권리의무의 내용과 행사방법 또한 사적인 영역에 배타적으로 귀속된다. 따라서 혈연주의를 적용하면 국가는 부모로서의 자질이나 부모 역할을 제대로 수행하고 있는지의 여부에 대한 심사 절차 없이 혈연부모에게 법적인 부모의 지위를 귀속시킬 수 있다. 이처럼 별다른 비용을 들이지 않고 친자관계를 성립시킨 후 이들에게 자녀에 대한 부양의무를 부담하도록 하면, 국가는 자녀 양육에 소요되는 경제적 자원을 사적 부문으로 전가시킬 수 있다.

2) 혈연부모의 이익19)

혈연주의를 적용하면, 친자관계의 결정에 관한 공적인 개입을 최소화할 뿐 아니라 친자관계의 배타적·확정적 귀속이 보장된다는 점에서 혈연부모의

---

16) Baker (2008), p. 653~654.
17) Baker (2008), p. 704.
18) Baker (2008), p. 673~676.
19) Baker (2008), p. 680~682.

이익에도 부합한다.

우선, 자녀 양육을 통해 부모가 얻을 수 있는 징신적인 이익[20]은 부모의 배타적인 결정권을 전제하는 것이지만, 비재산적인 양육과 경제적 부양을 한 명이 모두 부담하는 것은 현실적으로 어렵다. 따라서 부모의 지위를 두 명에게만 제한적으로 인정하는 혈연주의는 부모가 자녀 양육을 통한 정신적 이익을 누리기에 가장 적합한 친자관계의 형태를 제공한다.

다음으로, 불변의 자연적 요소인 혈연을 근거로 귀속된 부모의 지위는 제3자 또는 국가에 의하여 배제될 수 없다. 따라서 부모는 안정적으로 자신의 배타적인 지위를 누릴 수 있을 뿐 아니라, 이러한 지위를 별도의 심사 없이 신속하게 취득할 수 있다.

(b) 혈연주의의 법정책적 문제점

이처럼 국가와 부모는 혈연주의의 법정책적 측면으로부터 비롯되는 이익을 누릴 수 있다. 그러나 자녀의 관점에서 보면 그 핵심적인 내용인 '배타적 귀속'과 '양성 한쌍의 부모'라는 원칙은 유리하게 작용하기도 하지만 불리하게 작용하기도 한다.[21] 따라서 법정책적인 측면에서 보더라도 혈연주의가 항상 정당화된다고 보기는 어렵다.

우선, 혈연을 근거로 법적 친자관계를 결정하면, 자녀의 생존과 성장을 위하여 필요한 의식주라는 기본적인 조건을 출생 즉시, 그리고 특별한 사정이 없는 한 영속적으로 보장해 준다. 또한 법적 친자관계를 부와 모 두 사람에 대해서만 인정함으로써 자녀의 정서적 발달에 중요한 역할을 하는 애착관계와 안정감을 형성·유지하는데 도움이 된다.

---

20) 친자관계 특유의 애착을 경험하고 자녀 교육을 통해 부모 자신의 가치관을 구현하는 것 등을 들 수 있다. 자녀양육이 부모에게 제공하는 '정신적 이익'의 구체적인 내용은 Baker (2008), 각주 153~157을 참조.

21) Baker (2008), p. 682.

그러나 이러한 장점들은 부모의 '존재 자체'가 아니라 부모의 '양육'으로부터 비롯되는 것임을 감안한다면, 부모의 '존재'를 보장하는데 그치고 부모에 의한 자녀 양육을 보장하지는 못하는 혈연주의의 법정책적 측면이 자녀에게도 항상 유리하게 작용한다고 단정하기는 어렵다. 특히 부모 역할을 원하지 않는 사람(특히, 비혼 혈연부)이 자녀의 양육에 영향을 미치게 하거나 부모 사이에 갈등이 있을 때에는 두 명의 부모의 존재는 그 중 한 명이 제공하는 경제적 부양으로 인한 이익보다 훨씬 더 큰 불이익을 자녀에게 가한다.[22]

다만 이러한 경우라 하더라도 혈연주의의 사실적 측면으로부터 비롯되는 이익은 인정될 수 있을 것이다.[23] 이미 불완전입양 제도의 도입 필요성과 관련하여 충분히 논의된 것처럼[24] 혈연부모를 알고 그와의 인간관계를 유지하는 것은 의학적인 측면 뿐 아니라 심리학적인 측면에서도 중요한 의미를 가지기 때문이다.[25] 자아정체성이 원만하게 형성되려면 자신의 과거에 대한 인식, 현재에 대한 평가, 미래의 비전 설정이 통합적으로 행하여질 필요가 있기 때문에, 혈연부모를 아는 것은 정신적 성장과 정신건강을 위하여 필수적이다.[26]

(c) 평가

자연과학적 측면 뿐 아니라 법정책적 측면도 함께 고려하여 평가한다면, 혈연주의의 정당성을 약화시키는 결정적인 요인은 혈연의 사실적·자연과학적 의미의 규명이 아니라, 오히려 그 법정책적 정당성 자체를 위협하는 사회

---

22) Baker (2008), p. 683~685.
23) Baker (2008), p. 654~655.
24) 불완전입양제도의 도입 필요성에 관한 미국에서의 논의의 구체적인 내용은 이 책 제5장 제3절의 III-4부분을 참조.
25) Baker (2008), p. 686~687.
26) 자녀의 자아정체성과 관련한 혈연의 중요성에 관한 구체적인 내용은 Woodhouse (1995), p. 110~111을 참조.

변동이라고 할 수 있다. 즉 혈연주의의 정당성이 문제되는 것은 혈연의 생물학적·심리학적 중요성 여하가 아니라, 이혼과 재혼의 증가와 성인들 사이의 애정관계 형성 양상의 변화[27]으로 인하여 자녀가 다수의 '부모 같은' 성인들과의 인간관계를 형성하는 것이 불가피하게 되었다는 현실로 인한 것이다.

자녀와 양육자들 사이의 애정관계가 더 이상 '두 사람에게 배타적으로' 유지되지 않고 있고 있다면, 법적 친자관계를 '두 사람에게 배타적으로' 귀속시키는 혈연주의의 법정책적인 측면은 더 이상 정당화되기 어렵고, 오히려 자녀의 복리를 위하여 '부모 같은' 역할을 하는 성인과 자녀 사이의 인간관계를 법적 친자관계로 파악하는 것이 불가피하게 된다. 그러나 이를 위해서는, 혈연부모를 사회적으로 볼 때 부모 역할을 하고 있는 사람(이하에서는 '기능적 부모'라고 한다)로 대체하거나, 이들의 중첩을 인정함으로써 양성 한 쌍의 부모 원칙을 포기하여야 하는데, 어떤 것이건 혈연주의의 법정책적 측면의 장점들, 즉 친자관계 성립의 명확성·신속성, 친자관계의 안정적인 유지 등을 심각하게 잠식하게 된다.[28]

따라서 자연과학적 논변과 마찬가지로 법정책적 논변도 혈연주의의 정당성이나 문제점을 명확하게 근거지우기는 어렵다고 여겨진다.

(3) 기본권의 상충이라는 측면

독일에서 확립되고 우리나라 헌법재판소도 수용한 분석틀에 의하면, 혈연에 의한 법적 친자관계의 성립은 기본법적으로 보호되는 이익에 해당하는 것이다. 따라서 혈연주의에 대한 비판론은 기본권 제한의 정당화를 위한 논거도 제시해야만 타당성이 인정될 수 있다. 즉 혈연주의의 정당성과 문제점에 관한 논의는 위에서 살펴본 자연과학적·법정책적인 측면을 넘어서 이제

---

27) 비혼 동거관계와 동성반려관계의 증가, 동거 상대방의 교체 등.
28) Baker (2008), p. 655, 714~715.

는 기본권적 이익의 상충이라는 측면에서도 논의되어야 하는 것이다. 따라서 이하에서는 특히 독일 연방헌법재판소 판례의 내용을 중심으로 혈연주의와 그 제한에 관한 논의를 좀 더 구체적으로 살펴본다.

(a) 혈연의 기본법적 의미[29]

혈연을 알 권리는 인격권의 일종으로서 보호되는 이익이다. 인격의 자유로운 발현권은 각 개인이 자신의 개성을 발전시키고 유지할 수 있는 자율적인 사적 생활영역을 보장하는 것인데[30] 개성의 이해와 전개는 이를 구성하는 요소들에 대한 인식과 밀접하게 관련된다.

따라서 이러한 요소들 중 하나에 해당하는 혈연은 개인의 유전적 형질을 확정시키는데 그치는 것이 아니다. 왜냐하면 혈연에 대한 인식은 각 개인에게 개성을 각인시키고, 각 개인이 자신의 의식 속에서 개성을 발견하고 자아를 이해할 수 있게 해 주는 근거가 되기 때문이다. 이 점에 있어서는 혈연 인식의 인격적 가치는 유전형질이 인간의 삶의 형성에 영향에 어느 정도 영향을 미칠 수 있는지에 대한 생물학적 규명과 무관하다. 오히려 개성의 발견과 자아의 이해는 다양한 과정이며 여기서 생물학적 인식만이 결정적인 역할을 하는 것은 아니라고 보아야 한다.

이렇게 본다면, 혈연은 개인의 특징으로서의 인격에 속하고, 혈연의 인식은 과학적 평가와는 무관하게 각 개인에게 고유한 인격의 발현과 이해를 위한 중요한 접속점을 제공하는 것이다. 따라서 자신의 혈연상의 친자관계를 아는 것도 인격권에 포함된다.

---

29) 이하의 (a), (b)부분의 내용은, BVerG NJW 1989, 891 = BVerGE 79, 256를 요약한 것이다.
30) BVerG, BVerGE 35, 202, 220 = NJW 1973, 1226

(b) 혈연과 일치하지 않는 법적 친자관계의 해소의 기본법적 의미

혈연에 반하는 친자관계를 부인하는 것에 관한 법률상의 부의 이익은 혈연을 알 권리의 실현 자체가 아니라 독일 기본법 제6조로부터 도출되는 '혈연관계를 반영한 부자관계의 형성'이라는 명령을 실현하기 위한 것이다.31)

부성부인 절차에서는 혈연에 의한 부자관계 형성이라는 표현부의 이익과 이미 '법적·사회적으로 형성된 가족관계의 유지'라는 자녀의 이익이 상충한다.32) 이들을 합헌적으로 조화시키기 위해, 부성부인 절차에 관한 현행법은 혈연에 반하는 부자관계의 해소 가능성을 인정하면서도 그러한 절차가 일정한 제한적 요건이 충족된 경우에 한하여 개시될 수 있도록 하고 있는 것이다.33)

특히 이러한 경우에, 안정적인 가족 관계 유지와 이를 통한 인격의 발달, 표현부에 의한 경제적 부양 등에 대한 자녀의 이익이 더 보호가치가 있기 때문에 표현부의 부성부인권은 (단순히 혈연을 알 권리에 비해) 더 많이 제한되는 것이 불가피하다.34) 이러한 맥락에서 본다면, 입법자에게는 부모의 권리의무에 관한 입법을 함에 있어서 사실관계의 다양성을 고려하여 자녀의 복리를 존중할 수 있는 입법재량이 인정되는데35) 혈연과 일치하지 않는 친자관계를 법적으로 인정하는 것(예를 들어 친생부인 기간 경과로 인하여 법적 친자관계가 확정되는 것)은 바로 이러한 입법재량 행사의 결과라고 할 수 있다.

---

31) BVerG, BVerfGE 108, 82, 104.
32) BVerG, BVerfGE 108, 82, 107.
33) BVerG, NJW 2007, 753 = FamRZ 2007, 441, para. 82.
34) BVerG, NJW 2007, 753 = FamRZ 2007, 441, para. 81.
35) BVerfG, BVerfGE 92, 158, 178.

(c) 혈연보다 우선하는 신분원리?

다만 독일에서는 이러한 판례에 반대하는 견해도 제기되고 있는데, 그 내용은 다음과 같이 요약될 수 있다: 친자법은 [친자관계와 관련된 여러 이해관계들을 조정하고 자녀의 복리를 보호하는 것을 목적으로 하는 독자적인 원리인] 신분원리(Statusprinzip)에 근거하는 것이지 진실한 현연관계의 확인을 목적으로 하는 것이 아니다. 따라서 적어도 혼인 중의 출생자에 대해서는 친자관계의 신속성·명확성 원리를 근거로 법적 친자관계가 성립하는 것을 원칙으로 하고 혈연주의는 오히려 원시적으로 부모가 결정될 수 없는 예외적인 경우에만 적용되는 것으로 이해하여야 한다.[36]

그러나 혈연보다는 신분원리를 강조하는 위 견해에 대해서는 다음과 같은 반론이 제기된다: 우선 혈연과 일치하는 친자관계 성립을 관철시키는 것은 신분의 안정성과 신분의 명확성이라는 원리와 상충한다는 점에 대해서는 의심의 여지가 없으나 그렇다고 후자만이 절대적으로 관철된다고 단정할 수도 없다. 또한 혈연주의가 일반적으로 유익한 독자적인(selbständig) 친자법의 원칙임을 인정한다면 이에 대한 예외는 혈연주의보다 우월한 가치가 인정되는 원칙에 근거할 때만 인정될 수 있다.[37]

3. 소결론: 예외를 전제한 원칙으로서의 혈연주의

위에서 본 것처럼 혈연주의에는 장점과 단점이 모두 있기 때문에, 혈연을 친자관계 성립의 유일한 기준으로 하기에는, 즉 혈연주의를 절대적으로 관철시키는 것에는 무리가 있다. 따라서 혈연을 근거로 친자관계가 성립하는 것을 원칙으로 하더라도 여기에는 자녀의 복리 등을 고려한 예외를 인정하는

---

36) Frank, Familienpolitik, 71, 83. Weybruch, S. 12에서 재인용.
37) Weybruch, S, 12~13.

것이 불가피하다.

　이러한 '예외를 전제한 원칙으로서의 혈연주의'를 기준으로 법적 친자관
계를 결정하는 것은, 위에서 살펴본 법정책적 측면 뿐 아니라 친자관계와 관
련하여 상충하는 기본권적 이익의 조화라는 측면에서도 보더라도 타당한 것
으로 여겨진다.

II. 의사

1. 서언

　혈연주의를 비판하는 견해는 대부분 '부모가 되려는 의사'를 기준으로 법
적 친자관계가 성립하도록 하여야 한다고 주장한다. 즉, 자녀를 얻기 위하여
자녀의 포태·출생을 원하였고, 이러한 목적을 달성하기 위하여 자연생식 또
는 적법한 보조생식 방법을 사용하였으며, 자녀의 추정적 승낙을 근거지울
수 있을 정도로 자녀 양육을 위한 조건을 갖춘 사람들에게 법률상의 부모의
지위가 귀속되어야 한다는 것이다.[38]

　이러한 의사주의는 보조생식 자녀 그 중에서도 AID 자녀의 부자관계에
관한 한 세계적인 추세[39]라고도 할 수 있으며, 대리출산 자녀의 모자관계에
관해서도 출산주의와 대립하는 유력한 견해로서 제기되어 왔다. 또한 의사주
의는 국내에서도 특히 보조생식 자녀의 친자관계 결정기준과 관련하여 유력
하게 대두되고 있다. 따라서 의사주의의 논거와 비판론을 전반적으로 파악하
는 것은 현재까지의 논의를 평가하고 앞으로의 입법론을 전개하는데 있어서

---

38) Hill (1991), 각주 12 참조.
39) 예를 들어, 영국의 HFEA 2008 제35조, 독일민법 제1600조 제5항, 프랑스 민법 제
　　311-19조, 제311-20조 등은 모두 'AID시술에 동의한 사람'에게 법적인 친생부의
　　지위가 확정적으로 귀속되도록 규정하고 있다.

유용할 것으로 여겨진다.

이하에서는 의사주의에 관한 일반적인 논거와 비판론을 먼저 살펴본 후, 대리출산 자녀의 모자관계 결정기준과 관련한 의사주의와 출산주의의 대립은 따로 검토한다.

2. 논거와 비판론

(1) 의사주의의 논거

의사주의의 일반적인 논거는 다음과 같이 요약할 수 있다. 첫째로, 의사를 기준으로 부모를 결정하는 것은 자녀의 복리에 부합한다. 부모가 되려는 의사를 가진 사람에게 법률상의 부모의 지위를 귀속시켜야만 자녀에 대한 헌신적인 보살핌이 실현될 가능성이 높고,[40] 특히 보조생식 자녀의 경우에는 의사주의를 채택하여야만 자녀의 출생 즉시 법적인 친자관계가 결정되어 친자간의 애착과 유대감이 최대한 신속하게 형성되고 이러한 관계가 장기간 안정적으로 유지될 수 있게 된다.[41] 나아가 [의사주의를 적용하지 않으면] 의뢰모가 번의하여 법적인 모가 되기를 원하지 않으면 부모가 될 의사 없이 자녀를 출산하였던 출산모에게 부모로서의 모든 의무와 책임이 귀속된다. 이러한 사태를 방지하는 것은 법적 친자관계의 안정성을 위해서도 바람직하다.[42] 둘째로, 특히 보조생식 자녀의 경우에는, 의뢰부모는 보조생식 시술에 의한 자녀의 포태·출생 과정에서 주도적이고 불가결한 역할을 한 사람으로서의 고유한 지위를 가진다. 반면 출산모나 의뢰부모 아닌 생식세포 제공자 등은 보조생식 시술 수행자와 마찬가지로 대체가능한 보조적 역할을 수행하

---

40) Shultz (1990), p. 323.
41) Hill (1991), p. 417.
42) Shultz (1991), p. 323 이하 참조.

였음에 지나지 않는다(이른바 'But-for test').43) 셋째로, 보조생식 과정에 있
어서 자발적·명시적으로 표현된 의뢰모와 출산모의 의사가 합치한 이상 그
내용대로의 효과가 인정되어야 한다. 따라서 의뢰모와 자녀 사이에 친생자관
계가 성립하여야 한다.44) 넷째로, 부모가 되기를 원하는 사람에게 부모의 지
위를 귀속시키는 것은 법적 친자관계의 형성을 내용으로 하는 재생산권(the
right of procreation)의 실현 방법이다. 재생산권은, Baby M 사건 판례45)가 말
하는 혈연자녀(natural childern)을 가질 권리46)가 아니라 법적 친자관계 자체
를 대상으로 하는 것이라고 파악하여야 하기 때문이다.47) 다섯째로, 자연생
식 자녀에 대해서는 혈연주의를 적용하고 보조생식 자녀에 대해서는 의사주
의를 적용하여 친생자관계의 결정기준을 이원적으로 구성하는 것은 출생 과
정·방법에 따른 차별이 될 우려가 있다.48) 그런데 이러한 문제를 해결하기
위하여 모든 자녀에 대해 혈연을 기준으로 친자관계가 성립하도록 하면 보
조생식 자녀의 복리를 실현할 수 없다. 따라서 모든 자녀에 대해 부모가 되
려는 의사를 기준으로 친생자관계를 결정할 필요가 있다.49)

(2) 의사주의에 대한 비판론

의사주의에 대해서는 의사주의 자체의 문제점을 지적하는 비판론과, AID

---

43) Hill (1991), p. 414~415.
44) Stumpf (1986), p. 196 (다만 이 판례는 이 논문의 필자를 'Note'라고 인용하고 있
으나, 오류인 것으로 보인다).
45) 109 N. J. 466
46) Baby M 사건 판례는, 재생산권에 근거한 부모의 지위 결정과 친자관계로부터 도출
되는 권리의무의 귀속주체 결정은 별개임을 전제로 혈연모 겸 출산모가 법적인 모
라고 하면서도 자녀의 복리심사를 거쳐 의뢰모가 친권자라고 판단하였다.
47) 구체적인 논거는 Hill (1991), p. 367을 참조.
48) Wenk (1996), p. 275~276.
49) Storrow (2002), p. 639~640; Baker (2004), p. 61.

자녀의 부자관계 귀속이나 대리출산 자녀의 모자관계 귀속 등의 개별적 문제와 관련된 비판론이 제기되고 있다. 이들 중 전자의 내용은 다음과 같이 요약할 수 있다. 첫째로, 의사주의는, 효과의사의 내용에 따른 법률관계 형성은 일반적으로 인정되는 법적인 원리이기 때문에 친자법에 대해 적용하는데도 무리가 없음을 전제하고 있다.50) 그러나 일반적인(즉 재산법상의) 계약도 그 내용의 공정성과 사회적 타당성이51) 인정된 경우에만 구속력을 인정할 수 있다.52) 따라서 보조생식 자녀를 얻기를 원한 '의도'만을 근거로 곧바로 친생부모의 지위라는 효과가 발생하는 것이 당연히 정당화될 수는 없다. 둘째로, '부모가 되려는 의사'나 '법적 친자관계를 통한 재생신권 실현'이라는 측면만 놓고 보면 입양희망 부모와 보조생식 의뢰부모 사이에 본질적인 차이가 없는데도, 전자에 대해서는 엄격한 공적 심사를 거치도록 하면서 후자에 대해서는 의사만을 근거로 친자관계의 성립을 허용하는 것은 일관성이 없다.53) 셋째로, 자녀의 관점과 무관하게 의사부모의 재생산 의사만을 중시하는 것을 정당화할 만한 근거가 부족하다. 또한 부모의 의사만을 근거로 부모와 자녀가 당사자인 친자관계를 근거지우는 것은 자녀와 부모는 별개의 인격체임을 전제로 부모의 의사의 영향력을 줄여 나가려고 하는 현대적인 친자법의 추세와도 상반된다.54) 넷째로, 특히 보조생식 자녀에 대해서만 의사주의를 채택하는 것은 포태 전의 의사표시의 구속력만을 강조하고 자녀의 출생 전후의 변의 등의 사정변경을 전적으로 무시하는 것으로서, 계약법리에 사로잡혀 신분법리가 적용될 필요가 있는 친자관계의 특수성을 도외시한 것이다.55) 이처럼 보조생식 시술 전의 의사표시에 강한 구속력을 인정하는 것

---

50) 예를 들어, 특히 대리출산 '계약'의 구속력을 강조하는 견해로서 Hill (1991), p. 416을 참조할 것.
51) 예를 들어, 계약의 공정성(unconscionability) 심사에 관한 Uniform Commercial Code §2-302; Restatement (Second) of Contracts §208 (1981).
52) Coleman (1996), p. 512~513.
53) Garrison (2000), p. 864~865.
54) Garrison (2000), p. 863; Hurwitz (2000), p. 147.

은 입양에 동의하였던 친생모에게는 일정한 기간이 경과하기 전까지는 어떠한 제한이나 불이익 없이 이를 철회할 수 있도록 보장하고 있는 것56)과 조화를 이루기 어렵다. 나아가 대리출산 자녀에 대해 의사에 의한 친자관계 성립을 인정하는 것은, 이미 출생한 자녀에 대해 의사를 근거로 부모를 결정하기 위한 제도인 입양에 대한 공적 규제의 목적을 무의미하게 만들 수 있다. 입양제도의 목적은, 친생부모의 재생산권(혈연에 의한 친자관계를 유지할 권리)이 부당하게 박탈되는 것을 방지하고, 자녀를 양육하기에 적합한 양부모를 선정하며, 일단 성립한 양친자관계에 대한 다툼을 방지함으로써 궁극적으로는 자녀의 복리에 부합하는 법적 친자관계가 안정적으로 유지될 수 있게 하는 것이기 때문이다.57) 다섯째로 자녀의 출생이라는 결과에 대해 의뢰모는 '1차적이고 불가결한 원인'을 제공한 반면 난자제공자나 출산모는 부수적인 원인을 제공하였을 뿐 아니라 '대체가능'하였다는 취지의 이른바 But-for Test라는 논거에 대해서는 다음과 같은 비판을 가할 수 있다. ⓐ의뢰부가 적극적으로 대리출산 과정을 주도하고 의뢰모는 소극적으로 수인한 경우에도 의뢰모에게 친생모의 지위가 귀속되어야 하는 이유를 설명하기 어렵다. ⓑ 대리출산을 기획할 당시에는 난자제공자나 출산대리모를 '대체'할 수 있지만 출산모와 의뢰모 사이에 친자관계에 관한 분쟁이 일어난 시점에서는 이들 또한 자녀에게 '고유한' 존재임을 간과하고 있다.58) ⓒ의뢰모의 '의사'만이 실질적 원인이라고 단정할 수는 없다. 의사 뿐 아니라 혈연과 출산도 자녀의 출생을 위한 불가결한 원인이기 때문이다.59) 여섯째로 의사기준설을 적용하는 것이 자녀의 복리에 부합한다고 단정할 수 없다. 우선 자녀가 출생하기

---

55) Laufer-Ukeles (2002), p. 440~441 참조.
56) 친생부모의 입양동의 철회권 보장에 관한 미국 각 주의 판례와 법률의 현황에 대한 개관은 Spivey, Comment note: right of natural parent to withdraw valid consent to adoption of child, 74 A. L. R. 3d 421 (Originally published in 1976)을 참조.
57) Belsito v. Clark, p. 63
58) Hurwitz (2000), p. 142.
59) Johnson v. Calvert 판결의 소수의견(Kennard J.).

전에 친생부모가 정해져 있는 것이 자녀의 복리에 도움이 되기는 하지만 이 것만으로 자녀의 복리 실현이 항상 보장되는 것은 아니다. 다음으로 자녀를 가지기를 원하고 그 과정을 주도한 의뢰모가 자녀에게 더 바람직한 모라는 주장도 개별구체적 사정을 고려한 후발적 심사라는 자녀 복리 심사의 본질 에 반할 뿐 아니라, 자녀를 키우기를 간절히 원하는 입양희망 부모에게는 엄 격한 심사를 적용하는 것과도 조화를 이루기 어렵다.[60]

(3) 대리출산 자녀의 경우: 출산주의와의 대립

자연생식 자녀나 AID 자녀와 관련된 사안에서 의사주의가 상정하고 있는 의사와 대립하는 친자관계 결정기준은 '혈연'인 반면, 대리출산 자녀에 관한 논의에 있어서는 부모가 되려는 의사를 가진 의뢰모가 혈연모인 경우도 있 기 때문에, 오히려 출산이라는 요소가 의사라는 요소와 대립하게 된다. 따라 서 이하에서는 항을 바꾸어 대리출산 자녀와 관련하여 출산을 기준으로 법 적 모자관계가 성립하도록 해야 한다는 견해인 출산주의의 논거와 이에 대 한 비판론을 검토한다.

3. 평가: 의사주의의 한계

위에서 살펴본 것처럼, 의사주의에 대해서는 적지 않은 비판론이 제기되 고 있다. 이러한 문제의식을 반영하여 기본적으로는 의사주의를 따르면서도 포태 전에 표시된 의사는 (종래의 혈연과 마찬가지로) 보조생식 자녀의 친자 관계를 결정하는 절대적인 기준은 아니고 특별한 사정이 없는 한 적용되는 원칙적인 기준(default rule)라고 파악하여야 한다는 견해[61]도 제기된다. 또한

---

60) Hurwitz (2000), p. 143.
61) Shultz (1990), p. 323.

보조생식 자녀의 친자법에 관한 미국의 주법률들을 보더리도 의뢰부모의 의사만을 근거로 법률상의 부모의 지위를 인정하는 예는 없으며, UPA 2002와 같이 의뢰부모의 혼인 또는 의뢰부모 중 일방과 자녀 사이의 혈연이라는 추가적 요건을 규정하고 있다.[62]

III. 기능(부모로서의 역할)

1. 의의

(1) 미국에서의 논의

'부모로서의 기능·역할의 수행'이라는 사실적인 요소을 기준으로 법적 친자관계를 결정해야 한다는 견해(이하에서는 '기능주의'라고 한다)는 혈연이나 의사를 기준으로 법적 친자관계를 결정하는 경우에 발생하는 문제들을 해결하기 위하여 제시되었다.

기능주의의 논거는 다음과 같이 요약할 수 있다: 혈연주의에 의하면 자녀와의 사회적 친자관계가 상당한 기간동안 유지된 후에 혈연 친자관계가 아님을 알게 된 법률상의 부가 친생부인을 구하는 것을 방지할 수 없다. 이처럼 상당한 기간에 걸쳐 유지되어 온 사회적 친자관계를 반영한 법적 친자관계를 일거에 해소하는 것은 자녀의 복리에 반한다. 따라서 부모로서의 역할을 수행한 사람에게 법률상의 부모의 지위가 안정적으로 귀속되도록 함으로써 혈연주의의 관철로 인한 자녀의 복리 저해를 방지할 필요가 있다.[63] 특히, 혈연의 개연성 추정에 바탕을 둔 전형적 가족이 더 이상 지배적인 가족

---

62) Storrow (2002), p. 645.
63) Bartholet (2004), p. 323.

형태라고 볼 수 없을 정도로 가족생활의 양상이 변하고 있음을 감안한다면 사회적 친자관계를 법적 친자관계와 마찬가지로 보호해 주어야 할 필요성은 더욱 절실해졌다.[64] 그런데, 혈연주의의 문제점을 극복하기 위하여 의사주의에 의하여 친자관계를 결정하는 것도 가능하지만, '의사'라는 요소 대신 '기능'이라는 요소를 근거로 법적 친자관계를 결정하면 의사주의의 장점을 활용하면서도 그 단점을 최소화 할 수 있다.

(2) 국내에서의 논의

국내에서도, 혈연은 없지만 사회적으로 친자관계로 인식되고 당사자들도 이러한 관계를 용인하고 있는 상태를 통틀어 '사회적 친자관계'라고 하면서 이러한 사회적 친자관계를 가능한 한 법적 친자관계로 인정하는 것이 일반적으로 자녀의 복리에 부합한다는 취지의 견해[65]가 제기되었다. 그러나 이러한 견해는 우선 사회적 친자관계의 의미를 때로는 '기능'으로 때로는 '의사'로 파악하고 있다는 점에서 일관성이 없고, 친생자관계와 양친자관계의 이원적 구조를 도외시하고 있다는 점에서 설득력이 떨어진다.

위 견해의 문제점을 좀 더 구체적으로 살펴본다. 첫째로, 위 견해는, 사회적 친자관계의 예로서 가족관계등록부에 기재되지 않은 사실상의 양친자관계, 계부모와 자녀 사이의 관계, 친생자관계 부존재확인판결이나 친생부인판결이 확정된 후에도 종래의 법적 부모와 자녀 사이에 친자관계로서의 실질이 유지되고 있는 경우 등을 들고 있다. 둘째로, 친생부인 기간이 경과하여 친생추정이 확정된 경우를 사회적 친자관계의 예로 들면서 법률상의 부와 자녀 사이에 친자로서의 생활사실이 유지되고 있는지의 여부를 문제삼고

---

64) Bartholet (2004), p. 326~327; Carbone/Cahn, (2003), p. 1020; Garrison (2000), p. 893.
65) 최진섭 (1998), 161, 164면 각 참조.

있지 않다. 그런데 위 논문이 전제하고 있는 '친생부인 기간의 경과'는 절대 기간 체제 하에서는 법률상의 부의 의사와는 전혀 무관하다. 셋째로, "악의 의 인지자는 인지무효의 소를 제기할 수 없다고 제한적으로 해석할 여지가 있다"라고 하는데, 이러한 주장은 악의의 인지자와 자녀 사이에 사회적 친자 관계가 형성되어 있는지의 여부를 문제 삼고 있지 않다는 점에서, 친자관계 를 성립시키려고 했던 악의 인지자의 '의사'만을 근거로 법적 친자관계가 확 정되어야 한다는 취지로 파악할 수 있다. 넷째로, 이 견해가 사회적 친자관 계의 예로 제시하는 입양신고에 갈음하는 출생신고에 관한 판례법리에 의하 여 확정된 법적 친자관계는 양친자관계이다. 따라서, 이러한 판례의 태도를 "자연적 혈연관계 내지는 신분질서 보다는 사실상의 가족관계를 더 존중하 겠다는 의사를 엿볼 수 있는" 것으로 평가한 것에는 문제가 있다.

2. 친자관계 결정기준으로서의 '기능'의 의미

(1) 개관

기능주의는 '기능'과 '의사'의 준별을 전제한다. 후자는 부모의 효과의사 를 의미하는 것으로서 입법에 의하여 법적 친자관계의 결정기준으로 인정되 는 경우가 많은 반면, 전자는 친자관계 귀속의 실질적인 근거로 자녀 출생 후의 구체적인 사실관계를 중시하는 것으로서 주로 판례에 의하여 인정되 며[66] 법적 친자관계의 성립 자체보다는 이를 구성하는 권리의무의 귀속과 관련하여 문제된다.

다만 기능의 의미를 확장하여 자녀의 포태과정에 이르기까지의 역할분담 도 포함되는 것으로 파악한다면,[67] 자녀의 출생을 전제하는 미국의 판례법

---

66) 기능주의를 명문규정으로 인정한 입법례로는 오레곤 주법(OR.REV.STAT. § 109.119 (Supp.1989))이 거의 유일하다고 한다(Polikoff, p. 573).

리에 의한 사실적 친자관계(de facto parenthood)와는 달리, 기능적 친자관계
의 범위 내에 의사에 근거한 친자관계를 포함시킬 수도 있게 된다.[68]

(2) 부모로서의 기능의 구체적인 예

기능주의에 의하면, '부모로서의 기능'은 법적 친자관계의 성립여부를 결
정짓는 중요한 의미를 가진다. 따라서 구체적으로 어떤 사실을 근거로 이를
인정할 수 있는지를 명확하게 할 필요가 있다. 예를 들어, 기능주의에 바탕
을 두고 있는 것으로 평가되는 A. L. I.[69]의 "Principles of the Law of Family
Dissolution: analysis and recommendations"는 '부모로서의 기능'의 의미도 유
형을 나누어 구체적으로 나열하고 있다. 우선 양육기능(caretaking functions)
이란 자녀와의 상호작용 또는 타인과 자녀 사이의 상호작용을 지시, 감독하
는 것을 의미한다. 이러한 기능에는 다음과 같은 사항들이 포함될 수 있으나
이에 한정되는 것은 아니다: 자녀의 안전, 의식주, 건강관리, 의료 등에 관한
수요 충족, 신체적·정신적인 성장발육(언어습득, 배변훈련, 자아정체성 형성
등)에 관한 수요충족, 자기조절 능력, 윤리도덕 관념, 사회성 등의 형성을 위
한 수요 충족, 자녀의 교육에 관한 수요 충족(교사 또는 상담사와의 의견교
환, 숙제의 지도 등을 포함함), 자녀 양육에 관한 기능수행을 제3자에게 위임
하고 수임인을 관리·감독하는 것(제2.03조 (5)). 다음으로 부모로서의 기능
(parenting function)이란, 자녀 또는 자녀가 속해있는 동거공동체의 수요를 충
족시키는 활동을 말하며, 제2.03조 (5)항에 정의된 양육기능과 함께 다음 각
호의 사항들을 포함한다: 경제적 부양, 자녀의 복리와 관련된 의사결정에의

---

67) 예를 들어, E. N. O. v. L. M. M., 711 N. E. 2d 886 (Mass. 1999), p. 891.
68) Storrow (2006), p. 673~674.
69) American Law Institute에 관한 소개는, 웹문서 http://www.ali.org/index.cfm? fuseaction
    =about.overview (최종방문: 2011년 2월 20일)를 참조할 것.

참여, 주거생활의 유지를 위하여 필요한 활동(정원 관리, 청소 등), 일상생활에서 필요한 경제활동(자동차의 수선과 유지, 생필품을 비롯한 소비재의 구입 등)에 대한 부조, 그 외에 관습적으로 부모 또는 후견인이 수행하는 기능으로서 자녀의 복리와 발달을 위하여 중요한 사항(제2.03조 (6)항).

3. 평가: 기능주의의 문제점

법적 친자관계의 결정기준에 관하여 새롭게 제기된 기능주의는 여러 가지로 주목할 만한 가치가 있기는 하지만 우리 민법상의 친자법의 해석론 또는 입법론으로 참고하기에는 무리가 있다. 그 이유는 크게 다음의 두 가지로 나누어 생각해 볼 수 있다.

(1) 기능주의 자체의 한계

우선, 미국에서 지적되고 있는 기능주의 자체의 문제점을 들 수 있다. 기능적 친자관계는 개념 자체의 본질상 법적 부모와 제3자의 경계를 모호하게 만들기 때문에 친자관계의 인정여부에 대한 예견가능성을 확보할 수 없고 당사자 또는 국가가 자의적으로 친자관계를 주장 또는 부인하게 될 우려가 있다.70) 이러한 문제에 대처하기 위하여 기능적 친자관계는 엄격한 요건 하에 인정하여야 할 필요가 있으며, 특히 기능적 부모와 법적 부모 사이의 분쟁을 예방하기 위하여, 기능적 친자관계를 법적으로 승인하기 위한 요건으로 ⓐ이러한 관계의 개시와 유지가 법률상의 부모의 의사에 반하지 않았어야 하고 ⓑ상당한 기간 동안 지속되었을 것을 요구하는 등의 엄격한 요건을 둘

---

70) 예견불가능성과 조작가능성(Unpredictability and manipulability)의 문제(Minow (1991), p. 276～278).

필요가 있다는 견해[71]가 제기되고 있는 것이다. 같은 취지로, 친생모의 동성
반려자에게 de facto parent의 지위를 인정하면서 자녀의 비전형적 친자관계
도 보호되어야 함을 명시한 판례[72]도 '친생모의 동의에 의하여 개시되고 그
의 승인 하에 유지되었을 것'이라는 요건을 충족하여야만 한다고 판시하고
있다. 또한 기능적 친자관계라는 개념을 인정한 위 판례와 Rubano v.
DiCenzo, 759 A. 2d 959 (R. I. 2000) 사건 판례가 인용하고 있는 A. L. I.의
위의 원칙 제2.03조 (1)항에 의하면, 친생모의 동의 뿐 아니라 최소 2년간의
동거, 친생부모와 동일하거나 이에 상당하는 것으로 볼 수 있을 정도의 양육
분담이라는 요건도 갖추어야만 기능적 친자관계가 인정될 수 있다.

(2) 보편성의 결여

기능주의는, 사회적 친자관계를 독일의 경우처럼 법적 친자관계의 해소라
는 국면에서 혈연주의를 제한하는 소극적 요소로 사용하는데 그치는 것이
아니라, 친자관계의 성립을 근거지우는 적극적 요소로 활용하고 있다. 그러
나 이것은 미국 친자법의 특성에 기인한 것이기 때문에 보편적으로 원용되
기는 어려울 것으로 여겨진다. 그 이유는 다음과 같다. 첫째로, 미국의 경우
에는 자녀에 대한 '사회적 관계 유지'는 부모에게만 인정되는 권리임을 이유
로 조부모의 면접교섭권을 인정한 주법률을 위헌이라고 판단한 연방대법원
판례[73]로 인하여, 자녀의 복리를 위하여 부모 이외의 사람들에게 면접교섭
권 등을 인정하려면, 그러한 관계의 당사자인 성인을 '부모와 유사한' 지위
에 있는 것으로 구성해야만 한다. 그러나 이처럼 법적 친자관계의 성립과 그
효과로서의 친권, 면접교섭권, 부양의무 등의 귀속을 별개로 다루는 것은 보

---

71) Bartlett (1984), p. 946~948.
72) E. N. O. v. L. M. M., 711 N. E. 2d 886 (Mass. 1999), p. 891.
73) Troxel v. Granville, 530 U. S. 57 (2000).

편적인 입법태도라고 하기 어렵다. 둘째로, 기능주의는 미국의 판례에 의하여 인정되는 사실적 친자관계(de facto parentage) 또는 금반언 법리에 의한 친자관계(parents by estoppel)[74]라는 개념으로부터 발전한 것이다. 그러나 이러한 법리들은 모두 커먼로에 기초한 것이기 때문에 영미법계 이외의 나라들의 친자법에 대해서도 적용될 수 있을 것이라고 단정할 수 없다.

IV. 출산

1. 논거

(1) 국내의 논의

국내에서 제기된 출산기준설의 논거는 다음과 같이 정리할 수 있다. 첫째로, 출산기준설은 (비록 자연생식자녀를 전제한 것이기는 하지만) 현행법의 일반원칙이기 때문에, 대리출산 자녀에 대해서도 이를 적용하여야만 친생자법의 일관성·정합성을 유지할 수 있다. 둘째로, 혈연이라는 요소와 포태·출산이라는 요소는 모두 자녀에게 중요한 의미를 가지는 생물학적 요소이기 때문에, 이들 사이의 우열관계를 판단하는 것은 바람직하지 않다.[75] 나아가 '생물학적 요소'뿐 아니라 '사회적 친자관계'도 친생자관계를 근거지우는 중요한 요소라면 포태·출산이라는 과정을 통해 심리적으로 자녀와의 유대감을 형성한 출산모에게 우월한 지위가 주어져야 하며, 이것이 자녀의 복리에 부합한다. 셋째로, 출산모는 자녀의 출생 즉시 명백하게 식별할 수 있는 반면, 혈연모는 혈연검사를 거쳐야만 식별될 수 있기 때문에 출산기준설을 따라야

---

74) Kaplan (2000), p. 73~74.
75) 엄동섭 (2001. 12), 109면. 같은 취지로 박철호 (2009. 11), 282면.

모자관계의 공백을 방지할 수 있다.[76] 넷째로 혈연모에게 친생모의 지위를 인정하는 것은 대리출산을 허용하는 것과 다를 바 없기 때문에 대리출산 계약에 대한 행위규제 자체를 무의미하게 만들어버릴 우려가 있다.

(2) 외국의 논의

(a) 미국

출산기준설과 관련된 국내의 논의는 미국의 학설·판례의 직접적인 영향을 받은 것으로 평가할 수 있다. 따라서 이하에서는 이에 관한 미국에서 주장된 출산주의의 논거를 간단하게 살펴본다.

첫째로, 출산모와 자녀 사이에 형성되는 특별한 유대감(Maternal-Bonding)은 심리학적·생물학적으로 중요한 의미를 가진다. 따라서, 출산모와 자녀 사이의 모자관계 성립을 인정하지 않는 것은 임신기간과 출산과정을 거치면서 태아와 모 사이에는 형성된 유대관계를 인위적으로 단절하는 것으로서, 모에게 가혹할 뿐 아니라 자녀에게 심리적인 외상(trauma)을 초래할 수 있기 때문에 자녀의 복리에도 반한다.[77] 둘째로, 출산주의에 따라 모자관계의 귀속을 결정하는 것이 친자관계의 명확성과 안정성을 실현하기에 가장 적합하다. 셋째로, 출산주의를 채택하는 것이 대리출산과 관련된 상충하는 가치관의 충돌을 방지하고 대리출산에 관한 의료법적 규제의 실효성을 보장하기에 가장 적합하다.

이들 중에서 특히 세 번째 논거는, 비록 혈연주의가 친자법의 '원칙'임을 인정하더라도, 공공복리를 위하여 이에 대한 예외(전형적인 예로서, 친생부

---

76) 이준영 (1997), 124~127면.
77) 이러한 '유대감'에 관한 구체적인 내용은 Hurwitz (2000), p. 158~167; Hill (1991), 각주 219에 소개된 문헌들을 각 참조.

인의 요건 제한, 혈연부모와의 법적 친자관계 단절을 전제하는 완전입양제도
를 두는 것 등)가 인정되고 있음을 감안한다면, 보조생식 일반에 대해 의사
주의를 원칙으로 하더라도 대리출산 사안에 대해서도 의사주의를 적용을 제
한하거나 배제하는 것도 얼마든지 정당화될 수 있음을 강조한다. 또한 의뢰
모에게는 입양절차를 통해 법적인 모가 될 기회를 부여하는 것이 오히려 자
녀의 복리에도 부합하기 때문에 출산모의 모성을 확일적·원시적으로 박탈하
는 것은 비례원칙과 저촉될 여지가 있다는 견해[78]도 같은 취지라고 할 수
있다.

　이처럼 미국에서 거론되는 출산주의의 논거들, 즉 법적 안정성과 명확성,
출산과정을 통해 형성되는 특별한 유대감, 행위규제의 실효성 보장의 필요성
등은 우리나라에서 제기된 논거들과 크게 다르지 않은 것으로 평가할 수 있
을 것이다.[79]

(b) 일본

　현행법상의 친자법제가 우리나라와 가장 비슷한 일본의 경우에도, 비록
견해의 대립은 있지만, 최근까지 진행되고 있는 입법준비 작업의 일환인 親
子法制部會의 중간시안과 일본학술회의 보고서 등의 내용에 비추어 볼 때
출산기준설이 지배적 견해로 정착되어 가고 있는 것으로 보인다.[80] 이러한
지배적 견해에 의하면, 출산기준설의 논거는 이른바 '확실성 논거'와 '모성
적격성 논거'라는 두 가지로 요약되는데, 이들 중 전자는 국내의 논거의 요
지들 중 세 번째와 일치하고, 후자는 두 번째와 비슷하다고 평가할 수 있다.
이하에서는 출산주의와 관련하여 일본에서 전개되고 있는 찬반양론의 논거

---

78) Sheldon (2001), p. 545.
79) 출산기준설의 논거에 관한 미국에서의 논의의 구체적인 내용은, 권재문 (2010. 2),
　　202면을 참조.
80) 위의 자료들의 의미와 작성배경에 관하여는 이 책 제3장 제1절의 Ⅳ부분을 참조.

들을 좀 더 구체적으로 살펴본다.

먼저, 중간시안이 제시한 논거들은 다음과 같이 요약할 수 있다: 첫째로, 모자관계의 발생을 출산이라는 외형적 사실에 따라 결정되도록 함으로써 모자간의 법률관계를 객관적 기준에 의하여 명확하게 결정할 수 있다. 둘째로, 자연생식 자녀의 모자관계와 같은 요건에 의하여 모자관계를 결정할 수 있기 때문에 포태방식을 가리지 않고 모든 자녀들을 동등하게 대우할 수 있다. 셋째로, 여성이 자녀를 임신·출산하는 과정을 거치면서 그 자녀에 대한 모성이 형성되기 때문에 자녀의 복리라는 관점에서 보더라도 출산모를 어머니라고 하는 것이 합리적이다. 넷째로, 난자제공형 체외수정 시술을 받는 여성은 태어난 자녀를 양육할 의사를 가지고 있지만 난자를 제공한 여성은 그러한 의사가 없기 때문에, 출산모가 자녀를 양육하는 것이 더 바람직하다.[81] 나아가, 일본학술회의 보고서는 다음과 같은 논거들을 제시하고 있다: 첫째, 최고재판소 판례[82]도 인정한 것처럼, 친생부인 제한과 친생승인에 관한 조항들에 비추어 볼 때 혈연상의 친자관계와 민법상의 친생자관계가 반드시 일치하지는 것은 아니다. 즉, 민법상의 친생자관계는 혈연에 기초하는 것을 원칙으로 하지만 자녀에게 법적 부모를 부여할 필요성, 자녀의 신분의 안정성 등을 고려하여 혈연과 일치하지 않는 법적 친자관계가 인정되어야 하는 경우도 있다. 둘째, 혈연 없는 출산모에게 법적인 친생모로서의 지위를 귀속시키는 것은, ⓐ자녀의 출생과 동시에 외형상의 명백한 사실을 근거로 법적 모자관계를 신속·간단하게 결정할 수 있고(이른바 '확실성 논거'), ⓑ양육의 정신적 기반이라고 할 수 있는 모성애는 임신·출산이라는 사실을 통해 형성되기 때문에, 임신·출산의 중요한 의미를 자각할 수 있게 할 필요가 있다(이른바 '모성 적격성 논거')는 점에서 자녀의 복리에 부합한다.[83]

---

81) 보충설명, 8면.
82) 권리남용의 법리를 근거로 친생자관계 부존재확인 청구를 배척한 2006년 7월 7일에 선고 판결 등.
83) 위 보고서, 25~26면.

2. 출산주의에 대한 비판론

이러한 출산주의의 각각의 논거에 대해서는 다음과 같은 비판론이 제기되고 있다.

(1) 국내

출산기준설과 대립하는 국내의 견해인 혈연기준설은 혈연 자체의 고유한 의미만을 강조하는 것이 아니라 혈연모가 곧 의뢰모임을 전제로 자녀와의 사회적 친자관계를 형성·유지할 개연성에 근거한 자녀의 복리 적합성도 강조하고 있다. 즉, 친자관계가 성립하려면 생물학적 요소 뿐 아니라 지속적인 관계, 즉 사회적 친자관계도 필요함을 전제로, 대리출산 자녀를 자신의 자녀로 삼을 의사도 없었고 자녀와의 실질적인 양육관계도 형성하지 않은 출산모가 법률상 당연히 친생모가 된다는 것은 합리적이지 않기 때문에, 의뢰부부의 의사의 존중과 자녀의 최선의 이익이라는 친자법의 이념에 따라 의뢰부모가 친생부모가 되도록 하는 것이 바람직하다는 취지로 주장한다.[84]

그러나, 혈연기준설을 정당화하려면 그 자체의 정당성의 논거가 제시되어야 할 뿐 아니라, 혈연모와 대리출산 자녀에게 양친자관계보다는 친생자관계를 인정하는 것이 자녀의 복리에 부합한다는 평가를 전제하여야만 한다. 위에서 본 것처럼, 출산기준설을 따르는 우리나라의 견해들의 거의 전부가 혈연모에 의한 입양을 인정하고 있기 때문이다. 국내의 혈연기준설은 대체로 이러한 사정을 의식하고 있는 것으로 보인다. 즉 양친자관계보다 친생자관계가 성립하도록 하는 것이 자녀의 복리에 부합한다는 결론에 대한 논거로서, 친양자제도 도입의 취지를 강조하거나,[85] 출산모와 혈연부(즉 의뢰부) 사이

---

84) 배성호 (2005. 5), 15~16면.

의 협의 또는 재판으로 혈연부를 친권자로 결정하고 다시 혈연부의 대락에 의하여 혈연모(즉 의뢰모)가 자녀를 입양하도록 하는 것은 번거롭다는 점을 지적하거나, 어차피 의뢰부모의 친생자로 출생신고를 하기를 바라는 경우가 대부분일 것이기 때문에 외관과 일치하는 친생자관계의 성립을 인정하는 것이 바람직하다[86]는 점 등이 제시된다.

(2) 외국

(a) 미국

미국에서 전개된 출산주의에 대한 비판론의 논거는 다음과 같이 요약할 수 있다.

첫째로, 심리학적·생물학적 논거에 대해서는, ⓐ임신·출산이라는 사실로부터 발생하는 유대감의 정의, 존부, 영향 등이 심리학적·생물학적으로 완전히 증명되었다고 보기 어렵고, ⓑ만약 증명될 수 있다 하더라도 이러한 유대감이 의뢰부모, 양부모 등과 자녀 사이에 후천적으로 형성되는 유대감보다 우선적으로 보호되는 것을 정당화할 수 있을 정도로 질적으로 가치 있는 것이라고는 단정하기 어렵다. ⓒ또한 자녀에게 중대한 영향을 미치는 모자간의 유대관계는 출생 직후라는 짧은 기간 동안에 출산모와의 사이에서 형성되는 것이 아니라 오히려 상당한 기간 동안에 안정적으로 지속되는 접촉과 반응을 통해 '모의 역할'을 하는 사람과의 사이에서 형성됨을 보여주는 연구결과도 적지 않다. 따라서 자녀의 복리와 관련하여서는 출산 여부라는 생물학적 사실보다는 심리학적 관계가 더 중요한 의미를 가진다고 볼 수도 있다.[87]

---

85) 배성호 (2005. 5), 15~16면.
86) 오호철 (2009. 5), 197면.

둘째로, 확실성·안정성 논거에 대해서는 다음과 같은 비판을 가할 수 있다. 출산모에게 법적인 모의 지위를 귀속시키면 그의 배우자 (출산모가 미혼인 때에는 정자제공자)에게 법률상의 부의 지위가 귀속되어야 한다. 그러나 모의 배우자 아닌 제3자의 정자를 사용한 대리출산 사안에서 AID 자녀의 부자관계 결정에 관한 법리를 적용한다면, 출산모의 배우자가 보조생식 시술 당시에 태어날 자녀의 아버지가 되는 것에 대해 동의하지 않은 경우에는 그에게 법적 부의 지위가 귀속될 수 없다. 따라서 이러한 경우에 자녀는 법률상의 부가 없는 상태에서 출생하게 된다. 물론 의뢰부의 정자를 사용한 경우에는 의뢰부에게 당연히 법률상의 부의 지위가 귀속될 수 있겠지만, 이러한 결과는 의뢰부와 마찬가지로 부모가 될 의사와 혈연이라는 요소를 갖춘 의뢰모에게는 양모의 지위만을 인정하는 것과는 균형이 맞지 않는다.

셋째로, 법정책적 논거에 대해서는, 출산기준설을 획일적으로 적용하는 것은 오히려 혈연모와 출산모 모두에 대해 양성평등 원칙 위반의 문제를 야기한다는 비판론이 제기된다. 혈연부에게는 혈연만을 근거로 법률상의 부성이 귀속될 수 있는데 혈연모에게는 어떠한 경우에도 법적인 모성이 귀속될 수 없게 하는 것은 양자를 차별하는 것이고, 또한 혈연 없는 법률상의 부에게는 일단 귀속된 법률상의 부성을 부인할 수 있는 기회를 부여하면서도 혈연 없는 출산모에게는 이를 인정하지 않는 것도 양성평등 원칙과 저촉된다는 것이다.[88]

(b) 일본

한편, 일본에서도 출산주의에 대해서는 다음과 같은 비판론이 제기되고 있다: 첫째로, 민법상의 친생자관계는 혈연을 근거로 성립하는 것이 '원칙'이

---

87) Hill (1991), p. 400~403.
88) Stark (2007), p. 305.

다. 부자관계에 대해서는 혈연주의가 제한되는 예외적인 경우들이 명시되어 있지만, 종래의 즉 대리출산 기술이 개발되기 전까지의 최고재판소 판례에 의하면 (혈연을 당연한 전제로 하는) 출산주의에 대한 예외는 인정되지 않았다. 둘째로, 이른바 '확실성 논거'는 절대적인 것이 아니다. 대리출산에 대한 의료법적 규제를 관철시키면 의료기록 등에 의하여 혈연부모를 확정할 수 있다. 또한 출산모와의 법적 모자관계가 반드시 확실하게 식별된다고 장담할 수 없다. 비혼모인 출산모가 자신의 신원을 감추기 위하여 다른 사람의 친생자인 것처럼 출생신고를 하는 강보양자[89] 사안은 적지 않게 발생하였을 뿐 아니라, 이제는 최고재판소의 판례에 의하여 출산 사실과 일치하지 않는 법적 모자관계를 해소할 수 없는 경우도 있을 수 있기 때문이다.[90] 셋째로, 이른바 '모성적격성' 논거도 절대적인 것이라고 보기는 어려운데, 자녀를 양육할 준비를 하고 대리출산에 이르는 모든 과정을 주도한 의뢰모에게도 이러한 '적격성'이 충분히 인정될 수 있기 때문이다. 넷째로, AID 사안에 대해서는 '타인(정자제공자)의 도구화'를 용인하고 혈연부 아닌 의뢰부에게 법적인 친생부의 지위를 인정하면서 유독 대리출산 사안에 대해서만 '타인(대리출산모)의 도구화'의 문제점을 강조하면서 혈연모인 의뢰모에게 법적인 친생모의 지위를 부인하는 것은 균형이 맞지 않는다.[91] 다섯째로, '자녀의 복리'의 의미는 일반적인 판단의 기준인 경우와 개별구체적 사정에 기초한 판단인 경우에 달라질 수 있다. 그런데, 대리출산 사안에 대한 위 최고재판소 판례의 다수의견과 같이 의뢰부모가 자녀를 출생 직후부터 양육해 오고 있는 상황 하에서도 대리출산모에게 법적인 모의 지위를 귀속시키는 것은 오히려 개별구체적 사정에 기초한 자녀의 복리 판단을 전적으로 배제한 것이라는 점에

---

89) 일본어 '藁の上からの養子'의 번역어로서, 출생 당시부터 양부모의 호적에 친생자로 기재되었고, 양부모와의 사회적 친자관계를 유지하면서 성장해 온 자녀를 뜻한다.

90) 石井美智子 (2008), 59면.

91) 梶村太市 (2008), 358~359면, 361면.

서 문제된다.[92]

(3) 비판론에 대한 반론

위에서 살펴본 출산주의에 대한 비판론의 논거들에 대해서는 다음과 같은 반론을 제기할 수 있을 것이다. 첫째로, 자녀의 복리를 중시하는 견해에 대해서는 가족법의 기본원칙이라고 인정되는 자녀의 복리를 전면에 내세워 다른 이해관계에 대한 고려 가능성 자체를 완전히 배제해 버리는 것은 위험하다는 점을 지적할 수 있다. 둘째로, 의뢰부모가 현재 자녀를 양육하고 있다는 사정만을 중시하더라도, '입양'이라는 대안이 있는데도 의뢰부모의 의사만을 근거로 '친생'부모의 지위를 귀속시키고 그 결과로서 대리출산모를 자녀의 인생에서 완전히 배제할 필요가 있는지에 대한 판단을 전혀 하지 않는 것이 자녀의 복리에 부합한다고 단정할 수는 없을 것이다.[93] 셋째로, 나아가, 법적인 모의 지위를 여러 명에게 귀속될 수 있게 하는 것도 검토해 볼 만하다는 견해[94]도 제기되고 있음을 주목할 만한다.

---

92) 窪田充見 (2008. 4.), 96면.
93) 早川眞一朗 (2007. 2.), 72면.
94) 石井美智子 (2002. 8.), 38면.

제2절 친생자관계의 결정에 관한 원리들

I. 서언

법적 친자관계의 결정 기준으로 사용되어 온 혈연과 의사(또는 기능) 중 어떤 것을 우선적으로 고려할 것인지를 결정하는 것은 간단한 문제가 아니다. 왜냐하면 법적 친자관계의 결정은 자녀, 법률상의 부모, 혈연부모 등의 직접적 이해당사자들의 이익은 물론 공익과도 직결된 문제이기 때문에, 여러 가지 요소들 중 한 가지만을 관철시키면 상충하는 여러 가지 이해관계들을 원만하게 조화시킬 수 없기 때문이다.

이러한 맥락에서, 이하에서는 친자관계 결정과 관련하여 고려하여야 할 여러 이해관계와 원리들의 의미를 좀 더 구체적으로 살펴본다.

II. 자녀의 복리

1. 의미

친자법은 궁극적으로는 자녀의 복리를 실현하기 위한 것이기 때문에, 법적 친자관계의 결정 근거가 될 수 있는 요소들인 혈연, 의사, 기능 등이 상충하는 경우에는 이들 사이의 우열관계를 획일적으로 결정하려 하지 말고 오히려 개별구체적 사정의 특수성을 최대한 반영하여 자녀의 복리를 가장 잘 실현할 수 있는 요소를 선택하여야 한다.[1] 예를 들어 미국 뉴욕 주의 판례는 부자관계의 귀속과 관련하여 혈연검사에 근거한 친생부인[2]과 금반언 법리에 근거한 친생부인 제한[3]을 모두 인정하지만 궁극적으로는 개별구체적 사실관계에 근거한 자녀의 복리 심사에 따라 부자관계의 존속 여부를 판단[4]하는 것으로 평가되기도 한다.[5] 또한 독일에서도 연방헌법재판소 판례는 친자법이 적용되는 국면(즉, 법률상의 부모의 지위가 귀속되는 국면)에서 자녀는 자신의 이익을 스스로 주장할 수 없는 상황이기 때문에, 특히 자녀의 복리를 최우선적으로 고려하여야 함을 강조하고 있다.[6]

2. 자녀의 복리 기준에 대한 비판론

자녀의 복리를 기준으로 법적 친자관계의 귀속을 결정하자는 주장 자체에는 큰 문제가 없어 보인다. 그러나 자녀의 복리 기준도 실제로 이것을 적용하여 친자관계를 결정하는 과정에서는 문제점을 드러낸다. 이하에서는 이와 관련한 논의가 특히 활발하게 전개되고 있는 일본과 미국에서의 연구성과를 중심으로, 자녀의 복리 기준에 대한 비판론을 개관한다.

(1) 일본에서의 비판론

자녀의 복리라는 기준은, 이를 판단하기 위하여 고려하여야 할 사정들을 어떻게 파악하느냐에 따라 전혀 다른 결론에 이를 수 있다. 이 문제는 특히

---

1) 미국에서 전개되고 있는 자녀복리설의 내용과 이를 반영한 판례, 그리고 합헌성에 관한 논의 등의 구체적인 내용은 Meyer (2006)을 참조.
2) Queal v. Queal, 179 A. D. 2d 1070 (N. Y. App. Div. 1992).
3) Mancinelli v. Mancinelli, 203 A. D. 2d 634 (N. Y. App. Div. 1994).
4) Robert v. Sharon A. R., 185 A. D. 2d 977 (N. Y. App. Div. 1992) (친생부인을 위한 혈연검사는 친생부인이 자녀의 복리에 부합하는 경우에만 허용된다).
5) Kaplan (2000), p. 79 이하.
6) BVerfG, BVerfGE 79, 256; BVerfGE 90, 263.

일본에서 활발하게 논의되고 있는데 그 계기가 된 것은 보조생식 자녀의 친자관계 결정기준에 관한 최고재판소 판례였다.

일본 최고재판소는, 우선 사후포태 자녀의 강제인지 청구가 허용되는지가 문제된 판결7)의 보충의견8)에서, 현행법이 상정하지 않은 보조생식 자녀에 대해 현행법상의 친자법을 적용할 수 있는지의 여부를 결정하기 위하여 여러가지 요소들 중 '자녀의 복리'를 최우선적으로 고려하여야 한다는 점은 인정하였다. 그렇지만 이 보충의견은 혈연관계와 부모의 의사의 존재를 이유로 법률상의 친자관계의 성립을 인정하는 것이 당연히 자녀의 복리에 부합한다고 단정할 수는 없다고 하였다.9)

그 후의 대리출산 사안에서는 친자관계의 결정기준으로서의 자녀의 복리 심사란 일반적인 판단과 개별구체적 사실관계의 특수성에 기초한 구체적 판단 중 어떤 것을 의미하는지가 쟁점으로 부상하였는데, 최고재판소10)는 친자관계 결정의 명확성 등에 기초한 일반적 판단에 의하여 출산모에게 법적인 모의 지위를 귀속시키는 것이 '자녀의 복리'에 부합함을 이유로, 의뢰부모가 자녀를 출생 직후부터 양육해 오고 있는 상황 등의 구체적인 사정을 기초로 판단할 때 의뢰모에게 법적인 모의 지위를 귀속시키는 것이 자녀의 복리에 부합할 것이라고 한 원심11)을 파기하였다.12)

이러한 최고재판소 판례의 태도에 대해서는 찬반양론이 대립하고 있다.

---

7) 最高裁判所, 2006. 9. 4. 선고 판결, 民事判例集 제60권 7호, 2563면 이하.
8) 瀧井繁男 재판관.
9) 이와 관련하여, 水野紀子 (2005), 98면 이하는, 사후포태 자녀에 대한 사회적 평가 등이 불명확한 상황 하에서, 망부에 대한 강제인지를 통한 법적 부자관계 성립을 인정하는 것이 자녀의 복리에 부합하는 것이라고 단정할 수는 없음을 지적하고 있다.
10) 最高裁判所 2007. 3. 23. 선고 판결, 判例タイムズ 제1239호, 120면 이하.
11) 이 사건 원심의 구체적인 내용에 대해서는 이에 대한 평석인 早川眞一朗 (2007. 2.)를 참조할 것.
12) 窪田充見 (2008), 96면.

먼저 최고재판소의 일반직 판단설을 지지하는 견해[13]는, 가족법의 기본원칙임에 대해 이론이 없는 '자녀의 복리'라는 기준을 전면에 내세워 공익을 비롯한 다른 이해관계에 대한 고려 가능성 자체를 완전히 배제해 버리는 것의 위험성을 지적하면서, 의뢰부모가 현재 자녀를 양육하고 있다는 사정을 중시하더라도 입양이라는 대안이 있는데도 의뢰부모의 의사만을 근거로 그들에게 '친생'부모로서의 지위를 인정하고 그 결과로서 대리출산모를 자녀의 인생에서 완전히 배제하는 것이 자녀의 복리에 부합한다고 단정할 수는 없다고 한다. 반면 원심, 즉 구체적 판단설을 지지하는 견해[14]는, 모가 되려는 의사가 없는 출산모에게 법적인 모의 지위를 귀속시키는 것이 과연 자녀의 복리에 부합한다고 단정할 수 있을지는 의문이라고 하면서, 설령 출산모에게 일단 모성을 귀속시키더라도 [영국 HFEA 1990 제30조처럼] 최대한 신속하게 의뢰부모에 의한 친양자 입양이 가능하도록 하는 등의 조치에 의한 보완이 필요하고, 나아가 법적인 모의 지위를 여러 명에게 귀속될 수 있게 하는 것도 검토해 볼 만한 과제라고 한다.

(2) 미국에서의 논의

미국에서도, 법적 친자관계의 결정이 자녀의 복리에 부합하도록 행하여져야 함은 부인할 수 없으나 자녀의 복리 심사만을 근거로 이를 결정하는 것은 바람직하지 않다는 견해가 제기되고 있는데, 그 이유는 다음과 같이 요약할 수 있다. 첫째로, 자녀의 복리 심사는 이미 법적 친자관계가 결정되어 있는 자녀의 친권 귀속을 판단하기 위한 것으로서 친자관계의 원시적 귀속을 결정하기에는 부적합하다. 이러한 '원시적' 귀속 단계에서 부모로서의 적합성을 심사하기 위한 법원의 개입을 허용하는 것은 프라이버시의 본질적 부분

---

13) 早川眞一朗 (2007. 2), 72면.
14) 石井美智子 (2002), 38면.

에 대한 침해가 될 우려가 있기 때문이다. 따라서 친자관계 자체의 결정과 친자관계로부터 비롯되는 권리의무의 귀속 결정을 구별할 필요가 있으며 후자를 위한 자녀의 복리 심사가 전자에 대해서도 똑같이 적용될 수는 없다.[15] 둘째로, 자녀의 복리 기준은 자녀와 부모 사이에 형성된 사회적 관계를 판단의 대상으로 하기 때문에 개별사건 지향적인 성질을 가진다. 따라서 이러한 기준에 따라 법적 친자관계를 결정하려고 하면 상당한 기간 동안 자녀의 법적 친자관계가 공백 상태에 놓이게 될 우려가 있다.[16] 또한 당사자들 사이에 아무런 다툼이 없는 경우에도 반드시 이러한 심사절차를 거치도록 하는 것은 불필요한 시간과 비용의 낭비[17]일 뿐이다.

한편, 이러한 관점은 판례[18]에도 반영되고 있다. 이 사건에서, 원심은 출산모의 모성부인을 인정하는 것은 특히 이 사건의 경우와 같이 자녀의 연령이 낮은 경우에는 자녀의 복리에 반한다고 판단[19]한 반면, 이 사건 판결은 자녀의 복리라는 기준은 성질상 일반적·획일적으로 적용되는 것이 아니라 구체적 사실관계에 따라 적용되는 것이며 이러한 속성은 특히 친생부모 두 사람 중 누가 자녀를 양육하여야 하는가를 결정함에 있어서 가장 뚜렷하게 드러난다고 하면서, [이 사건의 경우처럼 자녀가 아직 영아에 지나지 않는다 하더라도] 출산모에게 모자관계에 근거한 의무를 부여하는 것이 자녀의 복리에 부합한다고 일반화할 수는 없음을 강조하였다.[20]

---

15) Sheldon (2001), p. 566; Shultz (2005), p. 117~118.
16) Byrn (2007), p. 169 각주 23; Sheldon (2001), p. 548; Fergus (1995), p. 243.
17) Sheldon (2001), p. 566; Johnson v. Calvert, 851 P. 2d. 779, p. 782 각주 10.
18) In re Roberto d. B., 399 Md. 267 (2007), p. 289~290.
19) 위 판결, p. 285 참조.
20) 위 판결, p. 289~290.

3. 평가: 자녀의 복리 기준의 역할

자녀의 복리라는 기준은, 독자적인 법적 친자관계의 결정기준으로서는 부적합하다고 할 수 있지만, 그렇다고 해서 아무런 의미가 없는 것은 아니다. 오히려 자녀의 복리 기준은 다른 요소들을 보완하거나 다른 요소들 사이의 관계를 조절하는 등의 고유한 기능을 수행할 수 있다.

자녀의 복리 기준은 법적 친자관계의 성립 국면보다는 해소 제한이라는 국면에서 가치를 발휘할 수 있다. 자녀의 복리라는 관점에서 볼 때 원시적 귀속보다 중요한 문제는 한 번 부모가 된 사람은 자녀에 대해 책임을 지도록 하여야 한다는 점이다. 혈연부모는 자녀의 출생과정에서 불가결한 역할을 한 이상 이에 상응하는 책임을 져야 하며, 혈연 없는 사회적 부모가 뒤늦게 혈연 없음을 알게 되었더라도 이미 자녀에게 부모로서의 역할을 한 이상 이에 대한 자녀의 기대에 상응하는 책임을 져야만 한다.[21]

이와 관련하여, 최근에 독일연방헌법재판소가, 법률상의 부가 법적인 부자관계의 유지를 원하고 있으며 자녀의 혈연부일 개연성이 있는 다른 남성이 구체적으로 파악되어 있지 않다면, 자녀와 모가 제기한 부성부인 절차에 있어서 법률상의 부에 대한 과학적 검사의 강제는 허용될 수 없다는 취지로 판시[22]한 것을 주목할 만하다. 이 판례는 독일민법 제1598a조에 의하여 혈연을 알 권리를 실현할 수 있게 된 이상 자녀가 미성년인 때에는 자녀의 복리를 위하여 자녀 측의 부성부인권 행사가 일반적으로 제한될 수도 있음을 시사하고 있기 때문이다.

---

21) Bartholet (2004), p. 340~341.
22) BVerfG, NJW 2009, 425 = FamRZ 2009, 189.

III. 친자관계와 관련된 공익들

1. 친자관계의 안정성과 명확성

(1) 의의

친자관계의 명확성 원리(Statusklarheit)란, 친자관계는 최대한 신속하고(즉, 자녀가 출생한 후 지체없이) 명료하게 성립하도록 함으로써 자녀에 대하여 친권자로서의 책임을 지는 사람이 불확실·불명확한 유동적 상태가 발생하는 것을 방지할 필요가 있음을 의미한다.[23] 혼인 중의 출생자의 부성귀속에 관한 친생추정과 출산모에게 법적인 모의 지위를 귀속시키는 출산주의는 모두 이러한 원리를 반영한 것이라고 할 수 있다.[24] 또한, 친자관계의 안정성 원리(Statusbeständigkeit)란, 한 번 형성된 법적 친자관계는 정당한 사유가 있는 경우에 한하여 해소되어야 함을 의미한다. 이 원리는 부성부인 가능성의 제한(원고적격의 제한, 원고적격자들에 대한 제소기간 제한, 비혼혈연부에 대한 추가적인 제한요건 부과 등)의 근거로서 작용한다.[25]

(2) 기능

친자관계의 안정성·명확성 원리는 자녀의 복리 기준과 결합하여 혈연주의 제한을 정당화하는 기능을 수행한다. 혈연주의는 자녀의 혈연을 알 권리를 실현하는 것으로서 원칙적으로 자녀의 복리에 부합하는 것으로 인정된다. 그러나, 자녀의 복리라는 측면을 고려한다면, 신분의 명확성 원리에 의하여 자

---

23) BT-Drucks. 13/4899, S. 52; Gaul, FamRZ 1997, 1441, 1446.
24) Weybruch, S. 15~16.
25) Gaul, FamRZ 1997, 1441, 1446.

녀의 출생 직후에 최대한 신속하고 명확하게 부자관계를 결정함으로써 자녀에게 안정된 양육환경을 제공하고, 나아가 이러한 양육환경이 상당 기간 지속되었을 때에는 신분의 안정성 원리에 따라 이를 유지할 수 있게 해 줄 필요가 있다고 파악할 수 있다.26)

2. 공공복리

친자관계의 귀속은 공공복리와도 관련되어 있다. 사회의 새로운 구성원인 신생아가 출생 즉시 안정된 가족관계 속에서 성장하는 것은 공익에 부합함이 명백하다. 또한 인지에 의한 부성귀속이 잘 이루어지지 않으면 혼인 외의 자녀의 양육비는 공공부문이 부담하여야만 한다. 그러나, 이처럼 공공복리와 친자법이 관련되어 있다고 하더라도, 이것만을 이유로 친자관계의 귀속을 결정함에 있어서 항상 공익 또는 공공복리를 우선적으로 고려하여야 한다고 단정할 수는 없다. 오히려 친자법의 제 원리와 이들 간의 상충을 조화시키기 위한 자녀의 복리라는 원리에 의하여 '공익에 부합하는' 친자관계의 귀속이 실현될 수 있기 때문에, 추상적·일반적인 공익이라는 가치만을 근거로 이러한 제 원리에 의한 친자관계 귀속을 교란시키는 것을 방지할 필요가 있다.27)

이러한 관점에서 본다면 별다른 고민 없이 신분의 안정성을 '공익적 요청'의 일환으로 파악하는 우리나라와 일본의 지배적 견해에는 문제가 있다고 볼 수 있다. 특히, 해외에서의 대리출산 억제라는 정책적 목적을 달성하기 위하여28) 친자법의 기본원리들이 적용될 여지 자체를 봉쇄하고 출산모에게 확정적·종국적으로 모의 지위가 귀속되도록 한 독일민법 제1591조에 대해서는 비판적인 견해가 지배적임을 주목할 필요가 있다. 이러한 입법자의 태도

---

26) BVerfG, BVerfGE 56, 363 = NJW 1981, 1201, 1202.

27) Weybruch, S. 19.

28) BT-Drucks. 13/4899, S. 82.

는 혼인외의 자녀에 대한 차별의 철폐를 위한 조항에 대한 입법이유로 '혼인의 보호라는 정당한 법정책적인 목적을 실현하기 위한 것이라 하더라도 정당화될 수 없다'고 한 것과 모순된다. 혼인외의 자녀 뿐 아니라 보조생식시술에 의하여 출생한 자녀도, '자신이 전혀 책임질 수 없는 사정으로 인하여' 다른 취급을 받을 이유가 없기 때문이다.[29]

3. 친자관계의 배타성 원칙

친자관계의 배타성 원칙[30]은 지금까지는 자명한 것으로 여겨져 왔으나, 최근에 들어 이혼과 재혼의 증가로 인한 혈연부모와 사회적 부모의 분리, 보조생식으로 인한 혈연부모와 의사부모의 분리 등의 상황에 대응하기 위하여, 이러한 '후보자'들 모두에게 법률상의 부모의 지위를 인정할 필요가 있는지에 관한 논의가 전개되고 있다.

(1) 독일에서의 논의

먼저 독일에서는 연방헌법재판소 판례[31]에 의하여 배타성 원칙의 의미는 물론 이에 대한 예외를 인정할 수 없다는 결론과 그 논거 또한 구체화되었기 때문에, 배타성 원칙을 둘러싼 견해 대립은 그다지 활발하지 않다. 이러한 연방헌법재판소의 판례를 요약하면 다음과 같다.

독일의 헌법제정권력자와 입법자는 각 자녀에 대한 법적인 친생자관계는 한 명의 아버지와 한 명의 어머니에 대해서만 형성될 수 있음을 전제하고 있

---

29) Weybruch, S. 19~20.
30) 한 명의 자녀에 대한 법률상의 부모의 지위는 한 명의 남성과 한 명의 여성에 대해서만 귀속될 수 있다는 원칙.
31) BVerG, NJW 2003, 2151 = BVerGE 108, 82.

다. 이것은 독일민법과 독일 기본법이 사용하고 있는 '부모'라는 난어 자체로부터 추론된다.32) 또한 기본법 제6조는 부모의 지위에는 권리와 함께 의무도 수반하는 것으로 상정하고 있는데, 가족생활과 관련된 환경이 변하였음을 인정하더라도 이러한 '전제'를 뒤집을 만한, 즉 한 명의 자녀에게 두 명의 아버지가 부의 의무를 동시에 부담하는 것을 인정할 필요성은 인정되지 않는다. 법률상의 부성과 혈연에 의한 부성의 분리는 새로운 현상이 아니고 오히려 전통적인 친생추정 제도의 불가피한 부산물이며, 혈연부가 부성을 인지하고 자녀와의 관계를 형성하기를 원하는 사안이 증가하고 있는 것으로 나타나더라도 이러한 사정만으로는 생물학적 아버지에게 법적 아버지의 권리와 병존하는 헌법적인 부모의 권리를 인정할 근거가 될 수 없기 때문이다.33)

한편, 기본법 제6조가 자녀의 양육에 관한 권리의무를 '부모'에게 최우선적·배타적으로 부여한 것은 이러한 의무의 이행과 관련하여 부모가 자녀의 이익을 가장 잘 실현하는 것이 일반적이라는 고려에서 비롯된 것인데, 3명 이상의 법적 부모를 인정하여 이들이 부모의 의무를 '공동으로' 행사하게 하는 것이 자녀의 복리를 실현할 수 있다고 장담하기 어렵다. 왜냐하면 역할의 충돌과 부모로서의 적합성에 관한 분쟁의 소지로 인하여 자녀의 성장에 악영향을 미칠 가능성이 있어서 결국 자녀의 이익을 위한 부모의 의무가 효율적으로 이행되는 것을 보장하기 어렵기 때문이다. 뿐만 아니라 부모의 권리를 가질 수 있는 사람의 범위가 제한되지 않으면, 자녀의 복리를 보장하기 위하여 부모의 권리 행사를 감독하여야 하는 국가의 의무 이행이 더욱 어려워진다.34)

---

32) 위 판례, para. 60.
33) 위 판례, para. 62.
34) 위 판례, para. 63.

(2) 미국에서의 논의

미국에서는 친자관계의 중첩(multiple parentage)을 인정할 필요가 있다는 견해[35]가 제기되고 있으며, 실정법으로 이를 인정한 주[36]도 있기 때문에, 독일에 비해 배타성 원칙에 대한 예외를 인정할 것인지의 여부에 관한 논의가 활발하게 전개되고 있다.

(a) 연혁과 하위유형들

친자관계의 중첩에 관한 초기의 논의[37]는 기능적 친자관계론의 일환으로서, 즉 법적 친자관계와 일치하지 않는 기능적 친자관계의 안정성을 보호하기 위하여, 전자를 완전히 배제하지 않으면서도 후자에 대해 일정한 권리의무를 부여할 필요가 있다는 형태로서 제시되었다.[38]

그러나 그 후 비전형적 가족에 대해서만 부모의 중첩을 인정하는 이러한 견해의 문제점을 지적하면서, ⓐ모든 가족형태에 있어서 자녀와 관련된 성인들을, 자녀 양육에의 참여도를 기준으로 한 명 또는 두 명의 주양육자로 구성된 '기본단위(core family unit)'와 그 외의 사람들로 구별하고, 이들 중 후자에게도 면접교섭 등의 권리는 인정될 수 있지만 자녀에 관한 궁극적인 결정권은 전자에게 속한다고 함으로써 부모지위의 배타성의 장점을 살리려고

---

35) 친자관계 결정 기준으로서 사회적 친자관계나 자녀의 복리를 중시하는 견해는, '친자관계의 중첩을 인정함으로써 혈연상의 친자관계와 사회적 친자관계 모두를 법적으로 승인·보호하는 것이 자녀의 복리에 부합한다'라는 취지로 요약될 수 있다.

36) 배타성 원칙에 관한 루지애나 주의 2005년 개정민법 제197조의 내용과 이러한 개정의 계기가 되었던 판례, 그리고 이러한 입법에 대한 비판적인 견해 등에 대해서는 권재문 (2007. 11), 74~75면을 참조.

37) Bartlett (1984).

38) Dowd (2007), p. 249; Jacobs (2007), p. 332.

하는 견해39)도 제기되었다. 반면 이러한 견해에 대해 획일적으로 주된 양육자와 부수적 양육자를 구별하는 것은 바람직하지 않다고 비판하면서 ⓑ친자관계의 중심을 배타성보다는 양육이라는 사실에 두는 것이 자녀의 관점을 충실하게 반영한 것이라고 하면서 자녀에 관한 권리의무의 귀속은 ('기본단위'와 같은 유형화된 기준이 아니라) 양육이라는 사실에 기초하여 평가된 자녀와의 관계의 정도와 지속성 등을 기준으로 결정하여야 한다는 견해40)가 제기되었다. 이들 중에서는 ⓐ견해가 더 낫다고 여겨진다. 비록 ⓑ견해가 제시하는 유연한 기준도 장점이 없지는 않지만, 자녀 양육에 있어서 핵심적인 역할을 수행하는 사람들(모와 모와 공동생활을 영위하는 남성)과 자녀 사이의 관계는 상당한 기간동안 유지되는 것이 일반적이다. 또한, 특히 부의 경우에는 자녀 양육의 상당부분을 차지하고 있는 사람과 면접교섭·부양료 지급 등의 형태로 참여하고 있는 사람이 확연하게 구별되는 것이 현실이다.41) 따라서 친자관계의 중첩을 인정하면서도 부모들 사이의 분쟁의 발생으로 인하여 자녀의 복리가 저해되는 것을 방지하려면 '기본단위'라는 개념을 인정하는 것이 바람직하다. 무엇보다도 이것은 실제로 영위되고 있는 중첩된 친자관계의 실상을 반영하는 것이기도 하다.42)

---

39) Young (1998), p. 508, 512, 517.

40) Kavanagh (2004), p. 114, 117.

41) 법적인 아버지의 역할을 양육이라는 관점에서 나누어 본다면, ⓐ모와 비슷한 정도로 참여하는 경우, ⓑ주양육자인 모를 보조하는 경우, ⓒ경제적 부양을 주로 담당하고 비경제적 양육에는 거의 참여하지 않는 경우, ⓓ오직 경제적 부양만을 담당하는 경우, ⓔ어떠한 역할도 수행하지 않는 경우의 다섯 가지를 생각해 볼 수 있는데, 이들 중 ⓑ가 가장 일반적인 형태라고 할 수 있을 것이다. 이러한 유형분류를 전제로 미국에서의 아버지 역할의 현실을 살펴보면 특히 재혼가정의 경우에 대부분의 남성들은 자신의 혈연자녀에 대해서는 ⓒ또는 ⓓ, 처의 자녀에 대해서는 ⓐ 또는 ⓑ의 역할을 수행하고 있는 것으로 나타난다(Dowd (2007), p. 238~239).

42) Dowd (2007), p. 249~250; Jacobs (2007), p. 313, 333.

(b) 긍정설의 논거

배타성 원칙의 예외를 인정하여야 한다는 견해의 핵심적인 논거는 다음과 같이 요약할 수 있다. 첫째로, 부모 후보자들[43]이 모두 자녀를 양육하기를 원하고 그러한 여건을 갖추었다는 구체적 사정이 인정되는 경우에는, 부모로서의 부적합성이 증명되지 않는 한, 법적 부모라는 지위를 박탈하는 것이 정당화되기 어렵다.[44] 둘째로, 혈연의 중요성과 이와 대립하는 요소의 중요성이 모두 인정될 수 있으며, 이미 적지 않은 자녀들이 두 명 이상의 성인들과 친자관계에 준하는 정서적 그리고/또는 경제적인 관계를 유지하면서 생활하고 있는 것이 현실이다. 이러한 상황을 종합적으로 고려할 때 혈연에 근거한 친자관계를 배제하지 않으면서도 기능적 친자관계를 법적 친자관계(또는 이에 준하는 법적 관계)로 승인하여 법적인 보호를 부여하는 것[45]이 자녀의 복리를 가장 잘 실현하는 것이다.[46] 또한 이처럼 혈연에 근거한 친자관계와 기능적 친자관계 모두의 의미와 중요성을 인정하면 각 요소들 사이의 우열관계 판단이라는 불필요하고 어려운 문제를 회피할 수 있다.[47] 셋째로, 특히 보조생식 자녀의 경우에, 익명의 생식세포 제공을 허용하고 생식세포 제공자에 의한 또는 그에 대한 친자관계의 성립 가능성을 완전히 배제하는 것은 정당성이 인정되기 어렵다. 자녀에게 중요한 의미를 가지는 혈연을 알 권리를

---

43) 예를 들어, 자연생식 자녀의 법률상의 부이면서 혈연부인 모의 전 남편과, 사실적 부인 모의 현 남편; 친생부인권을 자발적으로 포기함으로써 부가 되려는 의사를 표시한 법률상의 부와 사회적 부로서의 역할을 하고 있는 혈연부; 대리출산 자녀의 혈연모 겸 의뢰모와 출산모 등.

44) Charo (2000); Hurwitz (2000).

45) 그 논거로는, 특히 보조생식 자녀에 대해서는 의사기준설이, 동성반려자의 경우에는 사실적 친자관계 또는 금반언 법리가 제시되는 것이 일반적이다(Jacobs (2007), p. 321).

46) Charo (2000), p. 251~252.

47) Jacobs (2007), p. 324.

부모'들'의 이익48)만을 위하여 박탈하는 것이기 때문이다.49) 따라서 보조생식 자녀가 일정한 요건 하에 생식세포 제공자에 관한 정보를 열람할 수 있게 해 주어야 하고, 나아가 부모의 권리의무의 분해가능성을 전제로 생식세포 제공자에게도 의뢰부모의 양육을 방해하지 않는 한도 내에서 면접교섭권을 인정하는 등 불완전 입양을 한 친생부모에 준하는 지위를 인정하는 것도 생각해 볼 수 있다.50)

(c) 구체적인 실현 형태

친자관계의 중첩을 인정하기 위한 전제로서, 법률상의 부모에게 친자관계를 구성하는 권리들과 의무들의 묶음(bundle)을 포괄적·배타적으로 귀속시키고 있는 현행법을 개정하여 이러한 권리의무를 분해하여 그 전부 또는 일부를 자녀 양육에의 참여 정도, 즉 부모 역할의 수행 정도에 따라 각각의 부모 '들'에게 귀속시킬 수 있도록 해 줄 필요가 있다는 견해51)가 유력하다. 예를 들어 다음과 같은 방식을 생각해 볼 수 있다: 주양육자인 부모에게는 자녀의 일상생활에 대한 감호권과 결정권을, 그렇지 않은 부모에게는 면접교섭권만을 인정한다. 또한 자녀와의 관계를 완전히 단절한 채 경제적 부양의무도 이행하지 않는 부모에게는 면접교섭권도 배제하는 것이 원칙이지만 이러한 의무를 이행하거나 자녀와의 사회적 친자관계를 회복하려고 시도할 때에는 이에 상응하는 권리를 인정한다.

다만, 이러한 견해에 대해서는, 현행 친자법 하에서도 부모가 이혼한 경우

---

48) 보조생식 자녀와 생식세포 제공자 사이의 관계를 완전히 단절함으로써 생식세포 제공자는 장차 자녀가 부양청구권 또는 상속권을 주장하는 것을 방지할 수 있고 의뢰부모는 생식세포 제공자에 의한 친권·면접교섭권 주장 등을 방지할 수 있다.
49) Mabry (2005), p. 238; Jacobs (2007), p. 337.
50) Jacobs (2007), p. 338.
51) Jacobs (2007), p. 325; Baker (2008), p. 696.

에는 부모의 권리의무의 분리귀속이 인정되고 있으며, 친자관계의 다양한 측면을 표현하기 위한 용어들52)을 실정법과 판례가 이미 사용하고 있음을 간과한 것이라는 비판론53)이 제기되고 있음을 유념할 필요가 있다.

(d) 비판론

친자관계의 중첩을 인정하여야 한다는 견해에 대해서는 미국에서도 부정적인 견해도 적지 않게 제기되고 있다. 이러한 비판론은 다음과 같이 요약할 수 있다. 첫째로, 중첩 대상인 친자관계의 후보로 일반적으로 상정되는 기능적 친자관계의 성립요건이 불명확하다. 법적 친자관계 성립을 근거지울 수 있는 '기능'에 해당하기 위하여 필요한 행위의 구체적인 내용과 정도에 관한 일반적이고 일관성 있는 기준은 2명의 부모 사안에 대해서도 아직 형성되어 있지 않으며 학설도 다양한 방향으로 전개되고 있다. 기능적 친자관계론에 근거하여 부모지위의 중첩을 인정하려면 먼저 이 문제를 해결하여야만 하는데, 그렇지 않으면 누가 제3의 부모가 될 수 있는지, 나아가 몇 명까지 '기능적 부모'로 인정되어야 하는지 자체가 불명확하게 되어 법률상의 부모의 경계 자체가 모호하게 되어 버릴 우려가 있기 때문이다.54) 둘째로, 친자관계의 중첩을 허용하여야 한다는 견해들은 모든 부모 후보자들이 친자관계의 성립을 원하는 것으로 전제하고 있다. 그러나 친자관계의 중첩을 일반적으로 인정하는 것은 친자관계를 원하지 않는 후보자에게도 부모로서의 의무를 강제로 부과하는 것임을 간과하면 안된다. 친자관계로부터 비롯되는 부모의 의무에는 경제적 부양의무뿐 아니라 일상적인 양육과 관련된 의무도 있지만, '원

---

52) 전형적인 예로서, 생물학적 부모와 의사부모, 출산모와 의뢰모, 혈연부모(natural parents)와 법률상의 부모(legal parents), 사실적 부모(de facto parents) 등의 용어들을 들 수 있다.

53) Appleton (2008), p. 22~23.

54) Appleton (2008), p. 27.

하지 않는 의무귀속'과 관련하여 주로 문제되는 것은 강제이행이 가능한 급부를 내용으로 하는 전자, 즉 경제적 부양의무이다.[55] 부모지위의 중첩을 주장하는 견해들은, 이로 인하여 '기능적 부모'에게 원하지 않는 부양의무가 귀속되는 것을 방지하기 위하여 친자관계로부터 비롯되는 권리와 의무의 귀속을 분리[56]할 필요가 있다[57]고 주장하지만 정당성의 근거가 부족하다. 셋째로, 두 명 이상의 부모를 인정하면 이들 사이의 관계가 파탄에 이르렀을 때의 친자관계를 결정하기 위한 분쟁의 양상이 더욱 복잡해지게 된다.[58] 다툼의 대상인 법률관계가 면접교섭이나 부양의무와 같이 가분적인 요소에 바탕을 두고 있을 때에는[59] 이를 당사자들에게 나누어 귀속시킬 수 있기 때문에 자녀와의 애착의 정도 등을 고려한 정당한 분배비율만 결정하면 된다고 생각할 수도 있을 것이다.[60] 그러나 이러한 방식은 양육, 면접교섭, 부양 등의 구체적 권리의무보다 상위에 있는 더 중요하고 본질적인 문제인 '자녀와 관련된 사안에 대한 결정권(decisonmaking authority)'을 의미하는 친권의 귀속 문제를 해결하지 못한다. 친권자는 자녀의 일상생활, 교육, 종교 등의 구체적 사항을 결정하는데 그치는 것이 아니라 자녀의 가치관 형성과 사회화에 직접적이고 포괄적인 영향을 미치고 자녀를 포함한 가족의 '문화'를 형성한다. 따라서 친권의 행사를 시간단위로 배당하는 것은 생각하기 어렵고 여러 명의 공동친권자를 인정하는 것은 자녀의 가치관 형성과 문화수용에 혼

---

55) Appleton (2008), p. 34~35.

56) A. L. I. (2002) 제3.02조에 의하면, 사실적 친자관계는 부양의무와 무관한 양육권·면접교섭권의 근거가 될 수 있다. 반면 부모의 권리와 의무 사이의 부종성을 인정한 In re Parentage of G. E. M., 890 N. E. 2d 944 (Ill. App. Ct. 2008) 판결 등도 있음을 유의할 필요가 있다.

57) Appleton (2008), p. 39.

58) Baker (2008), p. 675, 683.

59) 면접교섭은 시간을 단위로 나눌 수 있으며, 부양의무도 금전의 가액을 단위로 나눌 수 있다.

60) Appleton (2008), p. 41 이하.

란을 초래할 우려가 있기 때문에 바람직하지 않다.[61] 물론 미국의 각 주의 법상황을 보면 이혼 후의 공동친권을 인정하는 추세가 나타나고 있기는 하지만 친자관계의 중첩을 인정한다면 '공동친권'이라는 미해결 쟁점에 대한 재검토가 필요하게 된다. '공동'친권의 정당성이 인정될 수 있다면 '두'명에게만 이를 제한할 만한 이유를 찾기는 쉽지 않을 것이기 때문이다.[62][63]

(3) 배타성 원칙에 대한 평가

(a) 각국의 현황

친자관계의 중첩을 인정하는 것은, 구체적 상황 하에서 자녀의 복리를 가장 잘 실현할 수 있고, 특히 보조생식 자녀의 특수한 상황에 가장 잘 대처할 수 있는 친자법을 고안할 수 있게 해 준다는 점에서 고려할 만한 가치가 있다.

그러나 위에서 본 것처럼 독일과 미국에서의 논의 상황을 보면, 부정적인 평가가 지배적이라고 할 수 있다. 또한 영국의 경우에는 실정법으로 보조생식 자녀의 친자법에 대해 의사주의를 원칙으로 채택하면서도 이로 인하여 발생할 수 있는 부모 지위의 중첩을 방지하기 위한 조항과[64] 배타성 원칙을

---

61) 심리적 친자관계의 중요성에 관한 논의를 주도하였던 선구적인 견해는, 이혼 후의 친권은 자녀와 심리적 친자관계를 유지할 부모 한 명에게 배타적으로 귀속되는 것이 바람직하다고 주장한다. 구체적인 내용은 Goldstein/Freud/Solnit (1984), p. 38을 참조.

62) 이와 관련하여 In re R. A., 891 A. 2d 564 (N .H. 2005) 사건 판결은, 법원이 자녀의 복리에 부합하는 것으로 판단한 이상 법률상의 부모의 '적합성'에 대한 판단 없이 조부모에게 공동친권(joint custody)을 인정할 수 있도록 한 주법률은 합헌이라고 선언하였다.

63) Appleton (2008), p. 45~46.

64) 모의 배우자 아닌 남성 또는 여성에게 '동의'를 근거로 법적 친생부모의 지위를 부

명문으로 선언하는 조항[65] 등을 두고 있는 깃에 비추어 볼 때 배타성 원칙을 고수하고 있는 것으로 보인다. 영국의 HFEA 2008의 이러한 태도는 보조생식 자녀의 친자법에 관한 의사주의를 동성반려관계에까지 확장함으로써 '양성' 한 쌍의 부모원칙은 폐기하면서도 제3의 친생부모는 인정될 수 없음을 명확하게 함으로써 '한 쌍'의 부모 원칙은 그대로 유지하고 있다는 점을 주목할 만하다.

(b) 우리나라의 경우

그러나 그렇다고 해서 배타성 원칙을 후퇴시켜 법적 부모의 지위를 세 명 이상의 사람들에게 인정하는 것을 우리나라의 친자법에 대한 해석론이나 입법론으로 도입할 수 없다고 단정할 필요는 없다. 무엇보다도 우리 민법은 미국에서 말하는 불완전 입양을 원칙으로 하고 있기 때문에, 이미 친자관계의 중첩을 인정한 것으로 평가할 수 있다. 미국에서는 불완전 입양이 친자관계의 중첩을 반영하는 현행법상의 제도의 예로서, 이혼 후의 공동친권제도와 함께 거론되기 때문이다.[66]

여하는 조항의 적용요건들 중 하나인 '모의 동의'의 대상은 한 명으로 한정된다 (HFEA 2008 제37조 (1)항 (b)).

65) HFEA 2008 제38조 (1)항은, "어떤 남성이 이 법 제35조 또는 제36조에 의하여 자녀의 법적인 친생부가 되면 다른 사람은 자녀의 친생부가 될 수 없다"라고 규정하고 있으며, 같은 법 제45조는 "[모 이외의] 어떤 여성이 이 법 제42조 또는 제43조에 의하여 자녀의 법적 친생부모로 인정될 때에는 어떠한 남성도 자녀의 친생부가 될 수 없다"라고 규정하고 있다.

66) http://www.americanadoptions.com/adopt/open_adoption (최종방문: 2011년 2월 20일) 참조.

제 5 장

입법론

우리나라를 비롯한 각국의 친자법은 구체적인 내용에서는 차이점을 보이고 있지만, 현행법의 기본적인 구조와 입법론의 전개방향이라는 면에서 보면 공통점이 적지 않게 나타나고 있다. 우선 현행법의 기본적인 구조를 보면, 모자관계와 부자관계를 별도로 규율하며, 특히 부자관계에 대해서는 일단 성립하였더라도 후발적으로 해소될 수 있음을 전제하고 있다. 다음으로 입법론적으로 논의되는 내용을 살펴보면, 결국 혈연주의라는 원칙과 이를 제한하기 위한 논거들의 상충을 조화롭게 해결하기 위한 방안을 모색하고 있는 것이라고 요약할 수 있다. 이러한 비교법적 연구성과에 바탕을 두고 이제 제5장에서는 친자법제와 관련된 현대적인 문제에 대처하기 위한 바람직한 친자법의 내용에 관한 입법론을 제시하려고 한다.

친자법에 관한 입법론으로는, 먼저 이상적인 친자관계의 결정기준을 수립한 후 이를 가장 잘 반영할 수 있게끔 친자법을 전면적으로 재구성하는 방법과, 현행법의 체제를 그대로 유지한 채 문제되는 부분들만 개선하는 방법의 두 가지를 생각해 볼 수 있으나, 이들 중 후자가 더 바람직한 접근법인 것으로 보인다. 그 이유는 다음과 같다. 첫째로, 전자를 채택하려면 그 전제로서 친생자관계의 결정기준에 관한 요소들과 원리들 사이의 우열관계를 명확하게 하여야만 한다. 그러나 앞에서 본 것처럼 이것은 사실상 불가능하고,[1] 가능하다 하더라도 바람직하지 않다. 각각의 요소들은 모두 고유한 의미와 중요성을 가지고 있음과 동시에 고유한 문제점과 한계도 드러내고 있기 때문이다. 예를 들어, 가장 보편적인 기준이라고 할 수 있는 혈연은, 친자관계의 당사자들의 인격권적 이익과도 직결되어 있을 뿐 아니라 확정·불변의 기준이라는 점에서 중요한 의미를 가진다. 그러나, 우선 현실적으로 볼 때, 모든

---

1) 上杉富之 (2008), 244면도 같은 취지.

신생아에 대한 혈연검사를 실시하는 것은 신속한 친자관계 성립을 방해할 우려가 있다. 또한 장기간 유지된 사회적 친자관계가 자녀에게 가지는 의미를 고려한다면 자녀 출생 후 상당한 기간이 지난 후에도 혈연주의를 관철시키는 것은 헌법 제36조의 보호대상인 '가족생활'에 근거를 두고 있는 자녀의 복리와 상충할 수 있는데, 이처럼 다수의 헌법적 요구가 상충할 때에는 이들 사이의 조화점을 설정하는 것이 불가피하다.2) 둘째로, 현행 친자법의 기본적인 체제 자체가 어느 정도는 이러한 '제반 요소들의 조화로운 고려'라는 요청을 충족시키고 있는 것으로 평가할 수 있다. 현행법은, 출산을 근거로 모자관계가 성립하는 것으로 하고, 부자관계는 모의 혼인 여부에 따라 서로 다른 요건에 의하여 성립하도록 하며, 일정한 제한요건 하에서는 일단 성립한 법적 부자관계를 해소할 수 있도록 한다. 이러한 구도는 신속·명확한 친자관계의 성립을 가능하게 함으로써 자녀에 대한 의무를 부담할 법률상의 부의 공백을 방지할 수 있게 해 주면서도, 이로 인하여 성립할 수 있는 혈연에 반하는 법적 친자관계를 해소할 수 있도록 하는 것으로서, 혈연주의와 자녀의 복리라는 가치를 조화롭게 보장하고 있는 것으로 볼 수 있다. 셋째로, 친자법의 전면적 재구성은 보조생식 자녀에 대한 별개의 규율 정립으로 귀결될 가능성이 높다. 그러나 자녀의 복리라는 관점에서 볼 때 보조생식 자녀의 친자관계의 특수성을 지나치게 강조하는 것이 반드시 적절하다고 할 수는 없다. 오히려 민법상의 친생자관계의 결정기준 자체를 적절하게 정비하여 보조생식 자녀에 대해서도 적용될 수 있도록 하는 것이 더 나은 대안이라고 여겨진다. 일본에서도, 학자들이 의견을 모아 작성된 민법개정안(이하 '일본의 2009년 개정안'이라고 줄인다)3)이 이러한 기본원칙을 선언하고 있다.

---

2) 김시철 (2003), 502면.
3) 이 개정안의 작성경위와 의미 등에 관한 구체적인 내용은 中田裕康 (2009. 9), 4~5면 참조.

제1절 법적 부자관계의 성립에 관한 입법론

I. 친생추정에 대한 재검토

1. 친생추정의 현대적인 기능

과학적인 친자감정이 가능하게 되었음을 감안한다면, 이제 친생추정 제도의 가장 중요한 역할은, 다른 방법(예를 들어, 임의인지나 혈연검사에 근거한 부성귀속 등)에 비해 간단하고 신속하게 법적 부자관계의 결정하는 것이라고 할 수 있다.[1] 혈연부일 개연성이 매우 높은 모의 법률혼 배우자에 대해서도 별도의 절차를 거쳐서 법적인 부의 지위가 귀속되도록 할 필요는 없을 것이기 때문이다.[2]

일본에서도 법적 친생자관계의 의미 자체를 새롭게 파악하면서 친생추정의 가치를 평가하는 견해가 유력하다. 이 견해는, 우선, 혈연이라는 사실관계가 법적 친자관계에 선재(先在)한다고 보는 종래의 지배적 견해를 비판하면서, 법적 친생자관계는 혈연이라는 사실을 그대로 반영하는데 그치는 것이 아니라 독자적인 의미와 기능을 가지는 제도임을 강조한다. 또한 친생추정 제도의 기능과 관련하여, 혈연주의의 관철 포기라는 소극적 측면보다는 법적 친자관계의 신속하고 간단한 결정을 통한 자녀의 복리 실현이라는 적극적인 측면을 중시하여야 함을 지적한다.[3]

이렇게 친생추정 제도의 기능과 역할을 새롭게 파악한다면, 비록 과학적

---

1) 松川正毅 (2008), 282면; Helms (1999), S. 56.
2) 김시철 (2003), 505면.
3) 水野紀子 (1995. 1), 118～122면.

검사기법의 발달로 인하여 혈연주의를 관철시킬 수 있는 가능성이 열렸는데도, 유럽 여러 나라들이 최근에 친자법을 개정하면서도 여전히 친생추정제도·친생부인 제도를 유지하고 있다는 현상도 쉽사리 설명할 수 있다. 물론 이로 인하여 혈연과 일치하지 않는 법적 부자관계가 성립할 가능성이 생기지만 이러한 문제에 대처하는 것은 친생추정 제도가 아니라 친생부인 제도의 기능이라고 보아야 한다.

2. 입법론: 친생추정의 요건의 완화·명확화

이처럼 '경험칙에 비추어 진실한 혈연관계가 있을 개연성이 높은 법적 친자관계의 실현' 뿐 아니라 '법적 부자관계의 신속한 확정에 의한 공백 발생의 방지'도 친생추정 제도의 본질적 기능이라고 파악한다면,[4] 친생추정의 요건을 명확하게 획일적으로 유지할 필요가 있다. 이를 위한 입법론으로는, 첫째로, 제844조 제2항을 삭제함으로써 친생추정의 적용여부를 결정하는 기준시에 관한 '포태시주의' 대신 '출생시주의'를 채택하는 것, 둘째로, 혼인 가정에서 출생한 모든 자녀가 친생추정으로 인한 이익을 누릴 수 있도록 명문 규정으로 제한설의 적용을 배제하는 것 등을 들 수 있다.

(1) 출생시주의의 장점

친생추정의 요건을 혼인중의 포태 개연성에서 혼인중의 출생으로 대체하는 것은 혈연주의의 관점에서 보면 부당하다고 평가할 수도 있다. 그러나 부자관계의 성립을 부자관계의 해소와 별개의 문제로 보고 친생추정 제도의

---

4) 이러한 친생추정의 새로운 기능을 강조하는 국내의 견해로서 이경희 (2002. 6), 28면; 이제정 (2003), 420~421면; 김시철 (2003) 504~505면을 참조.

현대적 기능을 염두에 둔다면 출생시주의를 도입할 필요가 있다.

첫째로, 출생시는 간단하고 명확하게 확정될 수 있는 반면, 포태시는 현행 법과 같이 추정에 의존하면 불명확하고 과학적 검사에 의하여 결정하려면 시간과 비용이 소요된다. 따라서 출생시를 기준으로 친생추정을 적용하면 법적 부자관계를 더 신속하고 명확하게 성립시킬 수 있다. 둘째로, 출생시주의에 의하면 이미 모가 포태한 상태에서 혼인하는 경우에도 부에 대한 친생추정이 성립하게 된다. 이러한 경우에는, 사실혼관계가 선행하였기 때문에 법률상의 부가 혈연부이거나, 그렇지 않다 하더라도 처가 낳은 자녀를 양육하려는 의사로써 혼인하는 것이 일반적이다. 그런데 혈연주의와 관련하여 문제가 될 수 있는 후자의 경우에는 친생부인을 할 수도 있다. 따라서, 출생시주의에 따라 친생추정이 적용되도록 하더라도 어떠한 경우이건 법적인 부에게 부당한 결과를 초래하지는 않는다.[5]

비교법적으로 보더라도 오히려 출생시주의를 채택한 입법례가 더 많다. 예를 들어, 일본은 포태시주의를 유지하고 있으나(일본민법 제772조), 독일은 출생시주의를 명문으로 채택하였고(독일민법 제1592조 1호), 미국의 UPA 2002는 출생시주의를 더욱 확장하여 부모의 혼인이 무효인 경우에 대해서도 출생시주의를 적용한다(UPA 2002 제204조 (a)항 참조). 한편 영국과 프랑스(프랑스민법 제312조)는 포태시주의와 출생시주의를 모두 적용함으로써 친생추정의 범위를 가장 넓게 인정한다.

(2) 제한설 폐기의 필요성

제한설은 우리나라에서 지배적 견해와 전원합의체 판결의 태도로서 확립되어 있으나, 이제는 더 이상 유지할 필요가 없다. 그 이유는 다음과 같다.

---

5) 窪田充見 (2009. 9), 29~30면.

첫째로, 친생추정의 본질적 기능을 신속하고 명확한 부자관계 성립이라고 본다면 제한설은 심각한 문제점을 드러낸다. 제한설에 의하면 제844조의 요건을 갖추었더라도 친생추정이 적용되지 않는 경우가 있을 수 있고, 이러한 경우에는 제소기간이나 원고적격이 전혀 제한되지 않는 친생자관계 부존재확인 절차에 따라 법적 부자관계가 당사자들의 의사에 반하여 해소될 수 있게 되어 버리기 때문이다. 둘째로, 제한설의 정당성의 논거로서 제시되어 온 견해들이나 제한설의 문제점을 교정하기 위하여 제기된 견해들도 설득력이 떨어진다. 이들 중 후자 즉 제한설의 논거 자체의 문제점에 대해서는 이하에서 좀 더 구체적으로 살펴본다.

(a) '추정에 대한 반증'이라는 논거에 대한 비판

친생추정을 법률상의 추정이 아니라 경험칙을 매개로 한 사실상의 추정이라고 파악하는 제한설의 태도를 관철시킨다면, 사실혼 부부 사이에서 출생한 자녀에 대해서도 친생추정이 적용되는 것으로 해석하는 것이 일관성 있는 태도일 것이다. 사실혼 부부도 '추정'의 근거인 '정상적인 부부의 동거생활'을 전제하고 있다는 점에서는 법률상의 부부의 경우와 실질상 하등의 차이가 없기 때문이다.[6)]

이러한 견해에 대해서는 사실혼의 성립일은 (혼인신고에 의하여 특정이 가능한 법률혼의 성립일과는 달리) 불명확하기 때문에, 사실혼에 근거한 친생추정을 인정하면 법적 부자관계의 신속·명확한 결정이라는 친생추정의 기능이 제대로 실현될 수 없다는 취지의 비판론[7)]이 제기된다. 그러나 이러한 비판론은 친생추정의 범위에 관하여 제한설·외관설을 전제하는 한 설득력이

---

6) 정광현 (1959), 200~201면; 김용한 (2002), 175면; 이경희 (2006), 163면; 김주수/
　 김상용 (2009), 265면; 양수산 (1998), 346면 등.
7) 이제정 (2003), 447~448면.

떨어진다. 왜냐하면 '사실상의' 이혼상태를 친생추정을 배제시키는 외관으로서 인정한 확고한 판례[8]는 이미 신속·명확한 법적 부자관계의 귀속이라는 기능의 완전한 실현을 포기한 것이라고 할 수 있기 때문이다.

(b) 제한설의 개별적인 논거들에 대한 비판

1) 외관설에 대한 비판

제한설 중 특히 외관설에 대해서는 다음과 같은 비판을 가할 수 있다.[9] 첫째로, 혈연관계를 의학적으로 정확하게 판별할 수 있게 된 이상 가장 강력한 간접사실인 과학적 검사결과를 배제한다는 것은 매우 어색하다. 둘째로, 혈연설에 대한 비판론으로 흔히 제기되는 '혈연설을 관철하면 친생추정·친생부인제도가 무의미해 진다'는 문제는 외관설을 따르더라도 마찬가지로 발생한다. 제844조의 문리해석상의 요건이 갖추어진 경우라 하더라도 친생자관계 부존재확인의 소가 제기되면 법원은 친생추정을 받는 자녀인지 아닌지를 먼저 심리하여야만 하기 때문에[10] 원고가 '외관의 결여'를 뒷받침할 만한 사정을 내세워 친생자관계부존재 확인의 소를 제기하는 것 자체는 허용된다. '동서의 결여를 명백하게 보여주는 외관'의 존부 판단도 결국은 구체적 사실관계의 심리에 의존하는 것일 수밖에 없기 때문이다. 예를 들어 제844조의 기간 내에 입국한 기록이 없는 해외 체류자라 하더라도 밀입국의 가능성을 완전히 배제할 수는 없으며, 법률상의 부의 생식불능이라는 사정은 외관설이 말하는 '명백한 외관'에 해당하는 것인지의 여부 자체가 애매하다. 그런데, 이러한 구체적인 사정에 대한 주장·입증과정에서 (혈연설을 적용하는 경우에 비해) 가정의 평화, 모의 프라이버시 등은 훨씬 더 심각하게 침해된다. 셋

---

8) 대법원 1983. 7. 12. 선고 82므59 전원합의체 판결 등 다수.
9) 외관설에 대한 이하의 비판론은 권재문 (2004. 12), 159~160면을 요약한 것이다.
10) 서정우 (1993), 667~668면.

째로, 우리나라의 확고한 판례[11]와 같이 법률상의 부의 해외체류·재감 등 공적 자료에 의하여 명백하게 증명될 수 있는 사유 뿐 아니라 법률상의 부가 일단 주장하기만 하면 사실심리를 거쳐야만 그 존부가 확정될 수 있는 '사실상의 이혼상태'도 친생추정을 배제시킬 수 있는 '외관'에 해당하는 것으로 본다면 오히려 혈연설보다 가정의 평화 교란의 가능성은 더 커진다.[12] 혈연설에 의하면, '혈연의 부존재'를 보여주는 과학적인 증거가 있을 때에만 친생자관계부존재확인의 소 제기가 가능할 것이기 때문이다.

2) 가정파탄설에 대한 비판

또한 제한설 중 가정파탄설에 대해서는 다음과 같은 문제점을 지적할 수 있다. 첫째로, 가정파탄이라는 사정만 인정되면 부자관계의 실질, 당사자의 의사 등을 전혀 고려하지 않고 이를 해소할 수 있도록 하는 것 자체에 문제가 있다.[13] 법적 친자관계의 해소를 인정할 것인지의 여부는 친자관계의 실질을 고려하여야만 하는데, 모와 법률상의 부 사이의 혼인관계의 실질이 법률상의 부와 자녀 사이의 친자관계의 실질과 반드시 일치한다고 보기는 어렵기 때문이다. 예를 들어, 법률상의 부가 처의 간통을 용서하고 그 자녀를 자신의 자녀로서 수년간 양육하다가 결국 이혼하게 된 경우에, 처와 자녀 측이 친자관계의 유지를 바라더라도 법률상의 부는 가정파탄을 이유로 친자관계부존재확인의 소를 제기할 수 있다. 역으로 법률상의 부가 부자관계의 유지를 원하는 경우에도 처는 자녀를 데리고 별거에 돌입한 후 가정파탄을 이유로 친자관계 부존재확인의 소를 제기할 수 있다. 둘째로, 가정파탄설이 실제로 기능을 발휘할 수 있는 경우는 거의 없다. 우선, 가정의 평화가 유지되

---

11) 대법원 1983. 7. 12. 선고 82므59 전원합의체 판결.
12) 우리 판례가 외관에 해당하는 사유를 상당히 넓게 인정하는 입장이라고 평가하는 견해로서 서정우 (1993), 660면을 참조.
13) 二宮周平 (家族法), 168~169면.

고 있을 때에는 법률상의 부는 친생자관계의 부존재확인을 구하지 않을 것이다. 반대로, 설령 (법률상의 부와 모 이외의 당사자, 즉 성년인 자녀 자신 또는 비혼 혈연부에 의한) 친생자관계 부존재확인의 소의 제기 당시에는 가정의 평화가 유지되고 있어서 이러한 소가 각하된다 하더라도, 이를 계기로 법률상의 부와 모의 가정이 파탄될 수도 있다.[14] 뿐만 아니라, 법률상의 부가 혈연에 반하는 법적 부자관계를 해소하기 위한 법적인 절차를 개시하였을 때에는 이미 가정의 평화는 이미 붕괴되었다고 보는 것이 상식에 부합한다. 과학적 검사에 의하여 자녀와의 혈연이 없음을 알게 된 법률상의 부는 가출, 별거선언 등의 방법으로 얼마든지 가정파탄 상태를 '만들어 낼' 수 있으며, 처의 간통 사실을 알게 되었음을 계기로 별거에 들어간다면 이혼사유로서의 악의의 유기로 인정되지 않을 것이기 때문에 법률상의 부에게는 별다른 불이익이 되지 않는다. 이처럼 가정파탄설을 적용하면, 법률상의 부는 항상 혈연에 반하는 법적 친자관계를 친생자관계 부존재확인의 소로써 해소시킬 수 있으므로 가정파탄설은 "혈연설에 극도로 가까운 견해"[15]에 지나지 않는 것이다. 셋째로, '가정의 파탄'은 유동적이고 불명확한 개념이기 때문에 이것을 법적 부자관계를 해소하기 위한 절차의 소송요건으로 하는 것은 신분의 명확성과 안정성이라는 원리와 조화를 이루기 어렵다.[16] 이러한 문제를 해결하기 위하여 법률상의 부와 모가 이혼한 경우에만 '가정파탄'이라는 요건이 갖추어진 것으로 인정하면 법률상의 부에게 '친생부인을 위한 이혼'을 강요하는 것으로 되어 버릴 뿐 아니라 실제로도 법률상의 부는 처의 간통을 이유로 재판상 이혼을 함으로써 얼마든지 가정의 파탄이라는 친생추정의 적용 배제요건을 충족시킬 수 있게 된다.

---

14) 田村五郎 (1996), 20~21면은 이러한 논거로 가정파탄설을 비판하면서 혈연설을 지지한다.
15) 水野紀子 (1995. 1), 115~116면.
16) 橘勝治 (1979), 9면 이하.

3) 신가정형성설의 선개와 이에 대한 비판

일본에서는 이러한 가정파탄설의 문제점을 시정하기 위한 수정된 견해로서 신가정형성설이 제창되었는데, 그 논거는 다음과 같이 요약할 수 있다. 첫째로, 자녀 자신이 일정한 연령이 되어 스스로 친생자관계 부존재확인을 구하는 경우에는 가정의 평화가 이미 파탄되었거나 그 파탄이 진행 중임을 시사하는 것이기 때문에 법률상의 부가 법적 친자관계의 유지를 원하더라도 자녀의 이익을 우선적으로 고려하여 법적 친자관계의 해소가 가능하도록 해주어야 한다. 둘째로, 모가 자녀를 대리하여 친생자관계 부존재확인을 구하는 경우에는, 모가 부에 대한 감정적인 문제 등으로 인하여 자녀의 이익에 반하는데도 이를 구하는 경우도 있을 수 있기 때문에 모와 혈연부의 재혼에 의한 신가정 형성의 가능성이 없는 한 이를 허용하지 말아야 한다.[17]

그러나 신가정형성설도, 비록 어느 정도의 설득력은 인정되지만, 다음과 같은 문제점을 드러낸다. 첫째로, 친생추정 제도는 자녀의 출생 당시를 기준으로 신속하게 부자관계의 귀속을 결정하는 기능도 수행하기 때문에 그 후의 사정을 근거로 친생추정의 적용 여부를 판단하는 것은 부당하다.[18] 둘째로, 법률상의 부와 자녀 사이의 사회적 친자관계의 실질을 전혀 고려하지 않고 법률상의 부와 모 그리고/또는 혈연부와 모 사이의 관계만을 고려하여 친자관계의 해소 가능성을 결정하려는 것 자체의 문제를 해결하지 못한다. 이미 자녀가 성년에 이른 경우에는 모와 혈연부 사이에 새로운 혼인가정이 형성되었더라도 자녀에게는 법률상의 부와의 친자관계를 유지하여 부양·상속 등의 혜택을 누리는 것이 더 유리할 수 있으며, 자녀가 이것을 원할 수도 있다. 그런데 신가정형성설은 이러한 경우에도 자녀의 의사에 반하여 혈연부나 모가 친생자관계 부존재확인의 소를 제기하는 것을 저지하지 못한다.

---

17) 梶村太市 (2008), 307～308면.
18) 水野紀子 (2000. 4), 31면 참조.

(c) 2005년 개정 민법에 의한 '절대기간 없는 상대기간'의 도입

우리나라에 거의 그대로 반영된 일본의 제한설은, 원래 친생부인 기간의 기산점이 '자녀의 출생을 안 날'임을 전제로, 지나치게 엄격한 친생부인의 요건으로 인하여 발생할 수 있는 문제에 대처하기 위하여 고안된 것이다. 즉, 친생부인 제한의 입법취지인 혼인가정(또는 부모의 프라이버시)의 보호, 자녀의 법적 부자관계의 안정성 보호라는 관점에서 보더라도 더 이상 친생부인을 제한할 이유가 없는 경우에도 친생추정을 관철시키는 것은 무의미하다는 것이 제한설의 배경인 것이다. 이러한 경우의 전형적인 예로서, 법률상의 부와 모의 혼인가정은 이미 파탄되었고 모와 혈연부가 혼인한 경우를 들 수 있다. 이러한 경우에 대해서도 형식적인 친생추정을 관철시키면 법적인 부는 (절대기간 경과로 인하여) 더 이상 친생부인을 할 수 없게 되고, 결국 자녀는 모와 혈연부의 친생자녀로서의 법적 지위를 회복할 수 없게 되어 버린다.

그러나, 우리 민법은 이제 2005년에 개정에 의하여 절대기간의 제한 없는 상대기간을 채택[19]하였기 때문에, 위와 같은 문제에 대처할 수 있게 되었다. 따라서 혼인 중의 출생자의 부자관계를 신속하게, 획일적으로 결정한다는 친생추정의 기능을 반감시키는 제한설을 더 이상 유지할 필요는 없다. 대법원 1983. 7. 12. 선고 82므59 전원합의체 판결의 반대의견이 지적한 것처럼, "[친생부인 조항]을 이유로 친생추정의 규정을 제한적으로 해석하려는 것은 본말을 전도한 것이라는 의혹을 씻을 수 없"으며, "그 제도의 요건을 엄격하게 규정한 취지를 져버리고 그를 피하기 위하여 아예 친생추정규정의 적용을 해석론에 의하여 배제한다면 이는 본말을 전도하는 탈법적 방편에 불과"한 것이기 때문이다. 한편, 일본에서도 엄격한 친생부인의 요건을 회피하기 위하여 친생추정의 범위 자체를 제한한다는 것은 본말이 전도된 것이라고 하면서, 친생추정 제도의 고유한 기능·장점도 있음을 감안하여 친생추정 범

---

19) 도입의 경과와 배경에 관한 구체적인 내용은, 권재문 (2009. 9), 89면 이하를 참조.

위를 제한하는 해석론보다는 친생부인의 요건완화라는 입법론으로 나아가는
것이 정직한 해결방법이라는 견해[20]가 제기되고 있다. 또한 독일민법은 "부
에 의한 포태가 불가능함이 명백한 사정이 있으면 처가 낳은 자녀는 비적출
자이다(구 제1591조 제1항 2문)"라고 규정하여 제한설에 해당하는 내용을 친
생추정의 요건으로 규정하고 있었으나 1998년 민법 개정에서 이러한 내용을
삭제하였다.

II. 인지의 요건 개선

1. 임의인지에 대한 자녀 측의 동의 요건?

(1) 신설의 필요성에 관한 논의

임의인지의 요건과 관련하여 현행법은 모나 자녀의 동의를 요건으로 하고
있지 않다는 점에서, 프랑스민법(제316조 참조)과 비슷하지만 그 외의 나라
들과는 다르다. 예를 들어, 일본의 경우에는 자녀가 성년이면 자녀 자신의,
자녀가 미성년인 때에는 모의 동의를 받도록 하고 있다(일본민법 제782조,
제783조). 또한 독일의 경우에는 모의 동의를 원칙적인 요건으로 하고 자녀
의 동의는 예외적인 경우에만 요건으로 하고 있으며(독일민법 제1595조), 미
국의 UPA 2002 제301조는, 모의 '동의'라는 요건을 두는데 그치는 것이 아
니라 임의인지를 모와 혈연부 사이의 '약정'으로 구성하고 있어서, 독일과
마찬가지로 자녀보다는 모의 의사를 존중하고 있다. 영국의 경우에는 임의인
지라는 제도가 독립적으로 존재하는 것은 아니지만 비혼 혈연부는 모의 동
의가 있어야만 출생신고를 하여 법적인 부가 될 수 있도록 함[21]으로써 독일

---

20) 二宮周平 (家族法), 168~169면.

이나 미국과 마찬가지로 모의 의사를 중시하고 있는 것으로 평가할 수 있다.

이러한 각국의 입법례와는 달리, 우리나라의 경우에는 부가 일방적인 의사로써 인지를 하더라도 자녀 측에서는 이를 저지할 수 없고, 부와 자녀 사이에 혈연이 있는 한 일방적인 임의인지에 의하여 성립한 법적 부자관계를 해소시킬 수도 없다. 이러한 사정을 감안한다면 각국의 입법례의 전반적인 추세를 반영하여 자녀 측의 동의를 임의인지의 요건으로 추가할 것인지의 여부를 검토해 볼 필요성은 인정된다고 할 수 있다. 국내에서도 강요된 부자관계에 대한 방어의 가능성을 보장할 필요가 있고 동의를 전제하여야만 자녀의 복리에 부합하는 원활한 내적 관계를 형성할 수 있을 것임을 이유로 자녀 측의 동의 요건을 도입하여야 한다는 견해[22]가 제기되기도 하였다.

이와 관련한 일본의 입법론, 즉 현행 일본민법에 규정된 자녀 측의 동의권을 삭제할 것인지의 여부에 관한 논의를 살펴보면, 자녀 측의 의사를 존중할 필요가 있다는 논거 자체에 대해서는 별다른 비판이 없고, 오히려 자녀가 혈연부의 임의인지에 대한 승낙을 거부하더라도 혈연부에 대한 인지청구의 소는 제기할 수 있다는 점에 대해 비판론이 집중되고 있다. 자녀가 고령의 혈연부에 대한 부양의무를 면하기 위하여 임의인지에 의한 법적 부자관계 창설을 거부하였다가, 혈연부가 사망한 후에는 강제인지에 의하여 법적 부자관계를 성립시킴으로써 상속권을 누릴 수 있기 때문이다. 또한 모에게 임의인지에 대한 승낙을 할 수 있도록 한 것은 모가 자녀의 이익을 대변하는 것이 일반적이라는 사정에 근거한 것이기는 하지만, 항상 그렇지는 않다는 점이 지적된다. 즉 모가 자신의 고유한 이익을 위하여 임의인지에 대한 승낙을 거부함으로써 자녀의 이익을 실현하지 못할 수도 있다는 점을 감안하여 모의 승낙에 대해서는 제한을 둘 필요가 있다는 것이다.[23]

---

21) Births and Deaths Registration Act 1953 제10A조.
22) 이준영 (2010. 2), 623면.
23) 窪田充見 (2009. 9), 37면.

(2) 입법론: 동의 요건 도입의 불필요

혈연주의가 친생자관계 성립의 원칙적인 기준이라고 파악한다면, 혈연부에 의한 일방적인 임의인지에 의해서도 법적 부자관계가 성립할 수 있게 하는 현행법의 태도에는 큰 문제는 없는 것으로 여겨진다. 동의 요건의 결여로 인하여 발생할 수 있는 문제점은 크게 두 가지로 요약될 수 있는데 어떤 경우이건 군이 동의 요건을 도입하지 않더라도 대처할 수 있을 것으로 보이기 때문이다.

먼저, 자녀 또는 생모의 의사에 반하는 법적 부자관계 성립은 자녀의 복리에 반할 것이라는 주장24)에 대해 살펴본다. 이러한 주장의 논거는, 임의인지는 자녀나 생모의 명예를 훼손할 수 있다는 점과 혈연부와 생모 또는 자녀 사이에 갈등이 있으면 법적 부자관계가 성립하더라도 자녀의 복리를 실현하기에 적합한 환경이 조성될 수 없다는 점의 두 가지로 요약할 수 있다. 그러나 이러한 주장은 설득력이 떨어진다. 우선 자녀와 모의 명예훼손의 문제는 임의인지의 경우 뿐 아니라 친생부인의 경우에도 발생할 수 있는데, 헌법재판소 판례가 친생부인 제도의 정당성을 인정하고 있음에 비추어볼 때 '혈연을 반영한 법적 친자관계의 성립'이라는 인격권적 이익 보호에 수반되는 자녀나 모의 명예훼손은 부득이한 것으로 평가할 수 있다. 따라서 임의인지의 경우에도 단순히 자녀와 모의 명예훼손만을 내세워 혈연부의 인격권적 이익을 박탈하는데는 한계가 있다고 보아야 한다. 또한 자녀의 복리에 관한 우려는 임의인지에 의하여 성립하는 법적 친자관계가 친권의 귀속을 결정짓는 것은 아니라는 점을 간과한 것이다. 자녀가 이미 성년자라면 그의 복리는 더 이상 우선적으로 보호되어야 할 이익이 아니며, 자녀가 미성년자인 경우라 하더라도 임의인지 후의 친권자는 원칙적으로 부모의 협의에 의하여 결

---

24) 이준영 (2010. 2), 622면, 623면.

정되어야 하는 것(제909조 제4항)이기 때문에 모의 동의나 법원의 재판이 없는 한 법적인 부가 자녀와의 '사회적 친자관계'를 강요할 수는 없다.

다음으로, 신의칙에 반하는 임의인지를 방지할 필요성에 관하여 살펴본다. 이러한 논의가 전제하고 있는 상황은 자녀가 미성년인 동안에는 부로서의 의무를 면하기 위하여 임의인지를 하지 않았던 혈연부가 뒤늦게 상속·부양 등의 이익을 얻기 위하여 임의인지를 하는 경우라고 할 수 있다. 그러나 이러한 문제는 실제로는 거의 일어나기 발생하기 어려울 것이다. 첫째로, 대법원 판례[25]에 의하면 자녀 측에서는 인지한 혈연부에게 과거의 부양료의 지급도 구할 수 있다. 둘째로, 혈연부가 뒤늦게 인지를 하여 부양의무의 이행을 구하더라도 부양의무 이행의 정도와 방법은 제반사정을 고려하여 법원이 재량으로 결정할 수 있기 때문에(제977조), 법원이 이러한 사정을 감안하여 적절한 부양의 수준을 정할 수 있다. 셋째로, 자녀에게 아무런 책임을 지지 않았던 혈연부가 인지한 후 자녀를 상속할 수 있다는 문제는 반대의 경우에도 마찬가지로 나타난다. 즉 혈연부에게 아무런 책임을 지지 않았던 자녀도 부가 사망한 후 인지청구의 소를 제기함으로써 상속의 이익을 누릴 수 있다. 따라서 이러한 문제는 혈족에게 상속권을 인정하는 것 자체로부터 비롯되는 것으로서, 인지에 의한 부자관계 성립 가능성을 배제하는 것을 정당화할 수 있는 논거가 되기에는 부족하다.

2. 인지청구의 소의 제소기간 제한

(1) 문제의 소재

인지청구의 소의 제소기간을 부모가 사망한 경우에는 일정한 기간 내로 제한하는 것이 정당한지와 관련하여, 헌법재판소는 합헌이라고 결정한 바 있

25) 대법원 1994.5.13. 자 92스21 전원합의체결정.

으며 또한 일본의 판례26)도 우리나라 헌법재판소와 거의 비슷한 이유로 합헌이라고 판단한 바 있다.

우리나라와 일본에서 거론되는 인지청구의 소의 제소기간 제한의 논거는 다음과 같이 요약할 수 있다: 우선, 비록 자녀의 이익을 보호하기 위하여 망부에 대한 강제인지를 허용하더라도, 혈연부의 사망 후 기간이 경과함에 따라 혈연의 존부를 증명하기 어려워지고, 다음으로 부자관계와 관련된 법적 안정성(특히 망부의 재산과 관련된 상속관계)을 보장할 필요도 있다.27) 즉, 부 또는 모가 사망한 경우 인지청구의 제소기간을 너무 장기간으로 규정하는 것은 법률관계를 불안정하게 하여 다른 상속인들의 이익은 물론 공익을 위해서도 바람직하지 않으므로, 인지청구의 제소기간을 부 또는 모의 사망을 알게 된 때로부터 1년으로 제한하여 법률관계를 조속히 안정시키는 것은 혼인 외의 출생자의 이익과 공동상속인 등 이해관계인의 이익을 조화시킨 것이다.28)

(2) 입법론: 제소기간 제한 삭제

그러나 이러한 강제인지의 기간제한은 정당성이 인정되기 어렵다고 생각한다. 우선, 과학적 감정기법의 발달로 인하여 혈연부 사망 후 상당한 기간이 경과하더라도 혈연의 존부를 확인하는 것이 절대적으로 곤란하다고 단정할 수는 없다. 또한, 망인에 대한 유전자 검사 시료 채취와 관련한 유족들의 이해관계, 강제집행 방법 등과 관련한 문제는 혈연부가 사망한 직후에도 발생하는 것이기 때문에, 망인에 대한 인지청구의 소 자체를 전면적으로 제한하기 위한 논거가 될 수는 있어도 '기간제한'의 논거가 될 수는 없다. 뿐만

---

26) 最高裁判所 昭和30(= 1955). 7. 20. 선고 판결.

27) 注釋民法, 426면 참조.

28) 헌법재판소 2001. 5. 31. 선고 98헌바9 결정.

아니라, 우리나라와 일본에서는 상속회복청구권의 행사기간 자체가 제한되기 때문에 상속재산을 둘러싼 법적 안정성이 침해될 우려가 없다는 점도 고려하여야 한다. 참고로, 일본에서도 이제는 제소기간 제한을 폐지하자는 견해가 유력하다.29)

---

29) 注釋民法 (2004), 426면 참조.

제2절 법적 부자관계의 해소에 관한 입법론

I. 친생부인 제한요건의 개선

1. 친생부인 제한의 새로운 근거: 사회적 친자관계의 존중

친생부인 제도에 의하여 혈연주의의 관철이 제한되는 것은 사실이지만, 그렇다고 해서 이것이 친생부인 제도의 본질적인 기능 내지는 목적이라고 볼 필요는 없다. 친생부인 제도의 정당성은 당사자들의 의사와 당사자들 사이의 사회적 관계에 부합하는 법적 친자관계는 비록 혈연과 일치하지 않아도 그 안정성을 보장하여야 한다는 적극적 측면에서 찾아야 한다. 특히 2005년 개정으로 절대기간 없는 상대기간을 도입하였기 때문에 더 이상 친생부인의 제한의 정당성은, '장기간 지속된 사실상태로서의 가정의 평화 또는 신분관계의 유지'가 아니라, 혈연 없음을 알면서도 법적 부자관계를 유지하기를 원한 법률상의 부모의 명시적 또는 묵시적인 의사에 근거한 것으로 파악하여야만 할 것이다.

비교법적으로 보더라도 친생부인의 제한요건에 대해서는 다음과 같은 전반적인 경향이 나타난다. 첫째로, 친생부인의 소의 제소기간이라는 측면에서는 '절대기간 1년'을 고수하고 있는 일본의 경우를 제외하면, 상대기간을 도입하여 자발적으로 유지된 사회적 친자관계를 보호하는 것이 일반적이다. 예를 들어, 독일에서는 우리나라와 마찬가지로 상대기간 2년만을 규정하고 있으며(독일민법 제1600b조 참조), 미국에서는 비록 절대기간 2년을 규정하고 있기는 하지만 사회적 친자관계가 인정될 수 없는 경우에는 이를 적용하지 않는 반면 사회적 친자관계가 있음이 인정되는 경우에는 자녀의 복리 기준과 금반언의 법리를 활용하여 친생부인을 더욱 엄격하게 제한하고 있다(UPA 2002 제607조, 제608조 참조). 둘째로, 친생부인권자의 범위라는 측면에서는 보면, 전통적인 친생부인권자인 법률상의 부 이외의 사람들, 특히 자녀에게도 친생부인권을 확장하는 것이 전반적인 추세이고, 구체적인 범위에 있어서만 차이를 보인다. 예를 들어, 독일에서는 법률상의 부 뿐 아니라 모와 자녀에게도 기간 외의 제한이 없는 친생부인권을 인정하고 있을 뿐 아니라, 일정한 요건이 충족되면 비혼 혈연부도 친생부인을 할 수 있도록 하고 있다(독일민법 제1600조 참조). 미국의 경우에는 법률상의 부와 모, 자녀는 물론 비혼 혈연부에게도 특별한 제한이 없는 친생부인권을 인정하고 있는데(UPA 2002 제204조 참조), 그 논거로서 이혼의 급증으로 인하여 혼인가정의 보호가치 자체가 낮아졌다는 점을 강조하고 있음을 주목할 만하다. 셋째로, 친생부인 기간과 친생부인권자의 범위 모두에 대해 공통적으로 적용되는 기준을 두고 있는 입법례로서 영국과 프랑스를 들 수 있다. 영국의 경우에는 친생부인에 대해서는 친생추정과 마찬가지로 커먼로가 적용되며, 판례에 의하면 원고적격과 제소기간을 직접적으로 제한하는 대신 자녀의 복리라는 일반적인 심사기준을 적용하고 있는 것으로 보인다(S v. S 사건 판결 참조). 프랑스의 경우에는 신분증서에 기재된 내용과 일치하는 신분점유가 5년 이상 유지된 경우에는 누구도 친생부인을 할 수 없는 반면, 그렇지 않은 때에는 자녀, 법률상의 부, 모는 물론 비혼혈연부에게도 친생부인권이 인정된다(프랑스민법 제333조~제335조 참조).

2. 입법론: 친생부인의 제한요건의 재정비

(1) 문제의 소재

우리나라 헌법재판소도 인정하고 있는 것처럼,[1] 친생부인을 제한하는 것은 친생자관계의 당사자인 법률상의 부와 자녀의 혈연을 알 권리, 혈연에 따른 친자관계를 형성할 권리 등의 기본권적 이익을 제한하는 것이다. 따라서, 친생부인의 제한요건은, 혈연에 반하는 법적 친자관계를 유지하는 것보다 이것을 해소하는 것의 보호가치가 더 크다고 평가되는 경우에만 친생부인이 가능하도록 규정되어야 한다. 우리나라에서는 2005년 개정에 의하여 한 번의 개선이 있었는데, 이하에서는 2005년 개정법에 대한 평가를 중심으로 이에 대한 입법론을 전개한다.

(2) 2005년 개정에 대한 평가[2]

먼저, 2005년 개정법의 내용을 긍정적으로 평가하는 견해는, 첫째로, 절대기간을 폐지하고 상대기간만을 규정하여 법률상의 부에게 혈연에 반하는 법적 부자관계를 해소할 것인지의 여부를 결정할 수 있는 실질적 기회를 제공함으로써 헌법재판소가 지적한 위헌성을 시정하였다는 점, 둘째로, 모에게도 친생부인권을 부여함으로써 자녀의 인격권과도 직결된 법적 부자관계의 해소를 전적으로 법률상의 부의 의사에만 맡겨둠으로써 발생할 수 있는 자녀의 복리 침해의 우려를 방지할 수 있게 되었다는 점, 셋째로, 이처럼 친생부인의 원고적격과 제소기간을 제한하는 것이 비교법적으로 보더라도 오히려

---

1) 헌법재판소 1997. 3. 27. 선고 95헌가14, 96헌가7 결정.
2) 이 부분은 권재문 (2009. 8), 89~94면을 요약한 것이다.

보편적이라는 점 등을 근거로 제시하고 있다.

　그러나 2005년 개정법의 태도는 만족스럽다고 보기 어렵다고 생각한다. 그 이유는 다음과 같다. 첫째로, 혈연주의의 관점에서 보면, 2005년 개정법이 친자관계의 당사자인 자녀에게 친생부인권을 부여하지 않은 것은 자녀의 혈연을 알 권리를 과도하게 제한한 것이다.3) 자녀에게 친생부인권을 인정하지 않은 것에 대한 논거로는 ⓐ자녀가 독자적으로 친생부인권을 행사하려면 필연적으로 상당한 기간 동안 유지된 법적 친자관계가 해소되어야만 한다는 문제가 있고, ⓑ자녀가 모의 간통 사실을 밝힘으로써 가정의 평화에 악영향을 미치는 것이 자녀의 이익과 합치하는 것인지는 의문이며, ⓒ법률상의 부에 의하여 양육된 자녀가 성년에 이른 후 법률상의 부에 대한 부양의무를 면하기 위하여 제기하는 배신적 친생부인를 방지할 필요가 있다는 점 등이 거론된다.4) 그러나 ⓐ에 대해서는 독자적으로 친생부인의 소를 제기할 수 있는 '성년' 자녀에 대해서는 더 이상 '자녀의 복리'를 특별하게 보호해 줄 필요가 없기 때문에 법적 친자관계의 보호가치가 떨어진다는 점을 지적할 수 있다. 또한 ⓑ에 대해서는 '간통 사실의 폭로로 인간 가정의 평화에의 악영향'은 생모에게 친생부인권을 인정하더라도 마찬가지로 발생할 수 있는 것이고, ⓒ에 대해서는 우리 민법상 자녀 양육을 방기하였던 혈연부가 나중에 부양을 받기 위하여 임의인지를 하는 것을 저지할 방법이 없다는 점과 균형이 맞지 않는다는 점 등의 반론을 각각 제기할 수 있을 것이다. 둘째로, 당사자의 의사에 기초한 사회적 친자관계의 안정성을 중시하는 관점에 서더라도, 2005년 개정법이 '절대기간 없는 상대기간'을 채택함으로써 친생부인권자의 일방적인 번의에 의하여 상당한 기간동안 지속된 사회적 친자관계와 일치하는 법적 친자관계도 해소될 수 있게 되어 버렸다는 점이 문제된다. 앞에서

---

3) 같은 취지의 견해들의 출처와 구체적인 논거는 권재문 (2004. 11), 162~164면을 참조.
4) 자녀의 친생부인권을 부정하는 국내의 견해들의 구체적인 내용과 출처는 권재문 (2004. 11), 163~164면을 참조.

본 것처럼 독일에서는 바로 이러한 문제 때문에 이른바 '의심의 계기' 요건을 둘러싼 견해대립이 전개되고 있는 것이다. 따라서 장차 우리나라에서도 법률상의 부에 의한 상대기간의 남용을 방지하기 위하여 (비록 논란의 대상이 되고 있기는 하지만) 독일의 '의심의 계기' 요건과 같은 역할을 하는 제한요건을 둘 필요가 있는지의 여부가 문제된다. 현행법의 해석론에만 비추어 본다면 제소기간의 도과 여부는 소송요건의 일종으로서 본안전 항변 사항일 뿐 아니라 가사소송 절차에 대해서는 직권탐지주의가 적용된다. 따라서 법원은 친생부인의 소의 원고인 법률상의 부에게 이를 근거지울 만한 사정을 주장·입증하라고 요구할 수는 없을 것으로 보인다.[5] 이미 국내에서 '자신의 자녀가 아님을 안 때'라는 사실의 증명은 주관적인 증명이기 때문에 법률상의 부로서는 얼마든지 그 기산점을 미룰 수 있어서 사실상 제소기간이 무의미해질 우려가 있다는 문제점이 지적되었는데도[6] 2005년 개정법의 입법과정에서 이러한 문제를 전혀 의식하지 못했다는 점에 대해서는 아쉬움이 남는다.

(3) 일본의 입법론

2005년 개정법의 문제점을 극복하기 위한 방안을 모색함에 있어서, 우리나라의 2005년 개정 전 조항과 동일한 내용을 규정하고 있는 일본에서 논의되고 있는 입법론을 살펴볼 필요가 있을 것이다. 따라서 이하에서는 일본의 2009년 개정안의 내용 중에서 관련된 부분들을 살펴본다.

---

5) 권재문 (2009. 8), 94~95면.
6) 이제정 (2003), 423면.

(a) 친생부인권자의 범위 확장

개정안[7]은, 첫째로, 부자관계의 직접 당사자인 자녀에게 부인권이 인정되어야 함은 당연하지만 부인권의 행사기간 등에 관한 배려가 필요함을 전제로 별도의 기산점을 인정하고 있다. 둘째로, 모의 부인권과 관련하여, 그 법적성질에 관한 견해대립(즉, 고유권설과 법정대리권설)이 있었으나, 개정안은 법정대리권설을 채택하였다. 다만 모의 부인권 행사에 대해서는 제한요건(예를 들어, '혈연부와 모가 새로운 가정을 형성하였을 것'이라는 요건)을 둘 필요가 있다는 의견도 제시되었다. 셋째로, 법률상의 부, 자녀, 모 이외의 이해관계인에게도 부성부인권을 인정할 것인지의 여부에 대해서는 견해의 대립이 있었으나 소극적 견해가 우세하였다. 그 이유는 다음과 같다. '그 외의 이해관계인'에 해당하는 것으로 상정할 수 있는 사람으로서 부성부인을 통해 상속순위를 확보하거나 상속지분이 증가하는 사람 등을 들 수 있다. 그런데, 부자관계란 상속권을 비롯한 권리나 의무의 단순한 집합이 아니라 '법률관계'이기 때문에, 상속권 확보라는 이익을 보호하기 위하여 이러한 법률관계를 다툴 수 있게 하는 것은 부당하다. 또한 혈연부도 그러한 이해관계인에 해당하는 것으로 상정할 수 있는데, 법률상의 부, 자녀, 모가 모두 법적 부자관계의 유지를 원하고 있는데 혈연부가 이를 다툴 수 있게 하는 것은 부당하다.

(b) 친생부인권의 행사기간과 기산점

일본의 2009년 개정안은 당사자별로 서로 다른 기산점을 정하는 매우 특

---

7) 제C-5조: 법률상의 부가 부성부인을 하려면 자녀 또는 친권을 행사하는 모에 대하여 부성부인의 소를 제기하여야 한다. 친권자인 모가 없을 때에는 가정재판소는 특별대리인을 선임하여야만 한다(제1항). 자녀가 부성부인을 하려면 법률상의 부에 대하여 부성부인의 소를 제기하여야 한다(제2항). 모가 부성부인을 하려면 법률상의 부와 자녀에 대하여 부성부인의 소를 제기하여야 한다(제3항).

이한 입법례를 보여준다. 먼저, 법률상의 부에 대해서는 상대기간과 절대기간이 모두 규정되어 있다.[8] 상대기간은 소극적인 의미의 부자관계 승인임을 근거로 한 것인 반면 절대기간은 법적 부자관계의 안정성이라는 관점에 근거한 것이다. 반면 자녀의 부성부인 기간에 대해서는 상대기간만이 규정되어 있는데[9] 자녀는 성년자가 되어야만 독자적으로 부성부인을 할 수 있으므로 자녀 보호를 위한 법적 부자관계의 안정성 유지의 필요성이 낮다는 점이 그 이유로서 제시되었다. 한편 모의 부성부인 기간에 대해서는 절대기간만이 규정되어 있다.[10] 이러한 방식은 모는 자녀의 출생 당시부터 부성부인 사유를 알고 있는 것이 일반적임을 반영한 것으로 보인다.

(4) 2005년 개정법의 개선방향

2005년 개정은 나름대로의 의미가 있기는 하지만 위에서 본 것과 같은 문제점들도 있기 때문에, 추가적인 개정이 불가피하다고 평가할 수 있다.

(a) 원고적격

우선, 각국의 입법례와 위에서 살펴본 2005년 개정 과정에서의 논의에 비추어볼 볼 때 자녀에게 친생부인권이 인정될 필요성을 부인하기는 어렵다. 자녀는 법적인 부와 더불어 친자관계의 직접적인 당사자이기 때문에 최소한 동일한 보호는 주어져야 하기 때문이다. 다만, 자녀가 미성년인 동안에도 친

---

8) 제C-6조: 제C-2조, 제C-3조에 의하여 부가 된 사람의 부인권은 자녀의 출생 및 부자관계의 부인사유를 안 날로부터 1년 이내에 부인의 소를 제기하지 않으면 소멸한다. 자녀의 출생을 안 날로부터 3년이 지난 때에도 같다(제1항).
9) 제C-6조: 자녀의 부인권은 성년에 이른 후 부자관계의 부인사유를 안 날로부터 1년 이내에 부인의 소를 제기하지 않으면 소멸한다(제2항).
10) 제C-6조: 모의 부인권은 자녀의 출생일로부터 3년이 지나면 소멸한다(제3항).

생부인을 할 수 있도록 하려면 특별대리인 선임 등의 절차법적인 정비도 수반되어야 할 것이다.[11]

다음으로, 자녀 이외의 제3자, 특히 혈연부에게도 친생부인권을 인정할 필요가 있는지가 문제될 수 있으나, 과연 비혼 혈연부에게 친생부인권을 인정할 필요가 있을지는 의문이다. 우선, 법률상의 부와 자녀 사이에 사회적 친자관계가 유지되고 있는 경우라면 이것을 보호하기 위하여 제3자의 개입은 차단되어야 한다. 반면, 법률상의 부와 자녀 사이에 사회적 친자관계가 해소된 경우라면 법률상의 부가 스스로 친생부인을 구하는 것이 일반적이고 오기 또는 보복감정으로 무의미한 법적 친자관계를 유지하려고 하는 경우라 하더라도, 모에게도 친생부인권이 인정되기 때문에 이러한 문제는 어느 정도 해결할 수 있다. 다만 모의 친생부인권에 대해서는 상대기간 방식으로 규정하더라도 사실상 절대기간으로 작용하는 경우가 대부분이라는 점을 감안한다면, 이러한 문제를 해결하기 위해서라도 자녀 자신에게 친생부인권이 인정될 필요가 있는 것이다. 다만 이혼·비혼동거생활의 증가와 같은 사회변동이 지속되면 모와의 '혼인'이라는 요소만을 근거로 항상 법적 친자관계의 우월적인 보호가치를 인정하기는 어렵게 된다.[12] 따라서 비혼 혈연부의 친생부인을 제한하기 위한 요건은 제반 사정에 기초한 법률상의 부와 자녀 사이의 사회적 친자관계의 존부에 대한 실질적 판단에 기초하여야만 할 것이다.

(b) 상대기간의 남용 방지를 위한 조치의 검토

절대기간 없는 상대기간 방식으로 친생부인의 기산점을 규정하려면, 법률상의 부가 상대기간을 남용하여 장기간 지속된 사회적 친자관계의 해소를 시도하는 것을 방지할 필요가 있다. 이를 위하여 독일과 같이 명문규정으로

---

11) 김시철 (2003), 519, 531~532면.
12) Frank/윤진수 (2006), 498~499면.

'의심의 계기' 요건을 두는 방법도 있으나 이것은 법률상의 부에게 지나친 입증의 부담으로 작용할 수 있다.

따라서 현재와 같은 규정을 그대로 유지하고, 자주점유 추정에 관한 판례[13]를 원용하여 간접사실을 제한적으로 인정하는 방법을 생각해 볼 수 있을 것이다. 즉, 상대기간의 기산점을 결정함에 있어서 법률상의 부가 '친생부인 사유를 알게 되었다'라는 자신의 내심의 사정만을 주장하는 것만으로는 부족하고, 법원이 그 원인이 된 사정의 성질 또는 제반사정을 근거로 그 기산점을 외형적·객관적으로 결정하는 것으로 해석한다면, 법률상의 부가 임의의 시점을 지정하는 것을 방지할 수 있을 것이다.

II. 인지이의·인지무효의 소와 친생자관계 부존재확인의 소의 제소요건 제한

1. 필요성

제2장에서 본 것처럼, 임의인지에 의하여 성립하는 법적 부자관계를 다투기 위한 인지이의·인지무효의 소와, 친생추정이 적용되지 않는 혼인 중의 출생자의 부자관계를 다투기 위한 친생자관계 부존재 확인의 소에 대해서는 제소요건이 거의 제한되지 않는다. 즉, 현행법상 친자관계의 당사자인 부모와 자녀 중 일방이 생존해 있는 한 이들 뿐 아니라 다른 이해관계인도 기간제한 없이 친생자관계 부존재확인의 소를 제기할 수 있다. 뿐만 아니라, 이러한 소들의 주요사실은 모두 혈연상의 친자관계의 부존재이기 때문에[14] 사회적 친자관계가 아무리 오랫동안 유지되고 있더라도 법적 친자관계는 과학

---

13) 대법원 1997. 8. 21. 선고 95다28625 전원합의체 판결 참조.
14) 박동섭 (2009), 294면도 같은 취지임.

적 혈연검사 결과만을 근거로 손쉽게 해소될 수 있다. 이러한 상황은, 혈연주의를 중시한다면 부득이한 것이겠지만, 사회적 친자관계를 중시한다면 개선될 필요가 있다고 평가될 것이다. 이하에서는 후자의 관점에서 문제의 해결방안을 모색해 본다.

2. 해석론에 의한 제한 가능성

(1) 확인의 이익

우선, 법적인 친생자관계의 해소를 구하는 소에 대해 '확인의 이익'을 엄격하게 요구하는 것을 생각해 볼 수 있을 것이다. 그러나 우리나라의 판례는 친생자관계 부존재확인의 소에 관하여 제777조에 규정된 친족이기만 하면 기본적으로 확인의 이익이 당연히 인정되는 것으로 파악하고 있다. 따라서 인지이의·인지무효의 소나 친생자관계 부존재확인의 소 제기를 제한할 수 있는지의 여부는 결국 권리남용의 법리가 적용될 수 있는지의 여부에 달려 있다고 할 수 있다.

(2) 권리남용의 법리

이와 관련하여, 판례[15]는 가사소송에 있어서도 신의칙이 적용될 수 있으므로 원고에게는 아무런 이익이 없이 오직 피고에게 고통만을 주기 위한 소 제기는 신의칙에 반하는 것으로서 배척될 수 있음은 인정하면서도, 법원의 재판을 받을 권리는 헌법상 보장된 기본권에 속하는 것이기 때문에 소권의 남용여부는 신중하게 판단하여야 한다고 판시하였다. 특히, 친생자관계 부존

---

15) 대법원 2004. 6. 24. 선고 2004므405 판결.

재확인의 소와 관련하여, 원고에게 경제적인 동기나 목적이 있음이 인정되더라도 이것만을 이유로 소권의 남용이라고 하기는 어렵다고 판단하였는데, 그 이유는 다음과 같다: 첫째로, 친자관계는 원래 상속 등의 다른 법률관계에 영향을 미치는 것이기 때문에, 진실한 신분관계 확정에 수반하는 다른 이해관계를 목적으로 하는 것이 반드시 비난의 대상이 될 수는 없다. 둘째로, 친생자관계 부존재확인의 소에 대하여는 특별히 제소기간에 제한을 두지 아니한 취지에 비추어 볼 때 비록 친자관계의 직접 당사자인 호적상 부모가 사망한 때로부터 오랜 기간이 경과한 후에 위 소를 제기하였다 하더라도 그것만으로 신의칙에 반하는 소송행위라고 볼 수 없다.

따라서, 우리나라의 판례는 친생자관계 부존재확인의 소에 대해서도 권리남용의 법리가 적용될 수 있다는 것 자체는 인정하면서도, 그 요건을 상당히 엄격하게 설정하고 있는 것으로 평가할 수 있다. 이러한 태도는 앞에서 본 일본최고재판소 2006년 7월 7일 선고 판결이 권리남용의 법리를 근거로 친생자관계 부존재확인 청구를 배척한 것과는 대조적이다.

3. 입법론

현행법과 같이 인지이의·인지무효의 소와 친생자관계 부존재확인의 소의 제소요건을 거의 제한하지 않는 것은 바람직하지 않다. 친자관계의 해소 요건은 혈연주의와 법적 친자관계의 안정성 보호라는 상충하는 기본권적 이익을 조화롭게 고려하여 설정되어야만 하기 때문이다. 따라서, 법적 부자관계의 해소절차를 통합함으로써 혼인 외의 출생자에 대해서도 혼인 중의 출생자와 마찬가지로 법적 안정성을 보장해 줄 필요가 있다.[16]

구체적으로는, 이러한 절차들에 대해서도 원고적격을 친자관계의 직·간접

---

16) 이준영 (2010. 2), 626면~627면.

적 당사자로 제한하고, 상대기간 방식의 제소기간 제한 조항을 신설할 필요가 있을 것이다. 이러한 개정을 통해서, 첫째로 당사자의 의사에 근거하여 유지되어 온 사회적 친자관계 보호라는 목적을 달성할 수 있고, 둘째로 친생부인의 소의 제소기간과의 정합성을 실현함으로써 혼인 중의 출생자와 혼인 외의 출생자의 차별이라는 문제도 시정할 수 있게 된다.

특히 일본에서는 장기간 유지되어 온 사회적 친자관계를 반영한 법적 친자관계의 해소를 구하는 친생자관계 부존재확인의 소를 권리남용의 법리를 근거로 배척한 판례의 태도에 대하여 '장기간 계속되어 온 친생자관계와 같은 생활사실'이 프랑스 민법상의 신분점유와 비슷한 기능을 수행하게 되었다고 평가하는 견해[17]도 제기되고 있음을 주목할 만하다.

III. 인지에 의한 부자관계의 해소를 구하는 절차의 통합

현행법상 인지에 의하여 성립한 법적 부자관계의 해소를 구하는 절차로는 인지취소의 소, 인지이의의 소, 그리고 인지무효의 소의 세 가지가 규정되어 있다. 그러나 과연 각각의 절차가 고유한 기능을 가지고 있는지는 의문이다.

1. 인지취소의 소의 폐지

우선 인지취소의 소에 대해서는 일찍부터 비판적인 견해가 제기되어[18] 이제는 지배적 견해[19]로 굳어져 있다. 이러한 비판론의 핵심은 강제인지 제도

---

17) 羽生香織 (2008), 423면 참조.
18) 정광현 (1959), 208~209면.
19) 김용한 (2002), 185면; 김주수 (주석민법), 147면.

가 인정되는 이상, 인지자의 의사표시 하자를 근거로 인지취소를 하더라도 자녀 측에서 강제인지를 시도하면 결국 법적 부자관계가 그대로 유지되기 때문에, 굳이 인지취소 제도를 둘 필요가 없다는 것이다. 이러한 논거는 설득력이 있는 것으로 여겨진다.

그러나 2005년 개정 과정에서는 논의의 대상이 되지 않아서 현행 민법은 여전히 제정 당시의 조항을 그대로 유지하고 있다.

2. 인지무효의 소와 인지이의의 소의 통합

인지무효의 소와 인지이의의 소의 관계에 대해서는, 비록 원고적격과 제소기간, 조정전치주의의 적용여부 등에서 차이가 있기는 하지만, 실질적인 요건과 본질이 동일하기 때문에 이들을 하나의 절차로 통합하는 것이 바람직하다는 입법론[20]이 지배적이다. 그러나 이들을 통합할 것인지의 여부에 대해서는 다시 한 번 검토할 필요가 있다. 후술하는 것처럼 양자의 실질적인 차이를 강조하는 반대견해도 제기되고 있을 뿐 아니라, 연혁적으로 볼 때, 입법자는 양자를 별개로 규율하려는 의사가 있었던 것으로 여겨지기 때문이다. 즉, 첫째로, "인지에 대한 자녀 또는 이해관계인은 인지에 대한 반대사실을 할 수 있다"는 실체법적 규정만을 두고 있었던 일본민법 제786조와는 달리 우리 민법은 제정 당시부터 같은 내용을 '인지이의의 소'라는 형태로 규정하면서 당사자적격은 물론 제소기간까지도 명시하였다. 둘째로, 이후의 절차법 정비 과정에서 일찍부터 인지이의의 소와 별개로 인지무효의 소를 명문규정으로 인정하였다. 즉 인사소송법(1961. 12. 6 제정, 법률 제803호)은 '인지의 무효나 취소'와 '인지에 대한 이의'가 별개의 사건인 것으로 파악하였고(제2조), 가사심판법(1963. 7. 31. 제정, 법률 제1375호)도 인지이의의 소

---

20) 박동섭 (2009), 278면; 이경희 (2006), 178면; 김주수 (주석민법), 156면; 양수산 (1998), 365면.

는 조정전치주의가 적용되는 병류 사건으로, 인지무효의 소는 이것이 적용되지 않는 을류 사건으로 각각 규정(제2조, 제10조 참조)하였다. 현행 가사소송법도 이러한 입법태도를 이어받아 인지무효의 소는 가류 사건, 인지이의의 소는 나류 사건으로 분류하여 후자에 대해서만 조정전치주의가 적용되는 것으로 규정하고 있다.

양자의 실질적인 차이를 강조하는 견해[21]는 양자의 원고적격자가 서로 다른 것으로 해석한다. 이 견해에 의하면, 인지는 단독행위이기 때문에 인지무효의 소에 관한 가사소송법 제28조, 제23조의 '당사자'는 인지자만을 의미한다. 따라서 피인지자인 자녀는 인지이의의 소만을 제기할 수 있을 뿐이다. 다음으로 제862조의 '이해관계인'은 인지무효의 소를 제기할 수 있는 '4촌 이내 혈족'을 제외한 사람들 이외의 사람들(예를 들어, 피인지자의 혈연부, 5촌 이상의 혈족, 인척 등)로 한정된다는 것이다. 반면, 지배적 견해에 의하면, 인지이의의 소의 원고적격은 자녀와 그 외의 이해관계인에게 인정된다. 그리고 여기서 말하는 이해관계인에는 진실에 반하는 인지에 근거한 외관상의 법적 친자관계로 인하여 불이익을 입는 모든 사람이 포함되지만, 인지자 자신은 포함되지 않는 것으로 해석된다. 왜냐하면 인지자는 인지무효의 소를 제기할 수 있기 때문이다.[22]

이러한 대립하는 견해들 중 양자의 차이를 강조하는 견해에 대해서는 다음과 같은 비판론을 제기할 수 있다. 첫째로, 인지이의의 소와 인지무효의 소의 가장 중요한 차이가 제소기간 제한 여부임을 감안한다면, 인지자는 물론 '4촌 이내의 혈족'에 대해서도 기간 제한 없이 인지에 근거한 부성의 귀속을 다툴 수 있게 하면서, 피인지자에게만 1년이라는 단기의 제소기간을 적용하는 것이 타당한지는 의문이다.[23] 둘째로, 가사소송법 제28조에 의하여

---

21) 최진섭 (1997. 12).
22) 가사소송법 제23조, 제28조 참조.
23) 이경희 (2002. 6), 53면.

준용되는 제24조는 인지무효의 소의 피고적격과 관련하여 당사자의 '일방'
이 원고인 때에는 '상대방'을 피고로 하고, 제3자가 원고인 때에는 당사자
'쌍방'을 피고로 한다고 규정하고 있다.

제3절 보조생식자녀의 친생자관계 결정기준

I. 서언

보조생식자녀에 대해 적용될 친자법의 내용을 어떻게 구성할 것인지에 대해서 학계에서는 비교적 일찍부터 논의가 있었으나 입법작업으로 연결되지는 못하였다. 그러던 중에 제17대 국회(임기: 2004~2008년)에서는 보조생식에 관한 의료법적 규제와 친자관계 결정기준 전반을 대상으로 하는 세 개의 법안이 제안된다. 이들 중 의원입법안인 "체외수정등에관한법률안(이하 '박재완안'이라고 한다)[1]"과 "의료보조생식에관한법률안(이하 '양승조안'이라고 한다)[2]"은, 친자법에 관한 규율을 명시적인 입법목적으로 설정[3]하고 이에 관한 상세한 내용을 규정하고 있다는 점에 있어서는 동일하지만, 대리출산계약의 유효여부와 대리모가 출산한 자녀의 친생부모 결정기준, AID시술에 의하여 출생한 자녀에 대한 의뢰부모의 친생부인권의 인정여부 등에 대해서는 차이를 보이고 있다. 한편 이들보다 조금 늦게 제안된 "생식세포등에관한법률안[4]"은 국가생명윤리심의위원회 산하 인공수정전문위원회와 보건복지부가 함께 만든 법안으로서,[5] 위의 두 개의 의원입법안과는 달리 의료법적 규

---

1) 의안 제174331호, 2006년 4월 28일 제안.
2) 의안 제175175호, 2006년 10월 19일 제안.
3) 박재완안은 '출생자의 법률적 지위에 관한 사항을 정함으로써 출생자의 안전을 보장'하는 것을, 양승조안은 '출생자의 복리를 위하여 그의 부모를 정하는 것'을 각각 입법목적에 포함시키고 있다. 각 법안 제1조 참조.
4) 의안 제177703호, 2007년 11월 6일 제안.
5) 입법경과에 관한 구체적인 내용은, 국가생명윤리심의위원회 2007년 3월 23일자 의결 제4호를 참조 (출처: http://bioethics.go.kr/, 최종방문 2011년 1월 20일).

제에 대한 규율을 설정하는 것을 주요한 목적으로 하고 있다.[6] 따라서 친자법에 관하여는 두 개의 포괄적인 조항들만을 두고 있을 뿐이어서 생식보조의료와 관련하여 발생할 수 있는 친자법상의 문제들을 충분하게 규율하고 있다고 보기는 어렵다. 이 법안들이 제안된 후 보조생식 자녀의 친자법제 정립에 대한 기대가 모아지기도 하였으나, 결국 모두 제17대 국회의 임기만료로 인하여 폐기되고 말았다. 그 후 제18대 국회 개원 후에는 보조생식을 규율대상으로 하는 법안[7]이 제기되기는 하였지만 의료법적 규제(특히 대리출산의 규제)만을 대상으로 하고 있으며 친자법에 대해서는 명시적인 규정을 두고 있지 않다.[8]

이처럼 실정법적인 규율이 공백인 상황 하에서도 보조생식 시술은 적지 않게 행하여지고 있으며, 특히 친생자관계의 결정기준이 문제될 수 있는 AID 시술이나 대리출산 시술에 의하여 출생하는 자녀들도 없지 않을 것으로 추정된다.[9] 따라서 이러한 보조생식 자녀에 대해 적용될 친생자관계의 결정기준을 정립하는 것은 시급한 문제라고 할 수 있다. 다만, 이를 위하여 반드시 어떤 새로운 기준을 신설하여야만 한다고 전제할 필요는 없을 것이다. 만약 자연생식 자녀에 대해 적용될 것을 전제로 제정된 현행법의 기본틀을 유지하면서 일정한 보완장치를 두는 것에 의하여 바람직한 친생자관계의 결정기준을 수립할 수 있다면, 이 쪽이 더 낫다고 볼 수 있기 때문이다.

이하에서는, 우선 친생자관계의 결정기준이 문제되는 사안인 대리출산 자녀의 모자관계와 AID 자녀의 부자관계에 관한 종래의 논의를 국내의 법안과

---

6) 이 법은 제1조에서 입법목적과 관련하여 친자법에 관하여는 전혀 언급하고 있지 않다는 점에서 박재완안·양승조안과 구별된다.

7) 김소남 의원이 2009년 6월 2일에 대표발의한 생명윤리 및 안전에 관한 법률 일부개정법률안(의안번호: 1805000번).

8) 법안의 현황은 http://likms.assembly.go.kr/bill/jsp/main.jsp (최종방문: 2011년 2월 20일)을 참조.

9) 서종희 (2009. 11), 92~94면; 오호철 (2009. 5), 173면 참조.

학설 및 일본의 입법 준비자료를 중심으로 정리하고 그 한계를 살펴본 후(II 부분), 이에 대한 대안으로서 '의사' 또는 '의도'를 가진 부모의 입양가능성을 전제로, 혈연주의에 근거한 현행법상의 친생자관계 결정기준을 적용하는 것이 가장 바람직한 해결책이 될 수 있음을 보인다(III 부분).

II. 친생자관계의 결정기준에 관한 종래의 논의

1. 대리출산 자녀의 모자관계

(1) 국내의 학설

대리출산에 관한 지금까지의 논의를 개관하면, 원래는 대리출산계약의 유효 여부 및 이에 대한 의료법적 규제라는 문제가 중심이었으나, 미국의 Johnson v. Calvert 사건 판결이 소개되면서 혈연모와 출산모가 분리되는 경우의 모자 관계 결정 기준도 쟁점으로 부상하였다. 이들 중 대리출산 자녀의 모자관계에 관한 국내의 논의는 다음과 같이 요약할 수 있다.[10] 우선 친생모자관계의 중첩을 인정할 것인지와 관련하여, 긍정설 즉 혈연모와 출산모 모두에게 법적인 모의 지위가 인정됨을 전제로 민법 제909조 4항을 유추적용하여 친권자인 모를 결정하자는 견해[11]도 제기되었으나, '모자관계의 중첩'에 대해서는 부정적인 평가가 지배적이며[12] 그 논거로는 친자관계의 불확실성·불안정성을 초래할 우려가 있기 때문에 자녀의 복리에 반한다는 점이 제시된다.[13]

---

10) 권재문 (2010. 6), 130~131면.
11) 김용한 (2003), 185면.
12) 특히, 이인영 (2005. 12), 298면은 모성의 중첩을 인정하는 것은 가족의 기본개념에 어긋난다고 한다.

다음으로 모자관계의 중첩을 부인하고, 혈연모와 출산모 중 누구에게 배타적인 친생모의 지위를 인정할 것인지와 관련하여, 혈연기준설14)과 출산기준설이 대립하고 있으며, 자녀의 복리 심사에 따라 법적인 모를 결정하여야 한다한다는 견해15)도 제기되고 있다. 또한, 의사, 혈연, 출산이라는 다양한 요소들 중 어떤 것을 기준으로 모자관계를 인정할 것인가라는 문제를 구체적 사실관계에 즉응하여 결정하자는 견해16)도 자녀복리 기준설의 일종으로 파악할 수 있다. 그런데 출산기준설을 주장하는 견해들은 대부분 입양 또는 이에 준하는 절차를 거쳐 혈연모에게 법적인 모의 지위가 귀속될 수 있음을 전제한다. 즉, 출산기준설을 지지하는 견해들은, 출산모에게는 친생모, 의뢰모에게는 양모의 지위를 인정하자고 하거나,17) 출산모에게 원시적으로 모성을 귀속시키고 법원의 재판을 거쳐 혈연모에게 법적인 모의 지위를 인정하자고 주장한다.18) 한편, 출산모에게만 친생모의 지위를 인정하되, 출산모와 혈연부(즉, 의뢰부) 사이의 친권자 결정 과정에서 출산모에게는 혈연관계가 없음을 고려하자는 견해19)도, 혈연부를 단독친권자로 지정함으로써 혈연모(즉, 의뢰모)가 자녀를 입양할 수 있도록 하는 것을 염두에 둔 것으로 보인다.

(2) 국내의 법안

대리출산에 관한 친자법에 관하여 각 법안들은 서로 다른 모습을 보이고 있다.

---

13) 이준영 (1997), 122~123면.
14) 오호철 (2009. 5), 197면; 배성호 (2005. 5), 15~16면; 이덕환 (1996), 218~220면 등.
15) 백승흠 (2005. 12), 124면~125면; 이덕환 (1996), 17~18면.
16) 박민제 (2008. 2), 210면.
17) 최성배 (1998. 12), 515면.
18) 윤진수 (2008. 6), 94면.
19) 엄동섭 (2001. 12), 109면; 박철호 (2009. 11), 282면 등.

우선, 박재완안은 의료법적 규제의 측면에서는 무상의 대리출산계약의 유효성을 인정하고, 친자법의 측면에서는 의뢰부모에게 친생부모의 지위를 인정하고 있다는 점을 주목할 만하다. 법안 제22조는 대리출산 자녀를 의뢰부부의 혼인중의 출생자로 간주하고(제1항) 대리모의 임의인지 및 대리모에 대한 인지청구의 소 제기를 금지할 뿐 아니라(제2항, 제3항) 대리출산을 원인으로 하는 친생자관계 부존재확인의 소 제기도 금지한다(제4항). 다만 대리출산 자녀와 의뢰부모 사이에 혈연이 없는 것으로 판명된 때에 한하여 제22조 1항 내지 4항의 적용을 배제함으로써(제5항) 민법상의 일반원칙에 따라 부모가 결정되도록 하고 있다.

반면, 양승조안은 의료법적 규제의 측면에서 대리출산계약은 무효라고 규정하고(다만, 실비보상에 관한 약정 부분만은 유효로 함으로써 대리모의 이익을 보호한다) 친자법에 대해서는 명문규정을 두고 있지 않다. 그러나 친자법에 관한 특칙인 제8조, 제9조는 '기증자'의 생식세포를 사용한 의료보조생식에 대해서만 적용되는 것으로 규정하고 있다는 점에 비추어 볼 때, '제공자'의 생식세포를 사용한 대리출산 자녀에 대해서는 이 법안상의 친자법이 적용되지 않고 결국 민법의 일반원칙(출산주의)가 적용되는 것으로 해석할 수 있다.

한편, 정부안은 대리출산이 적용 대상인지를 명시적으로 규정하고 있지 않다. 이 법의 전체적인 내용을 보면 생식세포를 기증받은 부부가 의료보조생식에 의하여 자녀를 얻는 것을 염두에 두고 있어서 AID 시술과 난자(또는 배아)를 의뢰모에게 人工授精시키는 경우에 대해 적용되는 것은 명백하다. 반면 의뢰부모의 생식세포를 이용하여 생성한 배아를 대리모에게 人工授精시키는 경우에 대해서도 적용되는지의 여부는 명백하지는 않지만 부정적으로 판단하여야 한다. 왜냐하면 첫째로, 제16조는 특정인에 대한 생식세포의 기증을 원칙적으로 금지하면서 예외적으로 '불임부부의 친족이 불임치료를 목적으로 기능하는 경우'만을 허용하고 있기 때문에 불임부부인 의뢰부모가 특정된 대리모에게 자신들의 생식세포를 기증하는 것은 본조의 해석상 불가능하고, 둘째로, 제19조 제4항은 난자제공자에게 본인의 개인식별정보의 보관여부와, 자녀에 대해 이를 공개할 것인지의 여부와 그 범위에 대한 서면동의를 받도록 하고 있는데, 이는 난자제공자가 법적 부모가 아님을 전제하고 있는 것이기 때문이다.

(3) 일본의 입법론

한편 일본에서도 최고재판소 판결을 계기로 대리출산 자녀의 모자관계 결정기준에 관한 입법론이 활발하게 전개되고 있는데 이하에서는 그 내용을 살펴본다. 우리나라와 일본의 친자법은 기본구조가 거의 비슷하다는 점을 감안할 때, 일본의 입법론은 특히 참작할 만한 가치가 있기 때문이다.

(a) 중간시안[20]

중간시안과 함께 작성된 의료법적 규제에 관한 입법안에는 대리출산은 금지의 대상이었고 유상의 대리출산 계약에 대해서는 벌칙조항까지 규정하고 있었다. 그러나 중간시안은 이러한 금지조항이 도입되더라도 이를 위반한 대리출산에 의하여 자녀가 출생할 수 있음을 전제로 이러한 자녀에 대해 적용될 수 있는 친자법을 마련할 필요가 있음을 강조한다.[21]

이러한 문제의식 하에 중간시안은 특히 혈연모와 출산모가 달라지는 경우에 법적인 모자관계를 결정하기 위하여 다음과 같은 기준을 제안하고 있다: 여성이 타인의 난자(이러한 난자로부터 유래한 배아를 포함한다)를 이용한 생식보조의료에 의하여 자녀를 회태하고 출산한 때에는, 출산한 여성을 자녀

---

20) 의의와 작성경위에 대해서는 이 책 제3장 제1절 Ⅳ 부분을 참조.
21) 보충설명, 17~18면.

의 어머니로 한다(중간시안 제1조). 이처럼 출산주의를 이른바 '모성의 분리'가 일어나는 사안에 대해서도 그대로 적용하기로 한 이유는 전술하였다.[22]

(b) 일본학술회의 보고서[23]

이 보고서는 대리출산에 대한 의료법적 규제 여부에 관한 논의와 대리출산으로 태어난 자녀의 친자관계 결정 기준에 관한 논의를 포함하고 있으나, 이하에서는 대리출산 자녀의 친자법만에 관한 내용만을 소개한다. 다만, 이 보고서는 일률적인 금지 대신에, "모성보호와 출생한 자녀의 복리를 존중하여 의학적·윤리적·법적·사회적 문제를 파악할 필요성 등을 감안하여 선천적으로 자궁이 없는 여성 및 치료를 위하여 자궁적출을 받은 여성 등으로 대상을 한정하여 엄격한 관리 하에 대리출산을 試行的으로 실시하는 것을 고려할 수 있다(요지 3 (6), 위 보고서 iii면)"라고 하여, 매우 제한적이기는 하지만 대리출산을 허용하고 있다는 점을 주목할 만하다.

이 보고서에 규정된 대리출산 자녀의 모자관계에 관한 규율은 기본적으로 종래의 '중간시안'과 크게 다르지 않은데, 다음과 같이 요약할 수 있다: 첫째로, 대리출산 자녀의 친자관계에 대해서만 적용될 특별한 규율, 즉 친생자, 양자와 구별되는 제3의 친자관계의 유형을 설정하지 않고 민법상의 종래의 규율 속에서 대리출산 자녀의 친자관계 귀속에 관한 규율을 확립한다. 둘째, 출산모가 대리출산 자녀의 법적인 친생모이고, 의뢰부모와 대리출산 자녀 사이에는 입양 또는 특별입양에 의하여 법적 친자관계를 형성하는 것을 허용하며, 의뢰부모의 파양이 제한되는 특별입양이 인정될 수 있도록 한다. 셋째 해외에서 시술받은 대리출산 또는 이 보고서가 예정하고 있는 제한적으로 허용되는 대리출산의 경우에도 같은 기준에 따라 친자관계를 결

---

22) 이 책 제4장 제1절 IV부분을 참조.
23) 의의와 작성경위에 대해서는 이 책 제3장 제1절 IV부분을 참조.

정하여야 한다.[24] 이러한 규율의 논거와 이에 대한 비판론과 반론에 대해서
는 전술하였다.[25]

2. AID 자녀의 부자관계

(1) 국내의 학설

국내에서 AID자녀의 부자관계 결정과 관련하여 최초로 제기된 견해는 입
양설이다. 즉, AID자녀에게는 친생추정이 미치지 않음을 전제로 AID 자녀라
는 사실을 알고도 夫가 적출자로 출생신고를 하였다면 '입양신고의 기능을
하는 출생신고'에 의하여 夫와 AID 자녀 사이에는 양친자관계가 성립하는
것으로 보아야 한다는 것이다.[26] 이러한 입양설은 꾸준한 지지를 얻고 있으
며[27] 특히 우리 나라의 경우에는 일반입양에 대해 법원의 허가 등의 요건을
두고 있지 않기 때문에 입양설은 입법론은 물론 해석론으로서도 충분히 활
용될 수 있다.

그러나, 다른 한편으로는, AID 자녀에게도 친생추정이 미치는 것을 전제
로, AID 시술에 동의한 夫가 친생부인을 할 수 있는지의 여부에 대한 견해
대립이 전개되었다. 이러한 견해대립은 독일연방대법원의 판례[28] 및 이를
둘러싼 독일에서의 견해대립이 소개되면서 본격적으로 시작되었는데 초기에
는 독일의 판례를 지지하는 긍정설이 우세하였으나 이후에는 이 판례에 대
한 비판론을 반영한 개정조항(독일민법 제1600b조 제5항)의 취지를 논거로

---

24) 위 보고서, 28면.
25) 이 책 제4장 제1절 Ⅳ부분 참조.
26) 정광현 (1959), 222~223면.
27) 양수산 (1989), 113면; 고정명 (1991), 111면; 이영규 (1992. 2), 29~30면; 김천수
 (2000. 3), 106면; 이은정 (2005. 9), 90면 이하; 권재문 (2009. 2), 353~354면.
28) BGH, BGHZ 87, 169.

하는 부정설이 지배적 견해로 정착되었다.[29)]

(2) 국내의 법안

한편, 제17대 국회에서 제안된 법안들은 AID 자녀의 부자관계에 결정기준에 대해 다음과 같은 내용을 규정하고 있다.

(a) 박재완안

박재완안은 보조생식자녀를 수혜자와 그 배우자의 혼인 중의 출생자로 간주(제21조 1항)하는데 그치지 않고 이러한 친생자관계를 다투는 것 자체를 금지하고 있다는 점을 주목할 만하다.

즉, 이 법안은 수혜자는 물론 그 배우자도 이러한 보조생식자녀에 대한 친생부인의 소를 제기할 수 없는 것으로 규정(제21조 2항)할 뿐 아니라, 이러한 보조생식자녀에 대한 친생자관계 부존재확인의 소 제기도 금지하고 있다(같은 조 5항). 나아가 제공자는 보조생식자녀를 임의인지할 수 없고(같은 조 3항), 제공자에 대한 인지청구의 소를 제기할 수도 없는 것으로 규정하고 있다(동조 4항).

(b) 양승조안

양승조안은, 우선, 난자를 기증받은 婦는 母, 정자를 기증받은 夫는 父의 지위를 가지는 것으로 본다(제9조)고 규정하고 있으나, 이러한 친생자관계의 해소가 가능한지에 대해서는 명문으로 규정하고 있지 않다. 따라서 일반법인

---

29) 이와 같은 국내의 연구성과의 전반적인 흐름과 국내 문헌의 출처 등에 관한 구체적인 내용은 송영민 (2007. 3), 190~195면을 참조할 것.

민법이 적용되는 것으로 본다면, 적어도 AID 자녀에 대해서는 친생부인의
소 제기가 가능한 것으로 해석된다. 그런데, 이 법안은 생식세포 기증자와
보조생식자녀 사이에는 어떠한 친자관계도 [당연히] 발생하지 않는다고 하
면서(제8조 1항), 기증자의 임의인지 및 기증자에 대한 인지청구의 소에 의
한 친자관계의 형성도 금지하고 있다(동조 2항, 3항).

이 법안이 특별히 정하지 않은 내용에 대해서는 민법의 명문규정 및 해석
론이 적용되어야 하는 것으로 본다면, AID 시술에 동의하였던 夫라 하더라
도 '친생부인 사유를 알게 된 날'로부터 2년이 경과하기 전까지는 아무런 제
한 없이 친생부인을 할 수 있게 된다. 그런데 여기에 친생부인이 행하여졌는
지의 여부를 불문하고 예외 없이 인지에 의한 부성귀속의 가능성을 배제하
고 있는 법안 제8조가 결합하면 '아버지 없는 자녀'의 출생을 초래할 가능성
이 생긴다. 이러한 입법태도에 대해 국회보건복지위원회 전문위원의 검토보
고서는 의뢰부모가 AID 자녀에 대한 애정을 상실하여 부당한 대우를 하는
경우에 대비하여 친자관계를 해소할 수 있는 수단을 마련해 두는 것이 자녀
의 복리에 부합하는 것으로 평가하고 있으나, 친생부인의 허용여부에 관한
양승조안의 입법태도에는 문제가 있다. '자녀의 복리를 위하여' 법적인 부자
관계 해소가 필요한 경우를 염두에 두고 명문으로 인정하려면 친생부인을
하더라도 부양의무를 면할 수는 없음을 함께 규정할 필요가 있기 때문이다.

(c) 정부안

정부안은 보조생식자녀의 친자법에 관한 일반조항인 제24조에서 "생식세
포의 기증자는 기증된 생식세포가 불임치료나 연구 등의 목적으로 이용된
후에는 생식세포를 기증받은 자 등에 대하여 친권(親權) 등의 법적인 권리를
주장할 수 없다."라고 규정하고 있다. 또한 제26조 2항은 "…생식세포를 제
공받은 자는 생식세포를 제공받았다는 이유로 친생자관계(親生子關係)를 부

인할 수 없다."라고 규정하고 있다.

제24조는 (다른 법안들과는 달리) 친자관계의 발생요건인 '認知'가 아니라 그 효과인 친권 등의 법적 권리의 주장만을 금지하고 있기 때문에 불필요한 해석상의 혼란을 야기한다. 비록 제26조 2항에 의하여 수증부부가 친생자관계를 부인할 수 없다 하더라도, 제24조는 생식세포 기증자의 인지 자체를 금지하지 않았기 때문에 기증자가 자녀를 인지함으로써 부자관계의 중첩을 야기할 수 있기 때문이다.

(3) 일본의 입법론: 중간시안

중간시안은, AID 자녀의 아버지 결정과 관련하여 "아내가 남편의 동의를 받아 남편 아닌 남성의 정자(그러한 정자를 사용하여 만들어진 배아를 포함한다. 이하 같다)를 사용한 생식보조의료에 의하여 자녀를 포태한 때에는, 남편이 자녀의 아버지인 것으로 한다."라고 규정하고 있다(제2조). 한편 제2조에 의하여 아버지가 결정되지 않은 때에만 적용되는 것을 전제하고 있는 제3조는 "[의료법적 규제]제도 내에서 행하여진 생식보조의료를 위하여 정자를 제공하였던 사람"의 임의인지와 그에 대한 인지청구의 소를 모두 금지하고 (제1항), 자신의 의사에 반하여 정자가 생식보조의료에 사용된 사람에 대해서도 마찬가지(제2항)라고 규정하고 있다.[30]

(a) AID 시술에 동의한 법률상의 부의 지위

제2조에 의한 규율은 AID의뢰 남녀가 부부인 경우에만 적용된다. 그 이유로는 첫째, 법률상의 부부에게만 AID시술을 할 수 있도록 하는 의료법적 규제와의 정합성을 유지할 필요가 있으며, 둘째, 비혼 남녀에 대해서도 본조를

---

30) 보충설명, 17면.

적용하려면 그들 사이의 관계에 대한 평가기준 즉 어느 정도의 안정적·지속 적인 관계에 있을 때 AID 시술을 허용할 것인가에 대한 기준을 정립할 필요 가 있으나 이것은 상당히 곤란하다는 점 등이 거론되었다.[31]

한편, 부자관계 성립의 요건인 'AID 시술에 대한 동의'는 모를 상대방으 로 하며, 모가 생식보조시술에 의하여 포태하는 것에 대해 동의하는 것을 의 미한다.[32] 동의의 존부에 대한 입증책임과 관련한 논의과정에서, 영국 HFEA 1990 제28조 등의 입법례를 근거로, 자녀의 법적 지위를 안정시키기 위하여 AID자녀가 출생한 경우에 남편의 동의를 추정하자는 제안도 있었으나 여러 가지 이유[33]로 인하여 채택되지 못했다.

(b) 동의의 법적성질에 관한 견해대립

중간시안을 마련하는 과정에서 '동의'를 근거로 부자관계를 결정한다는 결론 자체에 대해서는 의견이 모아졌으나, 이러한 동의의 법적성질에 대해서 는 의견이 일치하지 않아서 결국 두 가지 의견이 모두 공표되었다.[34]

우선, 갑안(甲案)은 자연생식의 경우에는 부자관계와 모자관계는 모두 혈 연을 근거로 발생하며, 보조생식의 경우에는 모는 출산, 부는 의사를 근거로 발생하는 것으로 이해한다. 즉 부자관계 결정기준과 모자관계 결정기준의 정 합성을 추구하고 그 대가로서 자연생식자녀의 친자관계 결정기준과 보조생 식자녀의 친자관계 결정기준의 정합성을 포기하여 후자를 전자에 대한 예외

---

31) 보충설명, 9면.
32) 보충설명, 9면.
33) 의료법적 규제에 관한 법안에 의하면 생식보조의료 시술을 받은 부부의 동의서는 장기간(80년) 공적 기관에 보관되기 때문에 남편의 동의 입증이 곤란한 경우는 거 의 없다. 또한 일반적으로 어떤 사실의 부존재 입증은 극히 곤란하며, 자신에게 유 리한 법률효과의 요건을 주장하는 사람이 입증해야 한다는 입증책임의 일반원칙에 반한다(보충설명, 11~12면)
34) 이하의 내용은 大村敦志 (2003. 4), 15~16면을 요약한 것이다.

로 구성하려는 것이다. 반면 을안(乙案)은 출산이라는 기준에 의하여 모를 결정한 후, 부는 그 외의 추가적인 요건(모와의 혼인 또는 인지)에 의하여 결정되는 것으로 함으로써 모자관계 결정기준과 부자관계 결정기준의 정합성을 포기하고 그 대신 모든 자녀에 대해 정합성 있는 친자관계 결정기준을 적용하려고 하는 것이다. 따라서 을안에 의하면 AID자녀에 대해서도 친생부인이 인정되기 때문에 이를 제한하기 위한 장치가 필요하게 되는 반면 갑안에 의하면 처음부터 AID자녀의 친생부자관계는 '의사'를 기준으로 결정되는 것이기 때문에 친생부인 자체가 불가능하다.

이러한 견해들 중 갑안에 대해서는 다음과 같은 문제점이 지적된다. 첫째로, '의사'라는 예외적인 부자관계 결정기준을 도입하면서도 이러한 동의와 관련하여 (적어도 입양합의에 관한 규율에 준하는) 구체적인 조항을 두지 않고 있다. 둘째로, 모와 혼인하지 않은 남성이 AID시술에 동의한 경우에 그에게도 친생부의 지위가 인정되어야 하기 때문에 부부에 한하여 AID시술을 허용하는 의료법적 규제와 저촉된다. 셋째로, 자연생식의 경우와 보조생식의 경우를 '원칙'과 '예외'로 구성하는 것은 보조생식시술에 의하여 출생한 자녀에 대한 불평등 대우가 될 수 있으므로 친생부모 결정 기준은 생식방법을 불문하고 공통적으로 인정되는 것이 바람직하다.[35]

(c) 정자제공자의 지위

중간시안은 정자제공자의 지위를 명문으로 규정함으로써 민법상의 인지에 관한 조항들이 적용될 수 있는지에 관한 논란을 미리 방지하고 있다.

우선 '정자제공자의 지위'에 관한 제3조는, 제2조의 추정에 의하여 법적 친자관계가 성립한 때에는 적용될 여지가 없다.[36] 또한 제3조는 정자제공절

---

35) 大村敦志 (2003. 4), 17면.
36) 보충설명, 13면.

차의 객관적 적법성 또는 이에 대한 정자제공자의 주관적 인식(즉 적법한 생식보조의료가 실시될 것이라는 인식)을 요건으로 한다. 특히 후자의 요건이 충족된 경우에는 실제로 제공된 정자를 사용하여 행하여진 생식보조의료가 적법한지의 여부는 불문한다.[37]

중간시안 제3조는, 의료법적 규제를 준수하여 행하여진 생식보조의료를 위하여 정자를 제공하였던 사람은 그 정자를 사용한 생식보조의료에 의하여 출생한 자녀를 인지할 수 없고 자녀 측에서도 그를 상대로 인지청구의 소를 제기할 수 없음을 명확하게 규정하고 있다. 그 이유로는 첫째로, 보조생식시술을 제한적 요건하에 허용하는 이유는 불임'부부'가 자녀를 가질 수 있게 하는 것이기 때문에 제3자인 정자제공자에게 아버지의 지위가 귀속될 수 있게 하는 것은 이러한 취지 차제에 반한다는 점, 둘째로, 정자제공자는 아버지가 되려는 의사가 없었기 때문에 그에 대한 강제인지를 허용하는 것은 제공자의 의사에 반할 뿐 아니라, 그의 법적지위를 불안정하게 함으로써 정자제공 자체를 억제하는 결과를 초래한다는 점, 셋째로, 정자제공자에 의한 인지는 의뢰부부의 가정의 평화를 해치고 자녀의 복리에 반할 우려가 있다는 점 등이 제시된다.

(d) 혈연을 알 권리 보장을 위한 조치

다만, 중간시안 제3으로 인하여 자녀의 혈연을 알 권리가 침해될 우려가 있다는 사정을 감안하여, 의료법적 규제 전반을 내용으로 하고 있는 생식보조의료부회보고서는 생식세포 또는 배아 제공에 의한 보조생식시술에 의하여 출생한 자녀는 15세 이상이 되면 공적 기관에 제공자를 특정할 수 있는 내용을 포함하는 정보의 개시를 요구할 수 있도록 하고 있다.[38]

---

37) 보충설명, 14~15면.
38) 보충설명, 13면.

3. 지금까지의 논의의 한계

위에서 살펴본 것처럼 보조생식 자녀에 대한 친자법제에 대해서는 적지 않은 논의가 이루어져 왔다. 그러나 지금까지의 논의에는 몇 가지 문제점이 있기 때문에 그대로 받아들이기 어렵다고 여겨진다.

우선, 전체적인 구도와 관련하여, 개별적인 보조생식 유형에 대해서만 논의에 들어가기 전에 해결해야 할 더 근본적인 문제에 대한 성찰이 부족했다고 평가할 수 있다. 환언하면, 어떤 특정한 유형의 보조생식에 의하여 출생한 자녀에 대해 어떤 기준이 우월한가를 개별적으로 논의하기 전에, 이러한 논의가 친자법 전반과의 관계에서 가지는 의미를 명확하게 하는데는 소홀하였던 것이다. 또한 친생자관계의 결정기준이 될 수 있는 각 요소들의 가치를 평면적으로 비교하거나, 특정한 요소를 강조하기 위하여 구체적인 논증 없이 자녀의 복리라는 기준을 내세우는데 그쳤다는 점이 문제된다. 이하에서는 이러한 문제를 염두에 두고 보조생식 자녀의 친자관계 결정기준에 관한 대안을 제시하고자 한다.

III. 대안의 제시

이하에서 보조생식 자녀의 친자관계 결정기준에 관한 입법론을 제시함에 있어서, 우선 이것이 친자법의 전반적인 구조 내에서 가지는 의미라는 선결문제부터 다룬 후, 보조생식 자녀의 모자관계와 AID 자녀의 부자관계 결정기준에 관한 대안을 제시한다. 나아가, 입양제도와 보조생식 자녀의 친자법제의 관련성을 살펴본다.

1. 선결문제의 해결

(1) 의료법적 규제와 친자법제의 관계: 연계설과 준별설

(a) 문제의 소재

보조생식에 대해서는 상반된 가치평가가 첨예하게 대립하고 있기 때문에, 보조생식 자체는 인정하더라도 일정한 제한요건을 두는 것은 불가피하다. 그런데, 친자법제와 관련하여 특히 문제되는 AID와 대리출산은 의료기관에서 행하여지는 것이 일반적이기 때문에, 이러한 제한요건들은 결국 의료기관을 수범자로 하는 의료법적 규제의 모습으로 나타난다. 여기서, 양자의 관계, 즉 의료법적 규율과 친자법제를 연계시킬 것인가 아니면 준별할 것인가라는 문제가 제기된다.

이러한 논의의 배경에는 실제로 제도를 시행하다 보면 의료법적 규제를 위반하거나 탈법하는 경우가 전혀 없을 것으로 기대하기 어렵다는 현실이 자리잡고 있다. 연계설은, 이러한 위법한 시술을 방지하려면, 위반행위와 관련하여 의료기관이나 의뢰부모에게 부과되는 제재와는 별개로 의뢰부모가 위법한 보조생식 시술을 통해서는 목적을 달성할 수 없게 할 필요가 있음을 강조한다. 반면, 준별설은 의료법적 규제의 관철이라는 목적을 위하여 자녀의 복리를 희생시킬 수 없음을 논거로 한다. 연계설에 의하면 의료법적 규제의 준수여부가 확정적으로 결정될 때까지는 자녀의 법적 친자관계 자체가 유동적인 상태에 놓이게 되며, 특히 의뢰부모가 실제로 자녀를 양육하고 있는 경우에 대해서도 위법한 시술이라는 이유만으로 보조생식 자녀를 위하여 마련된 특례들의 적용을 배제하면 사회적 친자관계와 일치하지 않는 법적 친자관계가 성립해 버리게 된다는 것이다.

(b) 국내의 논의

이 문제에 대한 논의는 이미 국내에서도 활발하게 전개되고 있으며, 앞에서 소개한 법안들도 각각의 관점을 보여주고 있다.

먼저 학설의 상황을 보면 준별설이 우세한 것으로 평가할 수 있다. 즉, 대리모 계약이 무효이더라도 법원은 누가 법적인 부모인지를 결정하여야만 한다고 하면서 행위규제와 별도로 대리출산 자녀의 모자관계 결정 기준을 수립할 필요가 있음을 지적하거나39), 대리모계약은 유효라고 하면서도 친생부모는 계약의 효과로서 결정되는 것이 아님을 전제로 의뢰부모에게 친권이 인정되려면 입양 등의 일정한 절차를 거치도록 하여야 한다는 취지40)의 견해가 제기되었다. 이에 대하여, 양자를 별개의 법률로써 규정할 것을 제안하면서, 전자의 요건이 충족된 경우에만 후자가 적용될 수 있도록 '일원적'으로 규정하는 것이 바람직할 것이라고 하는 견해41)도 제기되고 있다.

다음으로 법안들의 내용을 살펴본다. 첫째로, 양승조안은, 이 법이 규정한 의료법적 규제를 준수하지 않은 보조생식시술에 의하여 출생한 자녀에 대해서는 이 법에 규정된 친자법에 관한 특칙이 적용되지 않는 것으로, 즉 의료법적 규제와 친자법을 연계시키고 있는 것으로 해석된다. 이 법안은 친자법에 관한 조항들은 모두 의료보조생식을 요건으로 규정하고 있는데, 개념정의 조항(제2조)은 의료보조생식을 자연적 과정 외의 생식을 가능하게 하는 모든 기술로써 '보건복지부령이 정하는 것[만]'을 의미함을 명시하고 있기 때문이다. 둘째로, 박재완안은, 개념정의 조항(제2조)이 친자법의 요건인 '수혜자', '제공자', '체외수정', '대리출산' 등의 사실적 의미만을 규정하고 있을 뿐이어서 적어도 문리해석상으로는 의료법적 규제를 위반하였더라도 위의 사실

---

39) 배성호 (2005. 5), 13면.
40) 엄동섭 (2001. 12), 107면.
41) 김민규 (2010, 동아법학), 236면.

적 의미에만 부합하면, 이 법안에 규정된 친자법제가 적용될 수 있는 것으로 해석될 여지가 있다. 따라서 박재완안이 의료법적 규제와 친자법을 연계시키고 있는지의 여부는 불명확하다. 셋째로, 정부안은, 비록 명시하고 있지는 않지만, 의료법적 규제와 친자법을 연계시켜 이 법이 규정한 의료법적 규제를 준수한 경우에 한하여 이 법이 규정한 친자법에 관한 조항들이 적용될 수 있음을 전제한 것으로 해석된다. 제5조가 생식세포의 기증·수증 및 이것을 이용한 배아의 생성, 즉 생식보조의료 시술 전반에 관하여 다른 법률에 특별한 규정이 없는 한 이 법이 적용되는 것으로 규정하고 있기 때문이다.

(c) 일본의 논의

한편, 일본에서는 보조생식에 관한 본격적인 논의가 시작될 때부터 연계설과 준별설의 대립구도가 나타났으나,[42] 그 후 점차 준별설이 우세해져서 지금은 지배적 견해를 이루고 있는 것으로 보인다.[43]

중간시안에서는 금지조항이 도입되더라도 이를 위반한 대리출산에 의하여 자녀가 출생할 수 있음을 전제로, 이러한 자녀에 대해 적용될 수 있는 친자법제를 마련할 필요가 있음을 강조하고 있다. 즉, 의료법적 규제를 위반한 경우에도 혈연모와 출산모가 분리된 자녀의 모자관계를 명확하게 할 필요성은 마찬가지이고, 출산모에게 법적인 어머니의 지위를 인정하는 위의 이유들은 이러한 경우에도 그대로 적용될 수 있다는 것이다.[44]

---

42) 田中實 (1960), 179면.
43) 內田貴 外 (2006. 12), 149~150면 (실친자법에 대한 窪田充見의 보고 부분).
44) 보충설명, 8면.

(2) 친자법의 정합성

(a) 문제의 소재

친생자관계의 결정기준은 정합성이 있어야 하는가, 환언하면 모자관계와 부자관계에 대해, 그리고 생식 방법을 불문하고 모든 자녀에 대해 일관성 있는 기준이 적용되어야 하는가?

국내에서의 논의를 보면, 이러한 친자관계의 정합성의 문제에 대해서는 단편적으로만 언급되는데 그치고 있다. 그러나 이 문제는 평등원칙의 문제와 직결되기 때문에 중요한 의미를 가진다. 즉 보조생식 자녀에 대해 자연생식 자녀만을 전제한 현행법상의 친자법을 적용하는 것이 어떤 문제를 야기할 수 있다 하더라도, 이것을 이유로 '새로운' 친자법을 신설하여 적용하려면 새로운 규율 자체의 정당성 뿐 아니라 출생과정에서의 차이를 이유로 다른 규율을 적용하는 것 자체가 정당화될 수 있어야만 하는 것이다.

(b) 국내의 논의

우선, 학설의 대체적인 상황을 살펴보면, 보조생식 자녀에 대해서는 자연생식 자녀와는 다른 기준에 따라 친생자관계를 결정하여야 한다는 견해가 우세한 것으로 보인다. 앞에서 본 것처럼, 자연생식 자녀의 경우에는, 부자관계에 대해서는 혈연이, 모자관계에 대해서는 출산이 각각 원칙적인 친생자관계 결정기준으로 인정되고 있는 반면, AID 자녀의 부자관계 결정기준에 대해서는 의사주의가 지배적이며 대리출산 자녀의 모자관계 결정기준에 대해서도 출산주의를 반대하는 견해가 적지 않기 때문이다.

또한 지금까지 제안된 법안들의 내용을 보더라도, 모두 다 의료법적 규제를 준수한 보조생식시술에 의하여 출생한 자녀에 대해서는 혈연보다는 의사를 기준으로 부모를 결정함을 원칙으로 하고 있다. 따라서 친자법의 정합성을 포기하여 자연생식 자녀와 보조생식 자녀에 대해 각각 다른 친자법을 적용하는 것을 상정한 것으로 평가할 수 있다. 나아가 위의 법안들은 의사주의를 도입하는데 그치지 않고 의사주의를 적용할 때 수반될 수 있는 문제들에 대처하기 위한 규정들도 두고 있다. 첫째로, 의사의 존부가 문제되는 것을 방지하기 위하여 보조생식시술에 의하여 출생할 자녀의 친생자관계에 관한 설명을 전제로 한 '동의'에 관한 절차를 규정하고 있다. 우선 박재완안은, 생식세포를 채취하는 의료기관은 생식세포 제공자 및 그 배우자와 수혜인인 법률혼 부부 모두의 서면동의를 받도록 하면서, 동의할 사항 중에 '체외수정으로 인한 출생자의 법률적 지위 및 제공자와의 법률적 관계' (제공자 측의 동의에 대해서는 제4조 2항 5호, 수혜자 측의 동의에 대해서는 제9조 2항 2호)를 포함시키고 있다. 다음으로 양승조안은 제공자에 대해서는 의료기관이 '자녀의 부모가 될 수 없음을 설명'하고 이러한 기록을 작성하도록 하고 있으며(제6조), 수혜부부에 대해서는, 보조생식자녀의 부모가 될 것을 합의하고 이러한 의사를 가정법원 판사 앞에서 서면으로 확인하도록 하고 있으나 (제5조 1항), 의료보조생식 시술 전에는 유효하게 철회할 수 있음을 전제하고 있다(동조 2항 참조). 둘째로, 각 법안들은 생식세포 제공자의 정보제공에 관한 조항들을 두고 있는데, 이러한 내용은 의사주의를 채택함으로써 야기될 수 있는 자녀의 혈연을 알 권리 침해라는 문제에 대비하기 위하여 보조생식자녀가 생식세포 제공자에 관한 정보를 확인할 수 있게 해 줄 필요가 있음을 의식한 것으로 보인다. 우선, 양승조안에 의하면, 의료보조생식관리센터는 기증자의 정보를 관리하며(제12조 4항) 의료보조생식관리센터는 기증자의 익명성을 보장한다. 다만 보조생식자녀에게 중대하고 명백한 이익이 있을 경우에는 이에 관한 기록을 법원에 제출할 수 있다(동조 6항). 다음으로, 박재완안에 의하면 의료기관은 보조생식시술에 관한 기록을 작성하여 체외수정관리본부장에게 보고하여야 하고(제18조), 체외수정관리본부장은 이러한 기록을 보존하여야 하며(제19조), 만 20세 이상의 보조생식자녀가 요구하거나 법원의 명령이 있으면 이러한 기록의 열람을 허용하거나 사본을 교부하여야 한다. 끝으로 정부안에 의하면, 보건복지부장관은 생식세포의 기증자 및 수증자의 인적 사항, 의학적 검사 결과, 그 밖의 기증에 관한 자료의 보존·관리에 관한 업무를 수행하여야 하고(제27조 1호), 생식세포 기증자 및 수증자의 인적 정보 등의 기증과 관련한 자료를 생식세포가 채취된 날로부터 50년간 보관하여야 한다(제28조 2호). 또한 보건복지부장관은 기증된 생식세포로 출생한 자녀가 성인이 된 후 기증자에 대한 자료의 열람을 요청하는 경우에 생식세포 기증자가 공개에 동의한 정보에 한정하여 그 자료를 열람하게 하거나 사본을 발급할 수 있다(제29조 3항)

(c) 일본의 논의

친자법제의 정합성은 원래 일본의 중간시안에서 AID 자녀에 대해 의사주의를 적용할 것인지와 관련하여 문제되었다. 즉, 앞에서 소개하였던 중간시안의 甲案과 乙案은 바로 이러한 정합성에 관한 견해대립이 반영된 것이다.

(3) 소결론

(a) 의료법적 규율과 친자법의 준별

보조생식을 실정법으로 규율할 때에는, 보조생식 시술 자체의 요건 등에 관한 의료법적 규제와 보조생식 시술에 의하여 출생한 자녀의 친자법제가 모두 포함되는 것이 바람직할 것이다. 그러나 그렇다고 해서 양자가 반드시 연계되어야 할 필요는 없으며 오히려 이미 태어난 자녀에 대해 적용될 친자법제는 의료법적 규제의 준수 여부를 불문하고 적용되어야 할 필요가 있다.

친자법은 자녀의 복리, 신분관계의 명확성과 안정성 등과 같은 독자적인 목적을 가지는 것으로서, 친자법을 의료법적 규제의 준수여부에 기계적으로 연계시키면 이러한 고유한 목적을 실현하기 어렵게 되어 버리기 때문이다. 물론, 양자를 준별하면 의료법적 규제가 무의미해지게 될 우려가 있는 것은 사실이지만, 의료법적 규제의 실효성 보장이라는 목적을 위하여 이러한 위법행위에 대해 아무런 책임이 없는 보조생식 자녀의 법적 지위를 부정하거나 자연생식 자녀에 비해 차별하여야 한다는 견해에는 찬성하기 어렵다.45) 보조생식 자녀에게 적용될 친자법은 보조생식 시술에 대한 가치평가와는 별개로, 자녀의 복리를 가장 잘 실현할 수 있는 내용으로 구성되어야만 한다.46)

(b) 친자법의 정합성에 대한 고려

친자법제의 정합성에 대한 일본에서의 논의는 우리 나라의 상황에 대해서도 그대로 적용된다. 현행법의 내용이 실질적으로 동일하고, 보조생식 자녀에 대한 친자법제가 입법 단계에 머물러 있다는 사정과 이러한 과정에서의 견해대립의 구도 또한 비슷하기 때문이다. 따라서 이하에서는 일본에서의 논의에 바탕을 두고 정합성의 문제를 검토한다.

만약 보조생식 자녀에 대해서만 적용될 새로운 기준을 도입하려면, 우선 그 전제로서 자연생식 자녀에 대해 적용되는 현행법상의 기준이 무엇인지부터 명확하게 밝힌 후, 나아가 새로운 기준을 도입하여야만 하는 이유 내지는 필요성이 해명되어야 할 것이다. 이와 관련한 현재의 논의상황을 살펴보면, 우선 현행법상의 기준이 무엇인가에 대해서도 의문이 제기되고 있는 상황47) 이기 때문에, 보조생식 자녀에 대해서, 그것도 AID 사안과 대리출산 사안에

---

45) 水野紀子 (2004), 201면.
46) 오호철 (2009. 5), 189면.
47) 구체적인 내용은 제2장 제3절 참조.

대해 각각 다른 기준을 도입하면 친생자관계의 결정기준의 정합성은 완전히 무너져 버릴 우려가 있다. 또한 자연생식 자녀와 보조생식 자녀에 대해 별개의 기준을 적용하여야만 할 필연성도 인정되기 어렵다. 친자관계의 성립이라는 결과 자체는 동일하지만 자연생식 자녀의 혈연부모에게는 당연히 친생친자관계의 성립을 인정하면서 대리출산 자녀의 혈연부모에게는 '부모로서의 적합성 심사' 등의 절차를 거쳐야만 친생부모의 지위를 부여하는 것 자체가 부당한 부담(unduly burden)이 될 수 있다는 점도 고려할 필요가 있기 때문이다.[48]

물론, 지배적 견해에 따라 자연생식 자녀의 친생자관계는 원칙적으로 혈연에 의하여 결정된다고 한다면, 이러한 기준을 보조생식 자녀에 대해서도 그대로 적용함으로써 자녀의 복리라는 관점에서 볼 때 바람직하지 않은 결과가 초래될 수는 있다. 그러나, 이 문제는 친생자관계와 양친자관계로 구성되는 법적 친자관계 전반에 대한 현행법상의 규율을 염두에 둔다면 원만하게 해결할 수 있다. 구체적인 내용은 후술한다.

결론적으로, 자연생식의 경우와 보조생식의 경우를 '원칙'과 '예외'로 구성하는 것은 보조생식시술에 의하여 출생한 자녀에 대한 불평등 대우가 될 수 있으므로 친생부모 결정 기준은 생식방법을 불문하고 공통적으로 인정되는 것이 바람직하다고 할 것이다.[49] 현재의 국내의 지배적 견해에 의하면, 자연생식 자녀의 경우에는 혈연이, AID자녀의 경우에는 의사가, 대리출산 자녀의 경우에는 혈연과 분리된 출산이 각각 친생자관계의 결정기준이 된다. 이처럼, 경우에 따라서 무려 네 가지 요소가 친생자관계의 결정기준으로 등장하는 것은 법적 안정성이라는 측면에서도 바람직하지 못하다.

---

48) J.R., M.R. and W.K.J. v. UTAH, 261 F. Supp. 2d 1268 (2002), p. 1290-1291.
49) 大村敦志 (2003. 4), 17면; 大村敦志 (2009), 219면, 221면.

2. 대리출산 자녀의 모자관계 결정기준

(1) 원칙으로서의 출산주의50)

앞에서 본 것처럼 대리출산 자녀의 모자관계 결정기준으로서 국내·해외에서 거론되는 기준들은 모두 나름대로의 논거와 약점을 가지고 있기 때문에, 이들 중 하나를 채택하는 것 자체가 무리인 것으로 여겨진다. 따라서 종래와 같은 접근법, 즉 여러 기준들의 병렬적 대립을 전제로 이들 사이의 우열관계를 가린 후 하나의 기준을 관철시키는 방식으로는 타당한 결론을 도출하기 어렵다고 할 수 있다. 이러한 종래의 접근법 대신에, 친생자관계를 근거지을 수 있는 다양한 요소들을 조화롭게 고려하여 검토한다면, 결국 혈연모의 입양가능성을 전제한 출산기준설이 가장 바람직한 것으로 여겨진다.

물론, 출산모와 혈연모 모두를 자녀에게 유의미한 '모'로 삼을 수 있는 또 다른 방법인 '출산모의 입양가능성을 전제한 혈연기준설'도 상정해 볼 수 있다. 그러나 혈연모를 친생모로 본다면 출산모와의 분쟁 당사자인 혈연모가 입양의 대락을 할 가능성이 거의 없을 뿐 아니라, 특히 출산모가 기혼자인 경우에는 그의 배우자의 동의까지 받아야만 하기 때문에 출산모의 입양은 현실적으로 쉽지 않을 것이다.51) 반면 출산모를 친생모로 본다면 대리출산에 동의한 이상 출산모에게는 입양 대락의 의사가 있는 것으로 인정되기 쉽고, 의뢰모의 배우자인 의뢰부의 정자를 사용한 경우에는 자녀와 의뢰부 사이에는 친생부자관계가 성립하기 때문에 의뢰부의 동의와 무관하게 의뢰모만의 의사로써 입양할 수 있다는 이점이 있다.

특히, 대리출산을 비롯한 생식보조의료는 의뢰부모에게 주어진 "불임치료의 최종적 선택방법"이라는 사정을 고려할 필요성 자체는 인정될 수 있다 하

---

50) 권재문 (2010. 6), 139~140면.
51) 김천수 (2002. 3), 113~114면은 이러한 문제점을 지적하고 있다.

더라도, 현재 우리나라가 처해 있는 현실, 즉 대리출산 등의 생식보조의료가 아직 합법화되지 않은 채 대리출산 자녀가 출생할 개연성이 높은 상황 하에서는, 친생모자관계의 결정기준을 모색함에 있어서는 의뢰부모의 선택·의도를 강조하는 데에는 한계가 있을 수밖에 없다고 여겨진다.

(2) 출산주의의 한계

(a) 모의 중첩?

그러나, 출산모에게 법적인 친생모의 지위가 귀속되도록 하는 것이 상대적으로 바람직하다고 하더라도, 출산주의에 의하여 모든 문제가 완전하게 해결되는 것은 아니다. 출산모에 대해서만 법적인 모의 지위가 귀속되도록 하는 것은 친자관계의 성립 이외의 영역에 규정된 모자관계의 의미와 관련하여 혼란을 초래할 수 있기 때문이다. 만약 혈연모와 출산모 중 한 명만이 법적인 모가 될 수 있다면, 나머지 한 명과 자녀의 관계는 무엇인가? 출산모에게 법적인 모의 지위를 귀속시킨다면 혈연모는 자녀에게 '남'이라고 할 것인가? 이 문제에 대해서는 누구도 쉽게 답을 내리지 못할 것이다. 이에 관한 전형적인 문제사안으로서, '나머지' 한 명(또는 그가 낳은 친생자녀)과 대리출산 자녀 사이에 혈족간 금혼사유가 적용되는지의 여부를 들 수 있다. 이미 살펴본 것처럼 출산에 의한 법적 모자관계를 해소할 수 없도록 엄격하게 규정하고 있는 독일에서는 찬반양론이 격렬하게 대립하고 있는데, 이러한 상황은 우리나라에서 명문으로 출산주의를 도입하더라도 그대로 나타날 수 있다. 만약 혈연모와 자녀 사이에도 금혼사유가 적용된다고 하면 '법적' 모자관계의 중첩을 인정함으로써 친자관계의 배타성 원칙에 대한 예외를 인정하는 셈이 되고, 적용되지 않는다고 하면 (실제로 일어날 가능성이 희박하기는 하지만) 혈연모와 대리출산 자녀 사이 또는 혈연모를 매개로 한 남매간의 혼인

이 가능한가라는 문제에 직면하게 되는 것이다.52)

　이러한 문제를 해결하려면, 어떤 식으로건 출산모와 혈연모 모두를 자녀의 법적인 모로 파악하여야만 하며, 이를 위해서는 입양제도를 활용하는 것이 대안이 될 수 있을 것이다.

(b) 예외 인정의 필요성: 혈연주의와의 조화

　대리출산 자녀의 모자관계에 대해서도 출산주의를 관철시키는 것은 현행법과의 일관성 유지, 출생과정을 불문하는 통합적인 규율 등이라는 측면에서는 바람직하다고 볼 수 있다. 다만 출산주의의 정당성은 모자관계의 '성립'을 위한 원칙적 기준이라는 측면에서만 인정될 수 있다.

　혈연주의는 인격권을 실현하는 것으로서, 혈연과 일치하는 친생자관계가 이미 성립하였다면 이것을 해소할 수 없게 하는 것은 정당화될 수 있다. 반면 (대리출산 자녀의 경우처럼 혈연과 분리된 기준으로서의) 출산을 근거로 법적 모자관계가 성립하도록 하는 것은, 위에서 본 것처럼 자녀의 복리를 중심으로 하는 여러 가지 정책적인 고려에 근거한 것이다. 따라서 이러한 '목적'이 실현되기 어려운 특별한 사정이 있을 때에는 해소될 수 있는 가능성도 보장되어야만 혈연이라는 기본권적 이익과의 충돌을 조화롭게 해결할 수 있다.

　이와 관련하여, 독일에서는 독일민법 제1591조에 의한 예외 없는 출산주의에 대해, 부자관계에 관하여는 혈연을 알 권리를 강화하면서도 모자관계에 대해서는 [해외에서의 대리출산 억제 등의] 법정책적 목적을 달성하기 위하여 이러한 기본권을 완전히 배제해 버림으로써 모순에 직면하였다는 점이

---

52) 또한 대리출산 자녀와 혈연모 사이의 관계를 어떻게 보느냐에 따라, 존속살해(형법 제250조 제2항), 존속상해(같은 법 제257조 제2항), 존속폭행(같은 법 제260조 제2항), 친족상도례(같은 법 제344조) 등에 관한 조항들의 적용여부가 결정된다.

지적되고 있음을 주목할 필요가 있다.[53] 또한 미국에서도, In re ROBERTO d.B. 사건[54] 판결은, 주 법률이 혈연과 일치하지 않는 친생부자관계를 해소하기 위한 부성부인 절차를 규정하면서도 친생모자관계를 해소하기 위한 절차에 관한 조항을 전혀 규정하지 않아서 대리출산모에게는 혈연과 일치하지 않는 친생모자관계를 해소할 기회를 완전히 배제한 것은 성별에 근거한 차별에 해당하기 때문에 법원은 합헌적 법률해석에 의하여 모에게도 혈연 없음을 이유로 한 모성부인권을 보장하여야 한다고 판단하였다.

다만, 이러한 '해소'의 대상은 '법적' 모자관계로 한정되어야만 한다. 혈연이건 출산이건, 생물학적 사실에 근거한 모자관계는 자체로서 존재하며 자녀에게 고유한 의미를 가진다. 따라서 이것을 법적인 판단, 예를 들어 법원의 재판으로 부인하는 것은 무의미할 뿐 아니라 유해하기 때문이다.

3. AID 자녀의 부자관계 결정기준

(1) 지배적 견해인 의사주의

이미 살펴본 것처럼, 국내에서는 AID 자녀의 부자관계의 결정기준을 의사라고 보는 견해가 지배적이라고 할 수 있다. 특히 최근에는, 의사주의의 논거로서, 종래의 '자녀의 복리'에 더하여 '보조생식 과정을 기획하고 주도하여 결정적인 역할을 수행'하였음을 강조하는 견해[55]도 등장하였다. 이 견해는 AID 사안과 대리출산 사안에 대한 정합성 유지를 시도하고 있다는 점에서, 그리고, '자연생식의 경우에는 포태 가능성을 내포한 행위를 하였다는 사실 자체로부터 태어날 자녀에 대한 책임·의무가 귀속된다'는 취지로 서술함

---

53) MünKomm/Seidel §1591 Rn. 24.
54) 399 Md. 267, 923 A. 2d 115 (Court of Appeals of Maryland, 2007).
55) 황경웅 (2010. 8), 81면~82면.

으로써 자연생식 자녀에 대해서도 친자관계 귀속의 근거를 '의사'라고 파악할 여지기 있음을 시사하고 있다는 점에서 흥미롭다. 한편, 비교법적으로 보더라도, AID 자녀의 부자관계와 관련한 각국의 실정법과 입법론에 나타나는 전반적인 추세는 모에 대한 AID 시술에 동의하였던 모의 배우자에게 법률상의 부성이 귀속되도록 하고 이러한 경우에는 부성부인이 불가능하게 함으로써 법적 부자관계를 확정시키는 것(그리고 그 반사효과로서 정자제공자의/에 대한 인지의 가능성을 배제하는 것)이라고 요약할 수 있다.

(2) 의사주의의 문제점

그러나 AID 자녀에 관한 친자법을 의사주의에 근거하여 구성하는 것은 바람직하다고 볼 수 없다.

첫째로, 의사주의 자체가 적지 않은 문제를 드러내고 있음을 간과하면 안 된다.[56]

둘째로, 앞에서 본 것처럼, AID 자녀의 친자법에 대해서만 의사주의를 적용하면, 친생자관계의 결정기준의 정합성을 유지하기 어려워질 뿐 아니라 여기에 더하여 양친자관계를 포함하는 친자법의 전반적인 구도 자체에 혼란을 초래하게 된다.

셋째로, 종래의 논의에 의하면, 부자관계를 근거지우는 요소인 'AID 시술에의 동의'의 법적성질이 명확하게 규명되어 있지 않다. 따라서 의사주의를 채택하려면, 그 전제로서 AID에 대한 동의가 민법상의 의사표시의 일종인지의 여부를 명확하게 할 필요가 있다. 만약 의사표시라고 본다면 이러한 의사표시의 무효·취소로 인하여 초래될 수 있는 친자관계의 법적 안정성의 교란을 방지하기 위하여 의사표시에 대한 일반론(특히, 무효·취소사유의 적용가

---

56) 구체적인 내용은 이책 제4장 제1절 II부분을 참조.

능성)의 적용 범위 제한을 명확하게 할 필요가 있다. 또한 의사의 존부를 확인하고 그 과정에서의 하자 개입을 최소화하기 위하여 동의의 절차와 요건 등에 관한 (적어도 입양 합의에 관한 규율에 준하는) 구체적인 조항을 둘 필요도 있다. 각국의 실정법들과 우리 나라에서 제안되었던 법안들을 보면 대체로 '서면동의'에 관한 조항들을 두는 정도에 그치고 있으나, 친자관계의 결정기준이라는 중요성을 감안할 때 서면이라는 형식을 요구하는 것만으로는 부족하고 법원의 재판 또는 공정증서 등과 같이 동의의 존부에 관한 다툼을 차단할 수 있는 특별한 조치를 요구할 필요가 있다.[57]

넷째로, 의사주의가 적용된 결과 내지는 효과의 법적 성질을 명확하게 할 필요가 있다. 즉 법률상의 부의 동의에 의하여 초래되는 법률효과는, 법적 부자관계의 직접적인 형성(이하 '적극적 효과'라고 한다)과 (친생추정 등의 다른 법률요건에 의하여 이미 형성되어 있는) 부자관계의 해소 가능성의 배제(이하 '소극적 효과'라고 한다) 중 어떤 것인지를 명확하게 하여야 한다. 만약 적극적 효과가 인정된다고 본다면 '의료법적 규제를 준수한 AID 시술' 이외의 상황들에 대해서는 의사주의를 적용하지 않는 것이 정당화될 수 있어야만 한다. 환언하면, 의료법적 규제를 준수하지 않은 AID 시술(전형적인 예로서 해외에서 시술받은 경우나 이른바 'DIY AID'의 경우), 타인의 정자를 사용한 '자연생식'에 대해 법률상의 부가 동의한 경우,[58] 모의 비혼동거 남이 AID 시술에 동의한 경우 등에 대해 의사주의의 적용을 배제하기 위한 논거가 필요하다. 반면 소극적 효과만이 인정된다고 본다면, 지금까지 제시된 논거들에 대한 비판론을 효과적으로 반박할 수 있어야만 한다.

---

57) 권재문 (2009. 2), 349~350면; 일본에서도 松川正毅(2008), 239면~240면. 大村 敦志 (2003. 4), 17면 등이 중간시안에 이러한 내용을 규정하지 않은 것을 비판하고 있다.

58) 전형적인 문제사안으로서 남편이 아내와 혈연 있는 자녀를 자신의 친생자녀로 삼을 의사로써 다른 남성과 자신의 아내의 '생식만을 목적으로 하는' 성행위 과정을 주도한 경우를 들 수 있다(Staudinger/Rauscher, §1600 Rn. 68).

다섯째로, 법률상의 부가 아버지로 되기에 적합한 사람인지의 여부에 대한 별도의 심사 없이 단순히 AID에 동의하였고 모의 법률상 배우자라는 이유만으로 원시적으로 당연하게 아버지의 지위를 부여하고, 이것을 해소할 수 없게 하는 것이 과연 바람직한지는 의문이다. 나아가, 이러한 '심사 없는 아버지 지위 부여'의 문제점은 단순히 AID자녀의 복리가 실현되지 못할 우려를 야기하는 것을 넘어서, 입양에 대한 엄격한 심사를 회피할 길을 열어줌으로써 입양 자체를 위축시킬 수 있다는 점 또한 주목할 필요가 있다.59)

(3) 대안의 제시: 입양설

AID 사안의 경우에, 혈연부에 해당하는 정자제공자는 자녀를 양육하기에 적합하지 않은 상황인 것이 일반적이다. 뿐만 아니라 익명으로 제공된 경우처럼 누가 정자제공자인지를 알아내는 것조차 불가능하여 법적 부자관계의 공백이 발생할 수도 있다. 이러한 사정만을 감안한다면, 혈연주의을 관철시키는 것보다는 의사주의에 따라 의뢰부에게 법적인 친생부의 지위가 귀속되도록 하는 것이 자녀의 복리를 위해 더 나은 것처럼 보인다. 그러나 친생자관계와 더불어 법적 친자관계를 구성하고 있는 양친자관계도 시야에 넣는다면, 의뢰부에게 '친생'부라는 지위를 귀속시키기 위하여 의사주의의 적용에 수반되는 수많은 문제들을 감수할 필요가 있다고 하기는 어려울 것이다.

자녀의 복리를 최우선적으로 고려한다면, 자녀를 양육하기에 적합한 환경을 갖추고 '아버지가 될 의사'를 표시한 표현부에게는 법적인 부의 지위가 인정되는 것으로 충분하다. 즉, 무리하게 '친생'부의 지위를 귀속시키려 하지 말고, 오히려 '양부'의 지위가 귀속될 수 있도록 하면, 혈연에 의한 친생친자관계와 의사에 의한 양친자관계라는 민법의 기본 체계와의 정합성을 유지하

---

59) 권재문 (2009. 2), 348~349면.

면서도 자녀의 양육에 적합한 '법적' 친자관계가 성립하도록 할 수 있지 않을까?

물론, 이처럼 AID 자녀와 의뢰부의 부자관계를 양친자관계로 파악하는 법적 구성인 입양설에도 문제가 없는 것은 아니다. 그러나, 단점보다는 장점이 훨씬 더 많기 때문에 입양설의 가치는 결코 경시될 수 없다. 입양설에 대해서는 항을 바꾸어서 구체적으로 살펴본다.

4. 일반입양제도가 친생자관계의 결정기준에 미치는 영향

친생자관계의 결정기준에 관한 지금까지의 논의는 입양제도와의 관련성을 피상적으로 다루어 온 감이 없지 않다. 예를 들어, 보조생식 자녀에 대해, 의사주의를 반영한 새로운 친자법을 정립할 필요가 있다고 하면서 모성과 부성의 개념을 [의사라는 기준을 근거로] 새롭게 정리할 필요가 있다는 견해[60]는, '의사를 근거로 인정되는 법적 친자관계'인 양친자관계가 이미 실정법상 인정되고 있음을 간과하고 있다. 이러한 상황은 친생부모와 양부모의 병립을 허용하는 우리나라의 양자제도와, 친생부모와 자녀 사이의 법적 관계의 단절을 필수적인 요소로 하는 서구의 양자제도의 차이를 간과하였기 때문인 것으로 추측된다.

현행 친자법을 전체적으로 보면, 양친자관계는 친생자관계와 함께 법적 친자관계를 성립시키는 요건이기 때문에 법적 친자관계의 결정기준을 논의할 때에는 반드시 양자(兩者)를 함께 고려하여야 한다. 그 이유는 다음과 같다: 우선, 입양에 의한 친자관계 성립의 근거는 기본적으로는 양친자관계를 형성하려는 의사이기 때문에, 친생자관계의 결정 요소로서 '의사'를 강조하려면 친생자관계와 양친자관계의 준별 구도와의 관련성을 명확하게 밝혀야

---

60) 김은애 (200), 120면.

만 한다. 또한, 우리 민법은, 요건 면에서는 '법원의 허가 등의 공적인 심사'를, 효과 면에서는 '친생부모와 입양된 자녀 사이의 친자관계 단절'을 본질적인 내용으로 하는 완전양자제도인 친양자제도와 더불어 이와 대비되는 불완전양자제도인 일반입양 제도를 여전히 유지하고 있을 뿐 아니라, 후자는 그 요건을 한편으로는 완화하고 다른 한편으로는 강화한 판례에 의하여 매우 독창적인 모습으로 형성되어 있다.

그렇다면 우리나라 특유의 일반입양 제도를 어떻게 평가하여야 할까? 이 문제는 보조생식 자녀의 친생자관계의 결정기준에 관한 논의의 구도 자체에 직접적인 영향을 미친다. 왜냐하면 일반입양은 법적 친자관계의 중첩을 전제하기 때문에, 일반입양 제도를 긍정적으로 평가할 수 있다면, 대립하는 여러 요소들 중에서 하나를 배타적으로 선택하려 하지 말고 후보자들 중 한 명에게는 친생부모, 다른 한 명에게는 양부모의 지위를 각각 귀속시킬 수 있기 때문이다.61)

(1) 일반입양제도에 대한 평가

(a) 사전심사 제도의 결여62)

현행법상의 일반입양제도에 의하면, 입양희망자와 법정대리인이나 대락권자에 의사합치만 있으면 입양희망자가 자녀의 복리에 적합한 부모인지의 여부와 무관하게 입양이 성립할 수 있다. 뿐만 아니라 판례는 이른바 '입양신고 기능을 하는 출생신고'의 법리에 의하여 입양의 요식성을 더욱 약화시켰기 때문에 우리나라의 일반입양의 요건은 매우 간단한 것으로 평가할 수 있

---

61) 위에서 본 것처럼, 이미 국내에서도 최성배 (1998. 12), 515면이 이러한 해결책을 제안한 바 있다.
62) 권재문 (2010. 6), 144~146면.

다. 그러나, 이처럼 실질적으로 '의사의 합치'만을 요건으로 하고 있다고 해
서 우리 나라의 일반입양 제도가 자녀의 복리를 실현하기에 부족하다고 단
정할 수는 없다. 그 이유는 다음과 같다.

　첫째로, 현행법상의 일반입양제도를 활용하면, 출생신고로써 공시되어 있
는, '의사에 근거하여 형성·유지되어 온 사회적 친자관계'를 보호하기 쉽다.
이러한 장점은 일본의 예와 비교해 보면 더욱 뚜렷해진다. 일본의 경우에는
이른바 강보양자 사안에 있어서, '법원의 허가'라는 요건으로 인하여 우리나
라와 같이 무효행위의 전환의 법리가 적용될 수 없기 때문에, '보호가치 있
는 사회적 친자관계의 보호'라는 같은 목적을 달성하기 위하여 권리남용의
법리와 같은 일반조항에 의존하고 있기 때문이다.

　둘째로, 보조생식 자녀와 의뢰부모 사이의 관계를 '의사기준설'에 근거하
여 '친생' 친자관계로 구성하려는 시도를 할 필요가 없어진다. 보조생식 시
술을 의뢰한 부모에게 보조생식 자녀의 '친생'부모로서의 지위가 원시적으로
귀속된다고 하는 의사기준설은 원래 미국에서 입양의 요건에 포함되어 있는
엄격한 공적 심사를 회피하기 위하여, 즉 의뢰부모가 이러한 심사를 거치지
않아도 법적 부모가 될 수 있게 해 주기 위하여 전개된 것이기 때문이다. 미
국에서는 이미 보조생식 시술, 그 중에서도 특히 대리출산은 자신이 출산하
지 않은 자녀와의 친자관계 설정이라는 '목적'을 달성하기 위한 수단의 일종
으로서, 입양과 경쟁하는 관계에 있음을 지적하는 견해가 제기되고 있다. 즉,
보조생식 자녀의 친자법제에 관한 '의사기준설'를 관철시키는 것은, 한편으
로는 입양에 대한 공적 규제를 회피할 수 있게 해 주고 다른 한편으로는 혈
연자녀를 획득할 수 있게 해 주기 때문에, 결국 입양제도를 무의미하게 만들
어버리게 된다는 것이다.[63] 이에 대하여, 우리나라의 경우에는 이미 일반입
양제도를 활용함으로써 의사기준설이 적용된 것과 동일한 결과를 실현할 수
있다. 뿐만 아니라 보조생식 자녀의 친자법제를 의사주의에 기초한 특칙으로

---

63) Appleton (2004), p. 399～400, 400.

규정하더라도, 행위규제와 친자법제가 연계되는 한 행위규제를 위반하여 사회적으로 공인되기 어려운 비전형적 친자관계에 대해서는 친자법제에 관한 특칙들이 적용되기를 기대하기 어렵다. 따라서 일반입양제도의 활용은 '모든' 보조생식자녀들에 대한 친자법제를 획일적이고 정합적으로 규율할 수 있게 해 줄 뿐 아니라, 사회적 친자관계에 대해 법적 안정성을 부여함으로써 자녀의 복리를 실현할 수 있는 유일한 대안이 될 수 있다.64)

셋째로, 우리나라의 일반입양제도는 판례의 해석론에 힘입어 의사 뿐 아니라 실질적·사회적인 친자관계도 그 요건에 포함되어 있음을 주목할 필요가 있다. 즉, 판례에 의하면, 입양의 요건에는 친자관계를 설정하려는 의사의 합치와 입양신고 기능을 하는 출생신고라는 형식적 요건 뿐 아니라 "감호·양육 등 양친자로서의 신분적 생활사실"이 반드시 수반되어야만 하는 것이다.65) 여기서 양친자로서의 신분적 생활사실의 의미는 사회통념에 따라 결정되어야 하겠지만, 양부모가 자녀의 복리에 반하는 방식으로 친권을 행사하는 경우를 '양친자로서의 신분적 생활사실'이라고 할 수 없음은 명백하다. 따라서 우리나라의 판례가 추가한 위의 요건은 입양부모의 자질·적합성에 대한 '사후적인 심사'로서의 기능도 수행할 여지가 있다고 이해하여야 한다. 이렇게 본다면, 현행법과 판례에 의한 일반입양제도는 '자녀의 복리를 위한 공적 심사'라는 장치를 두고 있는 것으로 평가할 수 있다. 그렇다면, 보조생식 자녀에 대해서는 의뢰부모의 '의사'만에 근거한 친생친자관계의 설정을 허용하여야 한다는 입법론을 따르는 것보다, 차라리 현행법상의 일반입양제도가 적용되도록 하는 것이 '친자로서의 생활사실'까지 형성되었을 것을 요건으로 한다는 점에서 오히려 자녀의 복리에 부합하는 것이 아닐까?

---

64) Carbone (2006), p. 384~385.
65) 대법원 2004. 11. 11. 선고 2004므1484 판결.

(b) 친생부모와의 법적 친자관계 유지[66]

다음으로, 일반입양 제도에 의하면 자녀와 친생부모와의 관계가 유지되기 때문에 자녀의 복리를 실현하기에 적합하지 않음을 지적하는 비판론을 검토함에 있어서, 이러한 견해가 '이상적인 대안'으로 제시되고 있는 완전양자제도의 배경과 연혁을 미국의 예를 중심으로 개관한다. 왜냐하면 혈연와 친자관계의 완전한 법적 분리, 즉 친생부모의 법적 지위의 완전한 소멸을 특징으로 하는 완전입양제도는 1851년 메사추세츠 주법을 효시로 하는 미국에 고유한 제도라고 평가되고 있기 때문이다.

미국의 완전입양제도는 자녀 양육은 가난하고 무관심하고 학대하는 친생부모로부터 자녀를 구하는 것을 주요한 목적으로 하는 공적인 속성을 가지고 있었다고 보는 것이 지배적 견해이다. 그러나 이에 대해서는 미국 입양제도의 목적에는 자녀의 복리 실현이라는 공적인 측면 뿐 아니라 입양희망부모의 수요 충족이라는 사적인 측면도 혼재되어 있었음을 지적하는 견해[67]가 유력하다. 이러한 초기의 완전입양제도는 친생부모의 권리의무의 소멸만을 본질적 내용으로 하였으나, 그 후 1900년대에 들어오면서 입양기록의 비공개(즉 친생부모의 은폐)라는 새로운 내용이 도입되었는데 그 주요한 목적은 양부모의 혼인 중의 출생자라는 지위를 보호하기 위한 것, 즉 양자가 친생부모의 혼인 외의 출생자라는 사실이 알려지는 것을 방지하기 위한 것이었기 때문에, 성년에 이른 양자 자신은 물론 입양부모가 미성년인 양자의 양육을 위하여 필요하다고 판단한 때에는 입양부모도 친생부모에 관한 기록을 열람할 수 있었다.

그러나 1950년대에 들어와서 친생부모의 존재 자체를 양자의 삶으로부터 제거하는 것이 바람직하다는 당시의 사회학·심리학계의 지배적 견해를 반영

---

66) 권재문 (2010. 6), 146~150면.
67) Appleton (2004), p. 401~404.

하여 입양의 효과에는 친생부모의 존재를 양자의 삶으로부터 기능한 한 배
제하는 것도 포함되게 되었다. 이러한 지배적 견해의 요지는 '낳은 정보다는
기른 정(nurture over nature)'이라는 그럴듯한 표어로 포장되어 있지만 그 배
경에는 자녀를 입양시킬 수밖에 없는 처지인 친생모는 그 존재 자체가 자녀
에게 악영향을 미칠 우려가 있으므로 이를 방지할 필요가 있고, 혼인 외의
출생자에 대한 차별대우를 회피하려면 양친의 혼인중의 출생자인 것 같은
외관을 철저하게 조성할 필요가 있으며,68) 친생부모를 완전히 배제해야만
자녀의 '심리적 동화'를 촉진할 수 있다69)는 등의 가치판단이 깔려 있었다.
여기에 당시에 미국에 풍미하였던 자녀 양육의 가치를 강조하는 가족주의가
더해지면서 입양부모를 친생부모로 '의제'하는, 즉 양자의 연령을 불문하고
가족관계등록부 등의 공적 기록에서 친생모의 존재를 완전히 삭제하고 그
대신 양모를 출산모인 양 기재하는 완전입양제도(이른바 'rebirth system')는
불임부부에게는 최선의 대안으로 부상하게 되었다.70) 이러한 '혈연가족의
의제' 경향은 입양희망부모와 인종, 문화, 지적 수준, 외모 등이 비슷하게 될
가능성이 가장 높은 자녀를 입양시키는 것이 '자녀의 복리에 부합'하는 것이
라고 평가하였던 1950년대의 입양실무에 극명하게 드러난다.71) 이처럼 "양
친의 친생자로서의 새로운 탄생(fresh start)"72)을 위하여 "양친자관계로써 친
생친자관계를 대체하기 위한 친생친자관계의 법적인 단절"73)을 본질적인 내
용으로 하는 완전입양제도는 계부모 입양제도가 새로 도입된 것을 제외하고
는 큰 변화 없이 현재까지도 그대로 유지되고 있으며,74) 그 근간을 이루고
있는 부모 지위의 배타성 원칙은 보조생식 자녀의 친자관계 결정에도 영향

---

68) Samuels (2001), p. 376; Waldman (2006), p. 522~523; Cahn (2009), p. 207.
69) Charo (2000), p. 238.
70) Samuels (2001), p. 403~408.
71) Cahn (2003), p. 1148~1149 참조.
72) In Re Estates of Donnelly, 81 Wash. 2d 430 (1972), p. 436.
73) Crumpton v. Mitchell, 303 N.C. 657 (1981), p. 664.
74) Appell (2008), p. 301.

을 미치고 있는 것으로 평가된다.[75]

　그러나 21세기에 접어들면서 혈연부모와의 면접교섭이 양자에게 악영향을 미치지 않을 뿐 아니라 양부모와 혈연부모에게도 긍정적인 영향을 미친다는 점이 실증적 연구에 의하여 증명되고,[76] 심리학계에서도 자아정체성 형성에 있어서의 혈연의 중요성을 인정하는 것이 지배적 견해로 부상함에 따라 미국에서도 실정법상의 완전입양제도에 대한 비판적인 의견이 제기되기 시작하였다. 특히 재혼가정, 동성반려가정 등과 같이 비전형적 가족관계가 급증하고 실정법이나 판례가 이러한 관계를 법적인 친족관계로 승인함에 따라 '전형적 혈연가족의 모사(模寫)'를 위한 완전입양제도의 배타성 원칙의 존재가치에 대한 의문이 제기되고 있다.[77] 이러한 추세를 반영하여 이미 미국의 주들 중 절반 정도가 법원의 인가를 받은 양부모와 친생부모의 계약을 근거로 친생부모와 자녀 사이의 입양후 면접교섭(post-adoption contact)을 허용하는 입양제도를 인정하고 있으며,[78] 또한 같은 맥락에서 자녀의 혈연인식권을 인정하기 위하여 자녀에게 일정한 요건 하에 친생부모에 관한 정보에 대한 접근권을 인정하는 경향도 나타난다.[79] 이러한 새로운 입양제도에 대해서는 가족관계에 있어서의 자율성, 자녀의 삶에 있어서의 혈연과 사회적 친자관계 모두의 중요성을 모두 실현할 수 있고,[80] 양성 한쌍의 부모 원칙을 포기하지 않으면서도 2명 이상의 성인들과 자녀 사이에 의미 있는 법적 관계를 형성할 수 있게 해 주며, 나아가 자연생식자녀와 보조생식자녀 모두에 대해서 적용될 수 있는 통일된 친자법제를 구성할 수 있게 해 준다[81]는 등의

75) Charo (2000), p. 239.
76) 구체적인 내용은 Waldman (2006), p. 524~526 참조.
77) Appell (2008), p. 302~303.
78) 각 주법의 조항들의 구체적인 출처는 Appell (2008), 각주 106; Waldman (2006), p. 528~531; Cahn (2009), p. 209 이하를 각각 참조할 것.
79) Appleton (2004), p. 397.
80) Appell (2008), p. 304.
81) Appell (2008), p. 324.

이유에 근거한 긍정적인 평가가 지배적이다. 그러나, 이에 대해서는, 완전입
양제도의 완화 내지 포기는 입양부모의 권리를 약화시키는 것을 의미하기
때문에 오히려 입양제도의 활용을 위축시킬 우려가 있으며, 입양에 대한 대
안으로서의 보조생식 시술이 급증하고 있는 것은 이러한 우려가 현실화된
것이라고 하는 부정적인 견해82)도 제기되고 있다.

(2) 일반입양제도의 시사점

(a) 일반입양제도에 대한 재평가

일반입양 제도에 대한 부정적 평가의 이유는, 위에서 본 두 가지 측면, 즉
요건 면에서는 당사자의 의사표시 합치만을 요건으로 하고 이에 대한 공적
인 심사가 없다는 점, 효과 면에서는 친생부모와의 법적 친자관계가 그대로
유지된다는 점을 이유로 한 것이었다. 그러나 앞에서 본 것처럼, 실정법 뿐
아니라 판례도 함께 시야에 넣고 살펴본다면, 적어도 우리나라의 일반입양제
도에 대해서는 긍정적인 평가를 할 수도 있다고 여겨진다. 우선, 요건 면에
서의 문제점과 관련하여, '양친자로서의 신분적 생활사실'이라는 요건을 판
례가 추가함으로써 (비록 입양의 무효 등을 다투는 단계에서 사후적으로 문
제되기는 하지만) 자녀의 복리를 위한 공적 심사라는 요건이 추가되었다고
볼 수 있다. 다음으로, 효과 면에서의 문제점으로 지적되어 온 '친생부모와의
관계 유지'는 자녀의 복리에 반한다고 단정할 수 없다. 위에서 본 미국에서
의 논의를 통해 알 수 있는 것처럼, 친생부모와의 완전한 단절이라는 완전입
양 제도의 효과가 전적으로 바람직하다고 단정할 수는 없기 때문이다.

---

82) 구체적인 출처는 Appleton (2004), p. 438을 참조.

(b) 일반입양제도를 활용한 제도설계의 장점

이러한 측면을 고려한다면, 일반입양제도를 활용하여 보조생식 자녀와 의뢰부모 사이의 친자관계를 양친관계로 파악하는 것은, 다음과 같은 면에서 유용할 것으로 생각된다. 첫째로, 다양한 후보자들 중 한 명에게는 친생부모의 지위를 다른 한 명에게는 양부모라는 또다른 '법적' 부모의 지위를 귀속시킬 수 있다. 이것을 통해 한 쌍의 남녀만을 법적인 부모로 파악함으로써 야기되는 상황 즉 다른 후보자가 자녀에 대해 '남'이 되어버리는 것으로부터 도출되는 문제(전형적인 예로서, 혈족간 금혼사유에 해당하는지의 여부)를 해결할 수 있다. 둘째로, 대리출산 자녀의 모자관계에 대해서는 출산모를 친생모로 의뢰모를 양모로 파악하고, AID 자녀에 대해서는 혈연부를 친생부로 의뢰부를 양부로 파악함으로써, 보조생식 자녀의 부자관계와 모자관계를 정합성 있게 구성할 수 있다. 셋째로, 앞으로 문제될 수 있는 다른 비전형적 친자관계에 대해서도 일관성 있는 기준을 적용할 수 있다.

이처럼 입양제도를 활용하면, 혈연에 근거한 친생친자관계와 의사에 근거한 양친자관계라는 민법의 기본체계와의 정합성(整合性)을 유지하면서도 AID자녀의 복리를 실현할 수 있게 된다.[83]

(c) 비판론과 반론

물론, 이러한 (친양자 입양을 포함하는 넓은 의미의) 입양설에 대해서는, 파양이 가능하기 때문에 자녀의 지위가 안정적이지 못하다는 취지의 비판론이 전개되어 왔다. 그러나, 이러한 문제는 미성년 양자에 대한 협의파양에 대한 심사제도 도입 등의 방법으로 양자제도를 개선함으로써 해결하거나, 양자의 복리를 실현할 목적으로 도입된 친양자 입양의 요건을 AID 상황에 적

---

83) 권재문 (2009. 2), 353~354면.

용할 수 있도록 조정함으로써 해결할 수 있을 것이다. 또한 이처럼 양자의 복리를 위하여 입양제도를 개선하는 입법은 대리출산 자녀나 AID 자녀에 대해 '별개의' 친생자관계 결정기준을 도입하려는 입법에 비해 사회적 합의를 이끌어 내기도 쉽지 않을까?[84]

한편, 최근에는 입양설을 적용하려면 선결문제로서 입양의 대락 또는 친양자입양의 동의를 해야 할 '친생부모'가 먼저 정해져야만 한다는 점을 지적하는 비판론[85]도 제기되었다. 그러나 입양설은 보조생식 자녀에 대해서도 '현행법상'의, 즉 자연생식자녀에 대한 친자법을 그대로 적용하는 것을 전제하는 것이기 때문에 위의 견해가 지적하는 것과 같은 문제는 생기지 않는다. 즉 자녀에게는 출생 즉시 출산이라는 사실에 의하여 법적인 친생모가 결정되고, 친생추정 또는 인지라는 제도에 의하여 법적인 친생부가 결정되며, 이들이 바로 '대락' 또는 '동의'를 할 '친생' 부모인 것이다.

(d) 일본에서의 논의

일본에서는 비교적 이른 시기부터 보조생식 자녀와 의뢰부모 사이의 관계를 양친자관계로 구성함으로써 현행법과의 정합성을 유지하면서도 자녀의 복리 실현이라는 목적을 달성할 수 있다는 견해가 설득력 있게 제기되었으며[86] 이제는 지배적 견해로 정착되었다고도 할 수 있다.[87]

우선, 보조생식 자녀의 친자관계는 넓은 의미의 양자법의 구성에 입각하여 생각함이 타당하다고 하면서, "생물학적 친자관계가 없는 사람들을 친자

---

84) 권재문 (2009. 2), 353~354면.
85) 황경웅 (2010. 8), 81면.
86) 石川稔 (1984. 6), 93면.
87) 床谷文雄 (2002), 463면; 犬伏由子 (2007), 65면 등. 특히, 早川眞一朗 (2007. 2), 66면은 의뢰모의 입양을 인정함으로써 자녀의 복리를 실현할 수 있음을 전제로 출산주의를 지지한다.

로 하는 인공생식을 용인하고 유전적 부와의 친자관계를 부인하는 것은, 자녀의 출생시부터 양육한 부모를 법적인 부모로 하는 것이고, 이것을 특별양자의 법적 구성 중에서 해결하는 방향으로 나가는 것이 일본의 현행 가족법의 법체계에 적합"함을 강조하는 견해[88]를 주목할 필요가 있다. 이 견해는, "AID를 합법화하려면, 허가단계에서부터 법원의 심사절차 등을 통해 정자제공자에 대한 기록을 유지함으로써 자녀의 혈연을 알 권리를 보장하여야 하고 … 비록 이것이 의뢰부모의 의사에는 반하겠지만 … 적어도, 호적에 기재된 내용을 통해 자신의 친생부모를 알 수 있는 특별양자에 준하는 정도의 보호는 제공되어야" 함을 강조한다. 또한, 출산주의를 관철하는 경우에 발생할 수 있는 문제점, 즉 자녀를 양육할 의사와 능력이 없는 출산모에게 법적인 모로서의 책임을 지우고 그러한 의사와 능력이 있는 의뢰모는 '남'이 되어버린다는 문제는, '자연생식'에 의하여 자녀가 포태·출생하여[89] 현행법이 적용될 수 있는 경우라 하더라도 마찬가지로 발생할 수 있음을 지적하면서, 이러한 문제를 해결하려면 의뢰부모와 자녀 사이에 양친자관계가 성립할 수 있도록 하는 것이 부득이함을 시사하는 견해[90]도 설득력 있게 다가온다. 끝으로, 최근에 등장한 다음과 같은 견해도 주목할 만하다고 여겨진다: 강보양자의 전통이 이어지고 있음에 비추어볼 때, 일본사회의 전반적인 가치관은 혈연의식에 매몰되어 입양을 선호하지 않는 것이 아니라, 공시의 측면과 단절의 불가능성이라는 두 가지 측면에서 친생자관계와 동일한 법률효과를 원하는 것이라고 파악하여야 한다. … 특히, 일본이 고아수출국이라는 오명[91]

---

88) 深谷松男 (1999), 136~137면.

89) 예를 들어, 남편이 처의 동의 하에 다른 여성과 성관계를 하여 자녀가 포태·출생한 후, 부부의 혼인 중의 출생자로서 출생신고하는 강보양자 사안 등.

90) 大村敦志 (2009), 214~215면.

91) 일본의 해외입양 상황과 통계 등에 관한 구체적인 내용은, 奧田安弘, 養子輸出國ニッポン, 웹문서 (출처: http://www.yomiuri.co.jp/adv/chuo/research/20100513.htm: 최종방문 2011년 2월 28일)을 참조.

을 뒤집어쓰고 있는 이유는 일본인의 혈연의식이 강해서가 아니라 일본의
입양제도가 입양을 원하는 부모들조차도 입양을 꺼릴 수밖에 없는 방식 때
문이다 … 저출산 문제에 대한 대책으로 대리출산의 활성화와 이를 위한 의
사주의의 도입을 주장하기 전에, 입양제도의 개선에 관심을 가져야 한다.[92]
이러한 학설의 태도는 일본학술회의 보고서에도 반영되었다. 즉, 자녀의 법
적 지위를 안정시키면서도 자녀에게 가장 바람직한 양육을 제공하려면, 자녀
가 출생하면 일단 대리출산모에게 법적인 친생모의 지위가 귀속되도록 하고,
출산모가 자녀를 양육할 의사가 없을 때에는 법원의 심사를 거쳐 의뢰부모
에 의한 입양 또는 친양자입양이 성립할 수 있도록 하는 것이 자녀의 복리에
부합한다는 것이다.[93]

   뿐만 아니라, 판례의 태도 역시 학설의 태도와 같다고 할 수 있다. 우선,
앞에서 소개한 대리출산 자녀의 모자관계 결정에 관한 최고재판소 판결에서
津野 修 재판관, 古田 佑紀 재판관, 今井 功 재판관은 보충의견을 통해, 출
산주의를 적용하더라도 의뢰모에게 양모의 지위가 귀속될 수 있음을 인정하
였다. 또한, 최근에는, 가정재판소[94]가 의뢰모에 의한 특별양자입양이 허용
하였음을 주목할 필요가 있다. 이 사건에서 대리출산모는 의뢰모의 친정어머
니였는데, 가정재판소는 의뢰부모인 혈연부모에게는 자녀를 양육하려는 진
지한 의사가 있음이 인정되고 현재 자녀를 실제로 양육하고 있으며, 대리출
산모 및 그의 남편에게는 자녀를 양육할 의향이 없다는 사정을 근거로 의뢰
부모에 의한 특별양자입양은 적법하다고 인정하였다. 이러한 가정재판소의
태도에 대해서는 "법적 친자관계의 안정을 통한 자녀의 복리를 실현하려면,
특별입양의 요건을 완화하는 한이 있더라도 의뢰부모에 의한 특별입양을 허
용할 필요성은 극히 높다. 이 점에서 본 판결의 결론은 대리출산 자녀의 법

---

92) 西希代子 (2008. 7), 49면.
93) 위 보고서, 26면.
94) 神戸家裁姬路支部 2008(= 平成20). 12. 26.자 심판, 家庭裁判月報 제61권 10
   호, 72면 이하.

적 지위의 안정성을 지킨 타당한 판단이라고 할 수 있다"95)라고 한 평석이
있다. 또한 서구의 완전 단절형 양자제도와는 달리 일본의 경우에는 특별양
자제도에 의하더라도 친생부모에 관한 기록이 남기 때문에 의뢰부모의 입양
을 허용하더라도 이것이 대리출산을 촉발시킬 우려는 없음을 지적하는 견
해96)도 흥미롭다.

---

95) 棚村政行 (2010. 3), 668～669면.
96) 水野紀子 (2010. 7) 참조.

제 6장

결 론

1.

친생자관계와 관련된 당사자들은 제각기 보호가치 있는 이해관계를 가지고 있다. 즉, 자녀의 혈연을 알 권리, (혈연) 부모의 프라이버시, 사회적 부모와 자녀 사이에 형성·유지되어 온 사회적 친자관계 등은 어느 하나도 무시되어서는 안 될 중요한 가치인 것이다. 따라서, 친생자관계의 결정기준은 획일적으로 정해질 수 없고 어떠한 기준을 택하건 어느 정도의 제한과 예외는 불가피하다.[1] 그렇다면, 친자법의 과제는 혈연 등의 요소들을 여러 가지 원리에 따라 어떻게 조화롭게 고려할 것인가의 문제로 귀결된다고 할 것이다.

이와 관련하여, 친자관계의 결정과 관련한 혈연의 중요성은 종래부터 강조되어 왔으나 이제 혈연주의에 대한 찬반양론은 새로운 양상으로 전개되고 있다. 한편으로는 혈연을 알고 혈연을 반영한 법적 친자관계를 형성하는 것이 기본권적 이익으로 격상되었으나, 다른 한편으로는 혈연주의를 관철하면 해소될 수밖에 없는 '혈연과 일치하지 않는 법적 친자관계'의 보호도 자녀의 보호라는 친자법의 본질적 기능을 수행하기 위하여 불가결한 것[2]으로 평가되고 있기 때문이다.

따라서, 바람직한 친자법의 기본적인 구조는, 혈연주의라는 원칙에서 출발하되 친자관계와 관련된 다른 이익들을 보호하기 위하여, 필요한 경우에는 혈연주의에 대한 예외를 인정하는 것이어야만 한다. 이러한 사정은 제3장에서 수행한 비교법적 고찰을 통해서도 확인할 수 있다.

---

1) 水野紀子 (2010. 7), 70면.
2) 水野紀子 (2007), 310면; 水野紀子 (2009), 1444면.

2.

혈연이라는 요소와 이것과 상충하는 다른 요소들을 조화롭게 고려하고, 자녀의 복리, 친자관계의 명확성·안정성 등의 제 원리들을 최대한 구현하려면, 친자관계의 성립이라는 국면과 해소라는 국면을 나누어서 제도를 설계하여야 한다. 친생자관계의 성립과 관련하여서는 혈연이라는 요소와 신속성이라는 원리를, 해소와 관련하여서는 의사(또는 기능)라는 요소에 반영된 사회적 친자관계의 보호, 자녀의 복리 실현, 신분관계의 안정성 유지 등을 각각 강조함으로써, 일견 대립하는 것처럼 보이는 요소들과 원리들을 조화롭게 고려할 수 있기 때문이다. 이러한 관점에서 이하에서는 바람직한 친자법을 모색함에 있어서 고려하여야 할 원칙들을 구체적으로 서술하고자 한다.

첫째로, 자녀에게는 법률상의 부모가 필요하며 친자관계의 귀속에 관한 분쟁은 자녀의 복리에 반한다. 따라서 친자관계의 공백을 방지하기 위하여 자녀의 출생 즉시 법적 친자관계가 성립하도록 하여야 하고, 일단 성립한 법적 친자관계는 그 실질이라고 할 수 있는 사회적 친자관계가 유지되고 있는 한 안정적으로 유지될 수 있어야 한다. 이러한 관점에서 본다면, 모자관계를 출산이라는 사실을 근거로 성립하도록 하는 것은 정당화될 수 있다. 또한 부자관계와 관련하여서는, '혈연의 존재에 대한 간접사실로서의 혼인'이 아닌 '혼인 자체'를 부자관계 성립의 기준으로 삼고 혈연검사를 요건으로 하지 않는 임의인지만을 근거로 법적 부자관계를 성립시키는 것은, 신속하게 법적 부자관계를 성립시킬 수 있다는 점에서 정당성이 인정될 수 있다. 한편 혈연부의 의사와 무관하게 혈연만을 근거로 법적 부자관계가 성립하도록 하는 강제인지가 보편적으로 인정되고 있다는 점도 '법적 친자관계의 필요성'이라는 요청을 반영한 것이라고 볼 수 있다.

둘째로, 법적 친자관계가 혈연과 일치하지 않을 때에는, 이것을 해소할 수 있는 가능성이 보장되어야만 한다. 혈연과 일치하지 않는 법적 친자관계는 그 당사자인 부모와 자녀 모두에 대해 인격권적 측면에서 불이익을 미칠 뿐 아니라 부양의무의 귀속가 같은 경제적인 불이익도 가하기 때문이다. 따라서 혈연과 일치하지 않는 법적 친자관계는 원칙적으로 해소할 수 있는 것으로 하되, 그러한 관계의 유지로 인한 불이익을 정당화할 수 있는 근거가 있을 때에만 해소를 제한하도록 제도를 설계할 필요가 있다. 이러한 '불이익 귀속의 정당성'의 근거로는, 당사자들 자신의 의사, 장기간 계속된 사실관계의 안정성 보장 등을 들 수 있다. 따라서 친생부인 뿐 아니라 법적 부자관계의 해소를 구하는 모든 절차에 대해 상대기간 방식의 제소기간을 규정함으로써 당사자들이 원하는 경우에만 혈연에 반하는 법적 친자관계가 유지되도록 할 필요가 있다.

셋째로, 친자법은 모든 자녀에 대해 (즉 혼인 중의 출생자와 혼인 외의 출생자, 자연생식 자녀와 보조생식 자녀 모두에 대해) 적용될 수 있는 일관성·정합성을 갖추어야만 한다. 친자관계의 속성은 모든 자녀에 대해 동일하다고 할 수 있으므로 생식방법과 무관하게 일관성 있는 친자법을 유지할 필요가 있기 때문이다. 따라서 친자관계 결정기준에 관한 특칙들의 정당성은 '생식방법의 특수성'만을 근거로 인정될 수는 없고 오히려 친자법의 일반원칙에 따라, 즉 혈연부모 이외의 사람들에게 친생부모의 지위를 인정할 필요성과 정당성이 있음에 근거하여야만 한다.

3.

친생자관계의 결정기준과 관련하여 가장 많이 논의되는 것은 보조생식, 그 중에서도 AID 자녀와 대리출산 자녀에 관한 사안이라고 할 수 있다. 이러한 경우에, 혈연이라는 요소와 여기에 대립하는 다른 요소들이 모두 자녀에게 중요한 의미가 있다는 점에 대해서는 반론을 제기하기 어려울 것이다. 대립하는 견해들의 내용을 보더라도 어떤 것이 '더' 중요한가를 논의하는 것이지 어느 하나가 전적으로 무의미하다는 취지의 주장은 아니다. 따라서, 이들 중 어떤 것이 친생자관계를 결정하기에 '더' 적합한 요소인지를 가려서 오직 한 명만을 법적인 친생부모로 인정하려는 것은, 이러한 다툼의 당사자인 부모의 관점만을 중시한 것이라고 평가할 수밖에 없다. 자녀의 관점에서 본다면 각각의 '후보자'들은 모두 중요한 의미를 가지기 때문에, 되도록 많은 사람들과 법적 친자관계를 유지하는 것이 가장 유익할 수 있기 때문이다.

물론, 이러한 법적 친자관계의 중첩을 인정할 것인가에 대해서도 견해가 대립하지만, 이를 부정하는 견해들이 제시하는 논거들은 여러 명의 법적인 친생부모들 중 한 명(또는 한 쌍)이 '친권'을 행사하도록 함으로써 대부분 해결될 수 있다. 또한 위에서 본 것처럼 우리 민법은 일반입양 제도를 유지하고 있기 때문에, 실정법상으로도 이미 '법적인 부모'는 병립할 수 있다. 그런데도 군이 부모 후보자들 중 한 쌍을 제외한 나머지 사람들을 모두 자녀의 인생에서 완전히 배제할 필요가 있을지는 의문이다.

이러한 맥락에서 본다면, 비록, 2005년 민법 개정으로 친양자제도가 도입되었지만 그렇다고 해서 일반입양제도가 무의미하거나 폐지되어야 할 구시대의 유물이라고 단정할 수는 없다. 일반입양 제도의 특징들 중 가장 큰 문제점이라고 할 수 있는 '자녀복리 심사의 결여'는 입법론적으로 재고할 필요가 있으나, 현행법상으로도 적어도 입양의 무효가 다투어지는 국면에서는 사후심사라는 형태로 치유될 수 있다. 또 다른 문제점으로 거론되는 친생부모와의 관계가 단절되지 않는다는 점은, 미국에서도 오히려 불완전양자제도를 도입할 필요성에 대한 논의가 전개되고 있음을 감안한다면, 더 이상 단순한 '문제점'으로 치부될 수는 없는 것이다. 따라서, 친양자제도와 일반입양제도는 각자의 고유한 목적을 가진 것으로서 병존할 수 있고 병존하여야 하는 것이라고 평가하여야 한다.

이처럼 일반입양 제도에 의한 법적인 부모의 중첩 가능성을 인정한다면, AID의 경우에는 혈연부에게는 친생부, 의뢰부에게는 양부의 지위를, 대리출산의 경우에는 출산모에게 친생모, 의뢰모에게는 양모의 지위를 각각 인정하는 것이 자녀의 복리 기준에 부합한다고 할 수 있다. 이처럼 친생부모와 양부모가 양립할 수 있도록 하면, 가장 신속하고 명확하게 식별할 수 있는 사람(남성의 경우에는 혈연부, 여성의 경우에는 출산모)을 친생부모로, 자녀를 양육할 의사가 있고 자녀를 양육하기에 적합한 사람(의뢰부모)을 양부모로 각각 인정함으로써, 보조생식 자녀와 자연생식 자녀의 모자관계 결정 기준의 일관성을 유지할 수 있고, 나아가 AID 자녀의 부자관계와 대리출산 자녀의 모자관계에 대해서도 일관성 있는 규율이 가능하게 된다.

물론, 양친자관계는 파양에 의하여 후발적으로 해소될 수 있기 때문에 친생자관계보다 자녀에게 덜 이롭다는 견해도 제기될 수 있다.[3] 그러나, 이러한 견해에 따라 혈연모와 자녀 사이의 관계를 '친생자관계'로 구성하면 자녀와 출산모 사이의 친자관계는 '원시적으로, 그리고 영원히' 소멸할 수밖에 없다는 점을 간과하면 안된다. 또한, 법적인 친생자관계에 대해서도 후발적 해소 자체는 인정된다는 점을 감안한다면, 법적 친자관계의 후발적 해소는 그 자체가 절대적으로 금지되어야 하는 것은 아님을 알 수 있다. 그렇다면, 보조생식 자녀와 의뢰부모 사이의 친자관계를 양친자관계로 구성하더라도, 파양에 대해서만 특칙을 규정하여 자녀의 복리를 구현할 수 있도록 하는 것이 가장 합리적인 친자법의 모습이라고 볼 수 있을 것이다.

---

3) 배성호 (2005. 5), 16면.

참고문헌

1. 한국어 문헌

- 단행본

高貞明, 人工出産의 法理와 實際, 敎文社 (1991)

金容漢, 親族相續法 [補訂版], 박영사 (2003)

金疇洙, 註釋民法: 親族 3 [제2판], 韓國司法行政學會 (2002). 본문에서는 "김주수 (주석민법)"으로 인용함.

金疇洙·金相瑢, 親族·相續法 [제9판], 법문사 (2009)

도킨스 지음/홍영남 옮김, 이기적 유전자, 을유문화사 (2006)

民議院 法制司法委員會 民法案 審議小委員會 編, 民法案審議錄 (下) 親族編·相續編 (1957)

梁壽山, 親族·相續法, 한국외국어대학교출판부 (1998)

李庚熙, 家族法 [五訂版], 法元社 (2006)

李時潤, 新民事訴訟法 [제5판], 박영사 (2009)

張泰煥, 親生否認의 訴에 관한 硏究, 고려대학교 박사학위논문 (1997)

鄭光鉉, 親族相續法要論, 법문사 (1959)

鄭光鉉, 韓國家族法硏究, 서울대학교출판부 (1967)

- 논문

구연창, "대리모계약의 법적 접근", 경희법학 제23권 제1호 (1988. 10)

권재문, "대리출산 자녀의 모자관계 결정기준", 민사법학 제49-1호, 한국민사법학회 (2010. 6)

권재문, "법적인 '아버지'를 결정하기 위한 요건들에 관한 일고찰: 미국에서의 논의를 중심으로", 家族法硏究 제21권 3호, 韓國家族法學會 (2007. 11)

권재문, "보조생식시술에 대한 표현부의 동의의 의미와 효과", 동아법학 제43호, 동아대학교 법학연구소 (2009. 2)

권재문, "혈연진실주의 실현을 위한 친생부인의 요건완화와 조정절차의 활용", 법조 제579호, 법조협회 (2004.12)

권재문, "친생자관계 존부확정을 위한 수검명령 —직접강제의 도입가능성을 중심으로—", 민사소송 제11권 2호, 한국민사소송법학회 (2007. 11). 본문에서는 "권재문 (2007. 민사소송)"으로 인용함.

권재문, "친생자관계의 결정기준", 서울대학교 박사학위논문 (2010. 2)

金時徹, "親族相續法에 관련된 憲法裁判所 決定評釋 (1997~1998)", 裁判資料 제102집: 家庭法院事件의 諸問題 (下), 법원도서관 (2003. 12)

김민규, "생식보조의료에 대한 최근의 논의와 그 과제", 동아법학 제46호, 동아대학교 법학연구소 (2010. 2)

김민규, "생식보조의료와 사적생활상의 자기결정권", 법학연구 제51권 제1호, 부산대학교 법학연구소 (2010. 2)

김상용, "모의 친생부인권에 관한 연구: 민법(가족법)개정안과 관련하여", 법조 제541호, 법조협회 (2001.10)

金善惠, "親生子關係存否確認의 訴訟實務上 몇 가지 問題點", 재판자료제62집, 법원도서관 (1993)

김은애, "법적 부모 규정방식 변화의 필요성: 보조생식술에 따른 모성·부성 개념 변화와 관련하여", 한국여성철학 제12권, 한국여성철학회 (2009)

金疇洙, "家族法의 改正方向과 課題", 家族法研究 제11호: 也松金疇洙先生 古稀紀念, 한국가족법학회 (1997)

김천수, "인공수정에 관한 법적 고찰", 민사법학 제21호 (2002. 3)

金天秀, "人工授精에 관한 法的 考察", 民事法學 제21호, 韓國司法行政學會 (2002.3).

박동진, "대리모계약에 의한 출산과 그 법적 문제", 의료법학 제3권 제1호, 대한의료법학회 (2002. 6)

박동진, "대리모제도의 법적 문제", 법학연구 제15권 제1호, 연세대학교 법학연구소 (2005)

박민제, "보조생식의료의 법규제와 친자관계에 관한 연구", 법학연구 제48권 2호, 부산대학교 법학연구소 (2008.2)

박정화, "親生子關係存否確認訴訟의 審理에 關하여", 家事調停제4호, 서울가정법원 조정위원회 (2001)

박철호, "대리모계약에 대한 유효성 논란과 법리분석", 한양법학 제20권 제4집 (통권 제28집), 한양법학회 (2009. 11)

裵成鎬, "代理母에 의해 出生한 子의 法的 地位: 生命倫理法의 改正 내지 生殖補助醫療에 관한 새로운 民事特別法의 制定을 위한 試論", 人權과 正義 제345호, 대한변호사협회 (2005.5)

백승흠, "대리모계약의 문제점과 유효성 여부", 비교법연구 제6권 제1호, 동국대학교 비교법문화연구소 (2005. 12)

徐廷友, "親生子關係不存在確認判決의 旣判力과 親生推定의 衝突 ―대법원 1992. 7. 24. 선고 91므566 판결과 관련하여―", 재판자료 제62집, 법원도서관 (1993)

서종희, "대리모계약에 관한 연구", 가족법연구 제23권 제3호, 한국가족법학회 (2009. 11)

송영민, "人工授精에 있어서 夫의 同意의 法的 性質", 家族法研究 제21권 1호, 韓國家族法學會 (2007. 3)

신영호, 2005년 민법의 의의와 과제, 현대법학의 발자취와 새 지평: 평광조성국교 수정년기념논문집 (2006)

梁壽山, "夫의 同意下에 第三者의 精液을 人工授精하여 出生한 子의 親生否認", 家族法研究 제2호, 韓國家族法學會 (1988)

梁壽山, "人工授精子와 關聯되는 法律上의 問題點 研究", 家族法研究 제3호, 韓國家族法學會 (1989)

嚴東燮, "代理母契約", 저스티스 제34권 6호, 韓國法學院 (2001. 12)

엄동섭, "대리모계약에 관한 외국의 입법례", 가족법연구 제19권 제2호, 한국가족법학회 (2005. 9)

오호철, "대리모에 대한 소고", 법학연구 제34집, 한국법학회 (2009. 5)

우병창, "과학기술의 발전과 일본가족법의 대응", 家族法研究 제21권 3호, 韓國家族法學會 (2007.11)

尹眞秀 譯/Rainer Frank, "子女의 生父에 의한 親生否認에 관한 比較法的 考察", 家族法研究 제20권 제1호, 韓國家族法學會 (2006)

尹眞秀, "補助生殖技術의 家族法的 爭點에 관한 근래의 動向", 서울대학교 법학 제49권 제2호, 서울대학교 법학연구소 (2008. 6)

尹眞秀, "進化心理學과 家族法", 서울대학교 기술과 법 센터, 과학기술과 법, 박영사 (2007)

윤진수, "婚姻 成立에 관한 民法의 改正方向", 民法論巧 IV: 친족법, 박영사 (2009)

李庚熙, "親生親子關係法의 問題點과 改善方向", 家族法研究 제16권 제1호,

韓國家族法學會 (2002. 6)

李庚熙, "親子法의 새로운 問題", 민사판례연구 [XVIII], 박영사 (1996)

李德煥, "代理母出産의 親子法上 問題", 法學論叢 제13집, 한양대학교 (1996. 10)

李泳揆, "非配偶者間 人工授精子의 父子關係", 漢陽法學 제3집, 漢陽法學會 (1992. 2)

이은정, "人工受精에 대한 立法論的 考察", 家族法研究 제19권 제2호, 韓國家族法學會 (2005. 9)

이인영, "대리모에 관한 법률적 쟁점사항과 사회적 수용태도", 法과 社會 제29호, 법과 사회 이론연구회 (2005. 12)

李濟正, "親子關係確認訴訟의 審理上 主要 論點", 裁判資料: 家庭法院 事件의 諸問題(上)제101집, 법원도서관 (2003)

李準永, "임의인지에 의한 부자관계의 확정", 한양법학 제21권 제1집, 한양법학회 (2010. 2)

李準永, "자신의 혈통에 대한 알 권리와 친생자관계", 家族法研究 제14호, 韓國家族法學會 (2000)

李準永, "人工姙娠에 의해 出生한 자의 親生子關係에 관한 立法論的 考察", 家族法研究 제11호, 韓國家族法學會 (1997)

李準永, 子의 出生前 親生否認權의 抛棄與否, 家族法研究 제10호, 韓國家族法學會 (1996. 12)

李和淑 譯/Wardle, "美國親子關係法의 오늘과 내일", 家族法研究 제11호, 韓國家族法學會 (1997)

李和淑, "2002년 미국 통일친자법 제정의 의미와 그 내용", 家族法研究 제17권 제1호, 韓國家族法學會 (2003. 9)

鄭然彧, "人工授精과 그 法律問題", 法曹 제35권 5호, 법조협회 (1986.5)

曺美卿, "親生否認의 訴에 관한 比較法的 考察", 家族法研究 제11호 (1997)

曺美卿, "血緣眞實主義-친생부인의 소에 관한 법무부개정안과 관련하여", 家族法研究 제12호 (1998)

차선자, "가족관계 형성에서 혈연이 가지는 의미", 人權과 正義 제406호, 대한변호사협회 (2010. 6)

차선자, "부(父)를 확정하는 법리의 의미: 독일법을 중심으로", 人權과 正義 제397호, 대한변호사협회 (2009. 9)

崔成培, "代理母에 관한 法的 考察", 司法論集 제29집, 대법원 법원행정처

(1998.12)

崔鎭涉, "혈연관계 없이 인지신고 또는 친생자출생신고를 한 경우의 법률관계", 민사법의 실천적 과제: 한도 정환담교수 화갑기념, 법문사 (2000)

崔鎭涉, "親生否認制度의 爭點 -家族法 改正案과 관련하여-", 判例月報 제344호, 판례월보사 (1999. 5)

崔鎭涉, "親子法親의 개정방향과 과제", 仁川法學論叢 제2집 (1999)

崔鎭涉, "社會的 親子關係와 法律上의 親子關係", 인천대법학논총 창간호, 인천대학교 법과대학 (1998)

崔鎭涉, "인지무효의 소와 인지에 대한 이의의 소: 민법개정안의 문제점", 法律新聞 제2652호 (1997. 12)

황경웅, "친모 친부의 결정기준", 법학논문집 제34권 제2호, 중앙대학교 법학연구원 (2010. 8)

2. 일본어 문헌(한글 음독 가나다순)

- 단행본

廣中俊雄/星野英一, 民法典の百年IV, 有斐閣 (1998)

谷口知平, 親子法の研究 增補, 信山社 (1991)

堀內節, 家事審判制度の研究, 日本比較法研究所 (1970)

內田貴, 民法 IV: 親族·相續 [補訂版], 東京大學出版會 (2004)

大村敦志, 家族法 [第2版 補訂版], 有斐閣 (2004)

大村敦志, 學術として民法II: 新しい日本の民法學へ, 東京大學出版會 (2009)

鈴木祿弥, 親族法·相續法の研究: 民法論文集 4, 創文社 (1989)

柳澤秀吉·緒方直人 編, 親族法·相續法 [新 現代社會と法シリーズ V], 嵯峨野書院 (2006)

梅謙次郎, 民法要義 卷之四 親族編, 明法堂 (1899), 信山社 (1992復刻板)

梶村太市, 家族法學と家庭裁判所, 日本加除出版 (2008)

半田吉信 外, ハイブリッド民法5: 家族法, 法律文化社 (2006)

松倉耕作, 血統訴訟論: 親子確認の新たな法理を探る, 一粒社 (1995)

松川正毅, 醫學の發展と親子法, 有斐閣 (2008)

穗積重遠, 親族法, 岩波書店 (1933)

深谷松男, 現代家族法 [第四版], 靑林書院 (2002)

我妻榮 編, 戰後における民法改正の經過, 日本評論社 (1956)

我妻榮, 親族法, 有斐閣 (1961)

野村紀雅·遠藤隆幸 譯(Helms, T. 著), 生物學的出自と親子法 - ドイツ法·フランス法比較法的考察, 中央大學出版部 (2002)

有地亨, 新版家族法槪論[補訂版], 法律文化社 (2006)

二宮周平, 家族法 [第2版], 新世社 (2007). 본문에서는 "二宮周平 (家族法)"으로 인용함.

前田達明, 史料民法典, 成文堂 (2004)

田村五郞, 親子の裁判 ここ30年, 中央大學出版部(1996)

中川善之助, 親族法, 靑林書院 (1959)

中川善之助, 新訂親族法, 靑林書院 (1965)

中川善之助 編, 注釋民法 22のI 親族(3), 有斐閣(1971). 본문에서는 "注釋民法 (1971)"로 인용함.

中川善之助·米倉明 編, 新版 注釋民法 23 親族(3) 親子(1), 有斐閣 (2004). 본문에서는 "注釋民法 (2004)"으로 인용함.

中川善之助敎授還曆記念 家族法大系刊行委員會, 家族法大系 IV 親子, 有斐閣 (1960)

浦本寬雄, 家族法[第二版], 法律文化社 (2003)

和田干一, 親族法總論, 大同書院 (1927)

- 입법자료, 사전류 등

民法修正案理由書 : 第四編親族第五編相續, 信山社 (1993)

法務大臣官房司法法制調査部 監修, 法典調査會 民法議事速記錄 6, 商事法務研究會 (1984)

山田晟, ドイツ法律用語辭典(改訂增補版), 大學書林 (1993)

中村紘一 외 감수, フランス法律用語辭典, 三省堂 (1996)

Götze, 獨和法律用語辭典, 成文堂 (1992)

- 논문

加藤佳子, "親子關係の成立(一)～(四・完)", 名古屋大學法政論集 제131호, 제
133호, 제135호, 제136 (1990. 3～1991. 3). 각 논문을 "加藤佳子
(一)"과 같은 형태로 표기함.

家永登, "人工生殖によってうまれた子と親子法: 代理母・死後懷胎を契機に
AIDを見直す", 家永登/上杉富之 編, 生殖革命と親・子: 生殖技術と
家族II, 早稻田大學出版部 (2008)

犬伏由子, "夫の精子を用いた代理母による出生子と妻との母子關係", 私法
判例リマークス 제34호 (2007)

高梨俊一, "DNA鑑定による親子關係推定とその限界", 日本法學 제65권 4
호, 日本大學法學研究所 (2000. 3)

谷口知平, "人工授精と親子關係", 小池隆/田中實/人見康子 編, 人工授精の
諸問題: その實態と法的側面, 慶應義塾大學法學研究會 (1960)

久貴忠彦, "フランス非嫡出子法の動向に關する一考察", 現代家族法の展開,
一粒社 (1990)

宮崎幹朗, "嫡出推定規定の意義と問題點", 有地亨 編, 現代家族法の諸問
題, 弘文堂 (1990)

橘勝治, "嫡出推定の排除に關する一考察", 戸籍 제409호, 全國連合戸籍事
務協議會 (1979)

內田貴 外, "家族法の改正に向けて (上)(下): 民法改正委員會の論議の現狀",
ジュリスト 통권 제1324・1325호 (2006. 12.)

大村敦志, "生殖補助醫療と家族法: 立法準備作業の現狀をふまえて", ジュ
リスト 통권 제1243호 (2003. 4)

渡邉泰彦, "「子の福祉」概念についての一考察", 磯村保 外, 民法學の課題
と展望: 石田喜久夫先生古稀記念, 成文堂(2000)

稻熊利和, "生殖補助醫療への法規制をめぐる諸問題:代理懷胎の是非と親子
關係法制の整備等について", 立法と調査 제263호, 參議院事務局
(2007. 1)

藤野美都子, "始動: 生命倫理法の再改正", ジュリスト 통권 제1382호 (2009.
7. 15.)

鈴木祿弥, "實親子關係の存否につき, 血緣という要素は絶對なものか", 幾

代通·鈴木祿彌·廣中俊雄 共著, 民法の基礎知識, 有斐閣 (1966).

福永有利, "嫡出推定と父子關係不存在確認", 別冊 判例タイムズ (1980. 2)

本山敦, "生命倫理法改正", 日仏法學 제24호 (2007)

本山敦, "嫡出推定·認知制度と子の保護", 法律時報 통권 제921호 (2002.8)

棚村政行, "代理出産依賴者夫婦による代理懷胎子の特別養子緣組, 民商法
　　　雜誌 제141권 6호, 有斐閣 (2010. 3)

床谷文雄, "代理懷胎をめぐる親子關係認定の問題", ジュリスト 통권 제
　　　1359호 (2008)

床谷文雄, "人工生殖子の親子關係をめぐる解釋論と立法論", 民法學の軌跡
　　　と展望, 日本評論社 (2002)

上杉富之, "おわりに: ポスト生殖革命時代の比較家族史研究に向けて", 家
　　　永登/上杉富之 編, 生殖革命と親·子: 生殖技術と家族II, 早稻田大
　　　學出版部 (2008)

西希代子, "代理懷胎の是非", ジュリスト 통권 제1359호 (2008)

西希代子, "母子關係成立に關する一考察: フランスにおける匿名出産を手
　　　がかりとして", 本郷法政紀要 제10권, 東京大學大學院法學政治學
　　　研究科 (2001)

石井美智子, "代理母: 何を議論すべきか(特集: 家族法の現代的課題)", ジュ
　　　リスト 통권 제1342호, 有斐閣 (2007.10)

石井美智子, "母の認知", ジュリスト 別冊 제193호: 家族法判例百選 (2008)

石井美智子, "人工授精子等の母子關係", N.B.L. 통권 제743호 (2002. 8.)

石川稔, 新·家族法事情1: 代理母契約 (1) (2)", 法學セミナー 통권 제353호·제
　　　354호, 日本評論社 (1984. 5; 1984. 6)

小池隆, 人工授精と法的側面", 小池隆/田中實/人見康子 編, 人工授精の諸問
　　　題: その實態と法的側面, 慶應義塾大學法學研究會 (1960)

小池泰, "男性死亡後に保存精子を用いた人工生殖によって生まれた子の親
　　　子關係", ジュリスト 別冊 제193호: 家族法判例百選 (2008)

小池泰, "第三者の精子提供による非配偶者間人工授精子の身分歸屬: 夫の
　　　同意の法的評價 (一), (二)", 民商法雜誌 제132권 6호·제133권 1호,
　　　(2005. 9; 2005. 10)

松倉耕作, "認知無效と眞實志向", 民商法雜誌 제118권 3호 (1998. 6)

松倉耕作, "父子關係の發生·切斷と血緣の存否", 民法學の課題と展望: 石田
　　　喜久夫先生古稀記念, 成文堂 (2000)

松川正毅, "フランス法における生殖補助醫療と法: 2004年生命倫理法改正
　　　　以降の諸問題", 家事事件の現況と課題, 關西家事事件研究會 (2006)

水野紀子, "フランスにおける親子關係の決定と民事身分の保護 (1), (2), (3)",
　　　　民商法雜誌 제104권 1호; 제104권 3호; 제105권 1호 (1991. 4; 1991. 6;
　　　　1991. 10)

水野紀子, "死者の凍結精子を用いた生殖補助医療により誕生した子からの
　　　　死後認知請求を認めた事例」高松高裁平成19年7月16日判決評釋",
　　　　判例タイムズ 通卷 제1169호 (2005)

水野紀子, "生殖醫療の發達と家族法の課題", 法律のひろば 제52권 4호
　　　　(1999. 4)

水野紀子, "人工生殖における民法と子どもの權利", 湯澤雍彦・宇津木伸 編,
　　　　人の法と医の倫理, 信山社 (2004)

水野紀子, "認知無效について: 血緣上の親子關係と法律上の親子關係の不
　　　　一致 (1), (2)", 法學 제64권 1호, 2호, 東北帝國大學法學會 (2000. 4;
　　　　2000. 6)

水野紀子, "嫡出推定・否認制度の將來", ジュリスト 通卷 제1059호 (1995. 1)

水野紀子, "戶籍と民法", ジュリスト 增刊: 民法の爭点 (2007)

水野紀子, "戶籍上の嫡出子に對する父母の子からの實親子關係不存在確認
　　　　請求と權利濫用", 法律時報 別冊 私法判例 リマークス No. 36 (2008)

水野紀子, "代理出産による子と卵子および精子の提供者との特別養子の成
　　　　立", 私法判例リマークス 제41호, (2010. 7)

水野紀子, "人工生殖における民法と子どもの權利", 湯澤雍彦/宇都木伸 編,
　　　　人の法と医の倫理, 信山社 (2004)

深谷松男, "人工生殖に關する家族法上の問題", 家族<社會と法> 15호, 1999

野村豊弘, "フランスの判例における代理母と養子緣組", 現代社會と民法學
　　　　の動向(下), 有斐閣 (1992)

野村豊弘, "生殖補助醫療と親子關係をめぐる諸問題", ジュリスト 通卷 제
　　　　1243호 (2003. 4)

窪田充見, "代理懷胎における母子關係", ジュリスト 通卷 제1354호 (2008. 4.)

窪田充見, "父子關係の成立", ジュリスト增刊: 民法 の爭点 (2007)

窪田充見, "特輯 家族法改正: 婚姻・親子法を中心に ― 實子法", ジュリス
　　　　ト 通卷 제1384호 (2009. 9)

羽生香織, "實親子關係確定における眞實主義の限界", 一橋法學 제7권 3호

(2008)

二宮周平, "父とは誰か: 嫡出推定および認知制度改革私案", 立命館法學 제
249호 (1997)

二宮周平, "親子關係否定の法理の解釋論的 檢討: 事實主義の立場から", 立
命館法學 제316호 (2007. 6.)

二宮周平, "家族法と戸籍を考える(15): 認知制度は誰のためにあるのか(4)",
戸籍時報 제607호 (2006. 12)

伊藤昌司, "フランス親子法における身分占有", 谷口知平先生追悼論文集1:
家族法, 信山社 (1992)

伊藤昌司, "非嫡出父子關係と認知", 民法學と比較法學の諸相: 山畠正男·五
十嵐淸·藪重夫先生古稀記念(1), 信山社(1996)

伊藤昌司, "實親子關係と守舊的法理論", 判例タイムズ 통권 제1039호 (2000.
11)

伊藤昌司, "實親子法解釋への疑問", 法と政治: 九州大學法學部創立七十周
年記念論文集: 二十一世紀への胎動 (下), 九州大學出版會(1995)

伊藤昌司, "親子法學100年の誤解と躓きの石", 西原道雄, 現代民事法學の理
論: 西原道雄先生古稀記念(下), 信山社(2002)

伊藤昌司, "嫡出親子關係·非嫡出親子關係の成立·不成立と親子關係の存否
を爭う訴えの性質, 生野正剛 外 編, 變貌する家族と家族法: 有地亨
先生追悼論文集", 法律文化社 (2009)

林屋礼二, "嫡出否認の訴および右訴について出訴期間を定めた民法の規定
と憲法13條, 14條1項", 判例時報 통권 제985호 (1981. 2)

田中實, "人工授精と立法政策", 小池隆/田中實/人見康子 編, 人工授精の諸
問題: その實態と法的側面, 慶應義塾大學法學研究會 (1960)

田村五郎, "母の認知", 家族法大系 Ⅳ 親子, 有斐閣 (1960)

早野俊明, "判例研究 代理懷胎·出產により出生した子の特別養子緣組", 白
鷗大學法科大學院紀要 (2010. 10)

早川眞一朗, "外國判決の承認における公序良俗", 判例タイムズ 통권 제
1225호 (2007. 2.)

中田裕康, "特輯 家族法改正: 婚姻·親子法を中心に: 民法改正委員會家族法
作業部會について", ジュリスト 통권 제1384호 (2009. 9)

村重慶一, "保存された男性の精子を用いて當該男性の死亡後に行われた人
工生殖により女性が懷胎し出產した子と當該男性との間における

法律上の親子關係の形成の可否" 判例タイムズ 통권 제1245호 臨時
增刊號 (2007)

3. 영어문헌

- 단행본

American Law Institute(A. L. I.), Principles of the Law of Family Dissolution:
  analysis and recommendations, LexisNexis (2002)
Cretney, Family Law in the Twentieth Century : a history, Oxford University Press
  (2003)
Goldstein/Freud/Solnit, Beyond the Best Interests of the Child, Free Press (1984)
Herring, Family Law(3rd edition), Pearson Education Limited (2007)
Lowe/Douglas, Bromley's Family Law(10th edition), Oxford University Press (2007)
Warnock, A Question of Life: The Warnock Report on Human Fertilisation and
  Embryology, Basil Blackwell (1984)

- 논문

Appell, *Controlling for Kin: Ghosts in the Postmodern Family*, 25 Wis. J. L. Gender &
  Soc'y 73 (2010)
Appell, *The Endurance of Biological Connection: Heteronormativity, Same-Sex Parenting and
  the Lessons of Adoption*, 22 BYU J. Pub. L. 289 (2008)
Appleton, *Parents by the Numbers*, 37 Hofstra L. Rev. 11 (2008)
Appleton, *Presuming Women: Revisiting The Presumption Of Legitimacy In The Same-Sex
  Couples Era*, 86 B. U. L. Rev. 227 (2006)
Appleton, *Adoption in the Age of Reproductive Technology*, 2004 U. Chi. Legal F. 393
  (2004)
Ayres, Kairos *and Safe Havens: The Timing and Calamity of Unwanted Birth*, 15 Wm.
  & Mary J. Women & L. 227 (2009)

Baker, *Bionormativity and the Construction of Parenthood*, 42 Ga. L. Rev. 649 (2008)

Baker, *Bargaining or Biology? The History and Future of Paternity Law and Parental Status*, 14 Cornell J.L. & Pub. Pol'y 1 (2004)

Bartholet, *Guiding Principles for Picking Parents*, 27 Harv. Women's L. J. 323 (2004)

Bartlett, *Rethinking Parenthood as an Exclusive Status: The Need for Legal Alternatives When the Premise of the Nuclear Family Has Failed*, 70 Va. L. Rev. 879 (1984)

Bernstein, *The Socio-Legal Acceptance of New Technologies: A Close Look at Artificial Insemination*, 77 Wash. L. Rev. 1035 (2002)

Blecher-Prigat, *Rethinking Visitation: From a Parental to a Relational Right*, 16 Duke J. Gender L. & Pol'y 1 (2009)

Byrn, *From Right to Wrong: A Critique of the 2000 Uniform Parentage Act*, 16 UCLA Women's L.J. 163 (2007)

Cahn, *Perfect Substitutes or the Real Thing?*, 52 Duke L. J. 1077 (2003)

Cahn, *Birthing Relationships*, 17 Wis. Women's L. J. 163 (2002)

Carbone, *The Role of Adoption in Winning Public Recognition for Adult Partnerships*, 35 Cap. U. L. Rev. 341 (2006)

Carbone, *The Role of Adoption in Winning Public Recognition for Adult Partnerships*, 35 Cap. U. L. Rev. 341 (2006)

Carbone/Cahn, *Which Ties Bind? Redefining The Parent-Child Relationship In An Age Of Genetic Certainty*, 11 Wm. & Mary Bill Rts. J. 1011 (2003)

Charo, *And Baby Makes Three-or Four, or Five, or Six: Redefining the Family after The Reprotech Revolution*, 15 Wis. Women's L. J. 231 (2000)

Coleman, *Gestation, Intent, and the Seed: Defining Motherhood in the Era of Assisted Human Reproduction*, 17 Cardozo L. Rev. 497 (1996)

Douglas, *The Intention to be a Parent and the Making of Mothers*, 57 M. L. R. 636 (1994)

Douglas/Lowe, *Becoming a Parent in English Law*, 108 Law Quarterly Review 414 (1992)

Dowd, *Multiple Parents/Multiple Fathers*, 9 J. L. & Fam. Stud. 231 (2007), p. 249

Eekelaar, *Are Parents Morally Obliged to Care for Their Children?*, 11 Oxford J. Legal Stud. 340 (1991)

Fergus, *An Interpretation of Ohio Law on Maternal Status in Gestational Surrogacy*

Disputes: Belsito v. Clark, 644 N.E.2D 760 (Ohio C.P. Summit County 1994), 21 U. Dayton L. Rev. 229 (1995)

Garrison, *Law Making for Baby Making: An Interpretive Approach to the Determination of Legal Parentage*, 113 Harv. L. Rev. 835 (2000)

Hill, *What does it Mean to be a "Parent"? — The Claims of Biology as the Basis for Parental Rights*, 66 N.Y.U. L. Rev. 353 (1991)

Hurwitz, *Collaborative Reproduction: Finding the Child in the Maze of Legal Motherhood*, 33 Conn. L. Rev. 127 (2000)

Jacobs, *Why Just Two? Disaggregating Traditional Parental Rights and Responsibilities to Recognize Multiple Parents*, 9 J. L. & Fam. Stud. 309 (2007)

Jacobs, *Applying Intent-Based Parentage Principles to Nonlegal Lesbian Coparents*, 25 N. Ill. U. L. Rev. 433 (2004)

Kaplan, *Why Truth is Not a Defense in Paternity Actions*, 10 Tex. J. Women & L. 69 (2000)

Kavanagh, *Rewriting the Legal Family: Beyond Exclusivity to a Care-Based Standard*, 16 Yale J.L. & Feminism 83 (2004)

Kindregan, Jr./Snyder, *Clarifying the Law of ART: The New American Bar Association Model Act Governing Assisted Reproductive Technology*, 42 Fam. L. Q. 203

Laufer-Ukeles, *Approaching Surrogate Motherhood: Reconsidering Difference*, 26 Vt. L. Rev. 407 (2002)

Loken, *The New "Extended Family": "De Facto" Parenthood and Standing under Chapter 2*, 2001 B.Y.U. L. Rev. 1045 (2001)

Mabry, *Who is the Baby's Daddy (And Why is it Important for the Child to Know)?*, 34 U. Balt. L. Rev. 211 (2005)

Masson/Bailey-Harris, Principles of Family Law, London: Sweet & Maxwell (2008)

Meyer, *The Constitutionality of "Best Interests" Parentage*, 14 Wm. & Mary Bill Rts. J. 857 (2006)

Minow, *Redefining Families: Who's in and Who's Out?*, 62 U. Colo. L. Rev. 269 (1991),

Naomi Cahn, *Necessary Subjects: The Need for a Mandatory National Donor Gamete Databank*, 12 DePaul J. Health Care L. 203 (2009)

Polikoff, *This Child does Have Two Mothers: Redefining Parenthood to Meet the Needs of Children in Lesbian-Mother and Other Nontraditional Families*, 78 Geo. L.J.

459 (1990), p. 573

Roberts, *Biology and Beyond: The Case for Passage of the New Uniform Parentage Act*, 35 Fam. L.Q. 41 (2001)

Sampson, *Preface to the Amendments to the Uniform Parentage Act (2002)*, 37 FAM. L.Q. 1 (2003)

Samuels, *The Idea of Adoption: An Inquiry into the History of Adult Adoptee Access to Birth Records*, 53 Rutgers L. Rev. 367 (2001)

Sheldon, *Unwilling Fathers and Abortion: Terminating Men's Child Support Obligations?*, 66 Mod. L. Rev. 175 (2003)

Sheldon, *The Good News, and Some Bad News, about the Uniform Parentage Act*, 18 Me. B. J. 94 (2002)

Sheldon, *Surrogate Mothers, Gestational Carriers, and a Pragmatic Adaptation of the Uniform Parentage Act of 2000*, 53 Me. L. Rev. 523 (2001)

Shultz, *Taking Account of Arts in Determining Parenthood: A Troubling Dispute in California*, 19 Wash. U. J.L. & Pol'y 77 (2005)

Shultz, *Reproductive Technology and Intent-Based Parenthood: An Opportunity for Gender Neutrality*, 1990 Wis. L. Rev. 297 (1990)

Stark, *Born to No Mother: In Re Roberto D.B. and Equal Protection for Gestational Surrogates Rebutting Maternity*, 16 Am. U. J. Gender Soc. Pol'y & L. 283 (2007)

Storrow, *Rescuing Children from the Marriage Movement: The Case against Marital Status Discrimination in Adoption and Assisted Reproduction*, 39 U. C. Davis L. Rev. 305 (2006)

Storrow, *Parenthood by Pure Intention: Assisted Reproduction and the Functional Approach to Parentage*, 53 Hastings L.J. 597 (2002)

Stumpf, *Redefining Mother: A Legal Matrix for New Reproductive Technologies*, 96 Yale L. J. 187 (1986)

Varnado, *Who's Your Daddy?: A Legitimate Question Given Louisiana's Lack of Legislation Governing Assisted Reproductive Technology*, 66 La. L. Rev. 609 (2006)

Waldman, *What Do We Tell the Children?*, 35 Cap. U. L. Rev. 517 (2006)

Wallerstein/Tanke, *To Move or Not to Move:Psychological and Legal Considerations in the Relocation of Children Following Divorce*, 30 Fam. L. Q. 305, 312 (1996)

Wax, *Review: Against Nature - On Robert Wright's The Moral Animal*, 63 U. Chi. L.
 Rev. 307 (1996)

Wenk, *Belsito v. Clark: Ohio's Battle with Motherhood*, 28 U. Tol. L. Rev. 247 (1996)

Woodhouse, *"Are You My Mother?"*: *Conceptualizing Children's Identity Rights in
 Transracial Adoptions*, 2 Duke J. Gender L. & Pol'y 107 (1995)

Young, *Reconceiving the Family: Challenging the Paradigm of the Exclusive Family*, 6 Am.
 U. J. Gender & L. 505 (1998)

4. 독일어 문헌

- 단행본

Staudinger, Kommentar zum Bürgerlichen Gesetzbuch mit Einführungsgesetz und
 Nebengesetzen, Buch 4. Familienrecht, Neubearbeitung 2004, Sellier - de
 Gruyter (2004)

Bamberger Kommentar zum Burgerlichen Gesetzbuch Band 3., C. H. Beck (2008)

Münchener Kommentar zum Burgerlichen Gesetzbuch Buch 8., C. H. Beck (2008)

Gernhuber/Coester-Waltjen, Familienrecht (5. vollig neu bearbeitete Aufl.), C. H.
 Beck (2006)

Helms, Die Feststellung der biologischen Abstammung, Drucker & Humblot (1999)

Schwab, Familienrecht (14.Aufl), C.H.Beck (2006)

Tilch·Arloth, Deutsches Rechts-Lexikon, C.H.Beck (2001)

Weybruch, Zulässigkeitsfragen und abstammungrechtliche Folgeprobleme bei
 künstlicher Fortpflanzung im deutschen und US-amerikanischen Recht,
 Tenea Verlag für Medien (2003)

- 논문

Borth, *Das Verfahren zum Entwurf eines Gesetzes zur Klärung der Abstammung* *unabhängig vom Anfechtungsverfahren gem*äß § *1598a BGB-E und dessen Verh*ä*ltnis zum Abstammungsverfahren nach dem FamFG*, FPR 2007, 381

Frank, *Rechtsvergleichende Betrachtungen zur Entwicklung des Familienrechts*, FamRZ 2004, 841

Frank/Helms, *Kritische Bemerkungen zum Regierungsentwurf eines Gesetzes zur Kl*ä*gung der Vaterschaft unabh*ä*ngig vom Anfechtungsverfahren*, FamRZ 2007, 1277

Gaul, Die *Neuregelung des Abstammungsrechts durch das Kindschaftsrechtsreformgesetz*, FamRZ 1997, 1441

Genenger, *Erleichterte Abstammungskl*ä*rung ohne Ber*ü*cksichtigung der biologischen V*ä*ter*, JZ 2008, 1031

Helms, *Das neue Verfahren zur Kl*ä*rung der leiblichen Abstammung*, FamRZ 2008, 1033

Roth, *Vaterschaftsanfechtung durch den biologischen Vater*, NJW 2003, 3153.

Wanitzke, *Erg*ä*nzungen des Abstammungsrechts durch das Kinerrechteverbesserungsgesetz*, FamRZ, 2003, 731.

Wellenhofer, *Das Vaterschaftsanfechtungsrecht des leiblichen Vaters — Vorschlag zur Neufassung von* §*1600 BGB*, FamRZ 2003, 1889

Zimmermann, *Die Feststellung der Vaterschaft unabh*ä*ngig vom Anfechtungsverfahren*, FuR 2008, 323

찾아보기

권재문

서울대학교 법과대학 졸업 (1993)
서울대학교 법학석사 (2001), 법학박사 (2010)
제42회 사법시험 합격, 사법연수원 수료 (제33기)
숙명여대 법학부 부교수 (현)

親生子關係의 決定基準

초판 인쇄 | 2011년 5월 25일
초판 발행 | 2011년 5월 30일

저   자 | 권재문
발 행 인 | 한정희
발 행 처 | 경인문화사
등록번호 | 제10-18호(1973년 11월 8일)
편   집 | 신학태 김지선 문영주 정연규 안상준 김송이
영   업 | 이화표 최지현
관   리 | 하재일 양현주
주   소 | 서울특별시 마포구 마포동 324-3
전   화 | 718-4831~2
팩   스 | 703-9711
홈페이지 | www.kyunginp.co.kr
이 메 일 | kyunginp@chol.com

ISBN   978-89-499-0783-3 94360
값 27,000원